U0000114

零

年

YEAR ZERO

Ian Buruma

伊恩·布魯瑪

伊恩·布魯瑪（Ian Buruma, 1951- ）是當代備受尊崇的歐洲知識分子。在荷蘭萊頓大學念中國文學、東京日本大學念日本電影。一九七〇年代在東京落腳，曾在大鶴義英的劇團「狀況劇場」演出，參與麿赤兒創立的舞踏舞團「大駱駝艦」演出，也從事攝影、拍紀錄片。八〇年代，以記者身分在亞洲各地旅行，也開啟了他的寫作生涯。

布魯瑪關心政治、文化議題，文章散見歐美各大重要刊物，如《紐約書評》、《紐約客》、《紐約時報》、《衛報》、義大利《共和報》、荷蘭《NRC》等。曾任香港《遠東經濟評論》文化主編 (1983-86)、倫敦《旁觀者》國外部編輯 (1990-91)。曾在柏林學術研究院、華盛頓特區伍德羅·威爾遜國際學者中心、牛津大學聖安東尼學院、紐約大學雷馬克中心擔任研究員。曾受邀到世界各大學、學術機構演講，如牛津、普林斯頓、哈佛大學等。現為紐約巴德學院（Bard College）的民主、新聞、人權學教授。並自 2017 年 5 月，擔任《紐約書評》主編。

2008 年，獲頒伊拉斯謨獎（Erasmus Prize）肯定他對歐洲文化社會、社會科學研究的特殊貢獻。《外交政策》（*Foreign Policy*）也在 2008 年、2010 年推選他為百大思想家、全球公共知識分子。

他的寫作獨樹一格，不只引人入勝，且發人省思。2008 年，榮獲修文斯坦新聞獎（Shorenstein Journalism Award）。《阿姆斯特丹謀殺案》榮獲 2006 年洛杉磯時報書卷獎最佳時事書獎。《殘酷劇場》獲 2015 年美國筆會頒發年度藝術評論獎（Diamonstein-Spielvogel Award）。著有《零年：現代世界的夢想與夢碎之路》、《殘酷劇場：藝術、電影、戰爭陰影》、《我的應許之地》、《罪惡的代價：德國與日本的戰爭記憶》等數十部作品。

國際評論

★《紐約書評》Charles Simic, *The New York Review of Books*

《零年》書寫的歷史範圍之大，鋪天蓋地，卻沒有犧牲事件的複雜性與議題探討的深度。這本書寫得很好、史料搜集得很深入，通篇收錄了許多鮮為人知的事實與精闢的政治情勢分析。在無數書寫二戰歷史的作品中，本書出類拔萃，給讀者一個完整的戰後、解放後世界的概覽，不只寫了歐洲，也涵蓋亞洲地區。作者書寫了發人深省的一九四五年：那一年，恐怖行為仍層出不窮，而整個世界也從剛發生的恐怖中逐漸甦醒，就從那個時候開始反思，我們要如何才不會重蹈覆轍。

★《經濟學人》*The Economist*

布魯瑪細膩呈現了戰爭的面向與苦果。作者尖銳的行文風格，超越了舊智慧的窠臼。他最重要的洞見也許是，二戰並不單純是對立陣營的衝突而已。勝利的陣線之中，也有十惡不赦的壞人；而潰不成軍的，也不只是納粹。許多戰爭的前線（最著名的是南斯拉夫）更是腹背受敵；許多勝利帶來的是冷酷無情的下場。感念那些以勇氣、決心挺過一九四五年威脅的先人，數十年後能回歸常態是這些人努力的成果。布魯瑪的《零年》向這批人的努力致上敬意。

★《紐約時報書評》Adam Hochschild, *The New York Times Book Review*

《零年》是寫二戰這場「正義之戰」的劫後餘生，原本立意良好而發動

的戰爭，卻帶給很多人負面影響，甚至傷及無辜。布魯瑪精通六國語言，讓他對於這個時代能有更多情感上的連結（他荷蘭籍的父親還在柏林勞改營待過）。

★《華爾街日報》*Wall Street Journal*

布魯瑪是歷史學家、人道主義者。放眼當今世界，少有人能夠把東方與西方連結起來討論，他是其中的鳳毛麟角。《零年》有種腳踏實地的宏偉壯麗。他書寫一系列人類群相、發生在世界各角落的悲慘故事，筆法微言大義而發人省思，丟掉無關痛癢的細節與哲理辯論，著眼在一九四五年，人類受苦的維度、道德錯亂的深度、最終誕生一線的希望……《零年》非常精彩，不只是因為這樣的作品前所未見，也因為這本書集壯美與謙遜於一身。

★《金融時報》*Financial Times*

本書優雅、充滿人道關懷。當今歐亞洲這一代人已經沒有二戰的記憶了，這本智慧之書，用作者的詞彙來說，會提醒大家「精神外科醫師」的歷史地位，這批政治家與鬥士如何在殘垣斷瓦中重建了兩個大陸。

★《柯克斯評論》*Kirkus Reviews*

對二戰後於殘破中重生的世界有深刻的觀察與省思。布魯瑪生動描寫了在歐亞一片廢墟中，人類事務回歸常態的第一步。布魯瑪的觀點深具權威，啟發人心。

★《紐約客》*The New Yorker*

反映真實人類處境的一九四五年戰後史。

★《史密森尼雜誌》*Smithsonian Magazine*

布魯瑪的這本書驚心動魄，迫使我們正視一個問題：許多現代的勝利和創傷，就是在這個懲罰、復仇、苦難、療癒同時發生的關鍵年代扎根的。

★《出版人週刊》特別推薦 *Publishers Weekly (starred)*

採第一人稱敘事，最著名的段落是作者父親還是一名荷蘭大學生時，被納粹抓去勞改。布魯瑪這本書扣人心弦，也成功兼顧全球性的視野與其中牽涉到人類終極的關懷。

★《書目雜誌》*Booklist*

一九四五年，二戰終止，但也開啟了一個新世界。原先被占領、摧毀的城市開始轉型；被解放的人歡慶自由；有仇報仇；饑荒遍地；正義尚未伸張；士兵與難民歸鄉；有的苦難終結了，有的延續，有的甚至正要開始。

布魯瑪是相當博學的學者，著述遍及宗教、民主、戰爭議題。他在這本書概述戰後全球的轉變，強調共通的主題：普天同慶、飢餓、復仇、歸鄉、重拾信心。雖然悲觀的原因很多，但很多機制是在戰後快速建立起來的，像是聯合國、現代歐洲福利國、國際犯罪司法系統，在在也展現了無比的樂觀心態。布魯瑪熟悉亞洲歷史，也讓這本書的觀點更加國際化。但這是一個關於他父親的故事，一個荷蘭人在納粹勞改營倖存，於一九四五年歸鄉的故事，這個故事主軸也串起整本書各個不同的面向，讀來更為動人。

★聯合國前副秘書長布萊恩・賀卡特爵士（Sir Brian Urquhart）

伊恩・布魯瑪以盪氣迴腸的筆調，記述了二戰最後幾個月發生的慘劇、難以置信的殘忍行為和不經大腦思考就付諸行動的事；還描寫了和平降臨後最初幾個月，世人應對上述局面的經過。即便是快七十年前的事，讀到一些段落，我仍感受到不能承受之痛，讓人不忍卒讀。布魯瑪的父親是荷蘭人，在納粹柏林勞改營中奇蹟倖存，躲過盟軍的空襲，直到德國人投降後歸鄉；這本書也指出，邪惡力量所造成的恐懼還在，陰霾未曾全然退去。

★歷史學家史天（Fritz Stern）

傑出地再現一九四五這個關鍵年代，其中的勝利與失敗，混亂與羞辱。書中的主角是人民，而非某個國家。由布魯瑪來寫《零年》再適合也不過，因為他非常熟悉歐洲與亞洲歷史。本書的特色是處處流露的智慧與大量的知識，兼顧了深刻的同理心與無庸置疑的公正性。作者父親被送進德國勞改營的命運給他靈感，讓他以個人經驗出發書寫；而在面對這些恐怖記憶的同時，作者用心理解當時的歷史，他的努力實在令人讚嘆。這是一本傑出的作品，寫作風格精湛。

★《以撒・柏林傳》作者伊格納季耶夫（Michael Ignatieff）

《零年》是現代世界誕生的時刻。伊恩・布魯瑪對這一年的記錄不僅生動、富有同情心，且扣人心弦。布魯瑪融合了幾個重要的主題：伴隨勝利而來的普天同慶和性解放，跟隨戰敗而來的復仇清算，以及在這慘絕人寰的全面戰爭後，憧憬世界變得更和平、公義、人權更受到保障。書中的故事發生在世界各地，西起荷蘭，東至日本，筆下男男女女的主人公皆是一般老百姓，他們拾起殘破世界的碎片，為了後代子孫，重新

建立這世界，我們都是他們的後人。布魯瑪在這部精彩壯闊的歷史大作裡，公平公正地評價了我們父執輩和父祖輩的努力。

★歷史學家伊恩·柯肖爵士（Sir Ian Kershaw）

深入鑽研史料，全書結構嚴謹，行文優美，作者栩栩如生地描述了二十世紀關鍵的一年，其恐懼、希望、幻想和接下來製造問題的始作俑者，歷歷在目。全書鏗鏘有力，是非常優秀的作品。

★《野獸日報》The Daily Beast

在死傷無數的戰爭與大屠殺之後，接下來會發生什麼事？評論家史學家布魯瑪為了回答這個問題，全面探討一九四五年的歷史。全書由布魯瑪的個人故事談起，這本書的寫作靈感來自於他父親在戰時與戰後的經歷，布魯瑪敏銳的觀察力，位讀者打開認識戰後世界的一扇窗。

★《野獸日報》Lucas Wittmann, The Daily Beast

我以前花了許多時間閱讀戰壕、地面戰、空戰的書，但沒有一本像布魯瑪的《零年》這麼精彩。這本書將會改變你看待戰後世界（也就是我們當今所處的時代）的方式。

★《經濟觀察報》

《零年》並無成為歷史教科書的雄心，而是細緻地展示了在這一「零年」中人們各種各樣的生活狀態，其中有些人的目標只是獲得溫飽、找到一個棲身之地，另一些則想著如何保住自己的地位；有些懷著復仇的渴望，另一些些期待儘快洗白自己骯髒的歷史；有些保持著重建家園的願望，另一些則有著改變社會的雄心。許多年來，我們接觸到的，大部分都是

簡單化、概念化的歷史，讀一讀《零年》，可以讓我們瞭解到真實的人生是複雜的、正義的實現永遠不是完美的，更可以讓我們從許許多多普通人身上，看到那是怎麼樣一個滿目瘡痍的世界、一個滿懷希望的年代。

零年：現代世界誕生的時刻

導讀　　陳思宇

第二次世界大戰的規模與戰爭型態，不但改變了傳統軍事衝突的各項原理原則，同時改變了人們對歷史未來發展的想像，甚至形塑了世界的新面貌：

　　二戰是各國根據「總體戰 (Total War)」理論，集中一切力量進行的戰爭，目標是在摧毀敵方任何的抵抗，達成全面勝利。一戰期間，各國雖已具備總體戰爭的觀念，但在實際作戰上，仍有前線作戰與後方的區別，戰爭造成的人身傷害，仍以參戰的軍人為主。二戰時期，各國的作戰能力與武裝技術早已突破地理障礙，尤其針對城市居民進行大規模的空中轟炸，更使得前線與後方的區別失去意義，真正進入全面戰爭的狀態。參戰各國在「總體戰」的驅策下，投入一切人力、物力，以及各種學科知識與專業技術，進行戰爭動員，因此，一方面，國家以各種強制手段介入社會生活的各個層面，導致民眾在精神與物質上遭受的控制與動員壓力，達到前所未見的高峰；另一方面，大規模的資源投入，在戰爭經濟與各種創新科技方面都激發出驚人的成長能量，造成前所未見的毀滅性破壞。

當美國在廣島、長崎投下以舉國之力打造的原子彈時，這個結合高度知識與技術的科技結晶，便成為第二次世界大戰的具體象徵，領導研發原子彈的羅伯特·歐本海默（Robert Oppenheimer）親眼見到原爆的威力時，不禁發出如下宗教式的感慨：

> 如果有一千個太陽
>
> 綻放出漫天的奇光異彩
>
> 這正有如那獨一無二的偉大神靈的光彩……
>
> 現在，我成了死神，我是所有世界的毀滅者。

此種前所未見的新形態武器，除終結了戰爭，也證明人類社會具備的強大力量，已經能夠改變甚至毀滅這個世界，而當人類擁有這樣的能力時，歷史斷不可能再回轉到過去，但未來將走向何方呢？

正是上述二戰的特殊形態，導致戰爭結束時，出現了伊恩·布魯瑪在本書中描寫的「零年 (Year Zero)」狀態。我們或許可以透過以下的思路，理解作者在本書中提的「零年」概念；首先，「零年」是用來形容十九世紀以來由歐洲擴及全球的現代化發展，在遭受戰爭破壞後，呈現出的焦土景象。終戰並未瞬間帶來和平與光明，而是一片混沌與不安，人們必須在廢墟中尋找未來，這是如同創世初始的荒蕪圖像。其次，「零年」也代表當時人們對於歷史未來發展的思考與想像，雖然人類在歷經災難後的慣有態度，都是傾向一切能恢復舊觀，藉由重建過去以面對未來。然而，二戰帶來的衝突與破壞，使多數人們在客觀上都已認知到，試圖重建戰前秩序已是一種不切實際的幻想，一切必須歸零開始，從廢墟中建立新

生活。而許多經歷戰禍折磨的人們，更是在主觀上抱持「絕不讓歷史重演」的情緒，進而採取各種行動：一方面，由於納粹與法西斯主義都已失敗，多數舊政權的合法性也面臨破產，殖民地則獲得了獨立的機會，終戰帶來的種種變化都鼓勵眾人應該推倒一切徹底重來，並且深信人類必能依據他們手上握有的真理，在戰火餘燼中建立一個嶄新美好的世界，「零年」就是新歷史的起點；另方面，在人類擁有相互報復甚至毀滅這個世界的能力之際，原有的秩序架構勢必無法規範潛在衝突，許多人雖然對未來懷抱理想，卻也充滿恐懼與不安，因而希望著手建立一個全新的世界秩序，確保集體安全，避免重演過去的歷史。然而，如何跨出第一步、攜手疊起第一塊磚瓦，卻是晦暗不明。

本書作者伊恩‧布魯瑪，是位專攻東亞歷史與文化的荷蘭籍史學家與著名作者，由於他能夠掌握多種語言，而且擅長比較研究，因此許多作品都能採取比較方法，並且具有寬廣的全球視野。作者並未企圖以一個情節完整的宏觀歷史敘事，論證「現代世界為何誕生於一九四五年」，反而是透過類似紀實報導的手法，引用許多普通人在當時的生活紀錄（其中也包括作者的父母親），勾勒出當時的種種歷史現象或歷史過程，經由作者細心的裁剪，每個概念章節都可以獨立閱讀，但串聯起來，卻能給予讀者相當鮮明的「零年」歷史圖像，並有親臨現場的感受。因此，有別於一般概念化、簡單化的歷史著作，作者企圖藉由細緻展示人們在「零年」這一年中各式各樣的生活樣態，以及他們必須克服的歷史困境，讓我們得以透過一般人的生命經驗與眼光，看到現代世界是如何誕生於一個滿目瘡痍的廢墟，而當時又是何種滿懷希望的年代。

當然，作者的寫作目標並不僅止於紀錄一九四五年的各種歷

史現象，如同本書的副標題：現代世界的夢想與夢碎之路，他也更進一步說明在現代世界誕生的關鍵時刻，歷史出現的何種變化？並且朝向何種方向發展？作者認為，二戰終結雖代表以美蘇為主的同盟國陣營獲得勝利，但勝負雙方除在瞬間由戰時的高壓控制與動員中解放，同時也陷入耗盡一切力量的虛脫狀態，因此完全崩解的社會秩序、勝者對敗者（甚至是敗者對敗者）間所採取的報復行動、難以容忍的飢餓狀態、大規模遷徙的難民，以及各地紛起的動亂與鬥爭，不但成為人們生活的客觀條件，也是各國政府必須克服的困局；另方面，人們雖然滿懷「絕不讓歷史重演」的決心，希望能克服混亂的局勢，建立新的世界秩序，然而，在具體行動上卻總受限於大國政治的現實考量、對於未來充滿恐懼的安全需求，以及意識形態的思維框架等因素，因此並難以綜覽全局，擘劃完整的藍圖。簡言之，人們在「零年」當時採取的各種行動，實際上受制於「強烈期待」與「恐懼不安」的雙重結構，因此雖然克服了眼前的混亂局面，但卻一步步走向另一場意識形態鬥爭的「冷戰（Cold War）」，最終形塑了歷史發展的走向，以及現代世界的面貌。

因此，在伊恩‧布魯瑪筆下，誕生於「零年」的現代世界，便是以「冷戰」對立結構為基礎的世界秩序，這是一個基於強烈意識形態而形成的對抗局面，美國與蘇聯為首的兩大陣營都自信本身擁有戰勝對手、改變世界的真理與實力，但卻又陷入雙方一旦擦槍走火便可能相互毀滅的深刻恐懼當中，但「冷戰」並非歷史發展的必然軌跡，而是人們在「零年狀態」下，透過一次次行動，創造出「冷戰」與現代世界。

最終，作者拋給我們一個更為弔詭的歷史命題：歷史上最大最殘酷的「戰爭」真的結束於一九四五年？或是人類雖然滿懷「決

不讓歷史重演」的決心，但卻難以克服意識形態、國家利益與安全恐懼的限制，最後創造出另一種規模更大、歷時更久，並且更深刻影響社會各個層面的新型「戰爭」？無論答案為何，「零年」——一九四五年，確實是一個新時代的起點，並且創造了我們生活的當代世界。

（本文作者為台灣大學歷史學博士／「內容力」營運企劃長）

群魔亂舞

導讀　阿潑

二〇一五年，終戰七十年時，我到沖繩參加慰靈祭。一九四五年，六月二十三日，最高指揮官牛島滿與其部屬因不敵十七萬美軍砲擊，在沖繩島南邊集體自決，歷時三個月的沖繩戰終於結束，但這場戰役仍奪走了沖繩列島二十多萬人的性命。為了悼念亡魂，沖繩人會在這天舉辦慰靈祭。

　　後人提到這場名為「鐵風暴」的戰役（美方稱之為「冰山行動」，Operation iceberg），多會論及「玉碎」，也就是日軍強迫平民集體自殺不要成為俘虜。這事經由諾貝爾文學獎得主大江健三郎揭露書寫後，引發爭議，甚至被當時駐守沖繩的守備軍隊長及其親人以毀壞名譽為由，提出告訴。日軍的殘暴、自私，自此不斷被當地人控訴：「他們警告我們，美國人很野蠻，會強暴女人、欺負俘虜，勸我們自殺。」倖存者說，其實不是這樣，他們被騙了。

　　他們真的被騙了嗎？歷史資料告訴我們，美軍從北至南，橫掃日本軍隊外，也射殺無辜平民。美國歷史學家約翰・托蘭在《帝國落日》中，是這麼描寫的：「當美軍用手榴彈、炸藥包和火焰噴射器去追捕那些躲在洞穴的獵物時，這場戰鬥已經變成一場兇殘的屠殺。」當然，他也寫道日軍的惡：「牛島的第三十二軍已經被打

到暈頭轉向，軍紀蕩然無存。倖存者所做的事情在幾天之前是很難想像的：不服從軍官的命令，在山洞內像是野蠻人一樣為了食物和飲水打鬥，殘害平民與強姦婦女。」

每當我閱讀沖繩戰的資料，都深感不忍，旋即又慶幸當時的殖民地台灣不曾淪陷為戰場。太平洋戰爭時，台灣作為日本揮兵南下的跳板，盟軍自菲律賓反攻時，又略過台灣，直接登陸沖繩。台灣南北兩個大島皆受盡戰爭凌辱，留下地獄般的悲慘故事。但一九四五年，對於大半個亞洲地區都是關鍵的一年，他們脫離日本侵略，步向獨立，但卻未必因此得到和平。

一九四五年，所謂終戰這年，被稱為「零年」。當時的知識分子以為未來將會不同，歷史不會再次重演，和平將從廢墟矗起，便道這年彷若白紙一片，而悲哀的歷史也將隨風而散。但實情是，並非一切歸於無，也不是凡事都往好的方向走。西方史學家伊恩‧布魯瑪（Ian Buruma）以「零年」為題，筆墨在一九四五年歐亞戰場遊走，將「白紙」內裡暗處勾勒出來，像是集中營、戰區的性愛歡愉，因飢餓而生的問題，難民歸鄉的矛盾，與復仇的情緒。在日本讀書的布魯瑪深入亞洲社會肌理，用史料深描且論述它──當然，他的視角不只在亞洲──他的書寫能讓讀者走進當事人記憶與經歷的層層交疊，並隨之來回對望，從中或許能發現戰爭可怕，但戰爭背後的人性物事或意識角力更是驚悚，在武力壓制解除後，沒有戰爭的大帽頂著，這些「妖魔鬼怪」就會釋放出來。《零年》於我，有種群魔亂舞之感，如前所述，這些鬼魅至今仍揮散不去。

說鬼之前，先談戰爭。二戰在亞洲名為「太平洋戰爭」，是美軍加入戰場開始算起；戰爭發動者日本稱其為「東亞戰爭」，是為了解決國內問題，向外進行的經濟、軍事擴張，同時打著「泛亞洲

主義」的名號，策動亞洲脫離殖民，建立「亞洲人的亞洲」。「亞細亞主義」真正成為日本國策，實與近衛文麿的幕僚尾崎秀實有關。尾崎在台灣長大，看著台灣人飽受日本歧視，內心十分痛苦，最後成為一個帶有民族主義色彩的共產主義者。他認為，保衛日本的前提，就是與試著掙脫西方殖民桎梏的中國人合作。除了尾崎外，也有許多日本知識分子同情亞洲殖民地，像是長崎實業家梅屋庄吉就資助孫文的革命事業，也與菲律賓獨立運動者阿奎那多（Emilio Aguinaldo）結成盟友關係，因此，對某些日本人來說，這是一場對抗西方的戰爭。東條英機曾召集泰國、印尼、菲律賓、中國、印度的領導者到東京參與大東亞會議，希望他們以單純的眼光評估日本的戰爭目的，同時利用戰爭加強自己國家的獨立運動。於是，包含印尼蘇卡諾、緬甸翁山將軍都和日本合作，即便與美國協商好戰後獨立的菲律賓，亦有官僚和日本站在一起……當然包含中國的親日者（後來稱他們為漢奸）。

但事情並不能以這麼簡明的立場劃分，尤其在戰場上，沒有道理可言。日本以解放亞洲為名，揮軍南下，當地人體驗到的仍是殺戮血腥，像是菲律賓人會對日軍之惡一提再提。日本作家大岡昇平是戰爭即將結束時，登上菲律賓戰場的士兵之一，見證了戰爭的影響。例如日軍殺害水牛，讓佃農無法生存，只好紛紛加入游擊隊。菲律賓游擊隊／菲共，至今仍是影響該國政治穩定性的因素之一。那麼站在美國那方是否就得到正義呢？不，美軍狂肆地轟炸菲律賓，讓抵抗日軍的當地人失望至極。

《零年》對這部分有更細緻的書寫。如前所述的游擊隊，原本是由農民組成的抗日人民軍，他們的敵人除了日本人，還有地主。在日本佔領期間，這些地主所拋棄的土地由游擊隊接收，建立了國

中之國，他們協助美軍回到菲律賓，一路殺到馬尼拉，希望日本離開後，美國可以幫助他們建立一個社會主義國家，但戰爭結束，麥克阿瑟將權力交給過去親日的權貴階級，以便防堵左派或共產力量盛起，而地主則取回了原本的財產，掌控權力。至今，不論政權怎麼改變，權力都不在人民手上。

讀到這一段，我想起在菲律賓時接觸到的農民與社運人士，他們痛恨日本，也厭惡美國。他們以為戰爭結束，國家獨立，應該可以自己治理自己，現實是，他們仍然是強國的殖民地，永遠的小老弟。而其他東南亞國家，至今猶存的族群問題，也都來自於戰時和日軍的合作或抵抗關係，戰爭結束，這些過去都成了互相指控復仇的根據，也成了罪罰審判的議題。布魯瑪在書中也花上許多篇幅詳述山下奉文的「冤情」，認為馬尼拉大屠殺等罪責不應歸於他，也批判麥克阿瑟主觀地決定戰犯，而這一切都只著眼於美國的利益或者美國想要達成的秩序，與戰後七十年的今天別無二致。

今日的亞洲問題，也得不時回頭追溯到二戰前後的種種，像是朝鮮半島的衝突、釣魚台主權，乃至於台灣的處境、地位與統獨爭議，而現今日本政府積極修改日美安保條約和憲法，也是在於回應一九四五年的結局。

最後回到沖繩，當我讀到《零年》不斷散落在各處，關於性愛、慰安婦與提供盟軍性服務的招待所時，便想起這些年，時常讀到的被強暴、姦殺的沖繩女子。戰後，美軍統治沖繩，以權威者、勝利者的姿態，目中無人，亦無法治。不知從哪兒得來的消息，他們被告知，沖繩的賣春女與美軍人數一樣多，於是想要就可得手，許多女子無由遭到性侵。他們亦認為，自己是來保護沖繩的，只要女子友善一笑，就可以伸手。如果說，我對《零年》這本書有什麼遺

憾，便是在這些來去歐亞的鬼魅中，連台灣都被提起，卻獨缺沖繩。亡靈該如何被撫慰呢？

（本文作者為文字工作者，著有《憂鬱的邊界：一段跨越身分與國族的人類學旅程》）

《零年》中的德國問題

導讀　蔡慶樺

本書談論一九四五年人類走回零點之後，如何重新找回文明的價值，在幻滅中重建。那年發生了許多駭人之事與感人之事，今日重讀的意義在於：當前許多政治與社會問題，都與當年的歷史緊緊扣連，唯有回到一九四五年才能將脈絡一一梳理出來。我想從以下兩個面向談談本書涉及的德國問題：

一、去納粹化

在處理法西斯歷史上，德國向來以轉型正義模範聞名，可是這段歷史的傷痕太多太重，不可能一夕間處理完成。《零年》點出了終戰時處理納粹問題的尷尬：不管是德國或是同盟國，沒有人真的想徹底「去納粹化」（*Entnazifizierung*）。德國是因為共犯結構太龐大，所以若認真追究起來，也許大半德國人都難辭其咎，而同盟國也發現，倘若驅逐所有納粹黨徒，戰後許多重建工作將無人可執行，而眾多公共服務也將停擺。因此許多納粹黨徒蒙混過關，同盟國也默許表面化的去納粹工作。

這些流於表面的轉型正義，使得戰後的德國一直處於偽相安無事的未爆狀態。但到了一九六〇年代，經濟重建工作初步完成後，正義與道德的重建呼聲便瞬間爆發。不滿的學生走上德國街

頭抗議，想知道他們父母輩在那十二年間究竟做了什麼事。處理納粹罪責的「法蘭克福審判」，也在上一代不願重提往事、下一代要求真相的聲音中展開。隨後去納粹化與要求真相的聲音就不斷在德國政治裡浮現，因為即使戰爭結束已經七十多年，即使德國這麼多年來對於第三帝國的研究不遺餘力，對於納粹的問責卻從未完成。

梅克爾總理執政後，在聯合政府的組閣協議裡向人民承諾：「聯合內閣將處理各部會機關參與納粹的過往。」原因是，若當年行政機關未忠實執行納粹政策，德國的法西斯化就難以被貫徹。可是行政部門涉入程度為何？怎麼界定哪些公務員只是維繫國家機器的運作、而哪些公務員算是越過了紅線，成為大屠殺的共犯？戰後德國去納粹化的情形又如何？這些都有待更多資料公佈、更多研究者投入，才有可能解答。除了先前調查外交部之外，德國政府近年來陸續出版了刑事調查局、憲法保護局以及司法部的資料。正在進行中的還有情報局、財政部、經濟暨科技部、勞動暨社會部、內政部等部會研究。顯見轉型正義問題仍然有太多未被交代的細節、太多未被討論的責任。一九四五年的歷史，從來沒有成為過往。

二、德裔受害者們

本書也提及德國與其他國家 裔受害者的悲慘境遇。一九四五年時，各國德裔少數族群遭受報復性流放（其中甚至不少人戰時是反納粹者）、蘇聯紅軍大肆性侵德國女性，為德意志民族留下重大創傷。這是戰後勝利者敘事及中文世界對二戰的歷史記錄中時常被忽略的部分，即使是德國人，許多人也抗拒面對這段史實。

一九四四年，二戰尾聲的冬天，紅軍逐漸攻向德國，東普魯士

的德國人在嚴寒中踏上流亡之路。一九四五年，波茲坦會議重劃了德國疆界，更使得許多原本屬於德國領土的城市徹底去德國化，許多德裔人士必須離開幾百年的家園，面對充滿饑荒、疾病、性侵、掠奪、監禁、強迫勞動等危機的難民命運。承受此命運者，據估計約有一千兩百萬至一千四百萬人，流亡過程中死去的難民約有四十萬到兩百萬。

在紅軍攻入柏林時，本書提及「最精彩而恐怖的記載是《一個女人在柏林》(*A Woman in Berlin*)」，那是一本詳細描述一九四五年四月廿日至六月廿二日間那個法外狀態的日記，值得對照閱讀。該書作者以親身經歷深入書寫那個停滯的恐怖之年，男人打的戰爭卻由女人身體來償還，那段記憶太過痛苦，以致作者至死都堅持匿名。一九五九年發行德文版時，德國社會完全無法接受這段史實，認為作者侮辱了德國女性的名聲，並詆毀其為虛構之作。強烈的敵意導致作者在生前拒絕該書再版，直到二〇〇三年才重新出版，並成為當年的暢銷書，後來還改編成電影，這才使德國社會正視當年德國女性承受的屈辱與痛楚。學界大略估計，倘計入被放逐的東歐地區德裔族群以及德國境內受害者，一九四五年這場另一種意義的「對德國女性之戰」裡，遭受性侵者可能高達兩百萬人。

這些德國人，也是受戰爭蹂躪的人，可是誰必須為之負責？這在德國政治裡是相當棘手的難題。究竟受紅軍性侵的人數有多少、大規模性侵是紅軍失控所致，還是高層授意的報復命令？德國史家對此爭論不休。而「放逐」(*Vertreibung*)更是德國長年與東歐國家關係正常化過程的關鍵字，東歐國家認為，是德國對外侵略的軍國主義才導致這些 裔人士遭放逐，甚至那不是放逐而只是遣返(*Abschiebung*)；但是德國認為邪惡不能證成邪惡，事關人類尊嚴，

不能以剝奪無辜者的自由及財產來解決政治問題。而這一段陰暗的歷史，更是德國極右派的提款機，不斷主張這些受難者的命運道出了德國也是受害者，可是長期以來卻被迫只能承擔加害者的角色。

這些受難者的命運，也是轉型正義當中另一個必須處理的難題。德國因為自身發動了戰爭，因此難以問責加害者，而與中東歐國家談及賠償問題時，也難以啟齒；在東德時期又因為與蘇聯是共產主義的盟友關係，這歷史更成禁忌。

德國統一後，政界、學界有許多聲音，認為必須與東歐建立正常關係，必須為了歐洲的未來往前看，昔日的恩仇應當結清並且放下。一九九六年時，符茲堡大學國際法教授布魯門維茲（Dieter Blumenwitz）便在《世界週報》上撰文〈還不到結清的時候〉（Für einen Schlußstrich ist es noch zu früh），認為擬以外交手段解決這些受難者的法律問題是不正義的。而今二十年過去了，結清的時刻到了嗎？德國聯邦議員暨被放逐者協會（Bund der Vertriebenen）主席史坦巴赫（Erika Steinbach，本人即被放逐者之一），提議設立「反放逐中心」（Zentrum gegen Vertreibungen）記錄這段歷史，卻遭受波蘭、捷克等國抗議。統一後的德國積極處理這段歷史，強化課程教學並成立紀念碑悼念這些不可能再問責加害者的受害者，但是為避免政治問題，悼念受放逐者時多須一併提及各國因為政治軍事暴力而受害的難民。而政府成立的「流亡、放逐與和解基金會」（Stiftung Flucht, Vertreibung, Versöhnung）更是小心翼翼地強調，記錄此節歷史，目的是為了和解。然而，對於那些被迫選擇異鄉為家鄉的德裔被放逐者而言，要與東歐國家和解仍是長路漫漫。

近年來這段歷史重新被注意，還有另外一個原因：全球難

民問題。德國勇於介入這個危機，使得許多人憶起，德國民族在一九四五年時，也曾在逃難路上求助無門。要了解德國民族以及德國的政治決策，還是得回到現代秩序誕生之年，亦即德意志民族宿命之年：零年。

（本文作者為駐法蘭克蘭辦事處秘書、獨立評論 @ 天下「德意志思考」專欄作者）

零年中的女人

導讀　何曼莊

一九三九年、四月十五日,台灣雲林縣三姓寮地主之女吳赫,嫁進
了土庫鎮新洽記黃家,婚禮當天賓客約六十人,在院子搭建的棚架
下,舉行日式婚禮。吳赫身著西式白紗禮服,新郎黃乾冰與其他男
性成年賓客穿西服,其中幾位日籍紳士甚至穿了燕尾服、戴著禮帽
與金絲眼鏡,男學生則穿著卡其制服,全都是當時日本常見的款式;
至於小女孩們或穿洋裝、或穿水手服,成年女性則著和服、梳日式
髮型,然而年紀較大的女士,則穿著漢服梳著包頭。這所有的細節
加起來,都比不上式場正中央那兩幅巨大太陽旗搶眼,在那個時
期,殖民政府正全面推動「皇民化、工業化、南進基地化」三大政
策,把台灣當成支援南中國戰線的後勤據點,在這小鎮似乎仍未
受影響。

　　在婚禮之後六年間,吳赫女士生了三個孩子,她的先生寫信
給崇拜的日本作家,求賜三個孩子的名字,分別是日語發音的漢字:
「浩(Hiro)」、「郁(Iku)」、「禎(Sada)」。到了一九四五年,日
本戰敗,國民政府接收台澎金馬,官方語言從日語變成了漢語,隔
年,「嬰兒潮世代」的第一年,黃家的次女出生,名字是漢語的「金
美」,就是我的媽媽,對我來說,一九四六年,是名副其實的「元

年」。又過了幾年，黃家的七叔結婚時，已經沒有人穿和服了，在大合照裡，我的媽媽站在角落，表情有點怨懟，原來是她想穿的新洋裝──訂做的緞面連衣裙，胸前鑲了亮片──，被吳赫女士很大方地借給不熟的花童穿了。

　　衣服、頭髮與化妝，這些被大男人們看不起的「女人玩意兒」，其實敏銳地反映出一時、一地、一念之間的脈動，為歷史研究提供了精準綿密的線索。舉例來說，一九三九年，英國婦女上街時常帶一種附肩背袋的小盒子，裡面裝的是防毒面具，而雜誌上的時尚重點是如何在防空洞過夜而保持臉不出油，護理人員並會用紅色的甜菜煮成克難胭脂，畫點妝能讓女性傷者心情好些；一九四三年，在奧許維茲集中營裡，未死的女性囚犯日夜辛勤縫製的是，納粹黨衛隊夫人們的宴會服，官方說衣料來源是「加拿大」──其實是從猶太人家中與身上剝下來的衣物；一名剛領到碩士學位的德國少女烏蘇拉‧薛娥（Ursula Schewe）在柏林經營一間服飾店，在盟軍日益瘋狂地轟炸柏林的日子裡，她的訂單卻沒有變少，反而得多請兩個學徒來幫忙；在《零年》裡有個小故事令我難忘：一九四五年戰爭剛結束時，補給後勤混亂，難民都餓著肚子等待食物，後來收到一櫃物資，打開來是滿滿的口紅，肚子都填不飽了，要口紅幹嘛？但英軍救護組指揮官戈寧中校回憶：「這是場及時雨，我相信對這些女囚來說，口紅比什麼都有用。這些女人躺在床上，沒有床單、沒有睡衣，但雙唇豔紅。你看著她們四處遊蕩，身上只披了條毯子，但雙唇豔紅……終於有人做了點什麼，讓她們重新變回一個個體，她們是某某人，不是手臂上刺的數字。她們終於又可以開始打扮，口紅將人性還給了她們。」

　　跨越海洋，同一時期在日本殖民下的台灣，第一高女（現在的

北一女中)將學生制服從紺色(一種深藍色)裙裝改成了「國防色(卡其色)」、褲腳收緊便於勞動的工作褲裝,每個人的工作褲,還是由岡部老師在課堂上畫出版型,學生自己做的。此外,標準國防女學生配備還包括塞滿棉花的防空頭巾,急救包跟三角巾。

女學生穿上褲腳收緊的長褲做些什麼呢?一九四一年入學的井上清美女士記得 ,每週有一到兩次,必須從學校扛著鐵鍬等農具、挑著桶子走路到幸町(今台北市幸安市場附近)的菜園,有時是灑水灌溉、有時得用新鮮的屎尿施肥,每次農活大約歷時半日,用的是上課時間,種的是落花生跟番薯。根據其他紀錄,總督府有時還會調派日籍學生去統計資料、調查事務、搜集情報,有時也支援軍方到飛機場、台灣神宮做某些機密作業。一九四四年的「緊急學生勤勞動員方策要綱」、「學生勞動令」頒布後,無論台籍或日籍學生都要挖防空壕,縫製防空頭巾、慰問袋、蒲團、軍服、標章等,從學校帶掃把、畚箕去打掃神社、醫院;有時在醫院幫忙洗衣服、寫信、表演節目。緊急頒布的動員令還包括「女子挺身隊勤勞令」,「挺身隊」原意是指「婦女義勇隊」一般的女兵自願役,但從事後的紀錄看來,「挺身」是「慰安所」強拉軍妓的許多掩護名義之一。

在戰爭的顛沛流離之中,性的角色變得原始而工具化,極度衰弱的女人渴望性,因為性慾讓她感到自己活著;疲累的軍人需要發洩性慾,征服女人讓他覺得自己強大,所有的掠奪都包含性侵,所有的女性通敵都跟性有關,然而「慰安婦制度」尤其令人毛骨悚然,它將強姦系統化、合法化,並夥同整個社會的視若無睹,在戰爭結束之後,持續而沉默地壓迫身心受創的女人。不只是娼妓被人唾棄,一旦進入和平狀態,老百姓便會開始清算「女巫」,哪個

女人在戰時為了絲襪與熱湯而與敵人共枕，到了戰後注定要被剃光頭髮、遭眾人吐口水，甚至會被當眾處決。然而戰敗國遭受的報復威脅也一樣可怕，布魯瑪寫道：「最能用『羞辱』回敬『羞辱』的方式便是強姦女人，而且是在大庭廣眾下，在無助的男人面前。這是人類衝突中最古老的恐嚇方式……」

　　戰爭中的女人總是倒楣，但戰爭也同時打壞了既有的階級與阻礙，給予女人掙脫束腹裙裝、穿上長褲、走出家庭的機會，製造了女權提升的空間。布魯瑪寫道：「這一段無法無天的時光造成了深遠的影響。」在戰後的日本，世家淑女必須用骨董傳家寶交換食物；身穿美麗昂貴的古和服踩過泥濘稻田的景象並不罕見；沒落貴族的女兒迫於現實嫁給財大氣粗的新貴。貴族女性出了深宅大院，而平民女性則本能地追求更優質的基因：在一九四五年，西歐國家少有男性蹤跡，剩下的男性不是俘虜，就是身無分文、營養不良或意志消沉，許多荷蘭婦女因而投向高壯的加拿大軍人懷抱；戀愛、婚姻、生產讓男女都覺得自己又回歸到生活常軌，一九四六年是荷蘭史上最多新生兒出生的一年（二十七萬七千名合法婚生、七千名非婚生），當然因為衛生條件不好，感染性病的人數也大幅增加了。因為戰爭，女性學會了操作機器、修車、護理、各種粗活與家庭手工，變得更加獨立，當時的法語出現了一個詞，帶有貶意地描述這些女人變得「男性化」，但是男性化又怎樣了？法國早在一九四四年，「因為男性不足，而當局假設妻子會與缺席的丈夫觀點一致」，而給予女性投票權，接下來的四年內，義大利、日本、比利時、羅馬尼亞與南斯拉夫的女性也先後獲得了投票權，那些在零年被批評「不像女人的女人」，不只是戰後嬰兒潮的母親，也是未來女性（也就是現在的我們）走向平權的原型。

二戰的慘痛教訓，催生了聯合國與國際刑事法庭的成立，在零年至今的七十餘年間發展成為龐大的國際組織，定義了現代世界獨有的「國際社群」一詞，然而紐倫堡大審二十二名個人與六個團體被告、東京審判二十八個被告，當中沒有任何一人因為強姦、性侵害、性暴力與性奴役而被判刑，這是人權工作者與國際法律師們心中永遠的痛。

　　剛剛過去的二〇一六年，對國際法與女權是至關重要的一年，在塞內加爾組成的國際混合法庭，以個人名義起訴（而不是起訴政權）查德前總統哈布瑞並判以重罪，罪名包括放任性侵、性奴役與反人道罪，從此系統化性奴役——例如慰安婦政策——不能再躲藏於合法的共犯結構下；同樣在二〇一六的瓜地馬拉，有兩名前任軍官因為三十四年前在一處小村莊設立「慰安所」，奴役原住民婦女而被起訴定罪，這是第一個國內法庭以國際法起訴戰犯、史無前例的指標性案件（Landmark Case）；而在六月，前南斯拉夫問題法庭出版性侵主題案例書籍，總攬一九九一年前南斯拉夫內戰開戰以來，二十五年間起訴戰爭性侵案的過程以及突破，受害人有男、有女、有孩童、也有老人。回顧二十五年來的案例，會發現起訴性侵的過程，必定是漫長而充滿挫折，但重要的是，在短短四分之一世紀以內，國際法已經跨越了人類數世紀以來的道德鴻溝——憑藉著無數受害倖存者勇敢作證，律師與工作者長年投入時間與專業，我們用遲來的正義，證實了性侵不是受害者的錯，可恥的是加害者，強姦是戰爭工具，性奴役是反人道罪，人皆得而誅之。而這一切推動法制進步的動力，都來自一九四五年遺憾的劇痛。

　　歷史的英文單字拆開來是 His+Story，確實史書大多是男人為男人所寫的，想知道女性在當時怎麼活，得非常努力尋找蛛絲

馬跡。我喜歡布魯瑪是因為他的溫柔，他接納人的冷漠、自私、無禮、以及貪得無厭，也對匪徒、小偷、妓女、放蕩的女人寬容看待，他站在最受壓迫最渺小的人的角度寫歷史，而我們正是渺小而努力生存的一份子。

特別銘謝：「元年」出生的我媽媽提供意見。

（本文作者為作家）

零
1 9   4 5
年

伊恩・布魯瑪

現代世界的夢想與夢碎之路

YEAR ZERO
IAN BURUMA

零年：一九四五年，現代世界的夢想與夢碎之路
Year Zero: History of 1945

作者　　　伊恩·布魯瑪 Ian Buruma
譯者　　　白舜羽
編輯　　　李晏甄
校閱　　　劉美玉、周如怡
書籍設計　劉粹倫
總編輯　　劉粹倫
發行人　　劉子超
出版者　　紅桌文化 / 左守創作有限公司
　　　　　10464 臺北市中山區大直街 117 號 5 樓
　　　　　FAX 02-2532-4986
　　　　　undertablepress@gmail.com
印刷　　　約書亞創藝有限公司
經銷　　　高寶書版集團
　　　　　11493 臺北市內湖區洲子街 88 號 3 樓
　　　　　TEL 02-2799-2788

ISBN　　　978-986-92805-4-9
書號　　　ZE0127
2017 年 8 月初版
新台幣 550 元

台灣印製
本作品受智慧財產權保護

國家圖書館出版品預行編目 (CIP) 資料
零年：一九四五年，現代世界的夢想與夢碎之路 / 伊恩·布魯瑪 (Ian Buruma) 作；
白舜羽譯 . -- 初版 . -- 臺北市：紅桌文化，左守創作 , 2017.08
432 面；14.5x21 公分
譯自：Year Zero : a history of 1945
ISBN 978-986-92805-4-9(平裝)
1. 世界史 2. 國際政治
712.8　　105023199

獻給

我的父親布魯瑪

與

布萊恩·賀卡特

保羅·克利（Paul Klee）作有一幅畫《新天使》（Angelus Novus）。畫中，天使彷彿要離開令他出神的事物——他眼神凝望，嘴巴微張，展翅而行。歷史天使，應作如是觀：面朝過去；凡人只察覺事件接二連三地發生；天使則看到一場又一場非必然因果相關的災難，在他的腳下堆疊成廢墟。天使想要下凡駐足，要死去的醒來，要毀壞的變得完整。可是天堂吹來一陣風，讓天使無法展翅。暴風之大，勢不可擋，把天使刮向他所背對的未來，而他面前的斷垣殘壁卻愈堆愈高，直逼天際。而這場風暴，就是我們所稱的「進步」。

華特·班雅明，《歷史哲學論綱》

零年

序曲

父親的故事一直縈繞我心。就他的年齡跟背景而言，他在第二次世界大戰的經歷並不特別。他的故事很悲慘，但比他更悲慘的故事所在多有。

第一次聽到父親談論戰爭時，我年紀還很小。有些回憶一定很痛苦，但他不像有些人一樣對戰爭避而不談。我很喜歡聽他講這些故事。父親書房的抽屜裡有一本相簿，我閒來無事時常拿出來翻閱，裡面有一頁拼貼了幾張黑白小照片：簡陋的東柏林勞動營；父親在正式照片裡扮鬼臉；西裝上別著納粹袖章的德國人，看上去像在發號施令；週日到郊區湖畔出遊；幾位烏克蘭金髮女孩對著鏡頭微笑。這些照片並不特別，但我還是覺得不尋常，心中有許多疑問。

在當年，這些已經算是快樂時光了。當時跟烏克蘭人打交道大概是禁忌，但每當提起那些女孩，父親的眼神仍然流露出傷感。這些相片沒有記錄父親的遭遇：他幾度瀕臨餓死、差點被操死、受蟲子折騰，或拿積水的彈坑當公廁兼唯一洗澡的地方。不過在我

心頭揮之不去的，並不是這些艱苦的情境，而是他回家之後發生的一些事。

　　父親來自荷蘭東部小鎮奈美橫（Nijmegen），當地居民大多信奉天主教。一九四四年，這裡發生了阿納姆之役（Battle of Arnhem）。要塞阿納姆橋與奈美橫有段距離，盟軍在激戰後奪下奈美橫。我祖父於一九二〇年代被派任為當地的新教牧師，照顧為數相對不多的門諾教徒社群。* 奈美橫位於邊境，從我父親家到德國，只要步行就可以到了。由於德國物價相對便宜，家族旅遊多半是穿越國境，在德國度過。大約到了一九三七年，納粹的行徑開始變得連觀光客都無法忍受。有一天我們家路經希特勒青年營（Hitler Youth camp），親眼目睹幾個年輕男孩遭到一群穿制服的青年痛毆。一回在萊茵河的遊輪上，祖父朗誦起海涅（Heinrich Heine）對萊茵河女神致敬的〈羅蕾萊之歌〉（The Lorelei）（他大概是故意的），讓同行的德國乘客非常難堪（因為海涅是猶太人）。這也讓祖母忍無可忍，此後我們家族旅遊就不去德國了。三年後，大批德軍從奈美橫進入荷蘭。

　　即使德軍占領，日子還是得照常過。對多數荷蘭人來說，至少在占領的頭一兩年，只要不是猶太人，生活還正常得有點詭異。我父親在一九四一年進入烏特列支大學（Utrecht University）就讀法律系。有志成為律師的人，都必須加入學生組織，成為兄弟會一員（時至今日，多少還保留這種規定）。然而，兄弟會是菁英組織，入會後所費不貲。雖然祖父是新教牧師，社會地位不差，但收入並不

---

* 我要特別澄清，荷蘭的門諾教徒和美國的門諾教徒很不同。荷蘭的門諾教徒通常比較開明，頗能接受其他宗教信仰，也沒有離群索居。美國及德國的門諾教徒則恰好相反，有一回幾位穿著老派黑西裝、留著大鬍子的美國門諾教徒，到奈美橫拜訪我祖父，場面相當尷尬。

足以支應父親所有開銷，因此祖母娘家一位富有的舅公決定補貼父親的社交花費。

然而就在父親即將加入兄弟會之際，德國當局認為兄弟會可能成為孕育反抗勢力的溫床，因而明文禁止。在這之前，幾位猶太教授被逐出大學。萊頓大學（Leiden University）的法學院院長魯道夫·克萊夫林格（Rudolph Cleveringa）在一場著名演說中對此表達抗議；他當時也做好被捕的準備，事先打包好牙刷與換洗衣物帶在身上。隨後他果然被捕。學生開始罷課，其中許多人都是兄弟會成員。萊頓大學被迫關閉，在德國禁止猶太學生上學之後，阿姆斯特丹兄弟會也自行解散。

但烏特列支大學仍照常運作，兄弟會也轉往地下繼續運作。欺負新成員的殘酷儀式不得不祕密進行。一年級新生在會裡稱為「胚胎」，照理說得把頭髮剃光，但為了躲避德國人的耳目，這項規矩也免了。只是胚胎們還是得繞圈青蛙跳、不得安眠、任人宰割，老鳥想出各種虐待遊戲來羞辱他們。父親和其他社會階級與教育程度相同的人一樣，接受這些折磨，毫無怨言。當年的狀況就是這樣（如今亦然），吊個書袋，套用拉丁文的說法，這就是所謂的「約定成俗」（mos）。

一九四三年初，年輕男性面臨另一項更嚴峻的考驗。德國占領軍下令所有學生簽署忠誠誓約，發誓不從事任何對第三帝國不利的行為，拒絕簽署者會被送往德國，強制在納粹兵工廠工作。父親跟其他八成五的同學都拒絕簽署，就此開始躲躲藏藏的日子。

幾個月後，他收到烏特列支學生反抗軍的徵召令，重返故鄉。這件事的始末至今不明。有可能是學生一時慌張，也或許只是經驗不足，而釀成這個愚蠢的錯誤。這些人說到底還是學生，而非久

經沙場的游擊隊戰士。總之，父親偕同祖父一起抵達車站。但很不幸地，碰巧遇上納粹強拉年輕人去德國勞改，月台兩側都被警力封鎖了。納粹警告，若有人脫逃，他們的父母也難辭其咎。父親擔心連累祖父母，於是自投羅網，此舉雖然出於一片孝心，卻不是什麼英雄行徑，至今這件事偶爾還會讓他心煩。他們一群人被送到一個惡劣的小集中營，親衛隊（the SS）用野蠻的方式在這兒訓練荷蘭的地痞流氓。父親在那裡僅短暫停留，戰爭其餘時間，他都待在柏林一間工廠製造火車煞車器。

這是個五味雜陳的經歷，至少一開始是如此。荷蘭的學生勞工只要不積極抵抗德國人，就不會被送進集中營。到頭來，工廠的單調乏味、為敵工作的羞恥感，睡在冰冷又充斥蝨子的軍營中，還是換來了一些犒賞：父親還記得聽過幾場福特萬格勒（Wilhelm Furtwängler）指揮「柏林愛樂」的音樂會。

克諾爾煞車工廠（Knorr Brakes）裡可能也有許多祕密活動。一位名喚艾利松先生（Herr Elisohn）的黑髮男子，只要荷蘭學生工人一接近就會躲到一邊。其他人也避免過從甚密，像名字是羅森達（Rosenthal）之類的男性工人，行事特別低調。父親後來臆測，工廠裡可能藏著猶太人。*

一九四三年十一月，情勢急轉直下，英國皇家空軍開始長期轟炸這個德國首都。一九四四年，美國 B-17 轟炸機加入「蘭開斯特轟炸機」（Lancasters）的行列。但一直要到一九四五年的頭幾個月，柏林市區及居民才受到全面的毀滅攻擊，爆炸與大火幾乎沒有停過：白天美國人攻擊，晚上換英國人。到了四月，蘇聯的「史達林風

---

* 編按：羅森達是常見的猶太名字。

琴」（Stalin Organs）火箭發射車開始從東邊轟炸整座城市。

有時學生可以幸運擠進防空洞與地鐵站，但集中營犯人就沒有這種特權，倉促挖成的壕溝經常就是他們面對轟炸時唯一的庇護。父親回憶，當時學生對此既興奮又害怕。最痛苦的折磨之一，是睡眠不足。因為轟炸不斷，空襲警報吵鬧不休，爆炸、尖叫聲四起，石塊與碎玻璃不斷掉落。儘管學生很容易因而喪命，也有幾位學生確實遇害，但這些轟炸機仍讓他們亢奮不已。

一九四五年四月，勞改營再也不宜人居，狂風與大火把屋頂、牆壁都摧毀了。父親透過一名可能沒那麼支持納粹的新教教會聯絡人，在郊區一棟別墅找到寄居之處。房東太太連哈特女士（Frau Lehnhard）已經收容了幾個從柏林市區廢墟逃離的難民，其中包括德國律師胡梅林博士（Dr. Rümmelin）和他的猶太夫人。先生害怕太太被捕，於是在屋內藏了一把左輪手槍，以備萬一被查獲時，夫妻倆可以共赴黃泉。連哈特女士喜歡唱德國藝術歌曲，父親則擔任她的鋼琴伴奏，他說這是他在柏林最後戰役中，「罕有的文明回憶」。

到東柏林上班途中，父親經過已成斷垣殘壁的街頭，那是蘇聯與納粹部隊在一棟棟房子之間交火的傑作。波茨坦廣場（Potsdamer Platz）上，父親站在史達林風琴後面，聽著它發出不祥而尖銳的聲響，對著希特勒的政府大樓轟炸，這讓他終其一生都很害怕爆炸聲與煙火。

一九四五年四月底或五月初某日，蘇聯軍人來到連哈特女士的房子。這些不速之客通常會輪姦所有女性，不分老幼。但這回並沒有發生，不過他們發現了胡梅林博士的左輪手槍，我父親差點因此送命。由於這些士兵都不通英文或德文，因此解釋為何有槍

也是徒勞。士兵把屋內僅有的兩名男子，胡梅林博士和父親，壓在牆上準備處決。父親記得當下有種宿命感油然而生——他已目睹太多生離死別，對自己即將死亡一事反倒不特別意外。就在千鈞一髮之際，不可思議的運氣扭轉了命運：一位會說英文的蘇聯軍官突然出現，他採信了胡梅林博士的說法，處決於是取消。

父親跟另一位蘇聯軍官相處融洽，這位軍官之前在列寧格勒當高中教師。他們無法用言語交談，哼唱貝多芬與舒伯特的樂句是他們的溝通方式。這個叫瓦倫汀（Valentin）的軍官帶父親到一個接送點，那裡曾是西柏林勞工階級居住的郊區，現在已變成廢墟，父親得從那邊出發找到城市東邊的難民營。途中另一位荷蘭人加入父親的行列，他大概是納粹合作者或前親衛隊成員。此時父親已經好幾個禮拜作息不正常，舉步維艱。

走沒多遠，父親就不支倒地了。這位可疑的同伴把父親拖進一棟殘破的建築，他的德國妓女女友，住在幾級階梯上的一個房間。父親不記得接下來發生了什麼事，他大多時候可能都處於昏迷狀態。這位妓女救了他一命，一直照顧到他能自行走去難民營為止。難民營有一千多名來自各國的人士，包括集中營的生還者。大家只能將就著共用一副水龍頭。

六個多月後，父親回到荷蘭。照片上的他，身子仍然因飢餓加上水腫而顯得虛胖。一套不合身的西裝，褲子上還有尿漬。這套衣服大概是美國門諾教派的慈善組織發放的，也可能是祖父遺留下來的。儘管父親浮腫蒼白，相片中的他看起來還是很開心。幾個同齡男子圍著他舉起啤酒杯，嘴巴張得老大，像是在歡呼或高唱學生歌曲。

大約在一九四五年九月，父親回到烏特列支兄弟會，當年他二十二歲。由於戰時的入會儀式是祕密進行的，兄弟會學長決定讓整人儀式重來一遍。父親不記得自己曾被叫去青蛙跳或被胡亂使喚，只有剛進大學的年輕小夥子才會受到這種待遇，其中有些人可能才剛從更惡劣的環境回來。也可能是躲藏數年的猶太學生，一些甘願冒著殺頭風險的非猶太人，在戰爭時期，好心把他們窩藏在家中的地板下才倖存。但父親記得沒有人對這些入會儀式感到特別困擾。無論是猶太人還是非猶太人，每個人都有自己的一段故事。這些故事通常不太愉快，也沒有人感興趣。入會儀式中，新「胚胎」會被吼、被羞辱，甚至被塞進擁擠的地窖中（這遊戲後來在兄弟會稱為「集中營扮演」）。

這就是我覺得奇怪的地方：在經歷過這麼多風風雨雨之後，父親怎能忍受這種荒誕的行徑？至少應該要覺得不合常理吧？

不會啊，父親反覆道，不會，這樣很正常，當年本來就是這樣。這是「約定成俗」，沒有人會質疑。他後來稍加解釋。他覺得欺負猶太裔生還者很不妥，但不知道其他人是怎麼想的。

起初我非常不解，但漸漸地我想我有點懂了。「正常」這種想法似乎提供了一絲線索。人們急於回到納粹占領前他們所知的世界，也就是在轟炸之前、集中營之前、殺戮之前的世界。在那個世界裡，惡整「胚胎」再正常不過。這是他們回到過去的方式，也是回家的方式。

當然還有其他可能性。或許在目睹極端暴力後，學生遊戲相對顯得無害，只是年輕人無傷大雅的嬉鬧罷了。最喜歡整人的人，本身大概沒有經歷過太多創傷，他們現在終於有機會耍狠。假如受害者本身承受過更殘酷的折磨，這些整人的傢伙就更痛快。

§

　我之前說過，父親的故事雖然不是最慘的，但也夠慘的了。父親的故事讓我不禁疑惑：在人類史上最慘烈的戰爭之後，究竟發生了什麼事？這個世界如何從一片廢墟中重生？當數百萬人餓著肚子，或是決意報復時，會發生什麼事？各個社會或「文明」（當時很流行的字眼），如何再度重建？這種想讓一切恢復正常的渴望，是人類在災後的自然反應，這是人的本性。這種以為世界能復原成戰前樣貌的念頭，彷彿一九三九年前後十年間的各種暴行都不算數，顯然是一種幻想。

　　然而，無論是各國政府或人民都抱持這種幻想。法國與荷蘭政府以為可以取回殖民地，恢復原本的生活，就像回到日本侵略東南亞之前那樣。但這不過是幻想，因為世界已經不可能回到從前的樣子了。太多事情發生，太多變化產生，許多人被連根拔起，有時甚至整個社會也被連根拔起。很多人，包括一些政府，也不希望回到過去。一度為國王與國家賣命的英國工人，不再安於舊有的階級制度，在擊敗希特勒兩個月之後，他們就用選票讓邱吉爾下台。史達林無意讓波蘭、匈牙利或捷克斯洛伐克回到任何形式的自由民主體制。即使在西歐，許多知識分子也認為高舉道德大纛、以「反法西斯主義」為包裝的共產主義可以取代舊秩序。

　　戰爭在亞洲帶來了更戲劇性的轉變。印尼、越南、馬來、中國、緬甸、印度等國家的人民，都目睹了同樣是亞洲國家的日本，如何羞辱西方殖民宗主國。船堅炮利的西方神話就此幻滅，國際關係不再可能一如以往。而日本人則像德國人一樣，看到領導者的春秋大夢灰飛煙滅後，面對勝利盟軍恩威並施下要求的種種改變，也只能半推半就地接受。

英、美女性因戰時需要而投入職場，貢獻勞力，戰後也不願從經濟獨立回到家庭的約束。當然許多人還是回到了家庭，就像殖民地得花上好些時間爭取完全獨立，女性經濟完全獨立也不可能短時間達成。想要重新建立更好的世界，希望毀滅戰爭不再發生，這種想要改變的願望，和只想「回歸正常」的保守渴望之間，永遠存在著激烈衝突。這些願望皆源自真誠的理想主義。就算「國際聯盟」（League of Nations）無力阻止（第二次）世界大戰發生，這些人的理想也沒有因此破滅。一九四五年時，他們仍希望組成「聯合國」（United Nations）永保世界和平。隨著時間過去，我們發現這種理想就跟想要讓時光倒流一樣虛幻不實，但這並不會減損理想的力量，也不必然貶低所欲達成的目標。

某方面來說，一九四五年戰後所發生的事，在人類歷史上早就有過。古希臘人很清楚人類復仇心理的毀滅性，悲劇作家用戲劇呈現以法治化解血海深仇，拿審判代替復仇。東西方的歷史不斷上演著想要捲土重來的夢想，把戰爭導致的廢墟當作建立理想新社會的地基，但這些新的理想往往只是新瓶裝舊酒。

我對於戰後時期的興趣，部分來自當前的時局。近年來我們看到許多例子：人民對革命戰爭滿懷希望，希望藉此推翻獨裁者，建立新的民主體制。不過，我最主要的目的，是想了解父親與他那個世代的世界。一部分或許是因為孩子天生就想知道父母的經歷，等到孩子比當年的父母更老時，好奇心更強；特別是當父親歷盡滄桑，孩子只能憑空想像而無法實際體驗時，更想一探究竟。

讓我好奇的，不僅僅如此。父親在戰爭中險些送命，之後又站在戰後廢墟中幫忙創造了這個世界。我們就是在這個世界中長大的。我們這一代受到父執輩夢想的薰陶：歐洲福利國家、聯合國、

美式民主、日本和平主義、歐盟。一九四五年所創造的世界也有其黑暗面：俄羅斯與東歐的共產獨裁，毛澤東從中國內戰崛起，冷戰。

父執輩當年的世界大半已分崩離析，或在瓦解邊緣。不過讓人欣慰的是，上一次世界大戰影響所及的地區，至少在物質條件上，現今的生活品質幾乎都比一九四五年大幅提升。而當年最害怕的事，大多沒有發生。蘇聯帝國瓦解，「冷戰」最後的戰場是朝鮮半島，或許是狹窄的台灣海峽。然而在我寫作這本書的同時，到處都有人在談論歐洲、美國、西方的衰落。戰後時期的一些恐懼已然褪色，但許多夢想也悄然消逝。只有少數人還相信有一種「世界政府」可以帶來永久的和平，還願意相信「聯合國」可以讓世界免於衝突。邱吉爾在一九四五年敗選，正是因為人民期望建立新的社會民主體制與福利國家，而非持續征戰，但這個夢想如今卻因意識型態之爭與經濟問題而傷痕累累，幾乎潰散。

我很懷疑人是否真的能從歷史中記取教訓。了解過去的愚行，並無法避免未來犯下類似的錯誤。歷史最重要的是詮釋；而錯誤詮釋過去，往往比無知更危險。過去的傷痛還在；仇視導致新的衝突事件。然而，至關重要的是，我們得知道並了解過去發生的事，否則無以理解自己所處的這個時代。我想知道在過去那些長夜漫漫的日子裡，父親所經歷過的一切，這讓我更加了解自己，當然還有我們所有人的人生。

第一部　解放情結

歡
欣

希特勒的第三帝國潰亡,同盟國軍隊在德國解放了數百萬名囚犯。
盟軍本來以為這些被關在集中營、勞改營、戰俘營的人會對他們
心存感激,欣然合作。可想而知,有時候確實如其所願;不過,盟
軍更常面臨的,是後來稱之為「解放情結」的心理狀態。一位當時
目睹這個現象的人,用略帶官腔的說法表示,「這和報復、飢餓、
興奮的情緒有關。這三者的結合使流離者在剛獲得解放時,行為
舉止出現問題,也因此造成照顧、餵食、消毒、遣返上的困難。」1

　　不只難民營的囚犯有解放情結,所有剛被解放的國家、甚至
連戰敗國,也會產生解放情結。

　　我出生得太晚,又生在一個太富裕的國家,舉目不見飢餓的
跡象,但戰後的報復與興奮之情仍餘波蕩漾。國內的復仇行動默
默進行,甚至以幾近鬼鬼祟祟、不著痕跡的方式,持續報復那些
通敵者,還有與敵人同床共枕的人。要是大家不光顧某家雜貨店,
或不去某家店買香菸,是因為「每個人」都知道店家在戰爭期間「做
錯事」。

檯面上，荷蘭也把五月五日解放日訂為國定假日，這天變成了一年一度慶祝勝利的日子。

　　在我的童年回憶裡，五月五日總是陽光普照的好天氣，教堂鐘聲響個不停，紅、白、藍三色相間的旗幟在春日的和風中飛揚。就家族聚會來說，十二月五日的「聖尼古拉節」或許更為盛大，但至少在我成長的五〇年代到六〇年代間，「解放日」是展現愛國情操最重大的日子。一九四五年五月五日，荷蘭人脫離德國占領重獲自由，靠的不是自己，而是英國、美國、加拿大和波蘭部隊的力量，因此一年一度的舉國歡騰顯得有點奇怪。不過，荷蘭人跟英國人、美國人臭味相投，喜歡用「取得自由」來界定國家認同，因此不難理解，荷蘭人為什麼會把德國人的潰敗混入國家認同的意識中，這段歷史尾隨著橫跨十六、十七世紀的「八十年戰爭」，荷蘭擊敗西班牙皇室的事蹟，一併融入了荷蘭人的集體記憶。

　　對於在戰後六年出生的我們這一群人來說，無論是蘇格蘭風笛手走在諾曼第海灘上，穿過槍林彈雨的畫面，或法國國民高唱《馬賽曲》的情景，都很容易讓人傷感流淚。這當然不是出於我們自身的記憶，而是拜好萊塢電影所賜。我在一九四五年五月五日的整整五十年後，終於看到了舊時歡欣鼓舞的遺跡：為了慶祝光復五十周年，加拿大陸軍重演部隊進入阿姆斯特丹的場景。事實上，盟軍部隊一直到五月八日才抵達阿姆斯特丹，但這不是重點，要緊的是，當時的場面一定熱鬧非凡，根據一則英國戰時特派員的現場報導：「我們被又親又抱，人們對著我們又哭又打、大吼大叫，結束後我們也全身瘀青、精疲力竭了。荷蘭人摘光自家庭院的花，一陣又一陣的花雨撒滿盟軍車隊。」[2]

　　昔日的戰爭英雄回到加拿大的卡加利（Calgary）定居，或在

溫尼伯（Winnipeg）落地生根，做牙醫師或會計師營生。五十年後，這些年事已高的加拿大人穿上變緊、褪了色的軍裝，別上勳章，再次坐上吉普車與武裝車隊凱旋入城；他們憶起當年英勇的日子，那些兒孫早已聽膩的過往，還有那些歡欣鼓舞的時刻，淚眼婆娑地向群眾答禮。

　　但比起這些老人重返當年的榮耀，荷蘭老婆婆的行為更讓我大開眼界。她們打扮成端莊典雅的已婚婦人，而她們身分也確實如此。只見這些老婆婆處於一種興奮狀態，露出青少女才有的激動神情——她們大聲尖叫，像搖滾演唱會上的女歌迷，向吉普車上的男人伸長了手臂，想摸摸他們身上的制服，老婆婆情不自禁地叫著：「謝謝！謝謝你們！謝謝！」她們也重返了當時歡欣鼓舞的時刻。這是我見過最詭異的激情場面。

§

事實上，如同先前提到的，加拿大人並不是在一九四五年五月五日抵達阿姆斯特丹的；這天也不是戰爭正式結束的日子。海軍總司令馮佛里德堡（Hans-Georg von Friedeburg）與金澤爾將軍（General Eberhard Hans Kinzel）的確是在五月四日抵達陸軍元帥蒙哥馬利（Bernard Montgomery）在德國北部呂訥堡荒原（Lüneburg Heath）的營帳，代表西北德、荷蘭與丹麥的所有德軍投降。當時有一位名叫布萊恩・賀卡特（Brian Urquhart）的年輕英國陸軍軍官，目睹這些德國人開著賓士，往蒙哥馬利將軍的總部方向而去。在這不久前，賀卡特才和幾位盟軍軍官到這附近的伯根貝爾森（Bergen-Belsen）集中營，他們是首批踏入集中營的盟軍人士。一進集中營，賀卡特他們就發現，營內多數重獲自由的囚犯「似乎無

法把話說清楚，就算我們講共同的語言，還是無法溝通。」他們從遠處看到一堆木材，走近才發現原來是成堆的白骨，「放眼望去，觸目驚心」。[3] 德軍投降幾天後，一名美國記者訪問一身華麗貂皮大衣的馮佛里德堡怎麼看待德國犯下的暴行，馮佛里德堡一聽勃然大怒，認為這問題太侮辱他的祖國了。

五月六日，還有另一場儀式在荷蘭瓦罕尼根（Wageningen）附近一座半毀的農莊舉行。布拉斯科維茲將軍（General Johannes Blaskowitz）率軍向加拿大佛克斯中將（lieutenant-general Charles Foulkes）遞交降書。一九四四年九月，英、美、波蘭三國聯軍試圖強行攻入荷蘭，沒料到卻一敗塗地，而整個阿納姆也被炸成廢墟，這場軍事挫敗史稱「市場花園行動」（Operation Market-Garden）。當時有人已預見這場災難，其中一人便是賀卡特，當時他在這個軍事行動主謀之一的布朗寧（F. A. M. Browning）將軍麾下擔任情報官。布朗寧將軍綽號「小子」（"Boy"），意氣風發，一時殺人無數。賀卡特向指揮官報告，德國坦克旅早在阿納姆附近埋伏，正等著盟軍自投羅網，並拿出相片佐證情報來源可靠。上級只要求他直接請病假。因為沒人可以阻撓蒙哥馬利將軍的這場軍事派對，更別說區區一位低階情報官了。*

但戰事未歇，在荷蘭延燒的戰火還未完全撲滅。五月七日，在阿姆斯特丹市中心，群眾集結於皇宮正前方的水壩廣場（Dam Square）慶祝戰勝，大家歡天喜地，又唱又跳，揮舞著象徵荷蘭皇室的橘旗，殷切期待英國與加拿大勝利部隊進城。幾位德國海軍軍官從廣場上一處紳士俱樂部的窗邊看著這群興奮的人，愈看愈

---

* 事實上，行動在計畫階段時常被稱為「派對」。阿納姆之役表現優異的軍官佛斯特上校（Colonel John Frost），甚至打算把高爾夫球具帶去荷蘭。

不是滋味，一氣之下，到屋頂把一座早已架設好的機關槍對準群眾掃射，以洩心頭之恨，造成二十二人死亡，超過一百人重傷。

這場悲劇也不是這場戰爭最後一次的暴力事件。五月十三日，就在荷蘭解放日一週後，兩名男子遭到處決。他們是從德軍逃出的德國反納粹分子，藏身在荷蘭人之中，其中一位的母親是猶太裔。他們在五月五日從藏匿地點現身，向荷蘭反抗軍表明身分後，反抗軍便把他們交給加拿大軍隊，接著他們便陷入典型的戰時羅生門。蒙哥馬利在五月四日接受德軍投降時，荷蘭根本沒有足夠的盟軍人手來解除德軍武裝或餵飽戰俘，因此只好允許德國軍官暫時繼續指揮部隊。這兩名不幸的德國逃兵，連同其他德國士兵，一起被安置在阿姆斯特丹城外一處棄置的福特車組裝工廠。幾位急欲最後一次展現軍威的德國軍官，倉促成立了軍事法庭，判處兩人死刑。德軍向加拿大軍隊索取槍枝處決「叛徒」，加拿大人並不清楚判決內容，也不願意打亂這種臨時的安排，總之，他們同意了。於是兩人迅速遭到處決。顯然，還有不少人也遭逢類似的命運。末了，儘管為時已晚，加拿大軍隊終於禁止這樣的行為。[4]

第二次世界大戰在歐洲戰事正式結束的日子，事實上是五月八日，稱之為「歐戰勝利紀念日」（V-E Day）。儘管五月六日傍晚，在法國漢斯（Rheims）一處校舍，所有德軍部隊已簽署了無條件投降的降書，但慶祝活動卻還不能開始。因為史達林對於美國艾森豪（Eisenhower）將軍擅自接受德國東、西兩邊戰線投降一事，怒不可遏，他認為，只有在柏林的「蘇維埃」才有接受敵軍投降的特權。另一方面，史達林希望把「歐戰勝利紀念日」延後到五月九日，這也激怒了邱吉爾。

在英國，舉國上下已經忙成一片：烘焙著麵包準備製作慶祝

用的三明治；形形色色的旗幟也準備妥當；教堂也等待鳴鐘的時刻。在一片混亂中，反而是德國率先在佛倫斯堡（Flensburg）廣播宣布戰爭結束；第三帝國的殘兵敗將，在名義上仍由駐守此處的海軍元帥鄧尼茨（Doenitz）統率。英國國家廣播電台（BBC）也隨之發送戰勝的消息。終戰一事也登上英、美、法等國報社的號外，隨即人盡皆知。在倫敦，大批群眾聚集在皮卡迪里圓環（Piccadilly Circus）與特拉法加爾廣場（Trafalgar Square）等著邱吉爾宣布勝利，為史上最大的派對揭幕。紐約街頭，慶祝的紙帶像雨水一般灑落，但盟軍領袖仍未正式宣布對德戰爭已經結束。

五月八日午夜時分，在德國卡爾斯霍斯特（Karlshorst）的蘇維埃總部（父親之前待過的勞改營附近），冷血的軍事天才朱可夫（Georgy Zhukov）元帥終於接受德國投降，海軍總司令馮佛里德堡再一次為敗戰的德國簽下降書。鐵面無私的陸軍元帥凱特爾（Wilhelm Keitel）是個徹頭徹尾的普魯士軍人，他告訴俄國人，德國首都被摧毀的程度讓他驚駭，一名俄國軍官於是反問，在他一聲令下，上千個蘇聯村莊城鎮被消滅，百萬生靈塗炭，連小孩也未能倖免，他是否也同樣感到驚駭？對此，凱特爾只是聳了聳肩，不發一語。[5]

朱可夫接著要求德國人離開。隨後，俄國人與英、美、法盟軍大舉慶祝，席間是一場又一場慷慨激昂的演講，這批人喝下了大量的紅酒、干邑酒與伏特加。隔天，宴會在同一地點舉行，朱可夫向艾森豪舉杯致意，讚美他是有史以來最優秀的將領之一。大家開始敬酒個沒完，俄國將領們樂得翩翩起舞，連朱可夫也下場同歡，慶祝到大家都醉得不醒人事。

五月八日，紐約群眾早已開始瘋狂慶祝；倫敦街頭也湧來群

眾，但場面異常肅靜，彷彿要聽到邱吉爾的聲音，他們才能正式開始慶祝。邱吉爾決定不理會史達林的願望，不把歐戰勝利紀念日延後到五月九日，排訂下午三點發表演說。美國杜魯門總統稍早已經發表公開談話。法國的戴高樂將軍（General de Gaulle）則不想讓邱吉爾專美於前，決定在同一時刻對法國民眾發表演說。

全球都在廣播上聽到邱吉爾在 BBC 上的演說。西敏寺外的國會廣場架設了擴音器，現場人山人海，白金漢宮的柵門都快被擠壞了，車輛無法穿過西邊的劇場區。終於，大笨鐘響了三次，群眾頓時安靜下來，擴音器傳出邱吉爾的聲音：「對德戰爭就此結束……幾乎全世界都聯合起來對抗惡勢力，此刻，他們在我們面前臣服……我們現在必須集中所有力量與資源，來完成國內外的任務……」他的聲音響徹雲霄：「大不列顛前進吧！自由萬歲！天佑吾皇！」稍後，他在衛生部的陽台上做出 V 字勝利手勢。「上帝保佑你們，這是屬於你們的勝利！」群眾大喊：「不，這是您的勝利！」

《每日先鋒報》（Daily Herald）報導：「市中心有各種精彩的慶祝活動，歡欣鼓舞，失控的群眾衝上公車或跳上汽車車頂，拆下廣告招牌，在人行道上生起慶祝營火，親吻警察，拉警察一起跳舞……汽車駕駛一邊長按電動喇叭，一邊比 V 字手勢，河上船隻的勝利喇叭聲在夜裡縈繞不絕。」

當時母親十八歲，從寄宿學校放假出來，也和她弟弟在這人海中。我祖母溫尼菲·施勒辛格（Winifred Schlesinger）的父母是德裔猶太移民，當然大有理由歡天喜地，她對邱吉爾更是崇拜得五體投地。但她擔心自己的孩子會在「興奮、爛醉的群眾中，特別是在那些『死老美』中」走失。

在紐約，五十萬人上街慶祝，宵禁取消。科帕卡巴納、凡爾賽、

拉丁區、鑽石馬蹄鐵、摩洛哥等各大俱樂部擠滿人潮，營業到大半夜。爵士樂手萊諾‧漢普頓（Lionel Hampton）在尚奇巴俱樂部演出，艾迪‧史東（Eddie Stone）跟樂團則在羅斯福飯店的燒烤餐廳表演，而著名拳擊手傑克‧登普西開的餐廳（Jack Dempsey's）則供應「巨無霸」餐點。

在巴黎共和廣場上，一名《解放報》（Libération）記者目睹「一大群民眾揮舞盟軍旗幟，緩緩移動。一位長腿美國大兵走路搖搖晃晃，卡其褲的口袋還塞著兩瓶干邑酒，一瓶已經喝光，一瓶還是滿的。整個人都醉了，卻仍想拍照」。一架美軍 B-25 轟炸機炫技穿過艾菲爾鐵塔的塔腳間，群眾看了情緒更為高昂。在義大利大道上，「身形魁梧的美國水手與容貌俊俏的黑鬼」決定來場比賽，他們把路過的女人拉到他們「結實的胸膛」上，比賽誰臉頰上留下最多唇印，圍觀者紛紛下注。在凱旋門，前所未見的人潮對戴高樂將軍表示謝意，戴高樂露出難得一見的微笑。群眾高唱〈馬賽曲〉以及戰時金曲〈瑪德瓏〉（Madelon）：

> 布列塔尼那邊有家酒館
>
> 疲憊的士兵到此放風
>
> 老闆女兒的名字叫瑪德瓏
>
> 倒酒的同時他們笑鬧「再來」……
>
> 瑪德瓏，妳獨一無二
>
> 瑪德瓏，為了妳，我們會撐著
>
> 我們已經太久沒有看到小姐
>
> 難道真的不能給我們一個吻……

不過也有人認為，巴黎的歐戰勝利紀念日有些失落，畢竟法

國早在一九四四年就被解放了。西蒙‧波娃（Simone de Beauvoir）在回憶錄中憶及當晚，「這比更早之前的其他慶祝更令人困惑，這困惑可能來自我的感受，因為我們老早就贏得勝利了。當時我們並沒有焦慮地等待『解放日』。我們老早就已經預見這天的到來，這個勝利沒有帶來什麼新希望。就某方面來說，現在這個結束有點像是一種死亡……」6

　　另一方面，莫斯科人則在九號一早宣布勝利後湧向街頭。大批民眾徹夜歡欣鼓舞，大喊「勝利！勝利！」，其中許多人還穿著睡衣睡褲。范倫亭‧貝瑞茲可夫（Valentin Berezhkov）曾任史達林的口譯，他在寫給英國史家馬丁‧吉伯特（Martin Gilbert）的一封信中回憶道：「終於擊敗邪惡對手的勝利光榮，對亡者的傷痛（當時我們並不知道有將近三千萬人在戰場上殞命），長久和平的希望，以及持續與戰時盟友合作，這些種種都創造出一種融合希望與終於可以鬆一口氣的特別感受。」7

　　五月八日的《解放報》或許說對了一件事：這到頭來是年輕人的派對。「只有年輕人才會這麼興高采烈；只有年輕人會跳上吉普車，把這些車子當作隆尚賽馬場的大看台。他們從香榭麗舍大道呼嘯而過，用旗幟包著頭，嘴裡唱著歌，事情本來就該如此，對年輕人來說，危險已經過去了。」

　　我在英格蘭的祖母，思慕著投身英國陸軍、仍駐紮在印度的丈夫，無法與孩子共享這份興奮之情。其他擔心遠方丈夫、兒子的人，或是已經失去太多，而無法感受到歡欣的人，一定也有相同感受。我的祖母，這位移民之女，她的反應也十足英式作風，她是這樣寫信給祖父的：「我太想你，沒辦法慶祝。所以在這榮耀的時刻，我在花園裡多做了點工作來致敬。」

父親甚至不記得戰爭是在哪一天正式結束的,只依稀記得俄軍鳴槍慶祝。朱可夫元帥在回憶錄中提到:「我們(在五月九號)離開宴會廳,各種武器對我們鳴砲致意……整個柏林與郊區的槍砲聲不絕於耳。」[8] 但父親早就對槍聲麻木了,並未特別留意。

年輕的英國情報官布萊恩‧賀卡特被困在德國北部,貝爾森集中營的景象仍在腦海中揮之不去,因此對戰勝一事,也無法由衷感到歡喜,「我很難重溫當時真正的感受,當時發生了很多讓人難以承受的事。將近六年的時光,從絕望到勝利,許多朋友在戰爭中喪命、驚人的資源浪費、毀滅……我想著戰爭照片中一張張無名氏的面孔、難民、囚犯、被轟炸的平民、雪中的俄國人以及他們殘破的家園、遭遇船難的船員——這當中又有多少人能再次與家人團聚?」[9]

不過這想法並沒有掃掉其他人的興頭。在紐約、巴黎、倫敦,這天不但是年輕人的嘉年華,也是名副其實的光之慶典。紐約《先鋒論壇報》五月九日的頭條是「整個城市亮起來了!」倫敦《每日先鋒報》五月八日的標題則是「倫敦的夜空再次亮起」。巴黎歌劇院閃爍紅、白、藍的燈火,這是自一九三九年九月後,歌劇院首度亮燈。燈火一一亮了起來,照亮凱旋門、瑪德蓮教堂、協和廣場。《先鋒論壇報》更是驕傲地報導:貝希路上,「大型探照燈下的星條旗、米字旗與三色旗」,在報社大樓前飄揚。

紐約市自一九四二年四月實施燈火管制後,整座城市愈發黯淡;一九四三年十月更進行節電管制,只有自由女神像的火把亮著。但到了五月八日晚上八點,據《紐約每日新聞》報導:「百老匯皇冠上的每顆珠寶都大放光芒,大批群眾像是在一片光明中游泳,他們的精神也抖擻了起來。」

探照燈特別打在倫敦特拉法加爾廣場上的尼爾森紀念柱上；
聖保羅大教堂獨自矗立在金融區遭到轟炸後的廢墟中，也在聚光
燈下綻放光芒；萊斯特廣場的劇院閃耀著俗豔的光芒；還有無數
的簷燈散發著柔和的紅光，籠罩整個倫敦市，一路亮到蘇格蘭。

　　可以開燈，不只讓人鬆了一口氣，更代表之後不用再擔憂炸彈
與 V 型飛彈的襲擊。重回光明，給人一種象徵意義上的感動。讀著
這些紀錄，我想起一位莫斯科的俄國學者告訴我的故事。法國文
學是她的專長與鍾愛，她畢生都夢想著遊歷法國和其他西歐地區，
造訪那些只有在書上讀過的地方。一九九〇年，她終於獲准搭火車
前往巴黎。我問她印象最深刻的是什麼，她說，是火車在夜間從東
柏林進入西柏林時，突然間，就有了光。

§

所有文化中都有「光」的慶典，它的歷史和人類所點燃的第一把火
一樣古老，通常可以追溯到與季節及新生相關的神祕起源。因此
解放初期的一些回憶，都帶著一股特別的宗教狂喜氛圍。這在女
性歡天喜地迎接盟軍士兵時，特別明顯。來自海牙的年輕女性瑪
利亞·哈妍（Maria Haayen）還記得第一次看到加拿大坦克朝她的
方向開來時，一名士兵從砲塔中窺伺，她感覺，「我體內的血液像
流乾了一樣，心想著：我們要重獲自由了。當坦克車更靠近時，我突
然喘不過氣來，然後這名士兵站了起來——他就像聖人一樣。」[10]

　　這種感受在年輕女性當中可能比較普遍，但男性也不乏類似
的感受。一名荷蘭男子回憶：「即便是摸到加拿大制服的袖子，都
是一種光榮。每個加拿大士兵都是基督，都是救世主……」[11]

　　從某個重要層面來說，一九四五年夏天，盟軍士兵在解放國

的經歷，可以和二十年之後「披頭四」的誕生相提並論。披頭四所帶來的解放也是以「狂熱」的形式展現，而「情色」是其中最主要的元素。一九四五年，在荷蘭、比利時、法國等地，都少有男性的蹤跡，他們不是被俘虜，就是身無分文、營養不良或意志消沉，這種狀態在戰敗的德國與日本更為嚴重。外國的占領或多或少摧毀了男性的權威，至少暫時如此。當時一位荷蘭史家是這麼說的：「一九四〇年，荷蘭男人在軍事上被擊敗，一九四五年，則在性事上被擊敗。」[12] 法國、比利時等被占領過的國家，他們的男性也遭逢類似的挫折。此外，戰爭還導致了一個現象：許多女人不再屈從，她們開始工作，為反抗軍工作，或獨力照顧全家。當時在法文中，對此現象有種非常不以為然的說法：這些女人變得「男性化」（*hominisée*），行為舉止愈來愈像男人。

骨瘦如柴的荷蘭人、法國人、德國人久未盥洗、衣衫襤褸。相較之下，加拿大人整潔清爽、美國人身材高挑，個個營養充足、手頭寬裕，穿著性感的征服者制服，這必定讓他們看起來宛如天神。很多荷蘭女人最後都嫁給加拿大人，用其中一位荷蘭女人的話來說：「講白一點，在經歷過這麼多事之後，加拿大人看起來很可口。」

最能表達這種性慾解放的，是盟軍部隊帶來的音樂，這些音樂是納粹禁止的，如搖擺樂、爵士樂；葛倫·米勒（Glenn Miller）的〈興致勃勃〉（In the Mood）、湯米·多希（Tommy Dorsey）、史坦·肯頓（Stan Kenton）、班尼·古德曼（Benny Goodman）、萊諾·漢普頓的〈嘿！巴巴銳吧〉（Hey! Ba-Ba-Re-Bop）。巴黎的年輕人隨「勝利音樂」起舞，這些爵士樂唱片是美軍部隊配給的。法國香頌也沾染了這種法語、美語混雜的情形，一九四五年，賈克·皮爾斯（Jacques Pills）所唱的熱門歌曲中，有一段歌詞是這樣唱的：

噢啦啦！

小姐早安

噢啦啦！

Hello，要這樣唱

噢啦啦！

我覺得 you 好美

噢啦啦！

You very 帥軍人……

　　西方盟軍在一九四五年仍明令禁止與德國人友好，不過荷蘭與法國卻積極鼓勵這種行為，甚至出現「親善任務」（Operation Fraternization）這種組織。七月時，「荷蘭娛樂委員會」在茱利安娜公主（Princess Juliana）與伯納德王子（Prince Bernhard）的支持下成立，特別請會說英文的女性來陪伴十多萬名加拿大人。目的是希望這些女孩可以陪士兵觀賞藝術表演、逛博物館、看電影，在妥當監督之下，還可以去舞會。

　　他們真心期待這些女子會「維護我國榮譽」。我的荷蘭祖母身為新教徒牧師的太太，被請去監督跳舞，確保加拿大人與荷蘭女伴之間沒有做出任何敗壞國家榮譽的踰越之舉。和她一起執行這項任務的是位名叫奧格托普（Ogtrop）的天主教神父。當〈嘿！巴巴銳吧〉這首歌一播放，跳舞的人就隨著音樂節拍大喊神父的名字。我不確定那些舞會還發生過什麼不為人知的事，不過一位加拿大士兵表示，他「從未遇過比荷蘭女性更願意投懷送抱的女孩子」。[13]

　　從盟軍部隊的觀點來看，這樣也好，因為他們的指揮官無法

接受妓院。法國即使在德軍占領時期，公娼（*maisons de tolérance*）依然盛行，解放之後，紅燈區還是「太過張揚」。有些年紀較大的美國老兵仍對一九一八年第一次世界大戰後的巴黎充滿美好回憶，當時皮卡爾（Pigalle，盟軍稱之為「豬哥巷」）的妓院熱烈歡迎這些阿兵哥。即使在二次大戰後，嫖妓的禁令也沒有被嚴格遵守。至少一項紀錄指出，在法國瑟堡市（Cherbourg）有好幾間妓院由美國陸軍間接經營。[14] 有些妓院保留給黑人大兵；有些則是白人專用，美國憲兵則負責確保妓院門外的隊伍遵守秩序。儘管某些人對此相當惱怒，擔心缺乏管理的性交易會導致性病猖獗，而這也理由充分，不過大多時候，「親善活動」仍嚴格限定以自由個體戶的方式進行。

部隊與當地女性的關係當然不是平等的。男人有錢、有奢侈品、有香菸、有絲襪，更重要的是，他們掌握了大家求之不得、讓人活命的食物。崇拜解放者的心理，也在在暗示了關係不平等所造成的屈辱感。然而這些急於「親善」的女性，也不完全是盲目的英雄崇拜者或不得已賣身的受害者。西蒙·波娃在回憶錄中提到一個巴黎女子，她的「主要消遣」就是「釣美國人」。

日後成為人氣小說家的貝諾瓦·古特（Benoîte Groult）和她的姊姊芙蘿拉（Flora）就把釣美國人的奇遇記錄下來，寫成小說，名為《四手日記》（*Journal à Quatre Mains*）。雖然她們稱之為小說，但實際上只是略加修飾的日記。通英文的古特跟其他法國女性一樣，透過美國紅十字會成為親善志工，但她卻別有居心。她幾乎每夜都流連在巴黎各盟軍俱樂部中，這些俱樂部歡迎法國女孩但禁止法國男人進入。這些俱樂部的名字都無傷大雅，如「加拿大俱樂部」、「獨立」、「彩虹角落」等。

古特對美國、加拿大軍人的身材描述得鉅細彌遺，字裡行間洋溢著愛慕之情，跟那些自以為在凝視聖人的人沒什麼兩樣。不過古特的描述卻非常「入世」，而這些男人也不是什麼聖人。她在敘述自己釣男人的豐功偉業時，口吻就跟男人自誇「把妹高手」時的口氣如出一轍。她稱自己經常出入的俱樂部為「奴隸市場」，依照這個邏輯，身為奴隸的是這些征服群眾的英雄。

　　古特如此描寫美國飛官寇特：「鼻子有點短，像是倒著放的三層甜品（*trifle*），這讓他有種美國人常流露的孩子氣；高空飛行讓他皮膚黝黑；強壯的手臂，人猿般的肩膀……完美的臀部、筆直的長腿、修飾了身體其他部分的些許沉重感……」寇特從來不看書，只對食物與飛機感興趣，但她並不在乎。沒錯，她寫道：「我就是要笨蛋的臂膀，笨蛋的親吻，他笑起來很可愛，嘴角上揚，露出編貝般的美國牙齒。」[15]

　　簡言之，法國男人會認為古特非常男性化。她已婚，但在戰時喪偶。一九四四年夏天的解放，讓她得到縱情的許可，她從再也不會相見的男人臂彎中，找尋歡愉。這是珍貴的自由，事實上，反而是寇特認真了起來，把父母的照片拿給她看，希望帶她回美國當他的戰爭新娘。古特認為自己還年輕、是巴黎的知識分子，希望能在文壇大放異彩，自然不可能接受這種提議。

　　冷血無情的古特可能是特例，也可能只是故弄玄虛，但她的說法呼應了一位法國史家對德國占領巴黎時期的論點。派崔克·布伊森（Patrick Buisson）認為，戰爭時期，大量德國年輕人在法國出現，這給了許多女人叛逆的機會；無論是受困不幸福婚姻的婦女，在布爾喬亞家庭中被壓迫的女子，被雇主霸凌的下女，小姑獨處的女人，或各個階級中想掙脫保守父權社會禁錮的女性，就算只能

短暫叛逆，也想把握這個機會。實際上，這些女人與占領軍有親密關係也能帶來實質利益——日子比較好過，在某些案例中，她們甚至過得比先前的主子還要好，這讓復仇的滋味更加甜美。[16]

不只女人，各種弱勢團體也時常與有力的外人結盟，迫使主流勢力退讓，這是所有殖民社會都有的現象。當時有極高比例的法國同性戀者與德國人合作，或把戰時巴黎當作情慾遊樂場，這可能跟他們普遍不滿布爾喬亞的裝腔作勢有關。納粹與維奇政權文宣內含的恐同訊息並沒有構成阻礙。法國同性戀者未必認可德軍的占領，但這卻是一個反叛的契機。

無論如何，與盟軍解放者「親善」交流，比跟德軍合作更有吸引力，因為不用被指謫為叛國賊。我們很難得知實際上有多少同志參與「親善」活動，因為當時大家對這個話題比較謹慎。有個敘述得很美的例子。魯迪・范但錫（Rudi van Dantzig）是舞者、作家與荷蘭國家芭蕾團的編舞家，他根據自己在一九四四年、一九四五年間的「飢餓之冬」，從阿姆斯特丹撤退到北方某個小村落的親身經歷，寫成了小說《軍官與男孩》（*For a Lost Soldier*）。書中描述，當加拿大人抵達村莊時，他只有十二歲，卻有著連自己都不太懂的渴望。一輛吉普車停在鄉間小路上，有隻手伸了出來把他拉上車。這是男孩約倫與加拿大士兵華特初次見面的情景，華特最後勾引了男孩。但這本書完全不是在控訴戀童癖，相反地，這是一首回憶故人的輓歌：「一雙臂膀環繞著我，非常溫暖、舒服，我整個人彷彿被包在椅子裡。我幾乎是帶著喜悅讓這一切發生，心想：『這就是解放該有的樣子，和其他的日子不一樣。這是一場派對。』」[17]

貝諾瓦・古特很清楚與美國人親善交流的物質利益，她明白點出性飢渴和對食物飢渴之間的關係。她說躺在床上被寇特的軀

體壓著，就像在跟整塊大陸做愛：「有誰能拒絕整塊大陸？」完事後他們一起吃東西：「經過四年的占領與將近二十三年的守貞，我的胃口幾乎被徹底激起。我吞下了兩天前才在華盛頓下的雞蛋，芝加哥包裝的罐頭肉，在四千哩外成熟的玉米……戰爭還真是了不起啊！」

罐頭肉、雞蛋、好時（Hershey）巧克力可以馬上吃，絲襪可以穿上身，但好彩牌（Lucky Strikes）、駱駝牌（Camels）、切斯特菲爾德（Chesterfields）或上等兵（Caporal）香菸可以在黑市交換到更多食物。美國大兵的貨源充足，和他們寬闊的肩膀、甜美的笑容、緊實的臀部與上好的制服一樣，有極大的吸引力。光是容易取得香菸這點，就讓他們成為窮國中的富人。這也很容易讓人斷言，與之共枕的女人其實沒有比妓女好到哪裡。

很多人的確這麼想，特別是生活困難的女人，或被阻絕於舞廳、戲院之外的男人，因為這些娛樂場所只保留給解放者與他們當地的女朋友。有些勾搭盟軍部隊的年輕女人戴著頭巾，遮掩最近才被剃光的頭，這是懲罰她們之前有過德國情人。這些事更加深了外界對這些女性的懷疑。

有些女人無疑是個體戶妓女。特別是在戰敗國中，性服務有時是讓自己與孩子活下來唯一的出路。有些女人的對象從德軍換到盟軍愛人，其速度之快，實在很不得體，但她們並非總是唯利是圖，原因也不那麼直接。法國有個地方的鄉民，自告奮勇成立整肅委員會，他們威脅一名剛被剃光頭的「橫向通敵者」（horizontal collaborator），要進一步處罰她「不檢點的行為」。她說：「我才不在乎你們剃我的頭髮，我跟丈夫（前戰俘）已經沒有聯絡了，只要我想跟美國人找點樂子，就不會讓這點小事阻攔我。」[18]

閱讀當時的媒體紀錄與評論，可能會得到一種印象：一九四五年的整個夏天是一場為時甚久的集體雜交派對，外國軍人與本地女人出於飢渴、滿足肉慾，或寂寞難耐，而縱情聲色。統計數字似乎也證實這種印象：與一九三九年的巴黎相比，一九四五年因性病入院治療的女性多了五倍；一九四六年，荷蘭有超過七千名非婚生子女，新生兒是一九三九年的三倍；感染性病的比例會這麼高，可能是因為缺乏醫療監督或避孕措施、窮困地區的衛生條件惡劣等因素所引起的。其實，許多男男女女不過是在尋求溫暖、陪伴、愛，甚至渴望婚姻。解放的頭幾個月，的確有許多放蕩狂歡的機會，不過人們仍渴望生活回歸常軌。我們也不該忘記：一九四六年，荷蘭有二十七萬七千名合法婚生的新生兒，這也是荷蘭有史以來最多新生兒出生的一年。

§

伯根貝爾森集中營在四月十二日被盟軍解放，德瑞克‧辛頓中尉（Lieutenant Derrick Sington）所指揮的英軍受命立刻前往。戰爭尚未結束，但集中營的狀況慘不忍睹，當地人擔心傷寒疫情會波及他們的生命安危。就在幾週前，安妮‧法蘭克（Anne Frank）才死於這波傷寒。不知德國當局是因為無力處理，或不願面對傷寒爆發的風險，因此即便雙方仍在交戰，德方依然同意英軍部隊進入集中營。

車隊經過成堆的屍體與飄著屍臭和排泄物惡臭的營房，士兵對眼前的景象無法置信。貝爾森集中營的照片是西方媒體首批公開的集中營畫面，在英國，「貝爾森」也成了納粹大規模屠殺的主要象徵。布萊恩‧賀卡特回憶當時，他知道納粹反猶太人，

「即便如此，我還是無法想像真的會有一個計畫滅絕數百萬人的『最終解決方案』。我們完全沒有料到會在貝爾森看到這樣的慘況。」[19] 但他跟其他英國士兵有所不知，貝爾森還稱不上是滅絕營（extermination camp），真正的滅絕營在波蘭，在德軍往西部戰線撤離之前，德軍已摧毀大半的滅絕營。

辛頓中尉繼續往前開去，用擴音器告訴生還者，他們自由了，只是他們多半都太過虛弱，無力回應。接著他到了女性營區，剛拿起麥克風，

> 幾秒內，就有數百名女人把車子團團圍住，她們歇斯底里地哭喊，完全蓋過擴音器的聲音。營房建物四周種著幼小樺樹，女人拔起長滿綠葉的幼枝往車上丟。[20]

這些女人是少數的幸運兒，她們至少還走得動。一位志願協助的英國醫學院學生，在其中一間營房看到下面的景象：

> 我站在一片髒汙當中，十分驚恐，試著適應這股混合著太平間、下水道與腐爛化膿的味道。這時我聽到有東西在地板上爬行的聲音。我循著微弱的光線往下看，有個女人正朝著我的腳爬過來，她蓬頭垢面、瘦骨嶙峋……她正在排泄，但身體太過虛弱而無法將臀部抬離地板。她正在拉肚子，黃色冒泡的屎尿從她大腿間排出。[21]

醫生與志願醫護人員亟欲取得更多食物、藥品與醫療器材，他們所面對的疾病與饑荒慘狀前所未見，甚至連想都沒想過。每

天仍有上百人死亡；有時甚至是因為吃了太過營養的軍糧，但內臟卻已經萎縮無法消化，因而喪命。不過軍隊並非一直都是很有效率的組織，而且德國當時的情況非常混亂。四月末的某天，集中營來了一櫃神祕貨品，打開一看，沒想到裡面是大量的口紅。

事實證明，這是場及時雨，英軍救護組指揮官戈寧中校（Lieutenant Colonel Gonin）回憶：

> 我相信對這些女囚來說，口紅比什麼都有用。這些女人躺在床上，沒有床單、沒有睡衣，但雙唇豔紅。你看著她們四處遊蕩，身上只披了條毯子，但雙唇豔紅……終於有人做了點什麼，讓她們重新變回一個個體，她們是某某人，不是手臂上刺的數字。她們終於又可以開始打扮，口紅將人性還給了她們。[22]

英國著名哲學家理查·沃爾罕（Richard Wollheim）當時擔任情報官。他跟賀卡特一樣，在五月被派往貝爾森短暫停留。當時狀況仍很糟糕，但已不若先前那樣慘不忍睹。軍隊高層有人決定要為士兵與貝爾森的生還者安排一場舞會，沃爾罕的任務是策劃整個活動。只可惜，這場活動成了天大的災難。匈牙利籍的集中營衛兵可是出了名的殘酷，那天，這些衛兵穿上傳統民俗服飾，拿著六角手風琴演奏舞曲，一場誤會就此產生——由於沒有共通的語言，女人只顧著撩起手臂，露出她們在集中營裡的刺青；男人也不知如何溝通，只好抓起女人的手臂希望能共舞一曲。這舉動可把這些女人給嚇壞了，她們還手，開始打這些男人，而一旁匈牙利樂師則愈彈愈快。[23]

不過這只是個不尋常的插曲。大約同一時間，在營房中央的

廣場還有另一場舞會,由英國皇家空軍樂隊伴奏。根據一名英國士兵的說法,雖然有些女孩「幾乎走不動」,另一些「看起來會斷成兩截」,這場舞會依舊非常成功。一位高大的加拿大軍官摟著一個瘦小的女孩,女孩的頭只到軍官的腰部,他們一起跳著華爾滋,「她看起來非常快樂。看到這幅景象很難不讓人為之動容。」24

沃爾罕的經驗還不算普遍,以下這種情況應該更常見。許多在集中營工作的人,從美國籍猶太拉比到聯合國救難小組,對於生還者迅速恢復的性慾,紛紛表示程度不一的認可或反對。一如口紅,性慾在一定程度上恢復了受難者先前被完全剝奪的人性。

如果一九四六年的荷蘭出生率算高,那麼難民營的出生率就更高了。單單在美軍占領區,每個月都有七百五十名新生兒在難民營出生。占領區裡面十五歲到四十五歲的猶太女性,有將近三分之一不是已經生下孩子,就是待產中。25 包括伯根貝爾森在內的這些集中營,先前有成千上萬的人慘死其中,現在,都成了性活動的勝地。生還者彷彿迫不及待告訴自己和全世界:我們還活著,而且我們還能繼續繁衍後代。

救難隊員時而感到震驚,認為這些多為猶太難民的「自甘墮落,沒有節制」。有些人則認為這是出於無聊,除了飲酒尋歡外,還有什麼可以做?有些人則偏向衛道者,一位在慈善組織工作的法國醫生明確寫下反對意見:「許多集中營生還者的道德感非常低落……不正常的性行為多到嚇人。」不過他也承認這會讓生還者好過一些,沒有人能怪罪這些逃出煉獄的女孩子,她們「無法抗拒對人情溫暖的渴望,又想趕快忘記過去的恐怖經歷,這些渴望將她們吞噬,她們無所不用其極來滿足這些渴望。」26

其他觀察者則有比較委婉的解釋。一位叫瑪塔·寇溫(Marta

Korwin）的波蘭救難隊員，相信集中營受難者都夢想過，一切磨難的結束會是完美世界的開端：「他們會忘記過去所有的苦難，自由會帶他們回到一個永遠不會出錯的世界……」然而最終取代這種憧憬的，卻是難民營的悲慘生活，他們失去珍愛的人，失去了希望，於是用酒精與性愛來逃避痛苦。[27]

這些解釋都合情合理，但還有生物面的解釋。經歷嚴重危機的民族必須繁衍下一代才能生存，許多難民營中的猶太人都不是滅絕營的生還者，能逃過滅絕營的非常稀少。難民營中的猶太人大多來自蘇聯各地，他們當初為了逃離納粹而跑到蘇聯。但多數猶太人都失去了小孩、雙親、兄弟姊妹等親人。年紀稍長的別無選擇，只能終生魂牽夢縈；但年輕人渴望建立新的家庭關係，尋求活下去的意義。錫安主義者等猶太組織也大力鼓吹用生物方法重建猶太民族。男女雙方初次見面後幾週、甚至幾天內就舉辦婚禮，避孕措施在猶太難民營中不被認可，人人覺得自己有責任增產報國——性不只是享樂，還是抵抗滅族的行動。

§

一九四五年時，身為德國人或日本人，顯然與法國人、荷蘭人或中國人的境遇截然不同，猶太人的境遇則更加迥異。面對外國部隊也是類似的情況。那些德國人稱之為「阿米斯」（Amis）或日本人稱「阿美仔」（Ameko）的美軍，以及加拿大軍、澳洲軍、英軍、蘇聯軍，他們並不是解放者，而是征服者。某個程度而言，對很多義大利人來說亦是如此。特別是在義大利南部，盟軍的入侵使原本艱難的生活雪上加霜：城市因而被炸成廢墟，經濟情勢每況愈下，許多人為了維生而賣淫。

在柏林，這些人被稱為「廢墟鼠女」（Ruinenmäuschen），女孩或女人逡巡在斷垣殘壁間，試圖勾搭軍人換點現金、食物或香菸。有些女孩甚至還不到青春期，就在黑市業者於廢墟經營的臨時妓院從事性工作。男孩則在專屬的廢墟妓院（Trümmerbordellen）賣身給美國軍人。其中一位叫做「安娜姨」（Tante Anna），後來在法蘭克福地下社會中惡名昭彰。

為了生存，往往也顧不得階級的分野。諾曼・路易斯（Norman Lewis）是一名派駐拿坡里的年輕英國陸軍軍官，他在《一九四四年的拿坡里》（Naples '44）中，記錄了一位地位崇高的義大利貴族來訪的情景，相當精彩。這位貴族在南邊某處有座城堡，他與妹妹一同造訪路易斯的總部：

> 兄妹兩人長得很像：纖瘦、膚色極為蒼白，貴族般冷漠的表情，又有點嚴肅。他們造訪的目的，是想詢問我們能否安排妹妹進入軍妓院，我們解釋，英軍沒有這種機構，王子說：「真可惜。」兩人都說著一口流利的英語，因為從小家中就有英國籍家庭教師。「唉，露易莎，我猜如果不成的話，大概就沒辦法了吧。」他們平靜地道謝離去。[28]

在日本，賣淫打從一開始就被制度化。這麼做是有理由的，日本當局害怕盟軍士兵會對日本人做出日軍對中國人等亞洲人一樣的惡行。在一九三七年的南京大屠殺，與一九四五年幾近摧毀馬尼拉的戰役中，成千上萬的女性慘遭強姦、截肢，如果飽受折磨後還一息尚存，通常會被殺害。這只是兩個特別惡劣的例子，還有更多不勝枚舉。在中國，日本帝國軍大規模地四處強姦，造成嚴重的軍

事問題，因為這引發了中國更激烈的抵抗。為了處理這個問題，日軍有時會徵召、但更多的時候是綁架女孩擔任慰安婦，在日本的軍妓院中當性奴隸。這在韓國等日本控制下的國家尤其普遍。

政府與軍隊不時以文宣恐嚇日本平民，一旦戰敗，日本女人將遭外國士兵姦殺。為了避免這種駭人的可恥宿命，日本人奉命要戰到最後一兵一卒或自絕。太平洋小島與沖繩上的婦孺奉命要以手榴彈或跳崖自盡，許多人都照做了。

因此，八月十八日，日本投降後三天，內政部責成地方警察為戰勝的盟軍成立「慰安設施」，招募女人「犧牲肉體」進入「特殊慰安施設協會」（Recreation and Amusement Association），承擔愛國的義務。要為展開太平洋戰爭負起很大責任的前首相近衛文麿公爵告訴國家警察總長：「請守護日本的年輕女人。」[29] 或許這樣的慰安措施能安撫入侵的外國人，高尚的日本女人才能從藏身處現身，在街上走動，不被玷汙。

這肯定是件骯髒齷齪的差事。由於特殊慰安施設協會是倉促成立的機構，連一張能讓大兵與慰安婦躺下的床都沒有，只能隨便找個地方進行性交易，多半是在地板上，或臨時妓院的門廊通道。日本人花了幾個月的時間才想到比較有效率的做法。他們在東京都外的船橋市興建了一座巨大妓院「國際宮」（International Palace），建築物的外觀看上去像是個停機坪，以生產線的方式提供性服務，別稱為「柳木廠」（the willow run），這名稱取自戰時福特公司在美國底特律附近所興建的轟炸機兵工廠。男人入內前，在長形建物的一端脫鞋，完事再到另一端出口處，取回已擦得發亮的鞋子。

部隊的臨時營舍擠滿了女人，東京的野村飯店就是一例。這

些女性在飯店登記為辦事員或清潔婦，卻時常在那裡過夜，有些人在冬天還會帶家人來這裡避寒。東京市中心的一間大型舞廳有日文招牌寫著：「愛國女孩們！化身舞伴，為日本的重建盡一分心力！」[30] 軍隊福利社裡（PX，僅開放給盟軍部隊，販賣食物、衣服等補給品的專賣店）也販售保險套。

在日本，盟軍一開始並沒有像在德國一樣嚴格禁止「與本地人親善交流」。駐日盟軍總司令（SCAP）麥克阿瑟將軍知道，就算頒布規定，也防不勝防。他跟一個副手說：「他們一直要我阻止成群的蝴蝶夫人出現，我不會這麼做……就算送我全中國的茶，我也不會下令禁止親善交流。」[31]

盟軍占領日本初期，光是美軍大約就有六十萬名，再加上澳軍、英軍等國家部隊，人數更是可觀，因此親善交流相當頻繁。傑出的中日研究學者狄百瑞（William Theodore de Bary）曾任美國海軍軍官，他在一九四五年十月的一封書信中，描寫了當時九州佐世保海軍基地的情況：

> 親善交流一直是個問題，事實上，憲兵必須禁止總部附近大橋的任何聚會，那裡擠滿熱切的水兵，他們比手劃腳，和笑口常開、態度又親切的日本人閒聊。打從一開始就是這個樣子。[32]

美國本土有些文宣對日本充滿種族歧視，但親善交流並未因而中斷。比方《週六晚報》（*Saturday Evening Post*）刊登一篇美軍占領日本的文章，其中寫道：「日本女性相貌平庸，小胸部、塌鼻子、八字腿，對多數美國人的吸引力大概跟千年石像差不多。事實上應該更沒吸引力，因為美國人至少還會對石像拍照。」[33]

說得客氣一點，這篇文章的作者完全沒概念。盟軍的高階軍官在一九四五年時多半都有日本小妾，因為一開始西方女性非常稀少，所以這種情形並不令人意外。直到新一波軍官抵達，情況才有所轉變。這些軍官通常沒有真正的戰鬥經驗，容忍度也比較低。即使德國方面的友好禁令已經解除，他們仍執意在日本貫徹風紀，宣布多數公共場所，像地方食堂、溫泉旅館、電影院、軍隊飯店（部隊的臨時宿舍）為「禁區」。

　　因此，親善交流仍盛行，只是大家都更謹慎行事；同時也出現愈來愈多的個體戶妓女，這對於降低性病傳染率毫無助益。在飽經轟炸的城市街道與公園中，妓女有自己的地盤，稱之為「島嶼」。有些人甚至只要一塊錢就會進行交易；一塊錢差不多是當時黑市半包菸的價錢。盟軍當局不顧日方的建議，決定在一九四六年禁止組織化的賣淫，更讓這種形式的交易更為盛行。

　　日本人喜歡把事物精細地分門別類。「潘潘女」（*panpan girls*）是所謂的個體戶阻街女郎，其中還細分成專門服務外國白人士兵的，專門接待外國黑人士兵的，專門服務日本人的；儘管如此，還是有些比較有生意頭腦的妓女拒絕做出這麼清楚的區分。還有些所謂「專一」（*onrii*）的妓女，只服侍一位客戶；服務較多客戶的，則稱為「花蝴蝶」（*batafurais*）。東京市中心有些區域，如麥克阿瑟將軍總部對面的日比谷公園或是附近的有樂町車站，都是典型潘潘女的聚集地。[34]

　　日本人十分看不起這些踩著高跟鞋、雙唇豔紅的潘潘女，認為她們是民族墮落的象徵。她們招來忌妒，也引人遐想。在物質條件上，她們比多數無家可歸、飢寒交迫的日本民眾要好得多。這些上班女郎也是第一批最熱衷美國商品的消費者，比絕大多數日本

人更熟悉勝利者的流行文化。潘潘女特有的行話夾雜著日本俚語與零碎的大兵英文，她們比多數日本人更能掌握占領者的語言。

某方面來說，潘潘女可說是日本放蕩傳統的延伸。在此傳統中，底層人民的生活被拉進光鮮亮麗的舞台。現代的東京舊時稱江戶，此地妓女的打扮，在木刻版畫與歌舞伎戲院的宣傳下，成了流行的指標。盟軍占領早期，和潘潘女相關的文化已經不若當年精緻。軍事上的挫敗，加上戰時審查制度與軍國教育的終結，讓植基於日本傳統的性商業文化重新復甦，只不過這一回還增添了大量的美式風格。低級的色情雜誌如《可愛》（*Lovely*）、《維納斯》（*Venus*）、《性古怪》（*Sex Bizarre*）與《美女海報》（*Pin-Up*）大行其道。舊娛樂區開了許多脫衣酒吧，往往只是在彈坑周圍草率搭建的簡陋小屋。皮條客、黑市商人以及穿著夏威夷衫的小混混，在廉價舞廳和女友共舞曼波。戰爭期間，政府明文禁止「外國的敗壞風氣」，因此日本搖擺樂團與爵士歌手從舞台上消失好一陣子，此時再度興盛，布吉烏吉（boogie-woogie）這種藍調風格的鋼琴演奏則風靡一時。

許多女人迫於生計賣淫，但並非個個皆然。當時的調查顯示，許多女人是「出於好奇」而成為潘潘女。[35] 潘潘女的臭名主要來自這點，而不只是用肉體換取金錢而已。社會大眾普遍認可女人為了讓窮困鄉下農家存活賣身，或出於愛國的義務而「犧牲」肉體，有時甚至讚許這樣的行為。但若是出於好奇，或貪求現金、香菸或絲襪，這樣的賣淫則十分可恥。有組織的賣淫歷時悠久，也為社會所接受。但潘潘女是自由業，因而備受抨擊，加上她們經濟獨立，非常危險。

一九四五年的日本性商業文化雖然大半俗氣且隨便，但和曼

波舞與布吉烏吉一樣，它也是種解放。有些人喜歡，有些人憎惡。一九四六年，日本約有九萬名非婚生嬰兒，但不可能全部的產婦都因為從事性交易而懷孕。[36] 官方之前散布了大量負面宣傳，說入侵者都是野蠻的強暴犯與殺手，但許多日本女人在實際見到美國人後，發現他們並沒有那麼可怕，都鬆了一口氣。一名女性在聲譽卓著的《婦人畫報》雜誌裡說：「我發現他們彬彬有禮、態度友善、無憂無慮，而且一派輕鬆。想起以前我家附近的軍營裡，那些日本軍人傲慢無禮、待人刻薄。兩相對比之下，還真讓人不堪！」[37]

這並不是說盟軍士兵都沒有暴力行為，占領初期是盟軍暴力行為的高峰。根據一項統計，一九四五年後期，每天都有四十名婦女遭到強暴，這還可能是低估，因為有許多人基於羞愧而沒有報案。[38] 這類統計當然絕對不會出現在有審查制度的盟軍媒體上，但多數日本人還是會承認，這些美國人的行為舉止遠比他們原先擔心的有紀律得多。若是拿日本自己的部隊在海外的惡行惡狀相比，更是如此。

日本社會性觀念的改變，恰好符合美國人「再教育」日本人的宣傳方針。不過美國人的理由有些古怪。他們告訴日本人，為了成為民主國家，女性應該受到更平等的對待。美國宣傳部說這話時，大概沒有特別考慮到潘潘女。不過他們鼓勵日本人像美國人一樣，坦然用肢體表達情慾。在美國大力鼓吹之下，一九四六年出品的電影《青春之心》（*Hatachi no Seishun*）首度有大螢幕的吻戲，給了日本人民新的道德啟示。這部電影深受年輕觀眾歡迎。

在日比谷公園中勾搭美國大兵的阻街女郎，以及首次的大螢幕吻戲，的確是情色光譜上的兩個極端。但一般大眾對色情娛樂及流行歌曲的高度渴望，則告訴我們解放與戰敗之間的差異並沒

有想像中那麼大。對日本人來說，葛倫・米勒的音樂〈興致勃勃〉，也讓他們有一種自由的新感受。

德國的西線也有同樣的現象。不過在蘇聯部隊占領的區域，情況便相當不同，至少在性事上是如此。如果「親善」定義了德國人在西線與外國部隊的關係，「強姦」就是德國人被蘇聯紅軍擊敗的詛咒。當然，西線也有強姦的惡行，在法國占領區尤其嚴重。比方在斯圖加特（Stuttgart），據稱有三千名女性遭法軍強姦，許多士兵來自阿爾及利亞。[39] 在規模最大的美國占領區，一九四五年美軍全年有紀錄的強姦案則少於一千五百件。[40]

西線占領區的強姦人數少於蘇聯占領區，有幾個理由：大概除了法國之外，其他盟國都沒有像蘇聯軍隊一樣心存報復。上級也沒有鼓勵部下對德國女性為所欲為。（相較之下，史達林便大放厥詞，聲稱這些跋山涉水，從浴血交戰中生還的士兵，有資格「向女人找點樂子」。）此外，德國女性願意與盟軍士兵「親善」，也讓強姦根本沒有必要。一九四五年夏天，美國大兵都知道，德國女人是「大溪地這頭」最隨便的。[41]

這當然是誇張的說法，多虧這些得了便宜還賣乖的美國大兵四處吹噓，但還有不少對此義憤填膺的德國人，刻意強調這種行為讓早已粉碎的國家榮譽，更加蕩然無存。儘管如此，許多士兵還是宣稱，德國女人無論稱謂是「小姐」、「姑娘」還是「親善女郎」（"frauleins", "furlines", "fratkernazis"），都比法國女人更願意與他們發生性關係。剛剛返抵美國的大兵，對此現象寫下了相當殘酷，卻也不失精準的分析：「我必須承認，就算是冒著洩露機密的風險，每個美國大兵都想在歐洲得到『好康』。」還有，「親善交流的機會，多多益善。」他接著說：「大兵可以在德國找到最多『好康』……在

法國就不一樣了，法國女人不像德國女人那麼願意奉承大兵。因此
這些美國大兵也沒機會親身體驗他們父親，以及一九四四年解放
法國的那些人所描述的經歷——把法國女人當成玩物。」[42]

德國境內的男女人數比是十比十六，女性人數遠超過男性。
而留下來的男人不是老弱殘兵，就是備受鄙視，正如同羅塞里尼
（Rossellini）在柏林廢墟拍攝的電影《德國零年》（*Germany Year
Zero*）中，一個德國年輕人所說的：「我們以前是男人，是國家社會
主義者；現在，我們只是納粹分子。」

貝諾瓦·古特在她關於法國解放的文學回憶錄中，忍不住品
頭論足，比較起「美國人之美」，與「在我看起來全都老氣、黝黑、
營養不良的法國人。」[43] 德國男人與日本男人的士氣肯定更加低
迷。德裔劇作家與編劇（作品《藍天使》）卡爾·祖克梅爾（Carl
Zuckmayer），一九四六年以美國使館文化專員的身分回到德國，
他訪問的一位德國女侍說她們不會碰德國男人，因為「他們太軟弱
了，早就不是男人了。都怪他們以前太囂張。」[44] 這位服務生的態度
相當普遍。

關於男性氣概受辱的記載中，我印象最深刻的是小說家野坂
昭如的故事。一九四五年時，他還是在大阪黑市中閒晃的青少年。
他精彩的短篇小說《美國海草莖》（*Amerika Hijiki*, 1967）便勾勒了
男子氣概與種族問題。故事主角是和作者差不多年紀的日本人。學
校告訴他西方男人雖然比日本人高，卻比較虛弱，特別是他們的臀
部，因為他們都懶懶地坐在椅子上，不像日本人跪坐榻榻米地板，
任何強悍的小日本人都可以用肌肉發達的大腿踢贏他們。學校時
常向學童提起短小精悍的「馬來亞之虎」山下奉文將軍的故事：將
軍在新加坡接受英國將軍白思華（Percival）的投降，當時白思華穿

著卡其短褲，他的腿就像兩根竹竿，看起來非常可笑。

　　然而，當日本青少年有機會實際端詳美國士兵時，卻對他們的身形非常難忘：「手臂像樹幹、腰像石臼……閃亮的制服褲包覆著臀部的男子氣概……啊，難怪日本會輸了這場戰爭。」[45] 當然並非所有的盟軍士兵都這麼高大壯碩，不少日本男人也沒那麼孱弱。日本官方將這場戰爭定調為高貴亞洲戰士與傲慢白種人之間的種族競賽。但飢餓青少年對美國士兵的第一印象，卻讓他們對戰爭的回憶更為感傷。因此和德國相比，勝利者與失敗者在戰後日本的首次會晤，更讓日本民眾震驚。

　　在德國，西方當局（不包括蘇聯）一開始盡力執行「不友好政策」。「美國軍中廣播網」（American Forces Network）聲明：「漂亮女孩會破壞盟軍的勝利氣勢。」軍中刊物《星條旗報》（Stars and Stripes）警告：「聰明的士兵不會親善交流」，或「別讓參孫接近黛莉拉，因為她會割下你的頭髮——從你的脖子下刀。」[46]《倫敦泰晤士報》（Times of London）認為，解禁「可能會讓故鄉的眾多女子非常憂慮」[47]，但這些告誡對前線的男人完全沒有說服力。「小三部隊」（Mistress Army）是當時西方盟軍的流行語，指的是許多跟隨美國軍官的德國情婦（這在英國軍官當中較為少見，英國人似乎比較喜歡喝酒）。這也讓下級軍官嫉妒，他們用帶刺的笑話抒發這種情緒，如「這政策不過是要讓高官可以先搞上所有漂亮女人」。[48]

　　喬治·巴頓將軍（George Patton）和麥克阿瑟將軍想法一致，他看不出頒布禁令有什麼好處。營養充足的美國大兵難道真不給挨餓的孩子糖果嗎？難道所有德國人都是納粹嗎？（應該說，巴頓對於德國人比較寬容，即便對納粹也是如此，但他對共產黨盟軍、甚至是猶太人，就沒有這麼友善了。）《紐約時報》雖然經常與民

意相左，這回可是站在美國大兵這邊，批評占領區的這項禁令。當地特派員在六月報導，他「從未遇過哪個士兵希望這項禁令持續下去，無論他們來自倫敦、密西西比河谷、還是亞伯達州的麥田，想法都一樣。」記者也揭露，為了貫徹禁令而採取的手段有多荒謬。在美軍占領區的一座村莊，反情報小組前往監視一名保全，而這名保全正在監視一名憲兵，該名憲兵剛好在「跟一個德國女孩打情罵俏」。[49]

六月八日，艾森豪將軍先解除了與孩童友好的禁令，此後，英、美士兵向女孩子打招呼都說：「小朋友早！」八月時，盟軍士兵獲准與成人說話，而且只要他們安全待在室外，甚至可與成年女性牽手。十月一日，擔任四國軍事占領治理機關的盟國管制委員會（Allied Control Council）終於徹底廢除禁令。促成此事的原因之一，是英、美部隊抵達柏林時，蘇聯士兵已可以自由自在地與當地人親善交流，這種差別待遇讓西線部隊難以接受。因此就某方面來說，允許與德國人友好，可說是早期強權競爭的結果。但解除禁令後仍有一條但書：禁止與德國人結婚，或禁止德國人留宿臨時營舍。不過隨著時間過去，這條但書也成了一紙具文，成千上萬的德國女人與她們的新丈夫一同前往美國，迎接充滿希望的新生活。

德國也有屬於自己的潘潘女，最低下絕望的是「廢墟之鼠」。然而和所有軍事占領下的國家一樣，浪漫、慾望與賣淫的界線並不總是那麼清楚。柏林的蘇聯占領區中，女人不分老幼，少有人能逃過性侵；一直到戰後數月，強姦仍司空見慣。但即便如此，與外國部隊發生性關係，原因也不一定都那麼單純。最精彩而恐怖的記載是《一個女人在柏林》（*A Woman in Berlin*），這是一位年紀三十出頭的女記者所寫的日記。在她向一名俄國軍官尋求保護後，才終

於擺脫被許多無名士兵連續強暴的命運。彬彬有禮的俄國中尉安納托成了她的固定情人，她寫道：「他想要的是人的支持、女人善體人意的特質，不是把女人當作洩慾的對象。我願意給他這樣的支持，心甘情願……」50

在西線占領區，多數有美國男朋友的女人都會接受他們的物資，這些女人很快就被視作妓女。相反地，從德國男人那邊得到禮物的女人，並不會隨便被冠上這臭名。當然對許多人來說，能否取得福利社的物資攸關生存。在嚴冬的月分裡，許多陌生人仍在被炸爛的建築物中，共用冰冷房間，此時暖氣充足的俱樂部就成了受人歡迎的避難所。但對女性及許多年輕男性來說，好彩牌香菸、巧克力、絲襪，加上搖擺樂、盟軍大兵的隨和舉止，也代表了一種文化，這種文化要比壓迫人的第三帝國來得可親多了。人們渴望來自新世界的事物，即便只有一點點也好，因為舊世界不只在現實上，在文化上、智性上、精神上也崩壞到讓人汗顏的地步。在法國與荷蘭等被解放國是這樣，在德國與日本更是如此，可以說，德、日文化的戰後「美國化」就始於所謂的「親善交流」，而這兩國的「美國化」也最為深遠。

至少有位女子如實地看待這一切：這是一場終將導向失望的幻夢。但即便如此，這個夢還是會留下雪泥鴻爪。貝諾瓦·古特最後一次拒絕美國情人寇特的求婚後，決定放棄「釣美國人」的遊戲，她寫著：「舊歐洲孑然一身，我感覺自己像古老而絕望的歐洲，我今晚剛剛向整個美國道別，也跟你們道別：史帝夫、唐恩、德克斯、沃夫、伊恩，你們帶著如此療癒的微笑進入我的生命，我現在要把門關上……跟來自西邊遠方的你們胡來，我不再覺得快樂了。你們的故鄉太遠，你們最後也會回去。你們解放了我，現在輪到我來重

新塑造自己的自由。」

§

日本小說家永井荷風最著名的作品是懷舊小說，描寫他深愛的東京汙穢的一面。下面是他在十月九日所寫的日記，當時日本戰敗已兩個多月：「在山王飯店（Sanno Hotel）吃晚餐時，我看到七八個美國年輕人，看起來像是軍官，模樣一派悠閒。飯後，我看到他們坐在酒吧裡同女服務生練習日文。和日本軍人比起來，他們的行為實在是格外謙遜。」[51]

一個月前，荷風在日記中記載，根據新聞報導，美國士兵會無恥地與日本女人亂搞。好吧，他說：「如果是真的，這也是日軍在中國所作所為的報應。」[52]

荷風是個文化涵養豐富的怪人，崇尚法國，不拘泥於傳統。不過他的反應在日本其實非常罕見。即使是受過高等教育的知識分子與作家，對於日本女性與美國人友好一事，態度也十分苛刻。作家高見順思想較為開明，也比荷風年輕，他對於自己曾偷偷支持戰時軍國主義感到羞恥。他在日記中回憶某個十月傍晚在東京火車站，吵鬧不休的美國士兵跟兩位女站務員調情，試著請她們一起坐下來，女孩嘎嘎笑著，絲毫沒有不情願。高見順寫著：「看她們的樣子，似乎很享受被調戲的樂趣。另一位站務員也前來，滿臉寫著她也想被調戲，這真是無比羞恥的一幕！」[53]

無論是這種景象，或旁人的觀感，上述記載一定相當普遍。然而高見順講的到底是誰的羞恥？是調情本身丟臉？是日本女孩與外國人調情丟臉？還是他自己作為日本男性感到羞恥？對於這種友好行為的不認可，也有更激烈的表達方式。美軍在北海道雇用

的日本女孩曾申訴，她們常因與外國部隊往來而遭到日本男人毆打，因此軍方還需派遣武裝卡車護送她們回家。

「嫉妒」無疑在男性憎恨中扮演了重要角色，而當時充滿了各種嫉妒：戰敗者嫉妒勝利者，美國士兵嫉妒蘇聯士兵（在美國禁令仍有效時），士兵嫉妒軍官等等。在《美國海草莖》中，野坂昭如告訴我們這種感覺可以持續多久。故事中的青少年長大後成家，他的太太在夏威夷度假時，認識了一對美國中年夫婦。這對夫婦到日本旅遊，希金斯先生曾在盟軍占領時期在此服役，舊地重遊，勾起他許多美好的回憶。被太太逼著得當個好主人的日本丈夫，決定帶希金斯先生去看東京的情色現場表演。一名身材壯碩、號稱「日本第一名」的表演者向觀眾保證日本男子漢的能耐。天不從人願，當晚「日本第一名」卻雄風不振，這日本丈夫覺得很羞恥，想起他在大阪廢墟中首度與美國大兵相遇的情景——他們樹幹般粗壯的手臂、包在閃亮制服中的緊實屁股。

希金斯先生是白人。戰時日本文宣不會提到黑人，除非是想進一步敗壞敵方名聲，才會拿在美國發生的種族歧視當例子。可是，國家被多種族的外來部隊占領，帶來了比性事競爭更讓人困擾的事。一封日本女性的信件被美國軍方檢查攔截，裡面提到傳聞有「兩萬名橫濱女性與盟軍士兵發生親密關係。縣政府也注意到，即將有一萬三千名混血兒在關西地區出生。光聽到在橫濱有三千名日本女人帶著黑寶寶，就讓人不寒而慄。」[54] 日本人對此感到憤怒的真正原因，並非行為本身的不道德或是賣淫，而是種族純淨遭到汙染。

在德國也有類似的情緒，特別是一九四五年底，友好禁令解除後，慢慢有許多年輕德國男人也從戰俘營中被釋放。跟日

本一樣，年輕的退伍士兵對「友好」問題特別敏感。流傳於紐倫堡（Nuremberg）的一本小冊子裡，有一段斥責「黑鬼女人」（Negerweibern）的文字：「她們濃妝艷抹、指甲鮮紅、絲襪破了洞、嘴裡還叼根菸，跟著她們的黑騎士招搖過市。」[55] 另一個詞彙「巧克力女人」（Chokoladeweibern），指對外國士兵友好的德國女孩，同時指涉她們貪求物欲，以及不知羞恥，偏愛有色騎士。

這也難怪在許多描繪占領時期的日本與德國電影中，都有美國黑人士兵強搶本地民女的情節，彷彿黑人族裔讓戰敗的屈辱雪上加霜，這肯定不是什麼巧合。一本德國小冊子警告：「我們現在就告訴妳，我們會把妳的頭髮剃光，黑名單已經準備好了，現在就等著變天。」[56] 事實上，有些女人在一九四五年便遭受如此對待。拜魯特（Bayreuth）有位女性被人縱火燒身；烏茲堡（Würzburg）有三名男子因為組織恐怖團體「黑豹」遭到逮捕，他們威脅要把「所有跟有色人種士兵走在一起的德國女孩」的頭髮都剪掉。[57] 一名二十歲的前納粹分子，寫下他對於願意與外國人親善交流女人的看法：「德國人難道已經沒有半點尊嚴了嗎？……一個人可以輸掉戰爭；可以被羞辱，但他沒有必要玷汙自己的尊嚴！」[58]

在這裡，「尊嚴」跟高見順所使用的字眼「羞恥」一樣，顯示了女人的尊嚴（更別提她們能否自行決定交往的權利）根本不是重點。所謂「尊嚴」，指的是男人的尊嚴；是男人，而不是女人，覺得被羞辱了。當然，這種現象在所有傳統上由男人主導的社會十分普遍。戰後情勢擾亂了舊秩序，女人不再受男性宰制，或許這才是她們最嚴重的罪過。

看待這些憎惡的一種方式，是思考它們和反動政治觀點的關聯。盟軍急欲剷除這種反動政治觀點，如果在自己的國家做不到，

至少在他們擊敗的那些國家要做到。後來轉任《生活》雜誌編輯的美國陸軍中尉朱利安・賽巴斯汀（Julian Sebastian），寫了一份占領德國的紀錄。他認為：「我們可以用德國男人接受『友好』的程度作為指標，測量他們在下列幾件事的看法：對戰敗的接受程度，能吞下民族驕傲到什麼地步，以及他們有多期待合宜的新生活。顯然，有些『冥頑不靈』的德國人，一看到德國女人跟美軍征服者在一起，就氣憤難當，比起發現有德國人想跟我們合作，還要義憤填膺。」[59]

高見順在日記中也表達了非常類似的看法。就在他看到嘎嘎笑的女站務員而感到羞恥之後幾天，他在另一個火車站看到一個日本女人探出火車窗外，對著她的美國大兵男友說「拜拜！」無視其他日本乘客厭惡的目光。高見順在這情景中感受到一種特別的悲情：包括他自己在內的旁觀者眼中，這個女孩「簡直就像在『特殊慰安機構』工作的人。」但這女孩根本不是妓女，而且絲毫不在意他人的眼光，事實上，她對「跟美國軍人眉來眼去感到得意」。高見順預測，這景象在日本將變得稀鬆平常，此外，「這其實是件好事……最好到處都可以看到這種景象，這對日本人是很好的訓練，因為假以時日，社會關係會更加自然、和諧。」[60]

令我訝異的是，高見順人道、甚至明理的地方，在占領日本的美軍中尉朱利安・霸可（lieutenant Julian Bach）眼中，竟是天真而自以為是的想法。不只男人，女人也是，因為自己人對外國人友好而心生嫉妒與憎恨的人，只有一小部分是冥頑不靈的法西斯主義者，其餘都不是；讓戰敗者最感切身之痛的，是羞恥感。但被解放者也有相同的感受——年輕盟軍士兵宛如神聖的勝利者，那些在迎接解放者入城時獻花的人，內心也懷著屈辱。

戰後在荷蘭有一首流行歌，叫做〈女孩，當心！〉（Girl, Watch Out for Yourself）：

> 勇敢的男孩，驕傲的戰士
>
> 從遠方到來
>
> 他們帶給我們自由
>
> 所以他們理當有些樂子
>
> 但許多「荷蘭女孩」
>
> 很快拋棄了她的名譽
>
> 只為了一包香菸
>
> 一塊巧克力
>
> 許多跟德國佬一起歡呼的人
>
> 都已經付出代價
>
> 女孩，妳背叛祖國的尊嚴
>
> 跟這一模一樣……
>
> 沒有荷蘭男孩會再多看你一眼
>
> 因為妳讓他心寒……

這首歌詞裡囊括了所有的情感糾結：國家尊嚴、道德淪喪、物欲薰心、當地男孩的不齒。但最能顯露出真實想法的，是直接拿跟勾搭德國占領軍的女孩子，跟英、美解放者的女孩子類比，意思很清楚：女人的不貞才是重點。這也就是為什麼，有些跟加拿大人友好的荷蘭女孩，跟「臭妓女」（Moffenhoeren）一樣，也被憤怒的暴民給剃光頭。

無論在被解放國或戰敗國，這種因外國占領而引起的道德恐慌，因為下面幾件事而更加嚴重。不良的占領政策緩和不了當地男

人的憎恨。盟軍部隊為自己人徵用電影院、咖啡館、舞廳、游泳池，禁止當地人進入這些場所，但成功勾搭上盟軍士兵的當地女孩卻不受此限，這項政策自然招致民怨。在烏特列支市（Utrecht），一群年輕荷蘭人抓住跟加拿大軍人交往的女孩，試圖剃光她們的頭髮，加拿大人則前往保護，當場刀子與石塊齊飛、槍聲大作。事件中沒有人遇害，但有不少人受傷。

　　盟軍當局禁止組織賣淫也導致高比例的性病傳播。在戰爭終於宣布結束不久後，駐德美軍之間有「性病緊跟著歐戰勝利而來」（VD follows V-E.）的傳言。在德國的美軍占領區，據說在歐戰勝利紀念日與一九四五年底之間，性病感染率上升了235%，也就是從每年每千人有七十五人感染，變成每年每千人有兩百五十人感染。[61] 儘管有關當局在火車站、紅十字會俱樂部對美國大兵發放「V包」（V-packets），內含保險套與防治性病的高錳酸鉀藥，仍無法有效防治性病蔓延。在荷蘭，性病感染率在德軍占領時已大幅上升，戰後不久，數字更進一步飆升。媒體報導了一些恐怖的故事，說有超過一萬名女性感染性病而不自知，法國也有類似的報導。

　　在南義，由於道德恐慌的驅使，人們將「性病的危險」與「民族屈辱」劃上等號。作家寇西歐・瑪拉帕特（Curzio Malaparte）在知名作品《皮膚》（The Skin）中，對這種恐慌做出了典型的誇大渲染。瑪拉帕特喜歡編故事，他也從不否認這點，而且他也同情法西斯主義者，雖然如此，他仍擅於表達大眾的感受，即便有時會加油添醋，讓故事煽情一點。在書中，他把盟軍侵略比喻成瘟疫，「四肢似乎還在，但靈魂已腐敗」。在德軍占領時，瑪拉帕特解釋，「只有妓女」才會跟占領者發生關係，但此時在英、美占領下，「這成了一場令人厭惡的瘟疫，首先敗壞的就是女性的榮譽與尊嚴」，「羞

愧」入侵義大利家家戶戶。何以至此？因為「傳染病的邪惡力量是如此強大，以至於自甘墮落成了值得稱讚的行為，幾乎成了愛國情操的證明。男男女女，想到這事時不但不會臉紅，甚至還會對自身與全民族的墮落感到光榮」。[62]

這或許有點誇張。但除了作家之外，許多人也有相同感受。與外國軍人同床共枕跟賣淫沒有兩樣，如果是志願的，那更是不堪。

駐法的美國大兵都得看一部《好女孩也有性病》（*Good Girls Have VD Too*）的紀錄片。無論是在阿姆斯特丹或東京，身處占領城市的女性都蒙受屈辱的對待：她們不時被團團圍住，隨機進行性病檢查。戰後的混亂中，醫療設施缺乏，衛生條件惡劣，生長在保守或清教徒社會裡的年輕男女，較缺乏性經驗。這些因素自然都讓醫療問題更為棘手。然而瑪拉帕特語不驚人死不休，直指痛點：因為種種原因，女人可以為所欲為，這才是讓男人感冒的地方。

並非每個人都抱持否定態度。某些進步人士，如荷蘭婦產科醫師兼性改革者文‧史東（Wim Storm），便看出親善交流的好處：這是女性解放的一大突破，終結了「男性霸權」與「夫唱婦隨」的舊觀念，可喜可賀。女性在加拿大人的「卡其制服臂彎」中尋找幸福、「接觸新的語言、吉魯巴舞與愛情」，而「這些女人全都知道自己要的是什麼」。說她們為了一條巧克力或幾根香菸賣身，「是嚴重的侮辱」。[63] 對性病問題最好的解決之道，是發給女人更多保險套，對年輕人進行性教育。

跟史東想法一樣的人是少數，至少他們暫時還無法在這場爭論中占上風。在道德恐慌的氣氛裡，振興道德與根據傳統道德重建社會的呼聲總是比較強勢。在荷蘭就是如此。《誓言報》（*Het Parool*）原本是由反納粹抵抗軍創立的自由派媒體，卻辭退了一位

編輯，理由是他印了一篇主張向女性發放避孕用品的文章。報社發表聲明：「我們的職責是教育全國人民，邁向更高的道德標準……並抵抗任何形式的放蕩。」[64] 在法國也一樣，戴高樂將軍領導的臨時政府非常擔憂戰時的占領與戰後的解放會瓦解公眾道德，對「法國民族」造成致命威脅。[65] 在被解放的法國，反墮胎與反通姦的法令，跟維奇政權時期一樣嚴格，有時甚至有過之而無不及。

以衛道方式回應此種道德崩解的人，絕不只限於宗教保守者或政治右翼者。在法國，反抗軍中很多男女是為了愛情或理想加入共產黨。戰時的特殊狀況鬆綁了傳統道德規範。但戰後的法國、共產黨人在莫里斯・多列士（Maurice Thorez）的領導下，迅速終結這種情況，取而代之的是熱衷提倡對黨的奉獻與穩定的家庭生活，大力譴責因戰爭或與外國部隊友好而引起的「道德敗壞」。德國也是如此。共產黨人在蘇聯的庇護下緊縮對東線的控制，政治壓迫隨著新的道德秩序而來。共產黨青年團（Communist Youth Federation）領袖埃里希・何內克（Erich Honecker）竭力讓年輕女性斷絕各種輕佻娛樂，如搖擺樂與性愛，希望贏得她們對共產理想的認同，但他深感挫敗。他說問題很清楚：「我們得克服她們想要在日常生活中享樂的慾望（*Drang nach Lebensfreude*）。」

何內克自己對享樂並不陌生，他曾與不少年紀小他很多的女人有過戀情。他其實毋須過度擔心，歡欣的狀態不可能永遠持續下去，解放的熱潮在一九四五年底已經開始褪去。儘管德國與日本還是有大型軍事基地，英國與義大利也有規模較小的基地，大量的外國部隊已加速返國。「道德恐慌」立下了保守反動的基礎；對女性性自主的恐懼，以及在經年危險、動亂與匱乏之後，大眾都嚮往中產階級的穩定生活，這些很快就讓解放國與戰敗國都恢復了

更傳統的生活秩序。才不過一九五〇年代，一九四五年的夏天就已經是遙遠的回憶。性解放還要再等上二十年，屆時「避孕藥」與第二波英、美享樂主義同時到來，「披頭四」與「滾石樂團」將掀起葛倫·米勒與班尼·古德曼想都不敢想的浪潮。

不過，戰後的失序無論多麼短暫，還是有些正面的影響。貝諾瓦·古特想要重獲自由的心願，並非無中生有。一九四四年三月，法國還沒被解放之前，臨時政府就賦予法國女性投票權。這是因為男性不足，而當局假設妻子會與缺席的丈夫觀點一致。一九四五年，義大利的女性也享有同樣的投票權，日本則在一年之後實行，羅馬尼亞與南斯拉夫則是一九四六年，比利時女性則是一九四八年。無論某些人多麼希望維持現狀，世界已經不可能回到過去運作的方式了。

第二章

飢餓

要是有些荷蘭人把五月入城的加拿大人視作天神，那還有另一個同樣激動人心的場景也和荷蘭的解放緊緊相連——「嗎哪行動」（Operation Manna）*。數十年後，人們講起紅十字會捐贈的「瑞典白麵包」，仍噙著感激的淚水。一九四五年五月，英國皇家空軍與美國空軍轟炸機對荷蘭空投這些麵包。小時候，我把這偉大的行動，想像成白麵包如雨點般從天而降。真實發生的景象則是歡呼群眾爬上紅瓦屋頂，揮舞著白抹布，上方蘭開斯特轟炸機（Avro Lancaster）與 B-17 轟炸機低空俯衝而過，丟下一袋袋麵粉，彈坑中堆滿巧克力、人造奶油、罐頭牛肉、蛋粉、香菸、咖啡、口香糖。英軍稱此行動為「嗎哪」，美方則叫它「貪吃鬼」行動。

對英、美的轟炸機飛行員來說，對荷蘭空投食物是個令人開心的附加任務。一名英國飛行員寫了張便條，塞在巧克力罐與麵粉袋之間：

---

*　根據《聖經》及《可蘭經》記載，嗎哪是以色列人在沙漠旅行時，神所提供的食物。

致荷蘭人民：

不用再擔心對德國的抗戰，這場戰爭已經快結束了。比起轟炸，這些任務對我們來說很不一樣。我們會時常送新的食物補給。

保持樂觀，祝一切順利！

一名皇家空軍飛行員 筆 [1]

　　民眾感激涕零，因為不少人已挨餓多時。解放不久後的五月，《紐約時報》提到鹿特丹有「饑荒醫院」（starvation hospital），「瘦弱不堪的人，在此每天少量進食六次。」報導指出，三十多歲的男女「看起來比實際年齡老兩倍。眼眶凹陷、皮膚泛黃、四肢嚴重浮腫，這些跡象顯示，他們獲救前的處境極差」；在此同時，城裡仍有餐廳「為盛裝出席的顧客提供精緻餐點與飲品」。熟悉「另一種極端」的荷蘭人對此忿忿不平，馬上不客氣地回應：「根本是黑市。」[2]

　　這種狀況在整個歐陸相當普遍，許多地方甚至比鹿特丹還要糟糕。蘇聯有上百萬人死於饑荒。但荷蘭的饑荒卻情況特殊：它是蓄意的集體懲罰，而荷蘭是唯一受到這種懲罰的西歐國家。在這之前，斯拉夫民族已受過同樣的懲罰；但對西歐人來說，這還是頭一遭。

　　一九四四年九月，蒙哥馬利將軍試圖在阿納姆興建一座橫跨萊茵河的橋梁。事後證明這是一場災難。荷蘭鐵路工人為了協助蒙哥馬利作戰，決定罷工。德軍為了報復，切斷了荷蘭西部占領區的糧食補給，不僅如此，還切斷電力、淹沒良田，禁止荷蘭公民搭乘火車。一九四四年到四五年的「飢餓之冬」異常寒冷，更是雪上加霜，有一萬八千人餓死或死於營養不良的相關疾病。生還者焚燒家具來取暖；吃寵物（如果還找得到的話）勉強度日；一旦有馬兒

臥倒死在街上，便立刻被肢解分食；或拿蕁麻葉煮湯，炸鬱金香球莖來吃。

饑荒的另一個問題是，吃太多食物或是不對的食物，也會致人於死。即使是友善的加拿大部隊所發送的餅乾，也可能導致災難：吃這些餅乾讓人口乾舌燥，只好猛灌冷水，這讓尚未消化的餅乾吸水膨脹，導致胃部撐破，立即死亡。

無論是被解放國或戰敗國，當時世界上處處有人挨餓，所有公共民生服務瓦解，正常的經濟活動停止運作。除了荷蘭之外，還有其他國家也仰賴空投。野坂昭如《美國海草莖》中的青少年，看著一架美國轟炸機投下綁著降落傘的鐵桶，起初日本村民以為是一枚毀滅炸彈，因為他們聽說了廣島的狀況，據說那顆炸彈也是綁在降落傘上掉下來的。但鐵桶並未爆炸，村民的飢餓與好奇戰勝了恐懼。他們撬開鐵桶，發現了食物。他們猜測這原本應該是要給附近戰俘營的囚犯。不過在這樣絕望的時刻，要人懷抱「人飢己飢」的善意也未免苛刻。包裹裡有麵包、巧克力與口香糖。孩子們把口香糖嚼了好幾天，還將最後變硬無味的塊狀物從一張嘴裡傳到另一張嘴。其中還有一個包裹裝滿棕色物品，村民以為這一定是在日本被視為珍饈的海草莖。可是就算煮過，嚐起來味道依舊很差，很難消化。村民不禁懷疑這東西美國人怎麼入得了口，儘管如此，他們還是認定這紅茶葉是「美國海草莖」，把整包補給品都吃得精光。

饑荒年間，最慘無人道的飢餓案例發生在集中營。日本在東南亞的集中營情況非常糟糕，但大多數的德國集中營卻有過之而無不及。德國當局任由奴工、歷經死亡行軍的生還者在裡頭自生自滅。根據大部分的記載，最讓人作嘔的集中營莫過於伯根貝爾

森，這裡原本是收留「猶太換俘」：關係良好、可以用來交換德國囚犯的男女，但實際上換俘卻很少發生。後來，這裡又有政治犯與罪犯加入。到了一九四四年末，德軍將蘇聯紅軍路線沿途集中營裡的生還者，棄置於此，其中一位便是安妮·法蘭克，她在集中營解放前不到一個月，死於傷寒。貝爾森從設立之初就擁擠不堪，到了一九四五年初，擁擠程度更是難以想像，人直接睡在別人身上，沒有衛生設備，最後連食物跟水都付之闕如。有的人還有力氣，絕望地啃食堆在屋外的屍體。只有武裝親衛隊的警衛有充足的食物，集中營指揮官約瑟夫·克萊默（Josef Kramer）甚至擁有他專屬的豬隻。

英國人從未見過這般景象，因此完全不知道該怎麼處置。他們只能供應自己的軍糧給瀕臨餓死的難民，包括火腿、培根、番茄醬燉豆、香腸與牛肉腰子派。萎縮的人體消化道無法吸收這類食物，食物會直接排出。即使如此，人們還是狼吞虎嚥，約兩千人因此喪生。

在此之前，英國人只遇過一次這種規模的饑荒。一九四三年在孟加拉（Bengal），因為水災、作物歉收、政府無能、貪腐、戰事紛擾，與令人傻眼的顢頇官僚等種種因素，多達三百萬人死亡。英國軍醫援引最新研究，使用「孟加拉饑荒混合粥」（Bengal Famine Mixture）來救治病人，這是一種混合糖、奶粉、麵粉和水的糊粥。此外，他們也實驗用滴鼻法以及注射胺基酸來治療。孟加拉饑荒混合粥供給那些還能吞嚥的人，無法吞嚥的人則注射胺基酸。這兩種方法在貝爾森都測試過，卻都失敗了。混合粥過甜，無法吸收；注射法或滴入法也行不通，因為滅絕營的生還者都很害怕所有類似醫療實驗的做法，他們深信自己死期將至，嗚咽地說著集中營德

語：「不要火化。」（*Nix crematorium.*）[3]

　　許多人之所以能活下來，要歸功於英國醫師與醫學院學生的努力不懈，而在集中營裡倖存的醫生也功不可沒。經過多方的嘗試與失敗，他們終於找到了正確的食物與流體比例，把飢民從鬼門關前救回來。倖存醫師中，有一位是波蘭的牙醫師哈達莎・畢可（Hadassah Bimko），她在貝爾森與約瑟夫・羅森薩夫特（Josef "Yossele" Rosensaft）結為連理。約瑟夫是一位強悍的波蘭猶太人，在被運往奧許維茲集中營的途中數次逃脫，後來成為集中營裡錫安主義的主要領導者。我稍後會再提到他，他們的兒子梅納謙（Menachem）也在貝爾森出生。

§

英國人的日子比荷蘭人、義大利人、波蘭人、南斯拉夫人或德國人都要好一點，但絕不到豪華的地步。英國戰時糧食配給在一九四五年五月進一步縮減：食用油與培根都減量，隔年甚至連麵包都得配給。許多人睡在倫敦地鐵隧道中。暖氣供應嚴重不足，次年冬天，也就是一九四六與一九四七年交界之際，大家說那個冬天是「跟辛威爾一起發抖」，因為艾曼紐・辛威爾（Emanuel Shinwell）時任能源部長；以及「跟史崔奇一起挨餓」，因為約翰・史崔奇（John Strachey）是當時的糧食部長。

　　美國文學評論家愛德蒙・威爾森（Edmund Wilson）在一九四五年夏天造訪倫敦。他跟朋友走過倫敦的霍爾本區（Holborn）時，忽然聞到一股惡臭，環顧四周，看到「一間小店，開放貨架上展示的是成排死烏鴉，顯然他們只剩這個可賣」。[4]

　　十二月，布里斯托（Bristol）港來了一艘載滿香蕉與桔子的船

（還有四名跳船的牙買加偷渡客）。市長領著官方歡迎團迎接。這是戰爭開始後，香蕉首次登陸英國。

慶祝勝利之後數月，倫敦不只因為缺乏像樣的食物而意志消沉，套用愛德蒙·威爾森的話來形容一般英國人的態度：「戰爭結束那一刻，一切看來突然如此地空洞、病態、無意義！我們過著赤貧而毫無尊嚴的生活，只因為一心一意對抗敵人，才沒心力去想這些。我們把精力全都用在毀滅上，完全沒在自家的廢墟中建設出什麼可以賴以維生的東西。」[5]

法國人更加垂頭喪氣。供給部長保羅·拉馬迪耶（Paul Ramadier）也被調侃，大家都叫他「拉瑪登」（Ramadan，意為伊斯蘭齋戒月）；微薄的日常配給則稱為「拉馬膳食」（Ramadiète）。[6] 法國農夫在遍布的黑市可以迅速致富，因此拒絕以固定價格銷售。若沒有黑市，多數法國人民的生活絕不可能過得太舒服。詩人史蒂芬·史賓德（Stephen Spender）從德國到法國住了幾個月，當時他正在為英國政府撰寫一篇德國文化現況的報告。他發現，以士氣來說，英、法之間有個重要差異：在英國，不用透過黑市買賣，也可能吃飽穿暖；在法國，儘管史賓德並不完全在窮人堆裡活動，他仍經常遇到像索邦大學這位教授的人，「穿著大一倍的西裝，苦笑著說自己已經兩個月沒有依靠黑市生活了」。[7]

然而，至少法國多數地方的損害不大：歷史悠久的城市與教堂都毫髮無傷。這在剛看過德國斷垣殘壁的史賓德眼中，反倒更加詭異。他說法國是「看不見的廢墟」。跟德國一樣，法國得「從零開始重建。儘管空氣中瀰漫著這種氣氛，可是屋牆完好，咖啡廳也擠滿了人（雖然沒有賣咖啡），而且到處都是黑市」。[8]

由於德國人有系統地榨乾法國經濟，黑市已經在法國運作

了好些年。解放後的主要問題不只是食物匱乏，把食物從鄉間運到飢餓的城市更是困難重重。貨車與汽油非常稀少，有能力取得運輸工具的人便能一夜致富。敢冒險的美國士兵，有些在家鄉還有前科，便直接逃亡，在巴黎組織幫派。他們的伎倆是先竊取軍用卡車，靠著偽造文書或賄賂軍油補給站（petrol-oil-lubricants depots）的站務員把油箱加滿，再將車輛賣給法國黑幫分子，藉此賺進大筆財富。這些美國罪犯若將錢匯回美國，事跡就會敗露，所以他們選擇在巴黎過著帝王般的生活，但卻因此引起當局的注意，不少人因本身的炫富消費而被捕。要在歐陸過著帝王般的生活，得依賴半犯罪世界裡的黑市經營餐廳、俱樂部，才能有源源不絕的香檳、美酒迎賓，各式各樣的珍饈不斷奉上。

愛德蒙·威爾森從倫敦飛到羅馬，在他看來，那裡「無比腐臭衰敗」。[9] 他與一位美國朋友在黑市餐廳的戶外區吃晚餐，他們起初只是自顧自的用餐、交談，沒注意到有一群人慢慢從身後聚集，「伸手奪取我們盤中的食物。」此時保全現身推倒一名老婦，把為數眾多的婦孺推開，「有些人離開，有些人則保持距離站在遠方，緊緊盯著用餐者」。[10]

羅馬和巴黎一樣，城市外觀沒有受到太大破壞。巴勒摩（Palermo）與那不勒斯（Naples）就沒那麼幸運。米蘭也受到盟軍轟炸與內戰的大肆破壞。威爾森在五月拜訪米蘭，城市「看起來像地獄的一隅。路上行駛著幾輛破爛的綠色電車，有些居民嘗試繼續每天的例行公事。但整個城市看起來像是無法動彈，完全靜止。人人營養不良、面無血色，穿著僅能遮蔽身體的舊布，看起來就像被禁錮著……隨時都處於壓力之下」。[11]

解放當時，匈牙利小說家馬芮·桑多（Sándor Márai）住在布

達佩斯（Budapest），這個災情慘重的城市已經被蘇聯部隊圍城超過兩個月。紅軍於一九四五年二月解放布拉格後，嚴重的通貨膨脹接踵而至，美元及黃金在一夜之間就能多換數十億。「時來運轉」的農民「在佩斯那裡的市場，用灌水的肥豬換取鋼琴與拿破崙時代的金飾」，一夕致富，而「知識分子、勞工與公務員在等待中，日益蒼白失色、飢餓難耐，也益發絕望……」想起通膨嚴重的這幾個月，馬芮憶道：「多數布達佩斯居民都跟解剖學書中人體構造的素描一樣，只剩下骨頭，沒有任何的肉或脂肪。」[12]

但與柏林及多數德國城市相比，布達佩斯的狀況還不算差。柏林、法蘭克福、漢堡、布萊梅（Bremen）、德勒斯登（Dresden），甚至是一九四五年盟軍一時興起而摧毀的小城市，如烏茲堡或普佛爾茲海姆（Pforzheim），都只剩下悶燒的碎石堆，空氣中仍瀰漫著死亡的臭味。戰後頭幾個月來到此地的訪客，許多人對德國的第一印象便是詭異的寂靜。

劇作家卡爾‧祖克梅爾站在柏林市中心。一邊是「羅曼咖啡館」（Romanisches Café）的廢墟，在威瑪共和時期，這裡曾是柏林最時尚的咖啡館；另一邊則是被完全炸毀的「威廉大帝紀念教堂」（Kaiser Wilhelm Memorial Church）。他回憶此處，在戰前盡是川流不息的交通、嘈雜的喇叭聲，喧鬧的人們，或購物、或喝酒、或吃飯，如今卻彷彿只有他一人身處寂靜荒涼的廢墟。一陣像是刮東西的微弱聲響穿過他耳邊，一位瘦弱的年輕男孩穿著木頭涼鞋，拖著一輛手推車穿過殘破的石板街道。這時，風輕輕吹過這蒼涼的一幕，祖克梅爾聽見自己的心跳。

他接著寫道：「在此同時，整個德國像座巨大的蟻丘，爬行、抓搔、摸索……來去穿梭、四處游蕩，鞋底摩擦地面的聲音，這是

『黑市』……遊民、難民、寥寥無幾的行人、意圖劫掠的年輕人，這是他們的世界與遊行。」[13]

這是史蒂芬·史賓德對另一座德國都市廢墟科隆的描寫：「城市的廢墟反映出居民內心的殘破。他們沒有辦法讓城市的傷口癒合，反而像是從死屍上吸血的寄生蟲。他們在廢墟中挖掘被掩埋的食物，在大教堂附近的黑市做生意——這是一種毀滅多過生產的交易。」[14]

如果科隆或柏林算糟，遑論廣島、東京或大阪了，它們的情況可能更可怕。更別提那些被軸心國糟蹋遺棄的地方：馬尼拉、華沙、史達林格勒等城市。英國正統猶太教大拉比所羅門·熊斐德（Solomon Schonfeld）博士向記者講述他在十二月前往華沙時，旅程中的所見所聞。他說前華沙猶太聚居區「完全是一片廣大荒蕪的殘磚碎瓦。街道的景象像是停留在完全毀滅的前一天。滿地的碎磚與人骨之下還埋了數以千計的屍體。我還親自拾起了一些骨頭。」[15]

毀滅華沙的猶太聚居區是龐大犯罪計畫的一部分。轟炸日本城市的動機儘管不同，造成的災難性結果卻沒什麼兩樣。日本住宅大部分是木造，大面積轟炸加上迅速擴散的火災，除了幾根公共澡堂的石造煙囪還孤伶伶聳立在燒焦的碎屑中，其他什麼也沒留下。日本這頭也是一片寂靜，美國海軍中尉雪伍德·莫朗（Sherwood R. Moran）在寫給之後成為日本文學研究大師的朋友唐納·紀恩（Donald Keene）的信上說：「東京是我見到第一個戰爭受害者，整個城市處於地獄般的可怕混亂之中。然而最讓我感到害怕的是那死寂——沒有喇叭聲、沒有喊叫、沒有鈴聲，這裡沒有發出任何討人厭的城市噪音。我想，對東京，或對整個日本來說，災難已經

過去，但每個人仍以可怕的靜默凝視著它。」[16]

　　戰敗國確實有可能爆發大規模饑荒或傳染病。德國城市已經爆發傷寒、斑疹傷寒、肺結核。一九四五年，日本有超過兩萬人死於痢疾；到了一九四八年，則有將近七十萬人感染傷寒、斑疹傷寒、肺結核、霍亂、小兒麻痺。[17] 有的鄉村地區還能找到糧食，狀況稍微好一些，但日本都市的狀況可能比德國還糟。可以工作的德國人會拿到食物配給卡。美國陸軍雜誌《美國佬》（*Yank*）中，有篇發自柏林的報導，描述有六個小孩的勞工家庭的典型每日餐點：早餐每人一杯茶配一片黑麵包，晚餐則是馬鈴薯湯，材料有一顆洋蔥、一顆馬鈴薯、半品脫（約五百毫升）的牛奶，加上一小塊白花菜點綴。這當然不夠，不過至少還活得下去。

　　早在戰爭結束前，日本人就已挨餓多時。政府當局教導人民如何用橡果、穀皮、木屑（做煎餅）、蝸牛、蚱蜢與老鼠做出料理。等到士兵在戰敗後開始大批返鄉，惡劣的情勢迅速蔓延，演變成危機。許多遊民住在火車站的地下道，彷彿維多利亞時期倫敦迷宮似的貧民窟。在這個宛如狄更斯小說的世界裡，孤兒扒竊、出賣自己營養不良的身體，或收集菸頭以換取食物。東京的上野車站尤其聲名狼藉，像是個塞滿流浪漢的城市蜂窩。成群的飢餓小孩被稱為「叮噹子」（*charinko*），叮噹指的是硬幣撞擊聲。[18] 我們從照片中可以看到，這些粗野的小孩穿著破布、拿著菸頭，與其說是人類，更像是野生動物。英國士兵也是這麼形容德國城市裡的孤兒，這些小孩在廢墟地下道或火車站擠成一團，「髒兮兮地完全融入周遭環境，你看不到他們在哪裡。」他們看到外國士兵會一溜煙跑掉，再次出現時會帶著石塊或鐵條，「牙齒又黑又缺」，全身上下唯一乾淨的地方是「眼白」，眼神像喪母的幼豹，「唯一的敵人

就是人類」。[19]

持平而論，我們也該記得無數中國人是如何在戰爭摧殘後的廢墟中努力求生存。在蔣介石國民黨政權控制的區域，美國軍人驚駭地發現孩童溜進營區翻找垃圾桶的食物，一位美軍中士回憶，「許多母親帶著年輕女兒前來衛兵營，提議用這些小女孩來交換糖果棒與香菸。」[20] 中國男人則爬進軍隊茅坑底下，在地上撿拾穿過木板縫隙而掉落的糞便，再兜售給農夫當肥料。

戰後人類所受的苦難，規模是如此龐大，任何比較都沒有什麼意義。德國不只得容納本國公民與返鄉士兵，還有超過上千萬名來自捷克斯洛伐克、波蘭與羅馬尼亞的操德語難民。在盟軍政府許可下，這些難民遭到各自的母國驅逐出境，他們之中許多人根本沒去過德國，而在前往德國途中，許多難民死亡或被殺害，幾乎所有人都失去了所有家當，這也大幅增加了尋找食物與庇護的人數。

一九四五年的饑荒，讓日本與德國的食物危機更加嚴重。戰爭已經讓農業嚴重受損，家畜不興、良田毀棄、器械殘破、人力短缺，惡劣的天氣更是雪上加霜。在德國，東邊戰線的大半農業機具都在戰爭最後幾個月被摧毀或劫掠，而在戰時取代德國人的外國農工也一一離開；一度仰賴其亞洲帝國供應食物的日本，現在則遭到斷糧。

十月，日本財政部長告訴美國記者，如果沒有立即進口食物，這個冬天會有一千萬日本人餓死。德國也做出同樣可怕的預測，下薩克森（Lower Saxony）的社會民主黨主席宣稱：「如果先前的敵人不伸出援手的話，我們現在就可以計算出德國人民何時會餓死。」[21] 英國國會也討論了德國即將崩潰的傳聞，聯合國救濟官員亞瑟・索特（Arthur Salter）提出嚴正警告：「我們認為，雖然生產

設備被摧毀、世界物資短缺，我們還是可以避免數百萬人在這個冬天凍死或餓死。」他也提醒英國眾議院議員，這將是「人類史上最大的災難」。[22]

事後證明這只是誇大其詞。一些前往德國的旅客發現特別在西線，狀況並不比其他西歐國家糟到哪裡去，實際上甚至比更東部的一些地方要好。然而，即使從占領國劫掠來的食物仍有存糧，德國人的生活還是很糟。柏林尤其慘澹，關於德國其他地方的記載也相去不遠。一名美國記者觀察到漢堡附近的景象，寫道：「某一晚在沼澤地上，一位西裝筆挺的德國老人用他的拐杖把鴨子活活敲死。接下來會有更多披露食物狀況的報導，不過情況大致上就是如此。」[23]

這些的確讓人難過，但於此同時，前納粹德國的受害者仍在伯根貝爾森等地挨餓，日本軍隊的囚犯在戰俘營中死亡，上百萬難民等待遣返。英國人、荷蘭人、法國人、波蘭人、義大利人都以微薄配給勉強過活；菲律賓人、中國人、印尼人可以賴以為生的物資又更少；蘇聯人民則對德軍與親衛隊策略性的斷糧記憶猶新，也無怪乎大眾對於德國人與日本人的同情相當有限。要說服美國國會議員支持資助如聯合國善後救濟總署（UNRRA, United Nations Relief and Rehabilitation Administration）等國際救難組織，以協助德、日侵略方的受害者並不容易；要獲得傾向孤立主義的共和黨議員支持，更是難如登天，因為要花更多納稅人的錢，或提議縮減英國配給去資敵，並不是一項容易推動的政策。

然而除了道德因素外，這些行動當然還有實際的考量。若德、日徹底崩潰，盟軍政府將無法承受這些壓力，更不可能重建任何形式的戰後秩序，遑論民主政治。擁有許多軍人讀者的《英國每日

鏡報》（*The British Daily Mirror*）是支持工黨的報社，他們為此下了簡單的標題：「餵養禽獸不如的人？」文章強調這不一定是出於對德國人的同情，甚至也不在於同情那些被趕出家園、身無分文的德國難民，事情不是如此，「我們之所以強調有必要正視此事，並非出於憐憫。」問題在於，「放任歐洲陷入泥沼愈久，就得花愈多時間爬出來，也就是說占領就得繼續。」[24]

除此之外，還有其他對美國國會議員更具說服力的考量。美國與蘇聯之間的競爭逐漸升溫，促使美國政府採取行動。聯合國善後救濟總署雖然有「同情共產主義」的嫌疑，卻是救濟行動上不可或缺的角色。賓州民主黨議員丹尼爾・福勒德（Daniel J. Flood）告訴同僚：「飢餓、窮困、疾病會孳生騷亂與共產主義的幽靈，飢餓的人民是產生反基督哲學的溫床，也會讓無所不能的政權取代上帝。」[25]

盟軍政府於是開始採取行動。從十一月底開始，傑洛・鄧普勒將軍在德國的英軍占領區（General Sir Gerald Templer）組織了「大麥行動」（Operation Barleycorn）。他們釋放了八十萬名德國戰俘去農場工作，搶收剩餘的作物。為了出口更多食物到德國，英國公民不得不把褲帶勒得更緊，以至於一九四六年起，連麵包都開始配給。美國人也好不到哪兒去，一九四四年「參謀長聯席會議（Joint Chiefs of Staff）1076 號命令」對「西北歐戰俘安置」做出相關處置，提供足夠的經濟協助以「預防疾病與騷亂」，主要目的是想讓德國的生活水準達到最低標就好，但問題是「最低」的標準何在？偏好「強硬和平」（hard peace）的政治人物打算用摧毀產業，只讓人民勉強溫飽來懲罰德國。這種鷹派論調以羅斯福的財政部長亨利・摩根索（Henry Morgenthau）為代表，他計畫將德國轉型

成一個永遠無法發動戰爭的農業國家。駐日本的盟軍當局也接到苛刻的命令：「參謀長聯席會議 1380/15 號命令」要求麥克阿瑟將軍限制對日本人的救濟，「僅需防範大規模疾病與騷亂，不致危及占領軍或干擾軍事任務。進口將限於最少量的食物⋯⋯燃料、醫藥與衛生補給⋯⋯」[26]

德國人與日本人還算幸運，實際接管這兩國的當局不是直接忽略這些懲罰性命令，就是設法轉圜，因為他們知道這些措施會造成多大的災難。美國高級專員路瑟斯・克雷將軍（General Lucius Clay）的財務顧問把 1076 號命令稱為「一群經濟白痴的結論」。克雷將軍並沒有摧毀德國的工業經濟，以免帶來更多混亂；他在戰爭部長亨利・史汀森（Henry Stimson）等華盛頓有力人士的支持下，很快開始協助德國人重建。史汀森比財政部長摩根索更理解德國的苦難，他懷疑摩根索「受到猶太憤怒情結的影響，判斷偏頗」。[27] 英、美政府高層不乏這種態度不友善的官員，不過，若我們期待這些政府高層同情猶太人，也是弄錯了重點。當局真正害怕的是德國人的憤怒會讓他們投向共產主義，或養成復仇主義的情緒。麥克阿瑟將軍並不想協助日本產業重新站起，卻與史汀森或克雷一樣深信「饑饉⋯⋯會讓人民輕易成為任何意識型態的犧牲品，只要該意識型態可以帶來維生的食物。」[28]

蘇聯占領的東德區，是德國農業與工業重鎮──萊比錫、德勒斯登、肯尼茲（Chemnitz）。但蘇聯當局不但對重建德國經濟沒有作為，還劫掠了工廠等資產，機具、火車、電車、卡車全都消失在往東的車隊中；他們清空了銀行保險箱中的黃金與債券，還拿走研究機構的庫藏，沒收許多藝術品，當成是對戰爭的賠償。即使是剛從納粹監獄出來或流亡莫斯科的德國、共產黨領導階層，也無力

阻止他們俄國同志的行為。

　　同樣的情形也發生在滿州（位於今日的中國東北）。日本從一九三〇年代起，以殖民傀儡政權滿州國統治此處。滿州國是日本帝國的工業重鎮。在美國的催促下，蘇聯在戰爭結束前不久，於八月八日向日本宣戰。

　　八月九日，廣島遭到轟炸的前三天，蘇聯部隊入侵滿州國。無論是重工業工廠、現代鐵路、礦場設施，這些日本人以無比殘酷手段逼迫當地人完成的建設，全都被蘇聯有系統地拆卸運回：整片工業廠房遭到拆除，用火車一列列載走，最後連火車本身、甚至鐵道枕木都被偷走搬回蘇聯。早在中國人有機會把滿州奪回之前，這些事便已發生。無論中國、共產黨或蔣氏國民黨政權都無力阻止這龐大的五鬼搬運。若蘇聯有時間入侵北日本，無疑會上演同樣的事情，這亦是美國積極想迅速結束太平洋戰爭的原因。

　　蘇聯占領區中，包括共產黨員在內的德國人皆陷入窘境。即便他們的經濟正遭到蘇聯掠奪，他們還是得遵守規定餵養蘇聯占領軍，當然還有他們自己。在不少案例中，德國工人試圖用殘存的機具重組被劫掠一空的工廠，卻看到機具又一次遭拆除的命運。工人若是抗議，還會換得一頓好打，這也讓德國工人難以支持共產理想，當時一首流行小調是這樣唱的：

　　熱烈歡迎，解放者！

　　你奪走了我們的蛋、肉、奶油、牲口與飼料

　　還有錶、戒指跟其他財務

　　你把我們從一切解放出來，從汽車到機器

　　你帶走了火車、汽車跟鐵路

從這些垃圾當中，你解放了我們！

我們喜極而泣

你們對我們這麼好

以前實在淒慘，現在有多美妙

你們真是太棒了！[29]

　　不過在蘇聯占領區，德國人所得到的維生配給量並沒有比其他盟軍占領區少：勞動者一天約一千五百大卡，一般人一千二百大卡，當時普遍認為這是成人保持健康的最低標準。事實上，在一九四五年，多數城裡的人若吃到這數字的一半，就很幸福了。即使有足夠的麵包，也少有新鮮的食物。戰後第一年，拯救德國人與日本人免於災難的，其實是軍糧。由於駐日盟軍的數目從六十萬銳減到二十萬，大量軍糧諸如牛肉罐頭與豆子等，便轉交給日本政府發放。只不過這些軍糧並不是日本人熟悉的飲食，某些日本上流社會女士抱怨豆子會帶來脹氣，令人難堪，有人還向賓客抱怨：「新的配給讓人變得很失禮。」[30] 但是若沒有這些食物，他們八成會餓死，因為即使到了一九四六年的夏天，每個東京市民從日本相關單位取得的食物熱量也不過一百五十大卡。[31]

　　即使有盟軍補給，多數歐洲人與日本人仍需仰賴龐大的犯罪網絡，也就是黑市。「以物易物」在許多地方取代了貨幣經濟，香菸則成了主要替代貨幣。這是占領部隊無法抗拒的大好機會。在荷蘭，加拿大香菸，特別是甜菸牌（Sweet Caporal），最為值錢。黑市交易者以一根一荷盾的價錢收購，再以五荷盾賣出。加拿大軍人可以花三塊錢從家鄉寄來一千根香菸，現賺將近一千荷盾的利潤。[32]

　　你可以用香菸買到任何東西：上好古董錶、觀劇望遠鏡、鑽

戒、萊卡相機，這些都是人們很樂意拿來交換食物與燃料的物品。香菸也可以買到生活必需品。德國作家埃里希‧卡斯納（Erich Kästner）五月時來到奧地利鄉間，看著德國軍人從東邊戰線返鄉，跛行於綿延不絕的隊伍中，他在日記裡寫著：「為了換取現金，他們販賣香菸，價格從一根一馬克到三馬克不等。他們對平民服裝的需求很大，但幾乎沒有任何供給。隔壁房有人用一條舊褲子換到四百五十根香菸。我也很樂意拿一條褲子來換，但我只有身上穿的這條。交易本身跟結果都很不道德，只有一條褲子的人什麼也換不了。」[33]

坂口安吾是日本嘲諷散文家與短篇故事作家，與同期戰後作家常被歸為「無賴派」（Ruffians）或「墮落派」（Decadents）。他提到那些願意為天皇光榮犧牲而受訓的年輕士兵與飛行員，戰後很快就成了黑市交易者；同樣地，戰爭寡婦也完全拋棄對逝去丈夫的忠誠，找了新情人。坂口安吾寫道，事情就是這樣。他覺得這沒有什麼。因為透過墮落、藉由體驗人性貪婪與慾望最原始的一面，日本人才會重新發現他們共有的人性。愚蠢的天皇崇拜滾一邊去吧！自殺飛機的英雄式死亡滾一邊去吧！「我們並不是因為輸掉戰爭而沉淪。我們沉淪是因為我們身而為人，因為我們還活著。」[34]

的確有許多日本帝國退伍軍人流向黑市，其中還包括台灣與韓國的流氓、日本浪人，以及崩解社會中所有的人渣。當時的一種說法是：「女人去當潘潘女，男人去當黑市走私販子。」[35] 全日本有超過一萬五千個黑市，多半位於火車站附近。有些遺跡至今還看得到，如地名可能源自「美國人」（Americans）的阿美橫町（Ameyokocho），這是東京上野車站附近，沿著鐵道一整排的食物暨服飾小店。人們來這裡取得各種生活必需品，或是在上千家廉

價食物攤上用餐，店家供應的食物什麼都有，從炸青蛙，到燉各種動物的內臟。假如你吃到的真的只是動物內臟的話，算你走運，因為有謠言說，這些燉物裡還摻了人體器官。

萬物可買賣，連沾有血跡的醫院舊棉被也行。統治滿州中國人長達十五年的日本殖民者，聽聞蘇聯部隊入侵、自己卻無法返回日本時大驚失色（多數交通工具都保留給武裝部隊以及高階日本官員）。為了生存，他們將所有財產在黑市拋售：和服、家具、古董，甚至包括自己的寶寶，特別是殖民者塑造了純種日本人在智力上較為優越的神話，讓日本小孩頗受歡迎，尤其是那些在未來需要更多人力的中國農夫。後來成為日本銀行副總裁的藤原作彌，戰爭結束時，還是個在滿州生活的孩子，他的雙親在黑市把財產賣掉，藤原還記得看到中國人叫喊：「小孩賣不賣？小孩賣不賣？」行情從三百到五百日圓不等，有時小孩被買走後，便立刻以更高的價錢轉手他人。[36]

日本黑市大部分的物品都來自軍隊補給，由盟軍補給人員賣給日本黑幫。我曾經和一名退休的日本黑幫分子聊天，一想起那個美好年代，他的眼神便朦朧了起來。他靠著把貨物從美國福利社弄到黑市而賺進大把鈔票，他開著一輛很大的美國車，鈔票一路從座椅疊到車頂。可是跟占據更好位置的日本人比起來，他只是跑龍套的而已，這些人在戰爭結束時成功藏匿了七成軍用品，美國人將包括機具與建材的剩餘物交還給日本政府，用作公共福利，不過這些多半也跟先前被劫掠的物資一樣，不翼而飛，這也讓包括前戰犯在內的不少日本官員變得非常富有。

德國人與日本人在文化、政治與歷史上的確很不一樣，但面對類似狀況時，他們的行為卻大同小異。剝削他人困境的非法經

濟所帶來的其中一項結果是社會不再團結，這就是坂口安吾所謂「墮落」的一部分。日頭赤炎炎，隨男人（以及更多女人）顧性命。套句海因里希‧伯爾（Heinrich Böll）的話來說：「每個人都只剩一條命，以及他們手上恰好能獲取的東西：煤炭、木頭、書、建材。每個人都有充分理由指控別人偷竊。」[37]

　　不少人的確到處指控別人。在德國，暴力與勒索通常會被算在猶太人與難民頭上。在日本，既非日本人、亦非美國人的韓、中、台籍人士，被統稱為「第三國人士」（third country nationals），他們被當成最惡劣的罪犯，其中許多人是之前被運到日本做奴工的。韓國幫派與台灣幫派確有與日本人爭奪贓物的情事，正如有部分猶太人與難民也會參與黑市交易，因為他們都需要找到生存之道。「伯根貝爾森」成為黑市活動的主要聚集地。包括猶太人、波蘭人、烏克蘭人與南斯拉夫人在內的許多難民，經年被困在設備簡陋的集中營裡。卡爾‧祖克梅爾在一篇關於德國與奧地利的報告中提出警訊：「如果國際上無法解決難民問題，就不可能根除德國的反猶主義。」[38] 實際上，德國人時常無法分辨哪些是志願為希特勒帝國服務的拉脫維亞人，哪些是猶太人——他們全都是「外國人」。德國人有時必須用昂貴的價格向這些「外國人」購買物品。然而事實上，多數的奸商——至少最有權力的一群——多半不是猶太人或外國人，而是德國人。

　　美國軍官厄文‧海蒙少校（Irving Heymont）掌管德國巴伐利亞的一區，境內有不少大型難民營，最知名的是「蘭茲貝格」（Landsberg），希特勒曾在此服刑（並寫下《我的奮鬥》）。海蒙觀察到，「跟許多德國人一樣，營內許多人都活躍於黑市……他們多半簡單的以物易物，換取物品或新鮮食物讓生活舒適點。」[39] 他也

注意到黑市的「少數大亨」往往曾是商人或罪犯，這只是做他們最拿手的本行罷了。

「偏見」是造成猶太人、第三國人或其他外國人被視為十惡不赦罪犯的原因之一。艱困的環境讓此常見的人性弱點更為惡化，又因民眾普遍認為盟軍袒護外國人，而更加嚴重。比如駐日的美國憲兵讓韓國人為所欲為，或盟軍當局犧牲無辜的德國人，好讓猶太人過奢侈的生活。事實上，只有極少數的猶太人能過著奢侈的生活，更別提在難民營中死亡的那些人，要過點舒服日子簡直是緣木求魚；但盟軍對這些人確實有些偏袒，不過也就只有一點點而已。事實上，盟軍官員本身都無法避免反猶主義或種族歧視，巴頓將軍可能比其他人更極端，至少比較敢言。他蔑視那些在「達浩」（Dachau）集中營的猶太生還者，形容他們「比動物還低等」。[40] 即使艾森豪將軍對占領德國的美國人下令，指示猶太難民比德國人享有優先權，這項命令往往不被放在眼裡。許多美國人彷彿覺得相較於精神受創的猶太人，德國人、先前的通敵者或波羅的海難民還比較好相處。[41]

更重要的是，怪罪外國人是一種更廣泛的「否認」態度，也就是拒絕面對德國人與日本人對其他人所做的事，他們很容易為自己的處境自憐自艾，一位《美國佬》雜誌記者八月走在柏林時，看到一名德國女人身穿破爛洋裝與大一號的男鞋，對俄國女兵咋舌，彷彿在說：「你們吃得那麼好，我們德國人要餓死了！」然後往地上啐了一口口水。[42] 不過當時仍有異議之聲，《柏林每日鏡報》（Berliner Tagesspiegel）的一篇文章便譴責「築起高牆，自外於對波蘭人、猶太人與囚犯的殘酷罪行；愚蠢傲慢，對英、美援助的食物不知感恩……」[43]

隨著時間過去，較有制度的經濟自然逐漸取代黑市經濟。然而特別在德國與日本，這一段無法無天的時光造成了深遠的影響。戰後經濟崩盤與隨後的黑市，終結了舊時代的階級之分：世家中的淑女必須步行到鄉間，用傳家寶交換食物；貧窮的農民突然間滿手鈔票；日本村婦身穿美麗昂貴的古和服踩過泥濘稻田的景象並不罕見；沒落貴族的女兒迫於現實，嫁給事業成功但財大氣粗的新貴。戰後的混亂也擴展了創業的自由空間，人可以不受既有競爭者的阻礙而創業。一九四五年，井深大在東京一家曾遭轟炸的百貨公司裡開了一間收音機維修店，日後的「索尼企業」便創始於此。

　　阿費德・杜布林（Alfred Döblin）是戰前經典《柏林亞歷山大廣場》（*Berlin Alexanderplatz, 1929*）的作者，這裡值得整段引用他的觀察。杜布林在戰爭期間流亡加州，戰後回到德國，覺得自己好似又流亡了一次，在抵達溫泉小鎮巴登－巴登（Baden-Baden）時，他寫了以下文字：

> 我對德國的主要印象是，人們彷彿是來回奔跑的螞蟻，在毀壞的蟻窩前非常興奮，渴望從一片廢墟中重返工作崗位。他們唯一憂慮的是缺乏必要的工具與指令，這讓他們無法立即重回崗位。對於德國所遭到的毀壞，他們並沒有太過沮喪，反而想要更加努力工作。他們現在沒有錢，但假如有一天開始有錢，他們會雀躍不已，因為終於可以把過時、設計拙劣的地方都拆了，這是蓋出一流現代建築的大好機會。[44]

第三章

復仇

捷克斯洛伐克境內有個以頂級啤酒聞名的小鎮：百威（Budweis）。一九四五年夏，那裡附近有處集中營，柵門上釘著「以眼還眼，以牙還牙」的標語。現在，這集中營由捷克當局接管，裡頭滿是德國囚犯，其中大多數是平民。惡名昭彰的年輕捷克指揮官，蠻橫地要德國人一天工作十二小時，配給最少的食物，在睡夢中把他們叫到廣場上集合唱歌、爬行、互毆、跳舞，或虐待，以娛樂捷克警衛。[1]

復仇的念頭跟性慾及食慾一樣，是人之常情。對於這點，很少有人能比波蘭作家塔德烏什·波洛斯基（Tadeusz Borowski）刻畫得更入微、更刻骨銘心。他在一九四三年因祕密出版詩集被捕。戰時的華沙地下文化活躍，遍布於學校、報紙、劇場與詩文雜誌，人們甘願冒著被送進集中營或直接處決的風險，也要參加。波洛斯基挺過了蓋世太保監獄，接著又熬過了奧許維茲與達浩。在達浩解放後，他被監禁在慕尼黑附近的前親衛隊營房中，成了難民。他寫下這段險惡、煉獄般的經歷，收錄在一本關於集中營生與死的短篇經典中，書名是《各位先生、女士，毒氣室這邊請！》（*This Way for the Gas, Ladies and Gentlemen*）。[2]

　　其中一個故事標題是〈沉默〉。幾個難民發現一位前納粹分子想從窗戶逃跑，他們把他抓起來，「用憤恨的手拉扯他」。這時他們聽到掌管難民營的美國軍官走來，於是這幾個難民把男子推進層層床墊下的草蓆中。資深的美國軍官是位年輕小伙子，身上穿的制服剛燙過，十分筆挺。透過翻譯，他表示自己能理解納粹集中營生還者有多麼憎恨德國人，但遵守法治是首要之務，唯有透過正當程序審理後才能懲罰犯罪者，而美國人會妥善處理這件事。難民點點頭，為美國人歡呼，接著美國人向他們道過晚安，「伴隨著友善的低語」離房，結束巡視。美國人離開之後，那個德國人隨即被拖出來，活活踹死。

　　解放（在難民來說，是半解放）之後，類似事件層出不窮。在其他記載中，解放士兵親眼目睹德國人的邪惡，震驚之餘也不再謹守正當法律程序。在達浩集中營，親衛隊遭到各種私刑，溺斃、分屍、勒頸、用鐵鍬活活打死，而美國軍人則冷眼旁觀。不只一次，美國軍人特別出借刺刀，讓曾被囚禁於集中營的難民將德國人斬首，有時美國軍人也自己動手射殺德國衛兵。一名美國中尉在達浩集中營用機槍處決三百多名衛兵，我們可以理解他的盛怒——他看到集中營焚化爐前堆積如山的囚犯屍體。[3]

　　一九四五年四月，一位英國護士在伯根貝爾森集中營目睹一群德國護士第一次進入營房的景況：她們奉命照顧病危的生還者，當她們走進醫院病房時，馬上有「一群尖叫的病人衝向護士，當中甚至有垂死的患者，揮舞著刀叉，或從推車上任意抓起的器械攻擊她們」。[4]

　　英國人此時必須保護德國平民，因為這些護士對囚犯的存活

至關緊要。對盟軍人員、流亡回國的政府官員、福利組織（welfare organisation）成員以及其他想讓歐陸焦土回復某種「正常秩序」的人來說，處理復仇的本能慾望，抑或以眼還眼的私刑正義，都相當棘手。如同波洛斯基故事中不幸的美國大兵，他們通常無力阻止進一步的暴亂，在為內戰所苦的國家，尤其如此。他們往往甚至決定視而不見，或積極參與復仇共謀，採取的手段比在達浩集中營出借刺刀的美國大兵更惡劣。事實上，若沒有官方的鼓勵，大多數有組織的復仇行動根本不可能發生。正如雖然人人皆有性慾，卻極少直接導向群交；大規模暴力很少起因於個人動機，這需要有領導者與組織的促成。

同時，這也需要天賜良機。令人訝異的是，戰後德國人並未彼此互相攻擊。有位柏林記者是少數積極反抗納粹的德國人，她在戰後日記中提及大家已經「準備好報復」。戰爭最後幾個月令許多德國人絕望，「即使是最傻的人也發現自己被納粹主義徹底欺騙了⋯⋯因此若在納粹垮台與盟軍攻克之間有三天空檔，成千上萬對納粹失望、被納粹羞辱與虐待的人，一定會想辦法報仇雪恨。每個人都是自己的暴君，人們發誓要『以眼還眼』、『垮台後馬上就是長刀的天下！』，但命運有不同的安排。」[5]

她說得沒錯，外國占領下的艱辛讓德國人沒有自相殘殺，向德國人復仇成了其他人的工作。

漢斯・葛拉夫・馮・藍道夫（Hans Graf von Lehndorff）在舊時東普魯士的科尼斯堡（Königsberg）經營一家醫院。一九四五年四月，蘇聯紅軍拿下科尼斯堡，這裡成了俄羅斯的加里寧格勒（Kaliningrad）。藍道夫的日記風格條理分明，洋溢著宗教情懷。他描述蘇聯部隊在掠奪鄰近酒廠後喝得爛醉，衝進病房強姦眼前的

每個女人，老少不拘，不分護士或病人，甚至有人傷勢嚴重已毫無意識，這些蘇聯士兵也不放過。有些女人哀求士兵直接射殺她們，但士兵通常在侵犯她們多次之後才「大發慈悲」，因此這些處決也無濟於事。

藍道夫不是納粹分子。他和他多數出身貴族的家人一樣，唾棄納粹。他的母親曾遭蓋世太保逮捕，親戚因參與一九四四年七月廿日的暗殺希特勒計畫而遭處決。藍道夫看著城市燃起烈燄，女人被強姦、男人被獵殺，房屋一間間被搶，他不禁懷疑這一切的意義：「這跟天生的野性有任何關係嗎？還是這只是報復？大概是報復吧……他們多麼努力上演這場混亂戲碼！……而這些狂暴的孩子才不過十五、六歲，卻像惡狼一樣撲向我們的女人，完全不知道自己在做什麼。這跟俄羅斯毫無關係，跟任何種族也無關，這是人沒有信仰所致，這是人性荒唐的扭曲，否則這些事件不會讓人這麼痛苦，像是自己親自犯了罪一樣。」[6]

這種情操很高貴，而藍道夫說得也沒錯：無論在何處，人只要被賦予對其他人為所欲為的權力，所有人都能夠、也願意表現出自己最邪惡的一面。然而，那些覺得上帝與他同在，或認為自己在伸張普世價值的人，往往做出最令人髮指的事。報復鮮少隨機出現，它通常和個人或集體的新仇舊恨有關。除了猶太人之外，蘇聯人民遭受德國施加的暴行遠比其他國家更多，受難人數難以想像：有超過八百萬名蘇聯軍人死亡，其中有三百三十萬人被遺棄在露天集中營中，留在仲夏豔陽或冬日霜雪中，任憑他們活生生地餓死。平民的死亡人數則超過一千六百萬人，這數字只有中國在日本占領時，超過一千萬名平民犧牲可以相比。然而這些只是統計數字，並非故事的全貌。貶抑與羞辱常伴隨謀殺與饑饉而來。跟其他

斯拉夫人一樣，納粹德國眼中的俄國人是進化不全的人類，他們是劣等人種（Untermenschen），唯一的功能就是當德國主人的奴隸，不能做奴隸工作的理當沒飯吃。納粹德國有項政策叫「飢餓計畫」（Hunger Plan），目的是讓蘇維埃人民餓死，為德國人提供更多生存空間（Lebensraum）與食物。這個恐怖的經濟計畫如果真的實現，將會害死成千上萬的人。

然而，報復不僅僅是憤怒或缺乏紀律。如果被自己的長官殘酷對待，士兵往往會把痛苦發洩在平民百姓身上。因此除了對中國人的種族歧視，這也是日本軍人在中國如此慘無人道的原因。大家都知道，蘇聯士兵受到軍隊上級、政委與祕密警察的無情對待。除此之外，德國人被迫撤出蘇聯後，紅軍部隊收到明確指示，要他們進入德國土地時盡情破壞。邊境上的路標用俄語寫著：「大兵，你現在到德國了，去找希特勒分子復仇吧！」[7] 諸如伊利亞‧艾倫堡（Ilya Ehrenburg）等宣傳大師的話語，句句恨之入骨：「如果一天殺不到一個德國人，這天就白活了……如果已經殺了一個德國人，就再殺一個。對我們來說，成堆的德國人屍體是再好玩不過了。」朱可夫上校在一九四五年一月發布命令：「讓災禍降臨在兇手的土地上，我們要為一切復仇，絕不手下留情。」[8]

蘇聯軍人經年被當成劣等人類羞辱，而且經常在可怕的情況下失去親友，他們本身就有充分的復仇動機。還有另一個原因是，蘇聯人民長年被灌輸資本主義資產階級巧取豪奪的形象，現在正是進行暴力革命的大好機會。有些士兵根本沒見過電力系統，更不用說腕錶等奢侈品，他們對德國平民的生活水準大感吃驚，即使在城市遭轟炸、戰時物資短缺的慘況下，和蘇聯相比，依舊相對富裕。貪婪、種族憤怒、階級嫉妒、政治宣傳、對德國惡行記憶猶新，

這一切都加深了報復的渴望。一名蘇聯軍官就說：「我們越深入德國，就越對遍地黃金感到噁心……我很樂意出拳砸爛整齊陳列的瓶瓶罐罐。」[9]

即使不是為了報仇雪恨，這種感受也會引發嚴重的攻擊行為。一九四五年八月，日軍投降前不到一個禮拜，蘇聯紅軍入侵中國東北滿州，部隊在哈爾濱、奉天（瀋陽）與新京（長春）等主要城市大肆破壞。他們沒有理由向城中大量的日本平民復仇，更別說中國人了。日本從未侵略過蘇聯，日本的確在一九〇五至一九〇六年的日俄戰爭中讓俄國潰不成軍，但當時爭奪的是滿州的土地；一九三九年，日本不智地發動戰爭，從蒙古邊境攻擊蘇聯，卻大敗而歸。然而蘇聯部隊在中國東北的行為，卻宛如十五世紀的征服者。

如同在東歐的德國人一樣，日本平民頓失所依，理由也一樣：德國親衛隊、軍官、資深納粹官員提早逃往西邊；日本軍官與政府官員也搶搭最後列車，前往碼頭搭船返回日本，他們為了自求多福，把多數平民丟下，這表示有將近兩百萬名日本人被困在東北，沒有任何保護。自一九三二年滿州變成日本傀儡政權滿州國後，許多人便移居大陸，日本政府積極鼓吹移民，為鄉間人民尋求生存空間。在奉天、新京、吉林、哈爾濱等城市裡，發展出一整個日本社會，有銀行、鐵路、百貨公司、學校、藝術學院、電影院、餐廳，全都由日本人為日本人服務。在鄉村地區，中國人被趕出自己的土地，把空間讓給日本移居者。日本官方用文宣合理化所有作為：亞洲人的亞洲、大東亞共榮圈、更現代、更有效率、比老牌西方帝國秩序更好，由日本主人統治。

有些中國人趁著日軍敗退的機會劫掠日本平民，這些中國人絕對有理由感到悲憤。由日本關東軍創設以及控制的滿州國裡，中

國人被視為三等公民，甚至比韓國人還要低下，任由大部分的日本人宰割。然而在許多日本人的回憶裡，蘇聯人比中國人更糟，有人記載：「他們闖入日本人家裡，拿著手槍亂射，不只拿走他們喜歡的東西，還隨便強姦他們想要的女人。」[10]

許多日本人為了逃離蘇聯軍隊，步行前往南方，但際遇也沒有比較好：食物耗盡；身上長滿虱子、感染傷寒；把嬰兒悶死，以免他們的哭聲引來亟欲復仇的中、韓、蘇各方人馬；小孩交給中國農夫，冀望他們至少可以活下去。整體來說，有超過一萬一千名日本移居者在這些折磨中失去性命，其中約有三分之一選擇自殺。

蘇聯軍隊的暴行迅速傳開後，有人想出一些奇怪的手段，試圖安撫紅軍部隊。在滿州與韓國的交界城市安東，日本社群決定以歡迎委員會接待蘇聯部隊。日本孩童拿到小紅旗，火車站前豎起了拱門，上面插滿紅旗與標語，表達對蘇聯的深厚友誼；當地日本賢達也準備了溫情的歡迎演說。他們等待著，等了又等。孩子紛紛睡著，但仍緊握紅旗。深夜時分日本人才得知紅軍決定走另一條路線，還沒有那麼快到安東。

日本的記載通常略過中國人在蘇聯部隊手中受苦的細節。但持平而論，日本平民的確承受了更多苦難，日本人擁有的財富，或蘇聯人認為他們所擁有的財富，顯然是主要誘因。如前面引用的記載所言：「蘇聯軍人招搖過市，彷彿一切都歸他們所有，雙手都戴著腕錶，照相機在肩上晃盪，外套口袋中塞滿整排的鋼筆。」[11]如同在德國的蘇聯部隊，許多士兵並不熟悉摩登世界的運作，如果手錶因為沒上發條而停止不動，士兵便會憤怒地將它丟棄，此時會被中國街童撿走，賣到黑市去；電動吊扇讓士兵恐懼不已，甚至拔槍射擊。

然而，若沒有官方的鼓勵或示範，蘇聯士兵對平民的劫掠不會如此猖狂。跟清空日本工廠、礦坑、鐵路與銀行比起來，偷幾隻錶又算得了什麼？針對這些行為，蘇聯當局並不認為有必要去澄清。不過真要追究，只有一種說法可以讓蘇聯人合理化這些行徑：在共產主義的宣傳裡，法西斯主義是資本主義的延伸；因此在對抗法西斯主義的人民戰爭中，人民本來就有權劫掠，革命計畫自然也包括了偷竊。無論如何，若說蘇聯的作為是想羞辱日本人，是無法完全解釋蘇聯在中國東北的所作所為的，反而更有可能是因為窮人突然闖入富裕的世界時，內心油然而生的羞辱感，驅使人做出這樣的行為。在德國的情況則另當別論，蘇聯在那邊的暴行更為惡劣。

　　最能以「羞辱」回敬「羞辱」的方式便是強姦女人，而且就在大庭廣眾下，束手無策的男人面前進行。這是人類衝突中最古老的恐嚇方式，並非俄國人獨有。關於這點，藍道夫醫師說的沒錯。只是，人用來合理化其野蠻行為的藉口卻不見得相同。貧富差距與種族歧視，讓雙方充滿敵意的文宣陷入了惡性循環，導致蘇聯軍隊在德國的行為格外殘酷。官方文宣告訴德國人，寧願戰死，也不要見到自己的女人落入「亞洲」或「蒙古」野蠻人之手；而德國人反抗愈激烈，「野蠻人」就愈想要討回公道，其殘忍程度遠遠超出他們之前對德國人做過的暴行。不過蘇聯的復仇也和向資本主義宣戰有關。在蘇聯文宣中，德國女人不只和德國男人一樣，都是壞納粹，還是腦滿腸肥、嬌貴有錢的納粹。在俄國一幅諷刺漫畫裡，德國富婆、她的女兒與女傭，身邊堆滿了從俄國劫掠來的財貨，焦急找尋可以當白旗的東西想要投降。諷刺的是，這位德國女人和美國陸軍雜誌諷刺漫畫裡的德國女人（「維若妮卡·多樹小姐」）長得一模一

樣，都是裙子上繡著卍字的豐滿金髮女郎。美國跟蘇聯諷刺漫畫之間唯一的差別，是美國大兵被警告要與維若妮卡保持距離，以免感染性病；而蘇聯軍人則得把握機會討回公道。在另一幅蘇聯漫畫中，前俄國奴工對先前的女主人說：「太太您看看，我來收租了！」[12]

他們真的前來收租了。《柏林女人》的匿名作者詳細描寫了女人受到的種種恐怖羞辱。我們可以感受到作者對此情形感到作嘔，而蘇聯士兵在看到德國布爾喬亞家庭中那些小巧的裝飾品時，也有類似感受，他們只想一拳將這些東西砸個稀爛。作者被強姦很多次，有一回她正被一名士兵強姦，其他人則在一旁等著輪番上陣。她發現施暴者根本沒不在意她，她只是一件物品：「這個想法讓一切變得更可怕，當他突然把我丟上床時，……我感覺到嘴巴前的手指聞起來有馬與菸的臭味，我張開雙眼，那手指俐落地把我下巴撐開，四目相對，騎在我身上的男人緩緩把口水滴進我的嘴裡……」[13]

強姦德國女人讓曾被鄙視的劣等人種重獲男子氣概。若這女人看起來有花不完的錢就更棒了；若能在失去男子氣概的「前『優等民族』」戰士面前施暴，也不錯。用駐柏林蘇聯資深官員的話來說：「在第一波勝利中，讓統治民族的女人生不如死，無疑讓我們的弟兄獲得極大的滿足。」[14] 然而勝利浪潮過後，暴行依舊。這種野蠻行徑不受到任何官方約束，強姦德國婦女的暴行一直持續至一九四五年的夏天。此後，蘇聯軍方與政府官員偶爾試圖使用嚴竣的手段制裁，包括死刑。但一直要到一九四七年，蘇聯部隊被限制只能在營區活動之後，德國女人才免於被蘇聯軍人強姦的危險。

§

如果說蘇聯士兵在德國施暴，是為了戰勝自身的屈辱感、回復男性自尊，其他男人的復仇行為可能也出於類似的原因，儘管他們所受的苦難遠不及蘇聯人。一九四四年，法國在戰爭尚未結束前，發生了所謂的「野蠻整肅」(l'épuration sauvage)，約有六千人被視為德國通敵者或叛徒而遭到殺害。行兇者是與反抗軍有密切關係的各武裝部隊，大多為共產黨員。另有一萬兩千名女性被剝去衣物、剃光頭髮、身上各個部位被塗上卍字遊街示眾。她們被奚落、吐口水或以其他方式折磨。有些女人被關在臨時監獄，遭到獄卒強姦，超過兩千名女子被殺害。比利時、荷蘭、挪威等從德國占領中解放的國家，也有類似的情形，只不過規模小一些。有時，復仇的暴民在她們身上淋上焦油、黏上羽毛，還會用傳統方式侮辱衣不蔽體的女人。

女性通敵幾乎都與性有關。跟叛國罪不同，在這之前沒有任何地方明文禁止這種行為，它或許不智、猥褻、冒犯，但並不算是犯罪。因此在一九四四年，法國針對這些案例制定新法。若有人以不愛國行為打擊國家士氣，例如與占領者同床共枕，其罪名為「貶低國格」(indignité nationale)，得褫奪公權。

一九四五年五月之後的法國，不分男女，各式各樣的人都受到整肅，有時手段相當殘暴。約有四千人喪生，其中許多人被控叛國罪，其他人則因私人恩怨或政治因素（如阻撓共產黨）而遭整肅。但民怨不成比例地都落在「橫向通敵」的女人身上，而且大多都是公開表達不滿。這點至少有一部分能用集體羞辱感加以解釋。法國臣服於優越的德國軍力之下，而對此事的描述常有各種和「性」相關的字彙：猖狂的德軍是生猛有力的國家，迫使衰弱、糜爛、陰

柔的法國屈從其意志之下。最讓人難受的屈從象徵，就是「橫向通敵」——嘎嘎笑的「法國妞」坐在「德國佬」腿上，狂飲上好的法國香檳，正因如此，他們必須用最嚴厲的羞辱懲罰女人。

在法國解放與野蠻整肅之前，法國女人便在一九四四年四月首度獲得投票權。以下文字，出自一九四五年二月出版的反抗軍報紙《厄爾愛國者》（*Le Patriote de l'Eure*），貼切地反映出當時對女人錯投敵人的態度：

> 我們很快就會看到，這些女人可以跟堅毅的一般法國女人、好媽媽、戰俘的妻子一起投票。她們對我們竊笑、威脅我們，在德國佬的懷抱中神魂顛倒。坦白說，我們不應該讓這些人有任何權利決定重生法國的命運。[15]

用品德高尚的母親、戰俘妻子，對比竊笑又花痴的蕩婦，我們可以感覺到其中的恥辱感與強烈的衛道傾向。橫向通敵者不只不愛國，也威脅布爾喬亞家庭的道德價值。在這之外，還有總是招致怨懟的貧富差距，於是義憤填膺的情緒隨時都會爆發。在種種對惡女的控訴中，我們不確定哪一個比較嚴重：是性放蕩？還是隨之而來的物質利益？與敵共枕已經夠糟了，日子過得比其他人都好，更是罪加一等，尼姆（Nimes）知名足球員的太太波吉夫人（Madame Polge）便是一個黑暗的例子。

在德軍占領期間，波吉夫人成為當地德軍指揮官的情婦，指揮官的姓氏用法文寫即是「聖保羅」。為了回報她的服務，指揮官提供了各種物質利益。當時《人民報》（*Le Populaire*）記載，波吉夫人「承認每天從德國佬指揮官那邊獲得兩三公升的牛奶，每週還

有二到三次的新鮮野味。她的房子也乾淨暖和，有專人整理頭髮，一切都分文未花⋯⋯而與此同時，勞動階級的人民與孩子正在餓死⋯⋯」[16] 波吉夫人被判處死刑，行刑前被剃光頭髮、剝去衣物，並遊街示眾。槍決後，屍體公開展示，尼姆的善良人民在屍體上吐滿了口水，用掃把捅她。被掃把羞辱，對一個現代女巫來說再恰當不過了。

最熱衷於控訴德國佬情人（*filles de Boches*）的那些人，多半在戰時都沒什麼英勇作為。等到先前被占領的國家一解放，各色各樣的男人無不設法讓自己看起來像個反抗軍，戴著剛弄來的臂章與史坦衝鋒槍，將自己轉為獵捕叛徒與壞女人的英雄。復仇掩飾了最危險時刻沒有挺身而出的罪惡感，古今中外皆然。波蘭異議分子亞當‧米奇尼克（Adam Michnik）是位真英雄，他提到當他在一九八九年後反對整肅前共黨人士時，自認之前沒有做出愧對良心的事，因此現在毋須藉著指責他人來證明自己是英雄。這種仁慈的態度向來罕見，在一九四五年時也是如此。

貪婪、偏見與罪惡感或許可以幫助我們理解一九四五年最倒行逆施的復仇，也就是波蘭的猶太人審判。波蘭舊時的猶太社群幾乎已毀滅殆盡，三百萬名波蘭籍猶太人在納粹占領時被謀殺，不是進了毒氣室就是被槍決，多數都在波蘭領土上。一成的猶太人設法活了下來。有些躲藏在波蘭非猶太人家中，有些則流亡到蘇聯的偏遠地區。戰後，身心受創的生還者失去了多數親友，蹣跚回到故里，但通常卻發現自己不受歡迎，更糟的是，他們經常遭受威脅，被驅逐出城。有人竊占了他們原本的房屋，猶太教會堂則被摧毀；他們來不及帶走、所剩無幾的家當，往往被之前的鄰居偷光，而且也沒有人願意物歸原主。

歐洲其他地方也有相同情形。不少猶太人返回阿姆斯特丹、布魯塞爾或巴黎時，發現自己無家可歸。但在波蘭，尤其是主要城市以外的地方，猶太人甚至有生命危險。還有些是一家人被拉下火車，家當被洗劫一空，然後當場被殺。從一九四五年到一九四六年的夏天，有超過一千名猶太人在波蘭遇害，即使在城市裡，他們也不一定都很安全。

一九四五年八月十一日，克拉科夫（Krakow）傳出謠言，猶太人在猶太教會堂殺死了一位基督教孩童。這是現代版的古老反猶假新聞。耳語說，猶太生還者用基督徒的鮮血讓受損的健康回春。於是很快就有一群由軍警領導的暴民集結，攻擊猶太教會堂，劫掠猶太人的家園。街上猶太人不分男女老幼都被痛打，數人遇害（確切人數不明）。這對剛經歷大屠殺的人來說，又是一次血腥的集體迫害。傷重的猶太人被帶往醫院，等待手術時有些人又再度遭到攻擊。一位女性生還者回憶道：「隨行的軍人與護士說，他們是逼不得已才救我們這些猶太人渣。他們實在不該救我們，因為我們殘殺幼童，照理應該把我們全部抓去槍斃。」另一位護士信誓旦旦地說手術完成後，要把猶太人大卸八塊。一名在醫院的鐵路工人說：「波蘭人沒有公民勇氣去毆打手無寸鐵的人，我覺得很可惜！」[17] 他說到做到，便去痛毆一名受傷的猶太人。

波蘭人在德軍占領下也飽受苦難。他們和俄國人一樣，都被視為劣等人種——人民被奴役，首都被夷平，有超過一百萬名非猶太裔波蘭人遇害。德國人決定在波蘭設立集中營，這點我們不能責怪波蘭人，但波蘭似乎將自己的怨氣一股腦兒發洩在比他們更悲慘的人身上。

一般認為波蘭人之所以報復猶太人，是因為他們認定猶太人

應該要為共產主義的壓迫負責。蘇聯部隊占領波蘭各地時，有些猶太人希望受蘇軍保護，以免波蘭反猶分子或更可怕的德國人攻擊他們。一直以來，社會的弱勢少數喜歡把共產主義當成種族民族主義的解藥，不過儘管有許多共產主義者是猶太人，但多數猶太人都不是共產主義者，因此要把報復猶太人的動機歸因於「猶太共產主義」，充其量也是找錯對象。事實上，復仇的主要因素或許和政治完全無關。多數猶太人在戰後遭到攻擊，並非因為他們是共產黨人，而因為他們是猶太人。況且在反猶民間傳說裡，猶太人不只和布爾什維克主義有關，也跟資本主義有關。一般假定他們很有錢，比其他人富有，甚至是特權階級。共產主義者自己也利用反猶主義遂行政治目的，因此大多數的猶太生還者最後都離開了波蘭的家鄉。

雖然絕大多數的波蘭猶太人實際上很窮苦，一般人對於他們富裕的刻板印象仍揮之不去。這跟罪惡感也不無關係，但這種罪惡感有時卻被共產黨反猶太資本家的文宣，以一種奇怪的方式緩解。波蘭人當然毋須承擔德國滅絕猶太人計畫的罪責，但許多波蘭人確實也趕著馬車在猶太聚居區邊緣等待機會，只要猶太人一經驅逐，便可順利劫掠。其他人則跟許多歐洲人民一樣，當原本的屋主被帶走謀害時，他們也樂於遷入空屋。

在某些地方，特別是幾個比亞維斯托克（Białystok）附近的東北村落，波蘭人也親自參與謀殺。一九四一年七月，拉吉尤夫（Radziłów）的猶太人被關進穀倉活活燒死，而他們的波蘭同胞則忙著劫掠。一位目擊證人記得，「當波蘭人開始圍剿猶太人時，猶太人的房子也馬上遭到劫掠……他們像發瘋一樣闖入屋內，撕開羽絨被，空中滿是羽毛。他們會裝滿好幾袋，跑回家卸貨後，拿空

袋再裝一次。」芬克史坦家族（Finkielstejns）成功逃脫，回來之後請求天主教神父讓他們皈依，這樣他們才比較有機會活下去。女兒哈雅（Chaja）回憶起村民的對話：「他們永遠都在講同樣的事：誰搶了多少，還有猶太人之前是多麼有錢。」[18]

但我們也不該忘記其他不同流合汙的波蘭非猶太人，他們藏匿猶太人或協助猶太人生存。這行為不僅會為他們自己，甚至會為他們的家人帶來極大的風險。若是在西歐國家被逮到，可能會被送到集中營，在波蘭則可能是絞刑。拜勇敢的波蘭非猶太人所賜，有些猶太人活了下來。他們領養猶太人的孩子、藏匿猶太人家庭。在一個著名案例中，幾個猶太家庭因為李奧波‧索佳（Leopold Socha）這名小賊的幫助，在利沃夫（Lvov）的下水道藏匿逾一年。超過二十人在地下苟活，吃著索佳提供的麵包屑，在黑暗中驅趕老鼠，幾次差點在暴雨過後的下水道溺死。當慘白憔悴、渾身蝨子與穢物的他們從人孔蓋下出現時，地上的人們非常訝異還有猶太人活著。幾個月後，索佳被酒醉的蘇聯軍隊卡車駕駛輾過，不幸喪命，鄰居竊竊私語，認為這是上帝對他幫助猶太人的懲罰。[19]

然而戰後波蘭最令人震驚的，或許是人人都奉勸那些保護猶太人免於遇害的人，最好絕口不提此事，不只是因為協助「基督兇手」會讓上帝震怒，更因為這會讓人懷疑他們從猶太人身上海撈一筆：因為猶太人都很有錢，拯救他們一定有豐厚的報酬，因此若承認藏匿過猶太人，極有可能被搶。

即使猶太人死了，還是有人認為可以從他們身上撈點油水。一九四五年秋天，前此有八十萬名猶太人遇害的死亡集中營「特雷布林卡」（Treblinka），成了泥濘的集體墳墓，當地農夫開始把骨骸挖出，想從中找出納粹忽略的金牙。數千人在滅絕營現場用鐵鍬挖

掘，篩過整丘的灰燼，將集體墳墓變成一整片堆滿殘骸的深坑。

　　我必須再次強調，波蘭人並不是特例，貪婪是野蠻占領後的普遍結果，而無數的歐洲人也受到占領的影響。歷史學家東尼·賈德（Tony Judt）觀察：「納粹的確是草菅人命，但他們對待財產的方式，也許才是影響戰後世界樣貌最重要的實際遺產。」[20] 放任人恣意掠奪他人財產，會引來更多殘暴的行為。波蘭不尋常之處，在於其劫掠的「規模」：一整個新階級從戰爭中崛起，這些人根本就是靠著掠奪受害者或被驅逐者的資產得勢，而揮之不去的罪惡感則可能帶來反常的後果。

　　當時波蘭週刊《復興報》（Odrodzenie）在一九四五年九月言簡意賅地寫道：「我們得知國內出現一整個社會階層，新崛起的波蘭布爾喬亞『奪走』了遇害猶太人的位置，通常是名副其實地『奪走』。也許是因為他們手上的血腥味，讓他們更加厭惡猶太人。」[21]

　　和其他因素相比，上述說法更能解釋為什麼希特勒帝國的主要受害者會時而遭到血腥報復。就某方面來說，劫掠猶太人是社會革命的一環；同時，若波蘭官僚與警方中握有權力的機會主義者沒有暗地或主動縱容，這樣的復仇也不會發生。一九四五年，由共產黨主政的波蘭政府並未制定對猶太人不利的官方政策，但中階官員的鼓勵往往就已足夠煽動民眾的暴力行為。

§

波蘭人想報復德國人不難理解，但這有一部分也是階級衝突使然。德國人幾世紀以來居住的西里西亞（Silesia）與東普魯士（East Prussia），現在都成了波蘭的領土；主要城市如布雷斯勞（Breslau，波蘭語為佛羅茨瓦夫 Wrocław）或格但斯克（Gdańsk）的居民

多為德國人，都會菁英、醫生、銀行家、教授、企業家都講德文。一九四五年，有超過四百萬名德國人仍居住在蘇聯部隊入侵的前德國領土上；另外約莫四百萬人，在聽到蘇聯部隊駭人聽聞的行徑後逃往西方。早在一九四五年五月之前，蘇聯當局便計畫驅逐留下來的德國人。一九四一年，流亡到倫敦的波蘭首相西科爾斯基將軍（General Władysław Sikorski）宣布：「那些幾世紀以來滲透到波蘭東部的德國聚落，我們應該加以摧毀，迫使他們撤退得遠遠的（到西邊）。」22

　　盟軍各領袖都為這項政策背書，甚至火上加油。史達林建議波蘭共產黨員「創造不利條件，讓德國人自行逃離」。邱吉爾則在一九四四年十二月向英國下議院表示：「目前看來，驅逐是最令人滿意且持久有效的方法。」23

　　紅軍掌權時，波蘭人的行為多多少少比較克制。波米蘭尼亞（Pomeranian）的地主貴族後代里布莎·福里茲－克羅考（Libussa Fritz-Krockow）記得他們有時甚至覺得自己受俄國人保護，即便這些人「也犯下多起強姦與劫掠，」然而她認為，「我們或多或少還能理解他們為什麼要暴力相向，他們可能是為了以牙還牙、以眼還眼，或一時興起，或想來個下馬威而施暴。相較之下，波蘭人只是有樣學樣，但他們施展權力風格很不一樣，行事有些冷酷，又有點遮遮掩掩，幾乎可說是鬼鬼祟祟，這比不加掩飾的權力展示更教人害怕。」24

　　克羅考家族不是納粹分子，為姊姊里布莎寫下回憶錄的克里斯提安·馮·克羅考（Christian von Krockow）是自由主義者，他非常清楚他們的苦難「是德國自己的愚行造成的」。25 但里布莎的陳述還是隱藏著反波蘭的傾向與不滿，甚至有種被背叛的感覺，但

這不是特例，德國新教牧師海穆·李希特（Helmut Richter）也有相同感受，他一直以為波蘭人是善良的民族，畢竟過去德國人待他們不薄，不是嗎？但他終究還是發現，「這些東方民族的可怕天性」，長久以來，波蘭人若意識到「頭上有拳頭」，他們就很守規矩，但只要「一有機會在別人身上施展權力」[26]，就搖身一變，成了野蠻人。殖民者一向是這樣談論當地人的，但波蘭與多數位於亞洲、非洲的歐洲殖民地的差異在於，波蘭的前殖民者也是當地人，他們是享有特權的當地人。

　　總之，波蘭人不希望蘇聯部隊在已被劃為波蘭領土的地方多待一秒鐘。一九四五年二月的雅爾達會議中，列強決定實施大規模驅逐與人口遷移。這項決定所引發的各種殘酷事件，並非只是波蘭想要報復的結果。超過兩百萬名「波蘭王國人」（Congress Poles）從波蘭、蘇聯邊境以東（現今烏克蘭境內），移居到西里西亞等區域。這些地區的德國人都被驅逐，因此他們住進德國人的房子、做德國人的工作、奪走德國人的財產。整個過程並不平和。

　　當然一九四五年的這個事件，並非人類史上頭一遭的種族清洗（ethnic cleansing）。在這之前，希特勒就驅逐了波蘭人、殺害了猶太人，好讓西里西亞等邊境區域有空間容納德國移民。不過領土爭議的怨懟由來已久，在血腥的種族復仇之前，往往都有內戰。一九一八年，德國與奧匈帝國一役戰敗後，戰勝國必須處置他們西里西亞領土的命運，一部分歸奧地利、一部分歸捷克斯洛伐克、一部分歸波蘭與德國。然而上西里西亞的歸屬卻面臨爭議，當時在地波蘭人與德國人強烈支持上西里西亞獨立運動，但盟軍在一九一九年卻認為應以公投決定領土該歸給波蘭或德國，這項決定導致嚴重的暴力衝突。波蘭武裝民族主義者開始攻擊德國人，

特別攻擊離奧許維茲不遠的卡托維茲（Katowice）四周的工業區。這些攻擊事件挑起更血腥的報復，德國的激進民族主義「民兵自由軍團」（Freikorps）在一九一八年德國戰敗後成立，成為未來納粹運動的溫床。他們有許多魅惑人心的口號，像「黑－紅－金！打爆波蘭人！」投票結果由德國治理上西里西亞，這又導致更多暴力事件。到最後，上西里西亞的一部分終於歸屬波蘭管理。一九四五年時，人們對此仍記憶猶新，而納粹占領波蘭的行徑，更添新仇舊恨。

約瑟夫・胡尼許（Josef Hoenisch）的家族世居上西里西亞，由於他從未加入納粹黨，他以為一九四五年留在家鄉很安全。這真是大錯特錯，因為他很快就被取代蘇聯部隊的波蘭民兵逮捕。審訊者問他是否曾為納粹，胡尼許否認，臉上立刻被踹了一腳。審訊持續一段時間後，他滿身是血，被拖到一間長一米八、寬二米七的牢房囚禁，裡面已經擠了九個德國囚犯，別說坐下，連站著都有困難。他還記得波蘭民兵是怎麼找樂子的：囚犯不分男女，讓他們脫光互毆。胡尼許受了八天的凌虐後，一位老同學出現了，他叫葛勞格・皮薩契克（Georg Pissarczik），是一名波蘭修輪匠，他在一九一九年曾為了上西里西亞的命運與德國人對抗，現在是皮薩契克報仇的大好機會，因為德國人終於要得到報應了，不過故事卻出現了西里西亞式的曲折劇情。兩人再次見面時，胡尼許提醒老同學皮薩契克，胡尼許的父親曾替皮薩契克的父親在一九二〇年代初期找到工作，當時沒有德國人願意雇用他，難道皮薩契克要恩將仇報嗎？四週後，胡尼許獲釋。

不幸的是，胡尼許的故事跟許多德國受害者的回憶一樣，對於別人的苦難特別遲鈍。他提到自己獲釋後沒被送到奧許維茲集中營有多幸運，那是「著名的（戰後）波蘭集中營，沒有一個德國人

能活著出來」。[27] 同樣的語彙也摻雜在其他德國保守派的紀錄中。軍人作家恩斯特·容格（Ernst Jünger）在一九四五年的日記中，提到了俄國的「滅絕營」，並將「反德主義」與「反猶主義」相提並論，他寫道：「新聞報紙沉溺在反德情緒中，像是一場集體狂歡。」[28]

即使在德國最自怨自艾的記載中，也鮮有證據顯示波蘭人是自發地沉溺於集體報復當中。但我們可以確定的是，許多無辜的德國平民被誣陷為納粹或親衛隊，受到恐怖的對待。拘留營通常是原納粹集中營，裡面的情況慘無人道。西里西亞的德國人如果不歸化為波蘭公民，就會失去公民權利，但如果不會講波蘭語，他們也不可能歸化；若沒有公民權利，就只能任由民兵或低階官員宰割——光是點名時聽不懂，就會招來一陣拳打腳踢，或是遭遇更可怕的後果。

里布莎·福里茲–克羅考正準備把家中的地毯賣給波蘭市長夫人，夫人先前多次用微薄的代價和她換得貴重物品。這次里布莎卻被民兵逮個正著，因為法令禁止德國人出售家當。違反規定的里布莎被戴上枷鎖，讓民眾得以往她臉上吐口水。但據她的說法，「波蘭人一般都只是清清喉嚨或朝地上吐吐口水，而德國人則是走到路的另一邊。」[29]

無疑地，在反德的各方暴力人士中，民兵是最惡劣的。他們掌管集中營、凌虐囚犯、隨意殺人，把人上銬，時常不分青紅皂白，恣意而行。民兵是匆促募集的，其中有許多是最不入流的波蘭人，通常是非常年輕的罪犯。其中最令人髮指的劊子手是「蘭斯多夫」（Lamsdorf）集中營的指揮官，當時年僅十八歲的切薩羅·金保斯基（Cesaro Gimborski）。他曾下令殺害超過六千人，其中包括八百名孩童。從各方記載看來，金保斯基就像個拔蒼蠅翅膀取樂的孩

子，相當享受手中的權力。

　　手段最兇殘的民兵有一些是先前德國集中營的生還者，復仇當然是他們的動機之一，但這裡也同樣因為物質及階級所產生的嫉妒，而讓嗜血程度火上加油。教師、教授、商人等中上階級成員成為眾矢之的。波蘭衛兵得到德奸的大力協助，特別熱衷於凌虐名流囚犯。一位關在蘭斯多夫的教授被活活打死，只因為他戴著「知識分子的眼鏡」。這些年輕衛兵與他們喜歡下手的對象，不禁讓人聯想到柬埔寨的赤棉，或中國紅衛兵的行徑。要讓青少年圍攻老師等權威人士向來就不是什麼難事，而在這個例子中，族群衝突的過往，更加劇了施虐的狂熱程度。

　　類似事件也在舊奧匈帝國的其他地方發生。這些地方的德裔居民，先是在一九一九年交由非德裔政府接管，接著成為希特勒帝國中的特權公民，最後又被昔日鄰居、員工、甚至朋友，趕出家園。在捷克斯洛伐克遭到全面性復仇的德國人都會同意，最大的威脅是那些受成年人鼓動的青少年，這些成年人報復的理由充分：一九三八年希特勒併吞蘇台德區（Sudetenland）後，許多捷克人、斯洛伐克人都吃盡苦頭；有人則從達浩、布亨瓦德（Buchenwald）等德國集中營生還。許多地方和上西里西亞一樣，其血債最早可以追溯到十七世紀，信奉新教的波西米亞貴族被天主教的神聖羅馬帝國剷除殆盡，自此之後，相較於捷克人與斯洛伐克人，日耳曼人便占了上風，非日耳曼人成為奴僕或農夫。因此在一九四五年的夏天，正是階級復仇和種族復仇攜手並進的時候，也同樣有上級的授意。

　　捷克民族主義者愛德華・貝奈許（Edvard Beneš）是戰時的捷克流亡總統，他一度夢想讓捷克斯洛伐克成為一個和諧的多種

族國家，可是如今卻認定必須一次徹底解決德國問題。一九四五年，他在廣播中宣布：「禍害！禍害！禍害！三倍的禍害降臨在德國人身上，我們會找你們算帳的！」[30] 在四月到六月之間，他接連頒布多項法令，剝奪德國人的財產權，並建立「非常人民法庭」（Extraordinary People's Courts）來審判納粹戰犯、叛徒與支持納粹者。到了十月，所有損及「國家榮譽」的人也都要接受懲罰，而這幾乎適用於所有德國人。

如果官方縱容，捷克人也會跟其他人一樣，對毫無抵抗能力的人做出最可怕的事情。人們在布拉格等地設立酷刑監獄，被懷疑為前親衛隊的人被吊在路燈上，一萬多個德國平民被關進史特拉霍夫（Strahov）足球場，數以千計的人在這裡遭到機槍掃射，而開槍的人只是為了運動消遣。「革命衛兵」（Revolutionary Guards, RG）是捷克版的波蘭民兵。年輕的流氓得到官方許可，盡情施展暴力，他們帶領暴民用石塊攻擊街上的德國人，折磨曾為特權階級或戴著「知識分子眼鏡」的人，這種行徑得到軍隊與這個解放國最高層的支持。

下面這則故事，並非當年最可怕的，卻可以讓我們看到那個狂野夏天究竟是什麼樣子：在集體暴力爆發前夕，如同歐洲其他地區的性放縱，一種新的秩序被強迫施行在人們身上。這是德國女演員瑪格麗特·榭爾（Margarete Schell）的故事。她出生於布拉格，在戰前活躍於劇場與廣播表演。她在五月九日遭四名革命衛兵逮捕，其中一人還是她家附近的屠夫。她跟其他德國女性一起被帶往火車站，負責清掃空襲後留下的碎石瓦礫。衛兵逼她搬運沉重的鋪路石，用槍托砸她，用軍靴踹她。暴民高喊：「妳們這些德國豬！這幾年吃得很胖嘛！妳們會有今天都該感謝妳們的領袖！」

情勢迅速惡化:「我沒有東西可以遮頭,但我的頭髮似乎激怒了群眾……有些人認出我來,大叫:『她是演員!』很不幸地,我的指甲上色修過,又戴著銀手鐲,這讓暴民更加歇斯底里!」[31]

民眾逼著德國女人吃下希特勒的照片,還把她們頭髮剃掉,塞回她們嘴裡。樹爾被送進奴工營,革命衛兵無緣無故用鞭子抽打她。不過,她不至於像一些中東歐的德國人那麼遲鈍,而且並非所有捷克衛兵都惡形惡狀,有名衛兵看到她快要走不動,更甭提穿著破爛的鞋子工作,於是幫她找來一雙涼鞋換穿。樹爾寫道:「在聽了這名衛兵在德國集中營待了七個月的遭遇後,我們受到的對待也就不足為奇了。」[32]

樹爾也理解捷克人的憎恨。八月八日,在她還搞不清楚為何只有她挨了一頓毒打時,突然想起有人跟她說,指揮官覺得她「太過高雅」。在同一天日記裡,她提到營中伙房有位特別惡毒的女衛兵,「這些女人不管在哪裡都很可怕,這顯然是因為她們很憤怒,因為她們完全明白,雖然我們現在像奴僕一樣在工作,但我們還是不改本色。」[33]

愛德華‧貝奈許不是共產黨員,卻試圖向史達林示好,他考慮到在這之前不久,西方民主國家讓他的國家失望,因此不智地選擇與蘇聯結盟。這份跟魔鬼簽下的契約,後來導致捷克斯洛伐克在一九四八年落入共產黨手中。不過革命的種子,早在瑪格麗特‧樹爾於營中伙房深刻察覺到的憤怒裡,就已經播下。一九四五年的捷克斯洛伐克,特別是幾世紀以來受德國人主導的地區,宛若法國大革命的恐怖時期。兩者的區別在於,兩世紀前的法國是革命後才有恐怖統治時期,此處則正好相反。

§

榭爾的日記中還有件事值得一提，她提到自己被帶進一間以前蓋世太保特務所占據的屋子，她和同組囚犯奉命在房子油漆後打掃乾淨，並搬入新家具。她們的監工正好是名猶太人，但他對榭爾等德國囚犯都很客氣。「他說自己在集中營待了五年，失去雙親與姊妹，他不希望虐待任何人，因為他知道當階下囚的滋味。雖然他絕對有十足理由仇視所有德國人，卻沒有拿我們出氣。」[34]

這故事可能不太尋常，有權胡作非為時，還能保有同理心，實在相當罕見。不過儘管整個歐洲都忙著復仇，報復德國人、叛徒、玷汙國家尊嚴的女人、階級敵人與法西斯主義者，那些承受最多苦難的人，卻展現出驚人的自制力。這並非猶太人缺乏復仇的卑鄙本能，更不可能是一九四五年的猶太人對於曾經想置其於死地的人還懷有好感。可以確定的是，多數集中營的生還者都太過孱弱遲鈍，根本沒有力氣去報復。但部分集中營仍有粗暴的審判案例，一些猶太裔美籍人士在審訊納粹嫌犯時，顯得興致勃勃，超乎專業的界線。斯圖加特（Stuttgart）附近一所羈押德國親衛隊的監獄中，一份調查處置過當的報告顯示，有一百三十七人的「睪丸被美國戰犯調查小組踢傷，永久喪失功能」。[35] 其中大部分的審訊者都有猶太姓名。

這些只是個案，猶太人並未試圖有系統地「以牙還牙、以眼還眼」。同樣地，這不是因為他們不想，而是政治因素的阻撓。一九四五年時復仇慾望正熾。英國陸軍在一九四四年成立一支猶太旅，德國戰敗後，該旅駐紮在義大利與奧地利邊境上的塔爾維休（Tarvisio），後來編入駐德占領軍。對於在大屠殺中家破人亡的猶太人來說，復仇自然很有吸引力。為了防止對德國人報復的個別

行為，該旅頒布一條誡令：「請記得我們每個人都有深仇大恨，不負責任的行為會導致人人都失敗⋯⋯」另一條誡令提醒部隊，能在德國亮出錫安主義的復國旗幟，就已經是甜蜜的復仇了。[36]

雖然不允許個人動用私刑，但旅部仍自行組成復仇者聯盟，叫做「去死團」（Lick My Ass Business/*Tilhaz Tizi Gesheften*, TTG），由以色列・卡爾米（Israel Carmi）領導。由囚犯與軍中線民的情報得知，「去死團」成員都在夜裡離開塔爾維休執行暗殺任務，對象是作惡多端的親衛隊軍官等該為屠殺猶太人負責的相關人士。英國陸軍發現這些行動後，將該旅調離德國，派往荷蘭與比利時等比較不敏感的區域。我們不知道到底有多少納粹被殺，但具體數字可能不超過數百人。

也有人不放棄復仇的念頭。阿巴・柯夫納（Abba Kovner）是立陶宛籍猶太人，有一雙憂鬱的眼睛與一頭捲曲的長髮，這讓他看來不像殺手，反而比較像浪漫詩人，而他也真的是一位詩人，如今在以色列，還是以詩作聞名。柯夫納生於塞巴斯托普（Sebastopol），在維爾納（Vilna，今立陶宛首都維爾紐斯）長大，於戰前加入錫安運動的社會主義側翼。一九四一年，他設法逃出維爾納的猶太聚居區，藏身女修道院，後來在森林中加入游擊隊。德國投降後，柯夫納與一些波蘭籍與立陶宛籍的猶太生還者在一起，他們深信戰爭尚未結束，也不應結束。他們組成了「猶太血不白流」（*Dam Yehudi Nakam*）組織，簡稱納坎（*Nakam*）。柯夫納制定的其中一條原則是：「我們必須從人類記憶中刪除猶太人傷亡卻不復仇這種想法。」柯夫納認為，若沒有適當的報復，還會有人再度企圖讓猶太人滅亡。他寫道：「這不僅是報復而已，而是要為遭謀殺的猶太人立下這條法律！名之為 DIN（「以色列流淌復仇之血」的希伯來文簡稱）。唯

有如此，後世才會知道這個世界再怎麼無情無義，還是有法官與審判存在。」[37]

　　一九四五年時，柯夫納的暗黑舊約觀點，讓他不以祕密暗殺區區幾位親衛隊軍官而滿足，他認為這將是兩個民族間的總清算，唯有死了六百萬德國人之後，才足以補償德國人對猶太人犯下的罪行。多年後，柯夫納住在集體農莊，承認他當時的計畫有些精神異常，他說：「任何有理智的人都能看出這個想法太瘋狂了，但在那些日子裡大家幾乎都瘋了……或許比發瘋還嚴重，這個可怕的想法源於內心的絕望，還帶點一了百了的意味……」[38] 此事耐人尋味之處，在於柯夫納「有組織的獨特復仇」為什麼會失敗，以及如何失敗。

　　他計畫在幾個德國主要城市供水處投放致命化學藥品。為了取得毒藥，他來到巴勒斯坦（Palestine），有些人對其感受表示同情，但沒什麼人有興趣進行大規模屠殺，即使要殺的是納粹餘孽，也沒太多人感興趣。班－古里恩（Ben-Gurion）等錫安主義領袖的首要任務，是為猶太人建立一個新的國家，為此他們得博取盟軍的善意。他們的目標是營救歐洲剩下的猶太人，讓他們變成驕傲的以色列公民。猶太人再也不可能回到歐洲的正常生活了，歐洲已成為過去，糾結於屠殺德國人的計畫充其量也只是浪費時間。因此儘管柯夫納從未全盤透露他的計畫，錫安主義運動的準軍事支部哈加納（Haganah）對於協助他始終興趣缺缺。

　　接下來的故事簡直就是場鬧劇。儘管官方不願配合，柯夫納還是設法從耶路撒冷希伯來大學（Hebrew University）的一間化學實驗室中弄到毒藥。一對叫卡齊爾（Katzir）與伊佛恩（Ephraim）的兄弟，在那裡擔任實驗室助理，伊佛恩後來還成為以色列第四

任總統。兩人以為柯夫納拿毒藥是針對親衛隊軍官，這個目標不會有什麼人反對，於是給了他一種特別容易致命的藥物，一毫克就能殺害大量人員。

一九四五年十二月，柯夫納與同夥羅森克蘭茲（Rosenkranz）揹著大旅行袋，裡面塞滿貼著奶粉標籤的毒藥罐，登上一艘開往法國的船。他們持偽造證件佯裝成英國士兵，雖然柯夫納一句英文都不會。旅途中他多半都在暈船，快到法國土隆（Toulon）時，船上廣播唸到柯夫納，他以為自己的身分遭揭穿，東窗事發，便將半數「奶粉罐」丟進海裡，並吩咐羅森克蘭茲，如果發現苗頭不對，就把剩下的一半也毀了。

其實柯夫納的行跡並未敗露，被捕的原因是有人懷疑他偽造證件。最後毒藥根本沒運到歐洲大陸，因為羅森克蘭茲在慌亂中把剩下的一半也丟進海裡，紐倫堡等地的水源因此安全無虞，成千上萬的德國人也逃過一劫。柯夫納的幾個朋友曾試圖在納粹拘留營的食物下毒，後來也不了了之，當時除了有幾個人身體不適之外，沒有人因此死亡。

我們可以說猶太人的復仇之所以未曾實現，是因為得不到政治支持。錫安主義領導者冀望創造出另一種常態──遠離沾滿戰爭鮮血的歐陸，英勇的以色列人將在荒漠中耕地犁田，成為驕傲的公民戰士，對抗敵人。想到未來，他們十分有自覺，認為未來一樣會充滿血腥與種族宗教衝突。但這回不會是德國人的血。阿巴‧柯夫納不曾適應這種未來導向的生活，他被過去吞噬，寫出悲劇般的詩篇，經常在午夜夢迴時驚醒尖叫。

他寫過一首關於妹妹的詩：

我從應許之地呼喚著妳

在成堆的小鞋裡

每當佳節將近

四處追尋妳的蹤跡

他也寫過給父親的詩：

感謝主，父親拿出了麵包

四十年來都是同一個烤爐中。他從未想過

整個民族能從烤爐中浴火重生

這個世界也是，在神的幫助下，繼續前進。[39]

§

東尼·賈德談到戰時法國，曾寫道，不管是積極反抗者或妥協者，
「他們的主要敵人往往是彼此，德國人則幾乎不見蹤影」。[40] 同樣
的評論也適用於許多被外國占領的國家，如南斯拉夫、希臘、比利
時、中國、越南、印尼。占領軍跟所有殖民政府一樣，都會利用原本
既存的緊張關係來鞏固自己的統治。若不是因為德國人，維奇政
權的反動獨裁者不可能奪權；克羅埃西亞殺人如麻的安特·帕維
里奇（Ante Pavelić）與他的法西斯組織「烏斯塔沙」（Ustaša）也不
可能當政。在法蘭德斯（Flanders），「法蘭德斯國家聯盟」（Flemish
National Union）與納粹占領軍合作，希望在德國主導的歐洲下，
他們能脫離法語區的瓦隆人（Walloons）。在義大利與希臘，法西
斯主義者等右翼分子與德國人同流合汙，一方面是為了自身利益，
一方面也為了打壓左派勢力。

那中國的情況呢？一九七二年，時任日本首相的田中角榮，為

日本對中國在戰時犯下的罪行向毛澤東道歉。毛澤東語帶黑色幽默地要他的外賓放輕鬆，說：「是我們要謝謝你才對，沒有你們日本人，共產黨不可能奪權。」毛澤東說得沒錯，要講無心插柳柳成蔭，中國是最戲劇化的例子。日本人與蔣介石的國民黨同樣害怕共產主義，雙方甚至還企圖聯手剿共，國民黨中確實也有一派與日本合作，但由於日軍使國民黨元氣大傷，反而幫助共軍贏得國共內戰。一九四五年，國、共內戰便已逐漸醞釀，而後迅速全面爆發。

跟希臘一樣，中國在外敵侵略前早已深陷內戰。法國與義大利表面看似和平，卻也瀰漫著內戰的氣氛。歐洲人在亞洲殖民地分而治之的作為累積了很深的怨氣，大大小小的社會衝突一觸即發；德、日更進一步利用這些社會分歧，帶來日後一發不可收拾的局面。

共產黨與左派，在反納粹及反法西斯抵抗中扮演了很重要的角色；而德、日建立帝國的努力，則讓許多右派背負通敵者的惡名。法國共產黨對抗爭的光榮史感到驕傲，自稱為「就義者之黨」(*le Parti des Fusillés*)。即使是左派同志，若反對黨中央採取史達林路線，就被共產黨人歸為「希特勒托爾斯基派分子」(*Hitlerotrotskyists*)，指控他們不愛國，與敵人互通聲息。左派的武裝起義歷史，順理成章地帶來要求新秩序的革命性聲浪。戰後蘇聯在其勢力範圍內的國家，巧妙運用這股浪潮；而西方盟國卻將昔日並肩打擊德、日的戰友，解除武裝，甚至加以鎮壓。不僅如此，盟軍還協助某些先前通敵的內奸菁英重拾權力。這些事件都種下日後冷戰發展的遠因。

然而，通敵並非總是如此直接了當。在一九四三年的南斯拉夫，狄托 (Tito) 的共產黨游擊隊便與德軍談判，因為他希望德軍

能「助他一臂之力」，攻擊塞爾維亞的保皇黨人「切特尼克戰士」（Chetniks）。同年秋天，切特尼克戰士與德軍合作，共同擊退狄托的游擊隊。波士尼亞的穆斯林則與任何願意保護他們的人合作，無論對方是克羅埃西亞法西斯分子、塞爾維亞游擊隊，還是納粹，都可以談。這所有的暫時結盟都是為了抵抗國內的對手而非境外的敵人。

在法國，多數通敵者並未直接與德國占領軍勾結，而是為菲利普・貝當（Philippe Pétain）元帥掌權的法國政府效勞。透過德國的協助，維奇政權認為自己將復興真正的法國，這個「田園法國」（*La France profonde*）裡只有教會、家庭、愛國主義，不會有自由派、猶太人、共濟會等其他汙點。一直要到一九四三年，義大利的法西斯分子才算是通敵者，當時義大利為德軍所占領，貝尼托・墨索里尼（Benito Mussolini）的勢力範圍只剩下加達湖（Lake Garda）上一小塊的納粹傀儡國，但過去二十年來，義大利法西斯主義者的所作所為已與左派分子結下樑子，等到德國人一離開，左派人士的瘋狂報復立即展開。

後來的英國首相哈洛德・麥克米倫（Harold Macmillan）是邱吉爾在地中海國家事務的全權大使。一九四五年四月，盟軍指揮官才剛在富麗堂皇、毫髮無傷的波隆納（Bologna）市政廳落腳，麥克米倫便坐上一輛軍用吉普車前往會見。麥克米倫看到兩具當地著名自由派人士的屍體莊嚴地躺著，眼眶泛淚的群眾前來致上最後的敬意。兩人被法西斯「黑幫」（Black Brigade）射殺，這些黑幫分子前一天才剛逃離鎮上。麥克米倫在日記裡記下：「靈柩敞開，讓朋友與仰慕者最後一次瞻仰領導者的遺容。兩人在市政廳遭殺害，牆上血跡斑斑。他們當時所在位置的地上擺滿了鮮花，令人揪

心的是，還有最近這幾個月來被黑幫殺害的男女老幼照片。」

引用日記這段話後，麥克米倫接著說：「地方行政長官也是法西斯分子，沒能及時逃跑，被游擊隊員擊斃，倒在他最後一個受害者旁邊。現場可見腦漿濺到磚塊上，血流一地。」[41] 接著麥克米倫就去吃午餐了，他注意到先前做義大利料理給德國軍官的義大利廚師，現在改煮美國食物給盟軍軍官享用，他寫道：「這其中深富寓意。」不過卻沒有多加透露寓意為何。

一九四五年四月，游擊隊尋仇的受害者還包括墨索里尼與他的情婦克拉拉·佩塔奇（Clara Petacci）。當他們跟隨德國防空部隊士兵試圖逃往奧地利時，被游擊隊設置的路障給攔下。游擊隊讓德國人自行離去，因為他們沒興趣找德國人麻煩，但義大利人全部都得留下來。雖然墨索里尼身穿德軍大衣，掩飾義大利將軍專屬的紅條紋馬褲，仍舊被認了出來。四月廿八日，在加達湖上一間鄉間別墅前，他與情婦還有十五名隨機選出的法西斯分子，被人用機槍掃射處決。翌日，屍首在米蘭一處破爛的廣場，像野味一樣被倒吊在埃索（Esso）加油站的懸樑下，任暴民發洩怒氣，屍體的面孔很快就難以辨識。

有人在一個月後帶愛德蒙·威爾森去看事發現場。時已廢棄的埃索加油站中，懸樑上以黑字寫下遭槍決者的姓名仍墨瀋未乾。威爾森寫道：「墨索里尼及其支持者被殺害，暴屍街頭，任人羞辱，整座城市都瀰漫著一股屍臭。義大利人會在酒吧中把你攔下來，拿出他們當時拍的照片給你看。」[42]

在四月到七月間，義大利北方可能有兩萬起處決法西斯與通敵者的案例，這只是其中一件。在所有案例中，有八千件發生於皮耶蒙（Piedmont），四千件在倫巴底（Lombardy），三千件在愛米

利亞（Emilia），三千件在米蘭省。[43] 許多人是遭共產黨主導的游擊隊就地處決，有些則在臨時設立的人民法院草草受審，也就是所謂「廣場的正義」，而處決非常迅速，有時會濫殺無辜。知名的法西斯分子會連同妻兒一併被槍斃，多數遭受這種私刑審判的人士都是警官與法西斯官員。即使身陷囹圄，也不是那麼安全，六月十七日，維琴薩（Vicenza）附近的斯基歐（Schio）監獄遭到蒙面游擊隊突襲，他們殺害了五十五名法西斯囚犯。有些復仇者是飽經戰爭洗禮的反抗軍，有些則在真正的戰鬥結束後才出現的「英雄」，反抗部隊中到處都是這種人。還有一些是罪犯，他們利用新掙得的「愛國者」身分恐嚇富商、地主，或劫掠這些人的房產。

不過在義大利，復仇往往也具有政治意圖，是一種革命式清算。共產黨游擊隊認為整肅是反抗資本主義的必要鬥爭。諸如杜林的飛雅特（Fiat）等大企業均曾與墨索里尼政權合作，這些大企業成了理所當然的攻擊目標。杜林與米蘭勢力最大的企業家，通常都能跨越瑞士邊境以保全性命，或用黑市商品買通可能的殺手放他們一條生路；比較缺乏背景或手段的人物，遇害後的屍體常常被丟棄在地方公墓的大門口。

盟軍政府對於義大利共產革命將至非常憂心，隨即試圖將游擊隊員解除武裝，即便當中多數人都曾英勇抵抗德軍。義大利保守派政客自然是支持這項措施，他們其中有些人自己便與法西斯分子過從甚密。正因羅馬的義大利臨時政府對法西斯分子的懲罰緩不濟急，才會讓「廣場正義」如此猖獗。

為了安撫前游擊隊員的自尊心，義大利在各城市舉辦遊行。義大利的達官顯要圍繞在盟軍指揮官兩旁，接受游擊隊的致敬。隊員戴著不同圍巾，各代表不同的效忠對象：紅色是左派、藍色是

基督徒、綠色多為義軍逃兵所組成的自主兵（*autonomi*）。許多人放下了武器，但絕非全體棄械。激進左翼勢力依舊龐大，有時還有武裝。不過後來證明保守派多慮了，義大利沒有出現革命。史達林為了回報其帝國得以順利向中歐延伸，同意把地中海留給西方盟國。但血腥的報復與義大利遭赤化的恐懼依然存在，左派遭受背叛的痛楚也持續著，這些情況有的甚至延續到二十一世紀。

愛德蒙·威爾森素來同情左翼，看到這些發展相當反感。他認為美國對戰後義大利民主的主要貢獻，是「把我們其中一個電話交換台叫做『自由』。之前游擊隊符合美國利益時，我們提供武器給他們，鼓勵他們；但現在我們沒收他們的武器、禁止他們發表政治演說，如果他們惹事生非的話，就再把他們關進牢裡。」他知道左派手上也沾滿鮮血，但他認為：「新的義大利革命不僅是野蠻的復仇，我也相信這是場勢不可擋的社會運動。」[44]

然而，一如南越、南韓、法國、日本與希臘，義大利蠢蠢欲動的左派還是被遏止了。威爾森在一九四五年夏天抵達希臘，住在雅典憲法廣場上的大不列顛飯店。服務生的服務態度差勁到幾乎可說是怒目相向，威爾森也注意到房間牆壁上的彈孔。這樣的怠慢其來有自，因為雅典也同樣瀰漫著背叛所帶來的惡劣氣氛。

牆上的彈孔需要進一步說明。在前一年的十二月，共產黨人所控制的游擊隊組織「民族解放陣線」（EAM）由支持者舉辦一場大型示威活動。解放後的希臘受英軍正式接管，雅典由「希臘國家團結臨時政府」（Greek provisional Government of National Unity）掌控，其成員多為保守派與保皇派，也有一些左翼分子。但出了雅典仍是民族解放陣線及其武裝勢力（ELAS）的天下，打贏德國人以後，EAM/ELAS 曾冀望接手政府，掀起希臘革命。由英

國人撐腰的保守派則不計代價地想阻止這一切發生，於是引發了一九四四年十二月三日的示威。哈洛德·麥克米倫認為，這一天「拉開了內戰的序幕」。[45]

　　其實麥克米倫一定早就知道內戰開始很久了。希臘在第一次世界大戰期間嚴重分裂，當時的總理埃萊夫塞里奧斯·韋尼澤洛斯（Eleftherios Venizelos）打算支持協約國，而國王康士坦丁一世（King Constantine I）及其軍事指揮官楊尼斯·梅塔克薩斯（Ioannis Metaxas）則不支持協約國，「韋派」與「保皇派」的激烈對立就此持續多年。一九三六年，梅塔克薩斯成為獨裁者，他有著銀行家的面貌以及法西斯軍事元首的殘酷，他很崇拜希特勒第三帝國，在位期間禁止所有政黨組織活動，把共產黨等異議分子全都關進大牢，因此成為「一統」希臘的國父。梅塔克薩斯死於一九四一年，讓大部分希臘人都鬆了一口氣。

　　接著德軍進犯，梅氏舊政權的支持者大半通敵，反抗軍則由梅氏政權期間坐牢的共產黨人領導。在德國人的縱容之下，希臘法西斯軍團與一開始得到盟軍協助的左翼游擊隊展開激戰。雙方同樣狠毒無比，受害者多為戰火夾擊下的無辜民眾。

　　但是麥克米倫沒說錯：在英國人看來，真正的戰鬥遲至一九四四年才開始。當時英軍得到義大利部隊增援，對幾個月前還在打德國人的左翼游擊隊發動攻擊。愛德蒙·威爾森對這種過河拆橋的做法相當不以為然。許多人深有同感，特別是在美國，這場戰鬥被視為另一次典型的英帝國干預。英國也一樣，儘管邱吉爾因領導對德作戰備受尊崇，卻也因極端敵視共產黨游擊隊而失去民眾的信任。

　　哈洛德·麥克米倫寫道，希臘和許多其他地方一樣：「我們的

宣傳稱抵抗運動是一群充滿浪漫情懷的理想主義者，以拜倫式的熱情為國家的自由獻身戰鬥。」[46] 最像拜倫的英雄，大概就是阿里斯·維盧齊奧底斯（Aris Velouchiotis）了。阿里斯騎著馬翻山越嶺，率領一幫全身黑裝的游擊隊：戴黑貝雷帽、著黑夾克、蓄黑鬍子。阿里斯在一九四五年與共產黨決裂，這位浪漫英雄也殺人如麻，人們後來在他經常出沒的地盤挖出大型亂葬崗，裡面散落著他政敵的屍骨。

希臘跟義大利、中國等許多其他地方一樣，希臘解放後的真正問題是軍事力量遭到壟斷。經過多次協商，民族解放陣線終於同意放下武器，條件是右翼武裝民兵也照做，如納粹占領時期所建立、惡名昭彰的「警備營」（Security Battalions）。政府的目標是將雙方最精銳的勢力納入政府軍隊。根據 EAM/ELAS 的說法，政府沒能遵守協議，即使左派解編部分軍力，右派仍獲准保留武裝。不難理解為什麼許多前 ELAS 戰士在回憶此事時，認為這是徹底的背叛。一名游擊隊員回憶道，他們在一九四四年圍捕到一幫通敵者，但他們沒有殺害這群人，而是交給警方處置。這是個錯誤的決定，因為後來警方不僅放了他們，還給了這些人槍枝。對於在一九四五年被擊敗的游擊隊來說，這個教訓再清楚不過：「當年主張『把他們全殺了』的同志，現在可以振振有辭地說，如果當時就把所有法西斯分子都殺光，就不會有第二輪內戰了。」[47]

這就是當時雅典空氣中躁動不安的氛圍，直到一九四五年愛德蒙·威爾森入住那個飯店房間時，仍然可以感受到這樣的氣氛。一九四四年十二月三日，群眾集結在憲法廣場上，女人與小孩走在前面，往臨時政府所在的大不列顛飯店前進。官方宣稱群眾準備衝進飯店，但威爾森從同情左派者那邊聽來的說法則是，在保皇

黨警察開槍造成約百人死傷後，絕大多數示威者仍平和地繼續遊行，這也是當時大部分希臘人的看法。翌日，示威者再次列隊經過飯店，這次是為死者送別。保皇黨人從飯店窗口向外射擊，又殺害了兩百多名手無寸鐵的平民。

不出所料，麥克米倫的看法有點不一樣。他回憶：「這群所謂的『平民』中，藏有許多全副武裝的 ELAS 游擊隊員。」致命槍擊恐怕是意圖煽風點火的共黨特務所為。[48]

儘管這起慘劇的真相依舊撲朔迷離，有兩件事斷無疑義。首先，早在一九四四年十月希臘從德國人手中解放之前，共產黨領導的游擊隊作風就非常殘酷，已處決過大批或真或假的通敵者與「階級敵人」，解放之後整肅與殺戮依然持續了一段時間。其次，希臘左派的確有充分理由感到遭背叛。

共產黨與左派在許多國家都是反納粹與反法西斯抵抗軍的中堅分子。在希臘，他們透過暴力整肅異己，壟斷反抗軍勢力。在鄉間，EAM/ELAS 建立了某種游擊隊政權，由人民法院負責處置所有反革命敵人。一九四四年九月，一位派駐希臘的英國軍官寫下共產黨人在阿提卡（Attica）與皮奧夏（Boeotia）的「恐怖統治」事蹟：「過去幾週內，有超過五百人遭處決。腐爛的屍體臭氣沖天，我營區附近的一塊地方根本無法靠近。倒臥在地上的屍體一絲不掛、身首異處、無人掩埋。此處有許多強硬的反動勢力，ELAS 便特別拿來開刀。」[49]

人們因此有充分理由害怕希臘革命將帶來不堪的後果。邱吉爾私心計畫想把國王喬治二世送回希臘復位，但喬治二世的那套王權說法，連某些希臘保守派都有些不滿，顯然不是個好主意。喬治二世於一九三〇年代末期短暫在位，剛好是楊尼斯・梅塔克薩

斯殘暴的右翼獨裁統治時期，沒幾個民眾緬懷這段日子的。

但由於對共產主義心懷畏懼，英國人認為他們別無選擇，只能協助雅典政府向左派游擊隊宣戰。一九四五年初爆發的內戰持續了五週，多達兩萬名「階級敵人」遭 ELAS 驅逐，經常是在被迫進入深山後遭到殺害。另一方面，許多被懷疑是左派的人，也被放逐到英國在非洲的拘留營。交戰各方之殘酷，讓大眾對於二月的停火協議大表欣慰。在東正教大主教的陪同下，邱吉爾出現在大不列顛飯店的陽台上，對著歡呼的大批群眾說：「希臘萬歲！希臘是屬於全體人民的！」[50]

然而戰事只是稍歇，隔年希臘再次陷入持續三年的內戰；甚至在這之前，邱吉爾振奮人心的演講剛結束，另一種形式的報復便已展開。這次是針對左派的反報復，右翼民兵與憲兵隊瘋狂抓人，大批共產黨員或有左派嫌疑者，未經法律程序便遭到逮捕、痛毆、羈押或殺害。民族解放陣線呼籲，要全世界關注「一個比梅氏獨裁政權還要可怕的恐怖政權」。[51] 到一九四五年底，監獄裡有將近六萬名 EAM 支持者，包括婦孺。由於婦孺人數太多，甚至得興建專門羈押女囚的拘留營。他們最普遍受到的指控是在德國占領時期所犯下的罪行，但前納粹通敵者或右翼警備營的犯行，大半都逃過制裁。

哈洛德・麥克米倫與愛德蒙・威爾森兩人身分不同，前者是英國的駐地公使，後者是美國文學記者，他們看待希臘的角度大相逕庭，但兩人都同意一件事：要更加努力讓民主左派從共產黨革命分子中分裂出來。麥克米倫認為「溫和、理性、進步的政策」或可消除「共產主義冷硬本質中、模糊而激進的特質」[52]；威爾森則認為英國應該「協助 EAM 的領導階層擺脫蘇聯的糾纏，並讓他們

約束手下野蠻兇狠的行為，儘管這在抵抗時期，英國可是求之不得。」[53] 可惜的是，即使有這樣的想法，相應的努力很快就湮滅在復仇的慾望中，各方政治勢力更是火上加油，設法在混亂中謀取自己的利益。

§

或許用「解放」來描述殖民社會的戰事結束並不恰當。多數亞洲人對日本人敗走都歡欣鼓舞，因為日本的「解放亞洲」，相較於它所短暫取代的西方帝國主義，惡劣程度有過之而無不及。然而在一九四五年，荷蘭人並不願意解放荷屬東印度，法國對印度支那以及英國對馬來亞的態度亦然。

相形之下，美國人對菲律賓的規劃較為通融，東南亞盟軍最高指揮官路易斯·蒙巴頓勛爵（Lord Louis Mountbatten）有點同情渴望民族獨立的亞洲人。然而荷蘭人與法國人卻想儘快恢復戰前的殖民秩序，即使是對渴望獨立的印尼人不無同情的荷蘭社會主義者，也害怕若失去了亞洲殖民地，已受德國占領而重創的荷蘭經濟將一舉崩潰。當時流行的口號是：「如果丟了東印度，我們就是受災戶。（Indië verloren, rampspoed geboren.）」。荷蘭政府相對進步，但他們對印尼民族主義者所願意做的最大讓步，是給予有限度的自治權，但主權仍屬荷蘭王室，而對於曾與日本合作的印尼人則絕不寬貸。

這讓通敵與復仇變得相當複雜。至少在戰爭初期，東南亞人民相當支持日本所宣傳的「亞洲人的亞洲」。對於像蘇卡諾（Sukarno）這樣的印尼社運分子，和日本人合作是擺脫荷蘭殖民母國的最佳策略，但在荷蘭人眼中，蘇卡諾是個通敵者，因此荷蘭

人在戰後不可能與他談判印尼獨立之事，反而將他認定為叛徒，覺得應該懲罰他。

亞洲人在一九四五年也燃燒著復仇的烈焰，但矛頭不一定指向歐洲的殖民者。復仇往往不是那麼直接，他們報復的對象是在日本占領前的通敵行為。跟歐洲各處相同的是，亞洲人復仇的對象往往是不受歡迎的少數人，特別是那些被認為與西方殖民勢力眉來眼去的富裕特權人士。

華人常被稱作「亞洲的猶太人」，日本人在東南亞各地的野蠻行徑，華人是首當其衝的受害者。比方說在馬來亞，日本人偏愛馬來人，不信任華人。華商從西方殖民主義中受益，至少大家這麼認為，因此必須鎮壓華人，而馬來人菁英則被拔擢至公務與警政體系中。這並不是說日本人有多善待馬來或印尼農工階層，相反地，有許多印尼人被迫充當日本軍事計畫勞工而喪生，處境甚至比多數西方戰俘還要淒慘。鄉村時常遭戰火蹂躪，數百萬計的農民一貧如洗；城市則被劫掠一空，連最基本的公共服務都沒有，街頭由黑幫接管。

日本在南洋的統治雖然殘暴，卻讓過去往往對粗暴殖民逆來順受的人民，逐漸產生一種新的自信心。西方列強遭日本擊敗，弱點暴露。為數眾多的年輕馬來人與印尼人接受日本軍事訓練，成為輔助部隊、民兵與各種武裝青年團體，這讓他們感受到罕有的自豪。日本人利用被殖民者普遍的羞辱感與自卑，蓄意煽動反西方與反華情緒。

英屬馬來亞（Malaya）在戰時的抗日運動大多由華人發動。馬來亞共產黨是抵抗力量的領導者，他們一方面受到中共啟發，另一方面可能也受到國際主義鼓舞，而使共產主義受到其他少數

民族的青睞。雖然馬共並不特別反馬來人，但成員幾乎全是華人，其麾下武力為馬來亞人民抗日軍（Malayan People's Anti-Japanese Army, MPAJA）。一九四五年八月時，約有一萬名武裝人員控制多數鄉村地區，形成國中之國；他們用著自己的法規大規模整肅反對官員，與希臘的共產黨游擊隊如出一轍。

抗日軍成員在戰後隨即對當地通敵者展開報復行動，對象多半為印度人與馬來人，包括市長、警察、記者、線民、日本官員情婦等，這些「叛徒與走狗」都無一倖免，他們被拖去遊街、關進籠中展示、由「人民法庭」草草審判後公開處決，這讓許多馬來人非常恐懼。當曾與 MPAJA 密切合作的英國殖民政府，在十月宣布華人應享有同等公民權時，不難理解馬來人會有多害怕失去對自己國家的掌控。時至今日，馬來政客仍繼續利用著這種恐懼心理。

馬來人決定反擊華人。領導人物是個戴著頭巾、面貌兇惡的前黑幫老大基亞‧薩雷（Kiai Salleh），他在戰後成為「聖戰紅軍」（Red Bands of the Sabilillah）的首領，組織宗旨是防堵華人異教徒威脅穆斯林信仰，並為那些在日本戰敗後遭華人羞辱和處決的馬來人報仇。排華的聖戰表面上符合伊斯蘭教義，組織也誦讀可蘭經文，並引用蘇菲派聖人教誨。然而，薩雷師法的其實是馬來神祕主義者，宣稱自己刀槍不入：「子彈殺不死他，他可以雙腳不濕渡河，可以掙脫任何綁在身上的鎖鏈，他的聲音可以癱瘓任何攻擊者。」[54] 他的信徒相信，只要用金針戳扎身體，並喝下聖戰士首領祈福過的湯藥，自己也會得到恩賜，獲得同樣能力。

聖戰紅軍最愛用大刀或名為「克里斯」（Kris）的馬來匕首殺人，這武器跟戰士一樣都被賦予了神祕力量。十一月六日，在一起典型的攻擊行動中，馬來聖戰士突襲巴東里巴（Padang Lebar）的

一處華人村落,用匕首、大刀砍死五名男性與三十五個婦孺,並把孩子的屍體丟進水井。馬來政客並不支持這種殺戮行為,但他們也沒有具體行動加以制止。據一份英國軍事情報顯示:「受過教育的馬來人似乎很擔心馬來人未來在馬來亞的地位。他們普遍相信華人穩固地掌握經濟命脈,如果未加制衡,華人就會控制政局。」[55]

印尼人也被同樣的恐懼所擾,因此馬來首領手下三位主要幹部均是荷屬東印度的印尼民族主義者,絕非巧合。一九四五年秋天,東印度的時局比馬來亞更加動盪不安。

南非人雅各(G. F. Jacobs)是英國皇家海軍陸戰隊少校,他是一九四五年八月空降到蘇門達臘的第一批人員之一,任務是與日軍當局建立聯絡管道,準備日軍受降以及盟軍登陸事宜。雅各也是最早親眼目睹日軍戰俘營實況的人,裡面關著數千名飢餓憔悴、被毆打成傷的平民。荷蘭囚犯不明白,雅各為何不讓他們動用私刑,報仇雪恨:「為什麼要阻止我們……你看不出來我們有多想修理這些矮小的黃種混蛋嗎?」[56]

雅各少校之所以禁止戰俘對警衛動手,是因為他擔心另一個更大的威脅。因為印尼人還拿著槍、匕首與長矛在鄉間遊蕩,大喊「白種人去死!」(bunuh Belanda!),現在還得靠日本人保護他們昔日白人階下囚的安全。

八月十七日早上,日本投降後兩天,蘇卡諾在巴達維亞(今雅加達)向一小群人宣讀一篇簡短的打字稿:「我們印尼人民在此宣布印尼獨立,關於權力轉移等諸多事宜,將以一絲不苟的態度儘速實現。」

蘇卡諾任命自己為新的印尼共和國總統,這份獨立宣言由他和副總統穆罕默德‧哈塔(Mohammed Hatta)起草,並曾與日本海

軍、陸軍指揮官密切磋商過。一九四五年夏天，戰敗似乎是遲早的事，日本人因此認定，建立一個獨立而反西方的印尼，是最符合他們利益的選項。畢竟大部分的日本人都非常認真看待「亞洲人的亞洲」，即使他們仍希望成為凌駕其他亞洲人的高等人種。許多厭倦暴力的印尼人，受盡日軍欺凌、飽受飢餓、孱弱不堪；當初被迫去興建泰緬鐵路等煉獄般的日本工事的生還者，回到故鄉後又帶來外地疾病，這些人真不知該如何看待獨立的印尼。印尼人在日本投降後的頭幾週，對荷蘭平民沒有太多敵意。儘管還沒有太多實質的控制權，蘇卡諾、哈塔與諸如蘇丹・沙里爾（Sutan Syahrir，在荷蘭受教育，從未與日本人合作的社會主義者）等其他領導人，均盡力節制這島群上可能的暴力事件。

新一代印尼領導人對大批年輕的強硬派影響相當有限，後者受過日軍訓練，當過輔助部隊且思想激進，這些大男生一心求戰。他們從同情印尼的日本軍官處拿到武器，有時用買的，有時則直接從日本軍火庫竊取。據估計，印尼戰士取得了五萬支步槍、三千挺輕重機槍、一億發彈藥。[57] 荷蘭人這時本該與蘇卡諾等印尼領導人協商，因為後者根本無意進行革命暴力，而西方盟友也鼓勵雙方協商，蒙巴頓一廂情願地說：「我們唯一的想法是讓荷蘭人與印尼人親吻彼此做朋友，然後我們就可以撤退了。」[58] 這個願望並未實現，荷蘭人向英國外交部請願，將「所謂的蘇卡諾政府」類比為親納粹的「挪威吉斯林政權」（Quisling regime），把追求獨立的年輕印尼戰士比喻為「希特勒青年團」與「親衛隊」，蘇卡諾的獨立宣言則成了日本意圖在荷屬東印度維繫法西斯政權的陰謀。[59]

毫無疑問，蘇卡諾的確曾與日本合作。一九三〇年代，他大半時間不是耗在荷蘭殖民監獄，就是流放到偏遠小島。日本人比荷

蘭人對他多了些尊重。無論如何，蘇卡諾視日本為民族解放最快捷徑不無道理，他在一九四二年曾說：「有生以來，我第一次在亞洲的鏡子裡看見自己。」[60]

然而，蘇卡諾與日本的合作，即使對許多印尼人來說，都還是太超過了。在日本強迫印尼勞工為戰爭服務時，他選擇支持日本，這使他聲名掃地。另外，他讓日本參與起草獨立宣言，則讓年輕激進分子非常生氣，因為他們不想跟日本人有任何牽扯，不過沒有人質疑蘇卡諾是純正的印尼民族主義者。

荷蘭人不直接跟蘇卡諾交涉，反而做出模糊的承諾，答應在荷屬國協中讓印尼自治。在此同時，從九月起，荷屬東印度軍隊的退伍士兵開始在印尼村落與鄰里耀武揚威，他們恣意開槍、扯下紅白相間的印尼旗幟，惡行惡狀地到處威脅，一切只為了顯示誰才是老大。聲名最壞的自發巡守隊是 X 兵團（Battalion X），由荷蘭人與歐亞混血兒領軍，但手下多為黑皮膚的安汶（Ambonese）基督徒、棉蘭人（Medanese）等少數民族，比起被荷蘭人統治，他們更擔心受印尼人統治。他們也是殖民體系的忠誠僕人。當消息傳來，載著盟軍部隊的荷、英軍艦抵達，多數印度人以及荷屬東印度公務機關（Netherlands Indies Civil Administration, NICA）幹員一心想恢復舊秩序，於是東南亞最血腥的暴力衝突一觸即發。暴力的本質是革命、復仇、犯罪的結合，這些致命因素的合體，也讓當年稍早的中歐爆發騷亂。

武裝極端分子多由日本領導的民兵與街頭混混組成，他們在一九四五年十月到十一月掀起一波恐怖暴力狂潮，稱為「一起上！」（bersiap!）。街頭混混通常是從雅加達、泗水（Surabaya）等城市的黑幫招募來的青少年；「青年團」（pemuda）則包括學生、勞工、村

民。有些首領是黑幫老大，他們劫殺富豪是出於貪婪，與政治關係不大；有些很有領袖魅力，比如強盜頭子「虎父」，他賣護身符給手下，保他們刀槍不入。爪哇神祕主義與日本人灌輸的武士道兩相結合，讓年輕戰士懷抱著暴虎馮河的英雄情懷，高喊：「不自由，毋寧死！」(*Merdeka atan mati!*) 曾有年輕人只拿著大刀與竹槍和坦克對戰的事例。

革命復仇的主要受害人包括：大多經商的華人，招致叛國的嫌疑；亦稱為「印都」(Indos) 的歐亞混血兒；以及通常和荷蘭人站在同一邊的其他少數民族。此外，還有一種往往是憑空想像出的 NICA 間諜。NICA 間諜的定義相當模糊：凡身上穿的紗籠 (*sarong*) 有過多的紅、白、藍（荷蘭國旗的顏色），就可能被當成荷蘭當局間諜而被揪出來。

在雅加達，一旦聽到街上有人用竹矛敲打空心的金屬路燈柱，彷彿在戰鼓鳴擊時，華人、歐亞混血兒、安汶人就知道山雨欲來。武裝的日軍奉命於盟軍不在現場時保護平民，但只要敲擊聲一響，卻往往溜之大吉。暴徒襲擊商店，把住宅燒個精光。發狂的青年沉迷於暴力，幾乎對匕首愛不釋手，亂刀砍死屋裡的一家人，有時甚至喝下受害者的鮮血。雅加達附近甚至找不到乾淨的水源，因為水井已被腐爛的華人屍體塞滿了。

在印尼荷語中，最常見的一種殺戮叫 *getjintjangd*，其中 *tjintjang* 的意思是用匕首或大砍刀殺人。若荷蘭平民過於大意，離開尚有日本人看守的集中營，結局通常就是被 *tjintjang*，而日本兵如果拒絕幫助叛軍、不願交出手中的武器，也會有一樣的下場。儘管舊時集中營與滿是老弱殘兵的骯髒村落也是襲擊的目標，但只要日本衛兵還在崗位上，這些地方仍是最安全的。

年輕男子彼得・范・貝爾肯（Peter van Berkum）跟許多荷蘭平民一樣在印尼出生長大。某天晚上，他在泗水被一群手持削尖竹矛的青年暴徒盯上，被推上一輛卡車送進當地牢房，他回憶：「卡車慢下來的時候，一群嘶聲力竭的人圍了上來。我眼前模糊地晃著滿是汗水的棕色面孔，嘴巴張大扭曲。他們高舉緊握的拳頭、揮舞各式各樣的武器。」在一片「殺死白人！」的呼喊聲中，囚犯被推下卡車。「人群立刻衝上來拳打腳踢、棍棒齊飛，刺刀、斧頭、槍托與長矛紛紛出籠。」[61]

印尼領導人從不希望「一起上！」發生，但事到如今，局面已完全失控。爪哇島與蘇門答臘島上的戰爭全面爆發，不僅要報復殖民者與協助殖民者的嫌疑人，叛軍與日軍也展開戰鬥，成了冤冤相報、血債血還的惡性循環。在三寶瓏（Semarang），一支由木戶新一郎（Kido Shinichiro）少校率領的日軍部隊與印尼的青年團發生衝突，青年團認為日軍蓄意破壞水源。為了嚇阻敵人，日軍冷血殺害好幾名印尼武裝分子；印尼人不甘示弱，殺害關在城市監獄中兩百多名日本平民。一份英國陸軍報告記錄著：「有些屍體吊在屋頂上，有些吊在窗口，還有被竹矛一次次捅穿的屍體……有些人臨死前試著在牆上用鮮血留下遺言。」[62] 盛怒的日軍繼而還以顏色，屠殺兩千多名印尼人。

暴力事件最嚴重的是泗水，這座工業城市在十月底便已完全落入印尼人手中。監獄囚犯全被放了出來，群眾在街頭四處滋事。披著一頭長髮、深具領袖魅力的托莫弟兄（Brother Tomo），透過「反抗電台」（Radio Rebellion）講述古老的爪哇大無畏傳說，煽動共青團自由戰士、地痞流氓與浪漫青年。他們指控華人、安汶人、歐亞混血兒是 NICA 間諜，用匕首與長矛攻擊他們。日本人則是擔

心自己的性命安危，非常樂意提供暴民更多致命武器。

彼得‧范‧貝爾肯的妹妹卡拉（Carla）跟隨其他荷蘭難民從附近的集中營一同來到泗水，她回憶：「一群當地暴民一擁而上，兇猛地用竹矛戳向我們，一直喊著自由！自由！自由！（merdeka! merdeka! merdeka!）。他們衣衫襤褸，深色眼睛裡流露著殺氣，我很害怕。」[63]

盟軍決定採取行動。荷蘭海軍上尉胡耶（P. J. G. Huijer）奉命進入泗水，為盟軍登陸進行前期準備工作。他的抵達自然被視為更進一步的挑釁，而日本軍火庫裡的槍械不斷流入印尼青年團戰士手中。十月廿五日，約有四千名英軍在泗水登陸，其中多半是印度兵與尼泊爾的廓爾喀兵（Gurkhas）。印尼方面謠傳，這些剛下船的士兵是把臉塗黑的荷蘭人，英軍因而遭到一群烏合之眾的攻擊。英國人擔心自己的軍隊遭到屠殺，要求蘇卡諾與哈塔出面約束暴民，兩人同意，並有了初步成果，停火協議一直維持到十月卅一日。但英軍指揮官馬拉比（A. W .S. Mallaby）准將在試圖調停一場打鬥時遭印尼人開槍射殺，情勢再度失控。

這次尋仇的是英國人。從十一月十日起接下來的三週，泗水市飽受轟炸、炮擊與掃射。一名目擊者描述當時市中心的景象：

> 水溝裡滿是人、馬、貓、狗的屍體，道路上散布著碎玻璃、家具與糾纏在一起的電話線，辦公建築充斥著戰鬥的嘈雜聲……印尼抵抗運動經歷兩個階段，首先是狂熱的自我犧牲，男人拿著匕首便衝向雪曼戰車；之後就比較有效率、有組織，縝密遵循日本軍事手冊。[64]

到了十一月底，泗水之亂終於平定，但代價是一座城市被戰火夷平，印尼人、印度人、英國人、荷蘭人、歐亞混血兒、華人的屍體遍布，發出陣陣惡臭。此後還有數輪報復行動，荷蘭人當然也沒缺席。一九四六年「土耳其人」雷蒙‧韋斯特林（Raymond "Turk" Westerling）率領敢死隊進入南蘇拉維西島（South Sulawesi），屠殺上千名平民。直到一九四九年，印尼才取得完全獨立。（附帶一提，二戰時曾在北非對抗德軍的韋斯特林，後來成為虔誠的穆斯林。）

然而血腥只會招致更多血腥。除了指控蘇卡諾叛國之外，荷蘭人也視他為共產黨的代表。泗水之役整整二十年後，印尼軍方以防止共產黨人控制印尼的名義，在一場軍事政變中推翻了蘇卡諾，一場整肅共產主義者的全國浪潮就此展開。無論是穆斯林義警、武裝青年、兵團軍人、爪哇神祕主義者與一般平民通通有份，他們一起屠殺了五十萬人，其中多為華人。領導政變的蘇哈托少將（Major General Suharto），同時也是日後的印尼總統，他受過日軍訓練，徹底服膺反西方帝國主義的思想，並於一九四五年與荷蘭人作戰。然而，蘇哈托在位三十二年期間，由於堅定反對共產主義，獲得所有西方強權堅定而溫暖的支持，其中當然也包括荷蘭。

§

一九四五年時，法國人跟荷蘭人一樣害怕失去殖民地。但法國人更感到羞恥，不僅是一九四〇年的軍事挫敗，更因為法國官方本身就在通敵。日軍占領時期，法屬印度支那仍屬於維奇政權所主導的殖民政府。日本人把這裡當作軍事基地，而法國人則繼續在西貢的體育俱樂部（Cercle Sportif）喝著開胃酒，過自己的日子。但

一九四五年三月，這種安逸的生活戛然而止。法國解放後，法、日合作不再如此理所當然，法國部隊與官員隨即被關進西貢與河內的監牢裡。

八月第一週，戰敗幾成定局的日本人將政治權力移交給越南皇室政府，共產主義分子「越盟」（Vietminh，全稱「越南獨立同盟會」）則掌控北越。幾週後，中國軍隊湧入北越邊境，英軍則積極在南越布署。越南皇帝保大（Bao Dai）與共產黨領導人胡志明均明確表示，無論如何都不可能讓法國恢復殖民統治。河內的法國殖民者雕像早已被拉下。九月二日，逾三十萬名越南人集結在昔日法國總督府附近的巴亭廣場（Ba Dinh Square），聆聽胡志明宣布國家獨立。樂隊演奏共產主義進行曲，其中不乏「豪飲法國佬鮮血」的刺耳歌詞。越盟士兵荷槍護衛紅旗飄揚的講台。「大叔」胡志明頭上有一把皇室御用傘，他對著麥克風輕聲說：「同胞，你們聽得見嗎？」人群熱烈回應：「聽得見。」

一位目睹當時狀況的美軍情報官，向身在中國南方城市昆明的上級回報道：「就我看來，越南人是來真的，我想法國人恐怕得好好處理。老實說，我們全都得好好處理。」[65] 他當時一定不知道自己的話多麼有先見之明。

如果被關在日軍監獄裡的法國人，因為越南獨立事件而受到驚嚇，那麼阿爾及利亞的法國殖民者就更驚慌失措了。一九四五年初，阿爾及利亞與印度支那均經歷嚴重饑荒，原因不僅是旱災，也由於食品供給調撥軍事用途。在印度支那，超過一百萬人死於饑饉；在阿爾及利亞，饑荒讓民怨沸騰，驚恐的法國人視之為暴力革命的前奏。

實際上，除了阿爾及利亞共產黨人與激進民族主義者刻意

煽動之外，多數阿爾及利亞人只是要求平等的權利。但每當穆斯林朝法國殖民者丟擲石塊，法國人便認為這是「阿拉伯反抗」。一九四五年，新任殖民當局由法國左翼分子所領導，當中不少人曾積極抵抗過德軍。先前的許多殖民者則支持維奇政權，並極端反猶。（通常只有阿爾及利亞的穆斯林才會站出來捍衛法國統治下的猶太人權利。）然而，呼籲阿爾及利亞獨立或爭取平權運動的穆斯林很快就被貼上「納粹」的標籤，這就如同把爭取國家獨立的印尼人或越南人，看作日本法西斯主義陰謀的一部分一樣荒謬。不過，這也讓左派殖民當局與前維奇派比較有藉口鎮壓穆斯林。

阿爾及利亞的暴力衝突持續升高，東北城鎮塞提夫（Sétif）附近因饑荒尤其嚴重。殖民者與游牧民族爆發嚴重衝突，跋扈的警官被趕出村莊，右翼歐洲青年向阿爾及利亞穆斯林挑釁，高喊「貝當萬歲！」，甚至是「希特勒萬歲！」。法國警方還朝著打算參加五一遊行的穆斯林群眾開槍。

塞提夫是穆斯林動亂與阿爾及利亞民族主義的中心，在此爆發嚴重的暴力事件也不讓人意外。雖然法國人之前和德國關係密切，他們還是決定在五月八日用盡各種愛國方式，來慶祝盟軍對德勝利。當天清晨，多數為鄉下人的穆斯林聚集在主要清真寺之前，男女老幼都有，有些男人在連帽羊毛斗篷下別著傳統匕首，有些人則帶了手槍。穆斯林平權組織「宣言與自由之友」（Amis du Manifeste et de la Liberté, AML）的領導人向當局保證這不是政治示威，現場不會有民族主義的旗幟。

到了八點，群眾已增加到三千人，人群沿著喬治·克里蒙梭大道（Avenue Georges Clemenceau）往戰爭紀念碑前進，準備獻上花圈。然而 AML 沒有遵守承諾，群眾裡的民族主義者拉開旗幟，上

面寫著：「我們要有跟你們一樣的權利。」警方在一個路障前看到寫著「阿爾及利亞獨立萬歲」的旗幟時，立刻從一名可憐的阿爾及利亞人手中搶下，並當場將他擊斃。而法國平民彷彿就等著這個機會，開始拿著衝鋒槍從陽台與法蘭西咖啡館（Café de France）的窗戶朝群眾射擊，約有二十到四十人死亡。被槍擊嚇壞的穆斯林逃進巷弄中，用手槍與匕首攻擊歐洲人，法國共產黨領導人亞爾貝·德尼耶（Albert Denier）雙手傷勢嚴重，甚至還得截肢。

一名法國教師當時正在學校對面的咖啡館喝飲料，她說：「一大群當地人從四面八方湧來，高聲尖叫，手上還拿著匕首。他們跑向阿拉伯市場，犯下各種可怕的暴行。我看到大約十五個人用棍棒痛毆瓦揚（Vaillant）先生，他是阿拉伯人的老朋友……想起來就覺得恐怖！奇怪的是，多數受害者都與阿拉伯人相當親近。」[66]

法國人大開殺戒的消息很快就傳到村莊，阿爾及利亞村民雖然只有零星的報復行動，但手段卻相當殘忍：「我們帶著刀子與步槍，我父親殺了一個麵包師傅，因為他是法國人。我們破門而入，用找到的油與燃料把房子都燒了。」[67]法國殖民者逃往當地警察局。有些人被抓到後手足被剁下，乳房被切掉，口中被塞進生殖器，三天內約有一百名歐洲人遇害。

社會黨總督伊夫·沙泰尼奧（Yves Chataigneau）不但沒有呼籲各方冷靜，反而召集一萬人的部隊，其中包括摩洛哥人、西非人與外籍兵團。這次行動不僅是為了恢復秩序，更是為了殺雞儆猴──殺害法國公民必須血債血還。

法國殖民者組織民兵部隊，開始攻擊當地人。最兇悍的步兵團中，有一支是由阿爾及利亞士兵所組成，從德國調回北非。他們曾參與擊敗希特勒的艱苦戰鬥，如今卻在故土偏鄉獵殺阿爾及利

亞同胞。到了六月底，整個鄉間已陷入一片死寂。村莊與城鎮連續數週遭到空襲與海上艦隊炮擊；上千人被捕，多數遭到刑求後處決。阿爾及利亞人確切死亡人數不詳，有人說高達三萬人。伴隨屠殺而來的還有刻意的羞辱。法國人重啟十九世紀讓當地人恭敬臣服外來征服者的儀式，數以千計再也無法忍受轟炸的飢餓農民，被迫跪在法國國旗前祈求原諒；其他人則被推倒在地，被逼著大喊：「我們是猶太人，我們是狗，法國萬歲！」

對一些法國人來說，阿爾及利亞看來總算恢復往日平靜。但比較深思熟慮的人，包括戴高樂將軍，則很清楚屠殺當地人是「永恆法國」(*La France éternelle*)尷尬的汙點。在官方創造的神話裡，「永恆法國」曾英勇抵抗納粹威脅，因此在塞提夫與附近區域發生的事情被官方隱匿多年。

然而，在西貢的法國人則將塞提夫事件視為警訊：若不儘速遏止越南獨立的想法，這裡也會發生同樣的事。八月的時局對法國人並不樂觀：很多人仍關在日本監牢中，越盟接收或直接奪取的日本武器愈來愈多。有些日本軍官甚至加入越盟，一部分是出於「亞洲人的亞洲」信念，另一部分則是需要棲身之處，以免面臨嚴重的戰爭罪控訴。法國的帝國主義計畫並不為美國人所喜，反而是仍在蔣介石國民黨政權下的中國並不介意法國統治印度支那。不出所料，全力支持法國人的只有英國人。

群眾暴力往往起於謠言。九月廿日，河內耳語紛紛，謠傳法國人密謀透過法國殖民警察中的越南警察協助，重新控制局面。據聞已經發現大量武器，還有人說可能動用毒氣瓦斯。法國軍人不僅被日本人從牢裡釋放，手上還有武器。為了阻撓這些邪惡的法國陰謀，成千上萬的越南人拿著刀子、竹矛與大砍刀，闖進法國人家

中，騷擾街上看得到的法國人。日本軍人多半只是袖手旁觀。

在河內最高級的大都會飯店（the Metropole），服務生也攻擊房客，將他們圍堵在餐廳裡。一位逃出來的法國人請求日本人釋放法國囚犯，恢復秩序。

一名年輕的法國女人方斯華絲・馬丁（Françoise Martin）來到河內，「不是為了賺這裡的錢，正好相反，她充滿人道主義的理想」，滿懷「對漢越文化的崇敬。」不過對於在街上抗議、要求獨立的越南人，她的看法可能與多數法國殖民者相去不遠：「其中可能有真正的愛國者……但就這幫舉著旗幟遊手好閒的蛇鼠之輩而言，裡面盡是罪犯與蠢蛋，一看到幾把槍就會抱頭鼠竄，躲回老巢避難。不幸的是，我們連區區幾把槍都沒有，在一時半刻內也不會有。」[68]

八月有更多流言傳出，法國人的別墅藏有大量槍械。示威群眾譴責法國的帝國主義，但除了少數的鄉間謀殺案之外，越南人並未大規模展開對法國人的暴力行動。但法國人還是很害怕。儘管法國國內，戴高樂將軍誇大其詞，宣稱印度支那的發展是「法國重振國威、重返榮耀的主要目標之一」[69]，但他們實際上仍然相當無助。

方斯華絲・馬丁回憶當時河內的情勢：「每個人都全副武裝，美國人、中國人、安南人都是。只有法國人拿著棍棒與空瓶聊以自衛……」[70] 她對於越南爭取獨立的分析，在她所處的環境與時代背景中相當典型，也和她認為抗爭者都很「蠢」的看法一致。這是徹頭徹尾的陰謀：「日本人表面上放下武器，卻仍以不同方式持續戰爭，阻撓歐洲人在印尼與馬來亞復興的可能，他們的伎倆到哪裡都一樣：處心積慮地籌備一個背信忘義的計畫，一絲不苟地執

行……真是亞洲人說一套做一套的新例證，令人不敢恭維，也永遠可以騙過白人。」[71]

暴力事件終於爆發時，地點卻不在河內，而在西貢。嚴重衝突的初期徵兆與阿爾及利亞的事件竟然十分雷同。九月二日，數十萬越南人，或西方媒體慣稱的「安南人」，集結在西貢聽取胡志明在河內宣布獨立的廣播，許多人都來自鄉間。當天一早，越南武裝青年在一座軍營大門前發動遊行，軍營裡仍關著法國軍人。法國人面對越南人的挑釁，以辱罵與高唱〈馬賽曲〉回敬。因為技術問題，群眾沒能聽到廣播上胡志明的演講，他們懷疑法國人暗中破壞，更加群情激憤。遊行者剛抵達大教堂，頓時槍聲大作。群眾一陣驚慌，暴民懷疑是法國人開槍，見到法國人就打，並劫掠華人與歐洲人的店鋪，殺害神職人員，還有一些女人的牙齒被打落了。

法國人指稱是越南挑釁者開槍引起暴亂。兩週後，他們說服英國將軍道葛拉斯·葛雷西（Douglas Gracey）把越南人從警務與公職中剔除，並重新武裝法國人。英國人出於殖民者之間應團結一致，接受了這個意見。九月廿三日，西貢看似恢復了往日秩序，法國人再度掌權。過去幾週、幾個月、甚至幾年來，法國人長期感到屈辱與無助，原本勝利的慶祝轉為暴亂：現在輪到越南人遭受法國暴民的私刑。一位英國軍官在報告中指出「有人四處亂射，在街上公然拖行著安南人，關入大牢」。[72]

報應來得很快。隔天，越南人闖入法國人屋內攻擊住戶。有人在河岸邊遭到凌虐，法國人的越南籍妻子被人用刀截肢。在一篇報導中，懷孕八個月的孕婦還被人開腸剖肚。西貢激戰持續將近兩個月，英國人、法國人、日本人圍攻越南人。有些日本人投靠了越南人，法國的外籍兵團中則有曾在北非對抗盟軍的德國人，甚至還

可能有人擔任過親衛隊的軍官。數以千計的越南人在監獄中受盡凌遲，經過五分鐘「完整審判」，就獲判重刑，甚至是死刑。

　　到了十一月中旬，法國人又可以在體育俱樂部中享用餐前酒，相信生活很快會回到正軌，這種幻覺持續好一陣子才破滅：南邊的南越在 九四九年獨立，以西貢為首都；一九五四年，北邊胡志明的共產黨獲得承認，成為北越民主共和國的統治者，定都河內。沒有那裡能比這個狹長的東南亞國家，更能印證馬克白對夫人說的話：血債血還。越南曾分為三個部分，後來變成兩個，最後才合而為一。

第二部　清理廢墟

第四章

歸鄉

一九四五年五月，超過八百萬的「戰爭難民」困在德國，等候遣返，我父親便是其中之一。在歐洲各地，還有大約三百萬處境類似的人，有些人思鄉心切；有些人則是去那裡都好，就是不想回家；還有一些人則是無家可歸：如滯留烏克蘭的波蘭人、奧地利的塞爾維亞人與克羅埃西亞人、南斯拉夫的白俄羅斯人、哈薩克的猶太難民等等。亞洲的戰爭難民數字也同樣驚人：六百五十萬名日本人被困在亞太各地，其中半數是平民；一百多萬名韓國勞工仍在日本；數以千計的澳洲人、歐洲人、美國戰俘則困在中國、日本、台灣、東南亞；印尼人等亞洲人則被迫為日本的區域軍事計畫付出勞力，高達十八萬人修築泰緬鐵路，其中只有一半活了下來。

　　戰爭總是讓人流離失所。二○○三年由美國主導的入侵行動開啟了伊拉克戰爭，導致高達五百萬人遠離家園。二戰造成的人民離散尤其不人道，因為其中絕大部分是刻意的造成的，出於無情的現實考量以及意識型態，如奴工計畫、人口交換、種族清洗、國界變遷、移民尋求德、日優等民族血統、內戰、流放整個民族以

便將其殺害或自生自滅，諸如此類的理由，不一而足。在歐洲，造成人們流離失所的主要元兇是德國人，但史達林在蘇聯與附庸國的政策往往跟希特勒一樣兇殘。[1]

　　對父親而言，想回家的念頭並不複雜。一九四四年盟軍解放荷蘭部分國土後，切斷了他的故鄉與德國之間的聯繫，與家人的通信就此中斷。儘管如此，他還是有家可回。一九四五年夏天，他從馬格德堡（Magdeburg）的一座英國難民營出發，中間換了英軍卡車、火車後，轉搭巴士，來到荷德邊境。邊境小鎮恩斯赫德（Enschede）盤問了他等歸鄉者，調查他們在德國的勞動是否出於志願。有志願勞動嫌疑的人，會喪失領取食物配給的權利。然而他們所遇到的盤查不過是個序曲，預告了未來數十年將持續困擾荷蘭人的問題，就像民族的瘡疤一次次被掀開：誰是「好人」、誰「做錯事」；誰是勇者、誰是懦夫；誰通敵、誰反抗；誰是英雄、誰是惡棍。（當然，實際上很少有人可以完全歸為某個類型。）這種歡迎方式雖然令人厭煩，但父親對於審訊者禮貌的態度印象深刻，他已經習慣了那些對他大吼大叫的官員了。

　　回到故鄉奈美橫時，父親的心情卻複雜了起來。柏林在他離開時已經滿目瘡痍，因此他對殘破司空見慣，但走過奈美橫的老城區時，一定還是讓他有點不知身在何處，因為許多氣派的建築都不見了，其中有些還是中世紀的建築，這些都是一九四四年一場意外的美軍空襲造成的結果。多年來一直渴望歸鄉的父親，此時近鄉情怯，雖然家就在不遠處，他卻難以向前邁進。箇中原因他已經不太清楚，也許是因為不確定雙親是否還活著，或房子是否還在，又或者他擔心這個期盼已久的團聚可能會場面尷尬，畢竟這段期間發生太多事情了。

最後他還是回到了家裡，全家人都活下來了，團聚氣氛愉快。他很快重回以前的崗位，並且順利融入社會。父親算是幸運的。

對其他人來說，流離是一種長期持續的狀態，而返鄉則讓人失望，甚至更糟。戰爭期間的心路歷程在人與人之間，產生了一道無法彼此理解的鴻溝。每個人都覺得自己有一段獨特的經歷，一個奧許維茲的生還者，要怎麼讓根本沒聽過死亡集中營的故鄉親友理解他所經歷的慘況呢？

匈牙利作家因惹‧卡爾特斯（Kertész Imre）在一九九二年翻譯成英文的小說《非關命運》（*Fateless*）便談到這種「不可思議」。[2] 作者是歸化的布達佩斯猶太人，曾被關進奧許維茲集中營與布亨瓦德集中營，被遣送至集中營時年僅十四歲，因此他可以說是在集中營長大的。卡爾特斯自傳小說中的主人翁捷爾吉（György）回到布達佩斯，身上仍穿著布亨瓦德配發的破爛條紋囚服，臉龐削瘦，長滿面皰，像是個老人。老家屋裡現在住著一群陌生人，狐疑且充滿敵意的眼神，見到捷爾吉便狠狠關上門。對集中營生還者，特別是猶太人而言，這種經驗並不罕見，因為沒有人認為他們會回來，如果真的回來了，也只是討人厭。不過某方面來說，與那些留在布達佩斯的舊時猶太鄰居重逢，更讓捷爾吉難受。他們跟他說：「故鄉的生活也好不到哪裡去。」聽聞他先前的去處，他們好心地建議：他應該完全「忘掉恐怖的經歷」，全心著眼於未來。他在電車上遇到的熱心「民主」記者，也說過類似的話：重要的是「納粹地獄」已經結束，完結了。

捷爾吉無法讓人們理解的是，他並沒有去過什麼地獄，他的經驗不是形而上的，他去的是集中營。怎麼可能叫他直接忘記過去而著眼於未來？難不成過去的生活只是場惡夢或恐怖電影？他

們並非自願到集中營生活，日子難過，但這仍然是人生，是他的人生，你無法忽略這是他人生的一部分。問題是，沒有類似經歷的人完全無法想像具體情況，他們也不太願意去理解，於是只好遁入抽象的比喻中，如「地獄」，或是「恐怖」，而他們都應該儘快把這些遺忘。

卡爾特斯在小說結尾描寫的那些人物，無論是記者或鄰居史坦納先生、福萊施曼夫婦，都是出於一片好意。戰時留在國內的人，後來在面對集中營生還者或其他返鄉者，諸如戰俘或第三帝國的外籍勞工時，往往不太友善。「受苦受難」是一件很私密的事，我們多半希望別人能認同自己的苦難經歷。如果其他人的處境顯然比我們更艱苦，可能會讓人惱怒、甚至產生罪惡感，正如先前所言：「故鄉的生活也好不到哪裡去。」

猶太生還者重返故鄉時，有時會受到非常冷淡的對待，不只是回到波蘭或中歐等浴血國度如此，諸如荷蘭等西歐國家亦然。這肇因於一種模糊而未完全泯滅的罪惡感，也源於德國占領期間所強化的「反猶」偏見——文宣威力永流傳。

並非只有通敵者與納粹同情者，才會對猶太人這麼冷淡。一九四四年，南荷解放後，年輕女子內蒂·羅森菲爾德（Netty Rosenfeld）終於從藏身處重見天日，她到一家荷蘭反抗軍經營的廣播電台求職，卻被告知羅森菲爾德這個姓氏不適合在公開廣播中出現，畢竟，她要體諒已經有夠多猶太人為荷蘭重生廣播（Radio Herrijzend Nederland）做事，電台甚至被戲稱為「耶路撒冷重生」廣播電台。猶太人理當學到教訓，別再擠到隊伍前面，別以為可以再次主導社會——這可是善意的勸告。

一九四五年九月，有個名叫齊格飛·古德斯密特（Siegfried

Goudsmit）的男人，在荷蘭反抗軍創立的左翼報紙《準備報》（*Paraat*）上，發表下面這則故事：

> 在公車站，乘客正在等候前往阿姆斯特丹的公車。乘客中有兩名猶太人，一位坐在長凳上……一名非猶太「女士」不敢苟同，跟猶太人表示他應該站著。「因為其他人也有權坐這個位子。」是的，女士，要是我身體還撐得住，我會繼續站著。但我從德國集中營回來後，因身心憔悴而就醫，最近才剛出院。相信您也看得出我還是相當虛弱。「要是他們可以把你留在集中營就好了，我們這裡像你這種人已經夠多了。」……3

有人提醒其他納粹集中營的生還者，不是只有他們才蒙受苦難，荷蘭人也挨過餓或失去自行車，諸如此類。也有人奉勸猶太人不應要求太多補償，不要得理不饒人，他們應該有自知之明，更重要的是要心存感恩。

戰時的反抗軍報紙《愛國者》（*De Patriot*）發表過一封討論戰後荷蘭反猶主義問題的讀者來函，刊登於一九四五年七月二日：

> 毫無疑問，正因受過德國迫害，猶太人才博得荷蘭人民的廣大同情。現在猶太人必須知所進退，不要太過分；他們應該時時記得感恩，盡其所能補償那些代替猶太人受難的荷蘭人，他們能活著走出集中營應該感謝上帝。這份（來自荷蘭人的）同情甚至是種浪費……（猶太人）真的不是唯一受難的民族……4

也難怪當時多數猶太生還者選擇保持緘默。一九四〇年，對

於大約十五萬名荷蘭猶太人中，有四分之三未能存活，猶太人選擇悶不吭聲；對於僅有五千人從集中營活著回來，他們不發一語；對於國內的官僚、警察、法官積極協助納粹劊子手，他們默默無言；對於猶太人被一車車向外遣送時，他們還是噤若寒蟬。

戰後最初幾年，荷蘭一口氣興建了大批戰爭紀念碑，有的紀念反抗戰士、有的紀念陣亡軍人、有的紀念民族苦難、有的則紀念英雄的犧牲。一九五〇年，阿姆斯特丹立了第一座猶太大屠殺紀念碑，位置靠近昔日的猶太市場、十七世紀葡萄牙猶太聚會堂與猶太人住宅區的交界處。此處房子的主人曾被掃地出門，房子則棄如敝屣。紀念碑使用白色石材，頂端有一顆大衛星，表面刻著五幅浮雕，分別描繪愛、抵抗、堅毅、荷蘭士紳的哀悼等主題，紀念碑就名為「猶太感恩紀念碑」。

但事實上，猶太生還者的存在令人尷尬，因為在戰後廢墟上匆匆建構的英雄事蹟中，他們顯得格格不入。無論在荷蘭、法國或其他地方，人人都想忘記過去不太光彩或痛苦的事。經歷過戰時國土淪陷的男女，竭盡所能從恥辱中活下來，看到別人大難來臨時，選擇低頭假裝沒看見，之後再跳出來宣稱自己一直是個英雄。我在一九五〇年代長大，就讀小學時，老師驕傲地講述微不足道的抵抗行動，比如德國士兵問路時，故意指錯方向等瑣事。

我小時候最喜歡的作家是諾雷爾（K. Norel），他的書講的都是抵抗運動小鬥士的勇敢行為，諸如《驅逐暴政》、《孩子們，準備好》或《抵抗與勝利》等慷慨激昂的標題。無論真實或虛構，英雄名單中都沒有猶太人的份，以往的偏見並未消失。諾雷爾的《驅逐暴政》中，有個段落寫著：「猶太人或許不是英雄，但他們真的很精明。只有在納粹開始搜刮猶太人的財產時，他們才驚覺苗頭

不對，發動報復。他們非常狡獪，成功地保住上百萬錢財，不讓敵人沒收。」

§

法國經歷一段瘋狂報復期後，戴高樂政府決定藉由營造一種多數公民都曾英勇抵抗德國敵人的假象，試圖弭平社會的嚴重裂痕。這種自我麻醉或有必要，但返鄉的戰俘跟猶太人一樣，也不符合這種情緒。這些穿著破爛老派制服的邋遢男人，必須為一九四〇年的敗戰之辱負責，他們返回法國時自然不會有什麼舉國慶祝的活動。在「英勇迎戰的法國，是唯一的法國、真正的法國、永恆的法國」中（巴黎解放次日戴高樂的宣言），並不包括這些人。他們唯一能指望的只有食物配給券、一點現金、一次醫療檢查，要是人數多到可以奏樂歡迎的話，有幾小節的〈馬賽曲〉更好。

　　維奇政府曾將戰俘描繪成一群勇敢的戰士，為了保全法國榮耀而忍受囚禁之苦。然而這種宣傳在戰後顯然對他們毫無幫助。後來成為知名作家的羅傑・伊科爾（Roger Ikor）於一九四〇年五月被俘，雖然他有猶太血統，但還是跟其他法國戰俘一樣被關在波美拉尼亞（Pomerania）。他在回憶錄中寫道：「我們保持緘默，無法抗議，也完美呈現了貝當及其黨羽的理念，因此，他將我們喻為法國最純淨的血脈，不是也很順理成章嗎？出於相反的立場，戴高樂的支持者則以我們為恥，因為兩百萬名囚犯，還有受貝當與納粹德國妥協主張所汙染的囚犯，讓那些自以為是的人感到難堪，讓其心目中的理想法國蒙羞；跟他們英勇的抵抗行動比起來，我們算是束手就擒，所以我們一定是懦夫，我們的血脈不純，骯髒至極。」[5]

因此戰俘回國後，人們常報以冷淡的態度與沉默的蔑視，輕視已算是最好的待遇了。遣返中心的官員大多為女性，她們以公事公辦的態度接待他們，官銜有時還高過這些在鐵絲網後面度過戰爭的男人，她們也擺明了自己高他們一等。

作家瑪格麗特‧莒哈絲（Marguerite Duras）曾參與抵抗運動，她在《戰爭》(*The War*) 這本回憶錄中寫到這種現象：

> 回來的人潮不斷，一部部卡車接踵而至……戰俘每五十人一組被扔在遣返中心……可憐的小伙子環顧大廳，臉上都掛著微笑。遣返官員在四周對他們說：「過來，小伙子，排成一列！」他們排成一列，依然面帶笑容……過去幾天我在巴黎東站，有個女人指著自己的肩章，喝斥外籍兵團的一名士兵：「不敬禮嗎，孩子？你看不出來我是上尉？」[6]

莒哈絲的政治光譜偏左，對這種愛擺架子的官員特別反感。用她情人暨左派抵抗運動同志迪奧尼‧馬思科羅（Dionys Mascolo，回憶錄中的 D 君）的話來說：「這些人是反動派，只要非直屬於戴高樂派的抵抗運動，他們就反對。法國就要被這些人占領了。自以為代表了法國有思想的人，自以為是法國的權威。」[7] 他們為了一己之私，創造了「永恆法國」的英雄神話。

莒哈絲的回憶錄中還有一段描述讓人心碎。她的丈夫侯貝‧安特姆（Robert Antelme）也是左翼抵抗運動鬥士，遭德國人逮捕後遭送到布亨瓦德。儘管莒哈絲已經與 D 君交往，她仍渴望見到丈夫活著回來，這也是她往返遣返中心與巴黎東站的原因，她迫切想得知他是死是活。在一次偶然的機會中，後來的法國總統佛

朗索瓦・密特朗（François Mitterrand）在德國人的集中營裡不經意發現了安特姆，安特姆幾乎無法言語，遑論走路了。但期待已久的巴黎團圓還是成真了：

> 波尚（Beauchamp）與 D 君用肩膀架著他，他們在二樓平台停了下來，他抬頭往上看。我記不太清楚確切的經過，他想必對著我微笑。我尖叫著說不，我不要看。我開始狂奔，但這次是往樓上跑，一路尖叫，這點我印象深刻。戰爭場景從腦海中伴隨著尖叫聲蓦然浮現，六年來我從未哭過，這才發現自己身在鄰居家，他們灌我喝下一點蘭姆酒，把酒倒進我嘴裡，倒進尖叫聲當中。

過了一會兒，她再度看到臉上依然掛著笑容的他：

> 因為這個微笑我才認出他來，但我覺得離他好遠，彷彿我在看著隧道另一頭的他。這個微笑帶著尷尬，他對於自己落魄地出現在這裡深感抱歉。笑容消逝後，他又變回一名陌生人。[8]

父親沒被送進布亨瓦德集中營，他的妻子也沒投入荷蘭抵抗運動，也沒有另找情人而隨即跟他離婚。他的返鄉之路遠遠不如安特姆那麼戲劇化，但莒哈絲回憶錄中的這段文字，似乎也暗示了父親害怕歸鄉的原因：擔心自己變成陌生人。

§

法國戰俘的歸鄉之路就已如此困難，德國與日本的戰俘則更加艱

辛。他們肩上不僅已有敗戰的沉重負擔，更得面對同胞的鄙夷，甚至仇視，因為他們要為這場災難性的戰爭負責；因為他們犯下了罄竹難書的罪行；因為這些傲慢的戰士騎到整個國家頭上，但返鄉時卻是可悲的輸家。這種說法當然不完全公允，有上百萬的人，包括女性，曾經夾道歡送他們奔赴戰場，手中揮舞旗幟，唱著愛國歌曲，慶祝政府宣傳下或真或假的勝利。在高度極權的國家，官方歇斯底里的作為往往使一般軍人陷入狂熱，這些軍人對於後果所須承擔的責任，並不多過於那些曾經高聲為他們歡呼的平民。在德國，至少什麼事情都可以怪罪納粹，但日本並沒有像納粹黨這樣的組織，於是就把災難怪罪到「軍國主義者」身上，並且延伸到任何與武裝部隊有關的人士。這也是美國戰後宣傳機器所鼓吹的觀點，日本媒體也忠實地反映出來。

如同日本散文家坂口安吾所寫：神風特攻隊飛行員「如今已經變成黑市裡的小混混了」。[9] 大眾從國家妄想中覺醒，將這種墮落全然歸咎於那批被派去為天皇犧牲，卻無恥地活著回來的人。戰後不久，日本流行過一個詞彙叫「特攻崩れ」，亦即「墮落的神風特攻隊」，用來形容原本滿懷病態理想，最後卻淪落到整天嫖妓買醉的年輕男子。

一九四五年日本戰敗前，人們對日軍的耀武揚威已頗有微辭，即便當時要公開發聲非常危險。當人們見識到戰時的暴力迅速轉為和平時的犯罪行為時，皇軍自負的形象就更加不堪入目了。戰爭末期，軍隊倉庫中仍然塞滿物資，從武器到毛毯與衣物，在在都是窮困潦倒人民的生活所需。高級軍官及其平民親信（多為戰時做出劣行的幫派成員）有組織而大規模地劫掠後，一掃而空。這些物資慢慢流向黑市，但其售價之高讓多數人無福消受。

讓數百萬已被國家訓練成殺人機器的年輕人重返平民生活，從來就不會很平順，敗戰的恥辱則讓事情更加困難。一九四六年夏天開播的一個廣播節目，除了提供失蹤人口訊息外，也有一個特別片段，針對迷失自我的退伍軍人每天播出兩次，節目名稱叫「我是誰？」，這恰恰符合這些返鄉軍人的心境。[10]

　　士氣消沉的軍人已因軍事失利而雄風不再，返鄉後更受到家徒四壁或婚姻變質的打擊。描寫戰後初期德國、日本兩國的電影與書籍中，有個共同主題便是返鄉士兵與妻子間的鴻溝，妻子因為寂寞難耐或純粹為了餬口而偷情。其實這個主題跟戰爭本身一樣古老：從特洛伊戰爭歸來後，阿格曼儂（Agamemnon）在自家被殺害，兇手是妻子、或她的情人、或兩人共謀，端視你看的是哪個版本的故事。萊納·韋納·法斯賓達（Rainer Werner Fassbinder）一九七九年的電影《瑪利亞布朗的婚姻》（*The Marriage of Maria Braun*）便是描寫這個主題最好的德國電影之一：瑪利亞的丈夫剛從恐怖的東線戰場返家，就發現妻子一絲不掛地躺在美國黑人士兵的臂彎中，在這個故事中，最後死掉的是情夫。比較鮮為人知的日本例子，則是小津安二郎在一九四八年拍攝的《風中的母雞》（*A Hen in the Wind*），這部電影與小津慣用的平淡風格大異其趣，以肥皂劇般的高潮作結：丈夫因為妻子在他離家期間跟男人上床而妒意陡升，將妻子推下樓梯。妻子儘管受傷，仍一瘸一瘸地請求丈夫原諒，最後電影在笑中帶淚中圓滿結束。

　　除了結局很誇張，整個故事頗能反映當時的時代背景。太太時子不知丈夫是生是死，努力靠裁縫賺來的微薄收入，勉強維持自己與幼子的生計。無奈小孩罹患重病，時子無力支付醫藥費，因而決定向陌生人出賣一夜的肉體。丈夫修一終於從戰場歸來後，時

子向他坦承自己的一夜失足。修一因為妻子的不忠憤怒至極，不願善罷甘休。但不忠其實不是重點，他的憤怒來自一個戰敗士兵為了重獲自尊而做的掙扎。這部電影非常寫實，不過在真實世界裡，一場催淚的和解並不一定能挽回婚姻。

從報紙收到的讀者來函，我們看出士兵返鄉後的問題有多嚴重。著名小說家志賀直哉，曾在一九四五年十二月十六日的《朝日新聞》中發表過一封信，主張政府有責任對昔日的神風特攻隊隊員進行再教育。被灌輸要為國家榮耀而自盡的年輕人，要具備什麼樣的心態，才能在一九四五年這「狗咬狗」的世界中重建生活呢？要避免他們陷入絕望、不被喚作墮落者，唯一的做法是由國家起草一項特殊教育計畫。一封讀者回應表示贊成，不過同時指出日本社會本身也亟需再教育。另一封信的作者受過自殺攻擊飛行員的訓練，他認為戰時的特攻隊訓練與精神正是戰後日本墮落文化所需要的解方。

《朝日新聞》收到的來信中，最深刻的一封是由一位退伍軍人所寫，刊於十二月十三日：

> 同袍們！我們現在自由了。我們離開了黑暗殘酷的軍隊生活，從血腥的戰場上活著回來。但在故鄉等著我們的，卻是平民恨之入骨的眼神，其中滿是對軍國主義者的憎惡。我們發現自己的故鄉被戰火摧殘……血腥的戰鬥結束了，但真正的生活戰役才正要開始……11

他寫道，事實上，年輕時的夢想已被軍旅生涯給扼殺了。自私霸道的軍官平時誇下海口，高喊效忠國家跟其他高遠理想，後來

都證明是極端迂腐的空話。一般軍人都被當作機器看待。他說,如今「退伍軍人已經跟壞人劃上等號……」

「大家到底如何看待我們這些退伍軍人?」同一天報紙上,另一位作者問道。「大家將士兵跟軍國主義者相提並論。軍國主義者當然得為敗戰負責,但普通士兵並不是這批人,只是個為國奮戰的愛國者。你們真以為我們放棄自己的大好青春在戰場或太平洋上廝殺,為的是滿足自己的私利與慾望嗎?我真希望人們能對退伍軍人多點體諒!」[12]

美國越戰退伍軍人對這種感受一定很有共鳴。然而,即使打贏了一場幾乎全世界都認為師出有名的戰爭,勝利者返鄉回歸常民生活時,仍會遇到問題。暱稱「比爾」的威廉·莫汀(William "Bill" Mauldin)是美國陸軍最受歡迎的漫畫家,他在《星條旗報》(the Stars and Stripes)用詼諧筆法描繪兩個美國大兵威利與喬如何適應歐洲前線的軍中生活,這讓他成為美國軍人(暱稱「狗臉」)的英雄。威利與喬的談吐與想法跟一般軍人沒什麼兩樣,他們的想法通常不怎麼討上級歡心。這點 讓莫汀被巴頓將軍訓了一頓,威脅要「把這混蛋押進牢裡」。一九四五年六月,威利出現在《時代》雜誌封面,看起來很疲憊、滿臉鬍渣,一副邋遢樣,左邊嘴角還叼了根香菸,這跟戰士的英勇形象有著雲泥之別。

莫汀一九四七年的作品《回家》(Back Home),圖文並茂地記錄威利與喬的返鄉。漫畫中,兩人面臨的問題與他們傳達出的感受,很接近日本報紙上退伍軍人的讀者來函,只是較為溫和。比如說到對上級的厭惡:威利與喬兩人穿著鬆垮不合身的便服,站在飯店櫃檯前等待登記入住。面有慍色的門房提著他們的行李,穿著條紋褲、頭戴制服帽、上衣縫有肩章與金鈕扣,喬說:「是你,威

爾遜少校，又穿上制服啦？」

比起日本兵對長官的仇視，威利與喬的厭惡感沒那麼強烈，畢竟前者的長官曾派出幾萬人執行自殺任務，又曾在新幾內亞及菲律賓遭遇敵火、食物短缺之際，殺掉下屬吃他們的肉果腹。但莫汀要講的是，一個壞士兵多半只會自毀前程，而「將帥無能，累死三軍」，這點倒是放諸四海皆準。[13]

要跨越軍旅生涯與平民生活間的鴻溝，不管對於戰爭英雄或無名小卒來說，都是痛苦的過程。對妻子與女友來說，返鄉的軍人也並非總是那麼英勇。在一幅漫畫中，威利穿著一套髒兮兮的西裝，彆扭地抱著在戰時出生的孩子，一旁穿著講究的太太說：「我原本希望你穿著軍裝，這樣我才能以你為榮。」莫汀的人物介紹寫著：「威利太太認識威利時還在念大學，跟她的女同學一樣，崇拜戰爭初期身著華麗軍服的迷人男性。她一直對威利有點失望，因為他沒有成為手握馬鞭、穿著粉紅色馬褲的軍官。」他甚至連勳章都沒得過，莫汀繼續說：「她不僅被剝奪拿著他的勳章炫耀的樂趣，也突然意識到自己從未見過他穿便服的樣子，他看來還真有些皮肉鬆弛、其貌不揚。」[14]

一些退伍軍人對平民生活感到幻滅，甚至無法適應；有些則因戰爭的殘酷而心理嚴重受創，無怪乎他們會有暴力行為。所有戰爭在結束後，都有這種狀況，但二戰結束後的頭一年，媒體給了這些行為不成比例的大篇幅報導。在一則漫畫中，威利的太太讀著報紙，標題寫著「退伍軍人怒踹大媽」，她身旁的威利滿臉沮喪地坐在扶手椅上，手拿著一杯威士忌。說明文字寫著：「第十七頁有一則斧頭兇案短訊，三人遇害，沒有退伍軍人涉案。」[15] 莫汀一針見血地指出，這種聳動的標題「為戰後在各國流傳的謠言火上

加油：返鄉軍人所受的訓練就是攻擊與殺戮，他們是社會的潛在威脅。」

跟德、日兩國的退伍軍人相比，美國返鄉軍人所造成的問題儘管有些類似，但卻是小巫見大巫，畢竟他們是回到全球最富裕國的戰爭英雄，沉浸在勝利的光環下，並隨即受益於了不起的「美國軍人法案」（GI Bill），由政府資助他們接受教育。但即使身在美國，身穿制服的男人往往還是無法符合英雄神話的期待。不過戰勝國與戰敗國還是有個重要差異，這種區別所造成的影響，比任何慘絕人寰的戰後復興之路都還要持久：德國人與日本人對英雄不再抱有任何幻想，他們不想再跟戰爭扯上關係；另一方面，英國人與美國人卻一直無法忘懷從前的光榮歲月，為了讓祖國可以再次重溫英雄舊夢，他們有種貿然發動軍事行動的致命傾向。

§

那些戰後不想歸鄉的人，後來去哪裡了？

奧地利卡林西亞（Carinthia）鄉間的德勞谷（Drau Valley）以其壯麗的阿爾卑斯山景聞名，山中湖水沁涼、綠草如茵、遍野松林、繁花似錦。從南斯拉夫逃到這裡的斯洛維尼亞難民，看到這片美景，一定覺得像是來到了伊甸園。他們先前藏身深山中，躲在奴工為德軍挖掘的隧道中，不僅伸手不見五指，還得浸在水裡。一名難民回憶：「在這片美好的地方，『生活』這個綺麗絢爛的字眼，似乎閃閃發亮，光芒四射。」[16]

一九四五年的春天很美，但如果近距離觀察這片如詩如畫的村莊與鄉村教堂，就會發現奇怪而令人不安的景象。德勞谷到處是難民營和貧民窟，上萬人住在這些臨時搭建的房屋，其中有退

伍軍人、婦孺、馬匹、牛車，甚至駱駝。此外，還有自豪的哥薩克人（Cossacks）戴著高聳的綿羊皮帽；斯洛維尼亞農民；塞爾維亞切特尼克戰士（裡面有保皇黨人、法西斯分子，有些人兩者皆是）；來自惡名昭彰「烏斯塔沙」的克羅埃西亞法西斯分子；烏克蘭人；俄羅斯人；歐洲各國的戰俘；甚至有些納粹殺人魔也躲在山間棚舍中，如為同志暱稱為「葛洛柏」（Globus）的奧迪洛‧葛洛柏奇尼克（Odilo Globocnik），他是斯洛維尼亞裔德國人，他的諸多罪行包括在波蘭建立滅絕營。這群身心俱疲的難民多半是為了躲避狄托的共產黨游擊隊或蘇聯紅軍而來。一位《倫敦泰晤士報》的記者將他們與「一千五百年前的東哥德人大遷徙」相提並論。[17] 後來成為知名倫敦出版商的英國情報官奈傑‧尼可森（Nigel Nicolson）說，卡林西亞是「歐洲的汙水池」。[18]

某方面來說，英軍占領下的卡林西亞，作為悲慘的大規模遷徙聚集地，非常恰當。種族民族主義在歐洲造成了人類與文化上的浩劫，而該區近來的政治發展正是這種民族主義的典型表現。卡林西亞南部絕大多數是斯洛維尼亞人，戰時治理該區的納粹地方長官（Gauleiter）是一名講德語的卡林西亞人，叫菲德利西‧雷納（Friedrich Rainer），他試圖推行「日耳曼化」，強迫人民講德語，或乾脆直接驅逐斯洛維尼亞人，以日耳曼人取而代之。戰事末期，狄托的游擊隊曾侵略卡林西亞，宣稱該區歸南斯拉夫所有，後來被英軍擊退。

但這只是「歐洲汙水池」問題的冰山一角，這裡擠滿了不願返鄉或無家可歸的人，有平民也有士兵。尼可森觀察道：

尋求我們保護的各國人民似乎源源不絕，德國人擔心狄托的

攻擊；哥薩克人對上保加利亞人；切特尼克人對上克羅埃西亞人；白俄羅斯人對上紅俄羅斯人；奧地利人對上斯洛維尼亞人；匈牙利人對上所有人。上面的清單反之亦然……（卡林西亞）不僅是納粹戰犯最後的避難所，也是躲避俄國人與狄托追殺的民族的棲身之處，他們相對來說與世無爭，卻沒有人願意收留他們，到哪裡都受人迫害。[19]

很多時候迫害還不是最嚴重的問題。跟狄托共產黨對抗的斯洛維尼亞人、克羅埃西亞人、塞爾維亞人，有時跟德國人合作，有時沒有。他們很清楚自己如果落到宿敵南斯拉夫手上，不是被酷刑伺候，就是死路一條。不少哥薩克人在一九一七年爆發的俄國內戰中，和共產黨打過仗，之後他們當服務生、開計程車，或流落各大歐洲首都，擔任沒沒無聞的移民雜誌寫手。他們也很清楚如果回到蘇聯，不是被處決就是進勞改營慢慢等死。烏克蘭人也有類似的恐懼，他們找希特勒當靠山，希望藉此擺脫史達林，這雖然愚蠢但並非毫無道理。他們的恐懼後來都成真，但他們沒有想到的是，本以為歐洲最光明磊落、慷慨大方的英國人，居然會逼他們走上絕路。

奧地利小鎮布萊堡（Bleiburg）位於南斯拉夫邊境、卡林西亞南部。駐紮此地的是英軍愛爾蘭第三十八旅，指揮官史考特（T. P. Scott）在五月十四日收到一份報告，指稱有二十萬克羅埃西亞軍人與五十萬平民正接近英軍防線。咸認富有同情心的史考特前去會見代表，卻得告訴他們不能進入奧地利境內，那裡沒有他們的容身之處，他們會挨餓受凍。有些克羅埃西亞人回答：即使這樣我們也甘願。其他人則想著遷移到非洲或美洲的可能性。不，這也不

可能。如果這也不能，那他們「寧願死在這裡，戰到最後一人，也不會向布爾什維克投降。」[20]

英國人費了不少唇舌，終於說服克羅埃西亞人。他們又餓又渴，山窮水盡，只好向狄托主義者投降（英國佬稱之為「狄子」，娘砲的意思）。克羅埃西亞人得到承諾，男人會被當作戰俘，女人可以回到克羅埃西亞故鄉。史考特旅長大可放心。

後來究竟發生什麼事，也許永遠不會有人知道。少數倖存下來的克羅埃西亞人，回憶中充滿怨懟，其中或許有誇大的成分，不過還是可以一窺究竟。根據一些人的說法，五月十五日與十六日兩天，有一萬名士兵與軍官在南斯拉夫這頭的邊境被槍決後扔進坑裡。五月十七日，一場「死亡行軍」沿著德勞河展開，目的地是斯洛維尼亞的馬里博（Maribor）。其中一種說法是：「幾萬名克羅埃西亞人被分成幾列，手上綁著鐵絲……飢餓又虛弱的傷殘者在此受苦受難，被迫與騎馬和乘車的『解放者』長途奔跑。無法忍受這種『行軍』的人不是被捅死、打死，就是被槍斃，屍體就留在路邊或丟進坑裡。」[21] 另一項紀錄則推估「約有一萬兩千名克羅埃西亞人」被埋在壕溝裡，「由於血水漸漸滲出地面，腫脹的死屍也使地表上浮，共黨游擊隊因此在地上灑滿鹼性溶液，蓋上一些土，再用坦克把地面壓平。」[22]

就算這些故事因為仇恨而有所扭曲，狄托的游擊隊無疑殺害了許多人，受害者不只是「死亡行軍」裡的克羅埃西亞人，也有塞爾維亞人與斯洛維尼亞人。科切夫耶（Kočevje）是一片茂密美麗的森林，至今仍有野豬、山貓、赤鹿出沒，而塞爾維亞人與斯洛維尼亞人就是在那裡遭機槍掃射處決的。他們之所以出現在當地而成為共產黨的階下囚，是因為英國人將他們送上開往南斯拉夫的

火車，卻告訴他們目的地是義大利，英軍不惜一切圓謊，以免群情激憤。

英國人把俄國人及其他反共人士交給宿敵，必要時甚至用上詭計或武力。他們告訴自己，畢竟這些克羅埃西亞人、塞爾維亞人、斯洛維尼亞人、白俄羅斯人與烏克蘭人全都是叛徒，全都站在德國人那一邊，以合理化這項作為。簡言之，他們不僅是蘇聯的敵人，也是英國的敵人。先不說婦孺很難歸類為敵方戰鬥人員，事情從來也不是那麼單純。

事實上，諾曼第登陸後，盟軍在法國境內俘虜的德軍士兵中，有十分之一是穿著德國軍裝的俄國人。這些俄國人大多一句德語都不會講，他們很樂意向英軍投降，甚至如釋重負，因為他們對希特勒的大業根本一點興趣都沒有；當中不少人是在東線戰場上被捕的戰俘。一九四三年，在德國蓄意餓死蘇聯囚犯政策下生還的俄國人，必須面臨殘酷的抉擇：要不就加入德軍特別成立的外籍兵團，補充嚴重不足的人力；不然就只有餓死一途。

哥薩克人的情況更為複雜。他們的高級軍官都是參與過俄國內戰的退伍軍人，如今年逾花甲，他們將納粹入侵蘇聯當成奪回哥薩克人固有領土的最後機會，唯有如此才能像祖先一樣生活，延續類似十八世紀的戰士種姓制度。德國人承諾，如果他們願意並肩作戰，就能幫助他們實現願望，哥薩克人就此加入戰局。他們驍勇善戰，配戴著鑲嵌珠寶的祖傳短劍與彎刀。期待恢復恐怕早已不存在的生活方式，是個被誤導的浪漫想法，過程往往也十分血腥。他們在蘇聯打仗，後來被迫撤退到南斯拉夫，還伴隨著上千名再也無法忍受史達林統治的平民難民。戰爭末期，德國人仿效日本人在東南亞的做法，把侵占的領土分給與他們合作的政權，賄賂

對方跟他們並肩作戰到最後一刻。他們告訴哥薩克人可以在義大利阿爾卑斯山區建立「哥薩克國」（Cossackia）。英軍抵達時，哥薩克人宣布蘇共才是敵人，英軍不是，決定放棄哥薩克國，進入卡林西亞世外桃源般的河谷。

克羅埃西亞的法西斯分子，在冷酷的安特・帕維里奇（Ante Pavelic）帶領下，據稱其殘暴的作為連德國人都震驚無比。行文生動而富有想像力的義大利記者庫其歐・馬拉帕特（Curzio Malaparte），寫到自己在採訪帕維里奇時，看到桌上有一只藤籃，裡面裝滿小小圓圓、又黏又滑的東西，看起來就像鮮嫩的淡菜或牡蠣。馬拉帕特問帕維里奇這是否就是名聞遐邇的達爾馬提安（Dalmatian）牡蠣，帕維里奇淡淡一笑，說這些是狄托游擊隊員的眼珠，十八多公斤重，是忠誠的烏斯塔沙部下送給他的禮物。

烏斯塔沙組織手段非常兇殘，與狄托的游擊隊、斯洛維尼亞故鄉衛隊（Slovenian Home Guard）與塞爾維亞的切特尼克如出一轍。然而，他們的戰爭卻無法簡單劃分成盟軍與德軍之戰、民主與法西斯之戰，也不能歸為共產與反共之戰。他們是好幾場內戰同時進行的結果，圍繞著不同族裔、政治理念、宗教路線展開廝殺：克羅埃西亞天主教徒、塞爾維亞東正教徒、波士尼亞穆斯林、塞爾維亞保皇黨、共產黨游擊隊、斯洛維尼亞故鄉衛隊、斯洛維尼亞共產黨，所有陣營都在互相殘殺。各種意識型態的紛爭，無論是法西斯主義、共產主義、還是納粹主義，都只是其中一小部分原因。所有陣營都會與外來勢力結盟，縱使是德國入侵者也無妨。昔日的切特尼克黨人與游擊隊都曾協力對抗德國人，當英國士兵面對他們時，究竟要如何知道對方是敵是友呢？

到了最後，判斷敵友只能看拳頭大小。英國的地中海事務全

圖1. 我的父親 S.L. 布魯瑪（左一）跟他烏特列支的同學。

圖 2. 蘇聯軍人在柏林街上跳舞。

圖 3. 荷蘭女孩跟加拿大士兵慶祝解放。

圖 4. 英國海軍士兵跟女朋友在倫敦，攝於二戰歐洲戰場終戰日。

圖 5.
美國大兵跟日本
女孩在東京公園
進行親善交流。

圖 6. 荷蘭國民興高采烈迎接 1945 年 5 月從天而
降的糧食補給。

圖 7. 一個「橫向通敵」的女性
被荷蘭人群起嘲弄。

圖 8. 希臘人獲得盟軍資源補給。

圖 9. 阿姆斯特丹街頭，一個通敵女性，臉上被眾人塗了焦油。

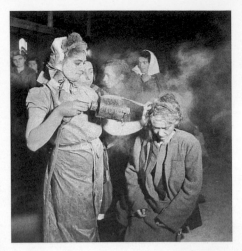

圖 10.
伯根貝爾森集中營，為
囚犯除蝨子。

圖 11.
馬來亞的日本集中營，
飽受飢餓的戰俘。

圖 12. 英國軍隊放火燒了伯根貝爾森集中營裡最後一座建築物。

圖 13. 柏林大街上，清除殘垣斷瓦時，休息片刻。

圖 14. 柏林，流落街頭的難民小孩。

圖 15. 橫濱，一個日本人蹲在化為灰燼的家。

圖 16. 希臘婦女哀悼死者。

圖 17. 義大利，一位德國軍官被綁在柱子上，等待受刑。

圖 18. 在諾曼第歐瑪哈海灘不遠處，德國戰俘整理美國人的墳墓。

圖 19. 亞亨，德國學童魚貫進入教室。

圖 20. 巴黎，審判貝當將軍（前排坐者）時，拉瓦爾出庭作證。

圖 21. 海牙，荷蘭國家社會主義領袖安東·穆塞特被荷蘭抵抗運動者逮補。

圖 22. 馬尼拉，山下奉文將軍在審判時宣誓。

圖 23. 洛里昂（Lorient），戴高樂將軍造訪一處 U 型潛艇舊基地，此處由於盟軍轟炸，已面目全非。

圖 23. 印尼自由戰士。

圖 24. 邱吉爾連任競選造勢活動。

圖25. 西貢，日本人向英國皇家空軍遞交降書。

圖 26. 贏得英國首相選舉的克萊門・艾德里。

權大使哈洛德·麥克米倫這麼說:「到了一九四三年十二月,英國掌握最多情報的意見認為,共產黨終將統治南斯拉夫,王室的希望渺茫,也無法再發揮凝聚各民族的功用。同時該區有舉足輕重的軍事價值,如果狄托部隊得到適當的支援,將能拖住好幾師的德軍,這對義大利的戰事,乃至今後開闢法國戰線十分有利。」[23] 很不幸地,切特尼克保皇黨成為內戰中的輸家。

一九四五年的西方盟軍仍把狄托看成重要盟友,史達林也被如此看待,當時許多英國人與美國人還親暱地稱他為「喬叔叔」(Uncle Joe)。因此,一九四四年九月,英國外交大臣安東尼·伊登(Anthony Eden)在莫斯科晤蘇聯外交部長時的承諾就不那麼令人意外,他答應遣返所有的蘇聯公民,「無論他們是否願意回去。」[24] 這麼做不光是因為人們覺得有必要跟戰時盟友保持友好關係,更因為英國不想貿然行事,危及蘇聯占領區幾千名英國戰俘的命運。

包括邱吉爾在內的英國政府成員,對這項綏靖政策都有些疑慮,因為他們很清楚後果是什麼。經濟作戰大臣塞爾伯恩勳爵(Lord Selbourne)在給邱吉爾的信裡寫著:把這些俄國難民送回俄國,「對他們來說就是死路一條」,但外交大臣伊登卻寫信給首相,告訴他,「我們此時沒辦法感情用事。」他說,畢竟這些人被俘時「在德軍陣營中服役,他們在法國的所作所為令人髮指。」他又列舉了一些原因,這些才比較像是真正的理由:「我們當然不希望永遠留著這群拖油瓶。」[25] 因此在一九四五年的雅爾達會議上,正式確定所有蘇聯人都會被遣返回國。

伊登與蘇聯高層完全不在乎許多俄國人是迫於無奈才穿上德國軍服;或是被送往德國,遭到奴役、擔任苦力的婦孺從未穿上德

國軍裝;或是大部分哥薩克人從來就不是蘇聯公民,因此也沒有「遣返」的法律依據。對蘇聯高層來說,遣返這批人也跟英雄神話有關,不過這跟法國與荷蘭的情形不太一樣。有那麼多的俄國人還有蘇聯公民曾與蘇聯作對,無論是志願或為生存所逼,這對當局來說都很尷尬。在官方正史中,所有生活在蘇維埃工人天堂的公民都奮勇抵抗法西斯敵人。欲加之罪,何患無辭?投降就是罪,那些落入德國手中的蘇聯人只可能是叛徒,而且應該以叛徒的罪名來懲罰。

還有另一層複雜的考量,雖然狄托的游擊隊是共同抵抗納粹的盟友,在英國人的浪漫想像中,他們或許是一群高貴的農民英雄,但他們主張義大利與奧地利南部有一部分土地應該歸他們所有,這真是惹事生非。西方盟軍完全無意與昔日戰友兵戎相見,但為了確保能阻卻狄托的非分之想,早因手下有一百萬戰俘而煩惱不已的哈洛德‧亞歷山大元帥(Field Marshal Harold Alexander),要求上級授權他在奧地利「清倉」,這代表要將南斯拉夫人送回南斯拉夫,俄國人送回蘇聯,愈快愈好。

清倉立即造成了可怕的後果,如果詭計不足以讓人乖乖順從,久經沙場的英軍士兵便不得不一邊流淚,一邊把這些戰俘趕上牛車與貨車,殷殷催促,加上拳打腳踢,有時還得用上刺刀恫嚇;女人撲倒在他們腳邊嚎啕大哭,孩子被恐慌的人群踐踏,混亂中有人遭到射殺,有人與其坐等遣返,寧願拿刀往脖子抹,或直接跳進德勞河自盡。

哥薩克人的境遇可能是最悲慘的。他們幻想著為大英帝國服務,前往非洲當兵,或去亞洲跟日本人作戰,英國人也刻意強化這種假象,在無可避免的命運到來之前,只要他們保持冷靜就好。

那時哥薩克人還表演精湛馬術娛樂自己，也娛樂俘虜他們的英國人。英國人甚至連解除他們的武裝靠的都是詭計；英國人向哥薩克軍人承諾，如果他們繳械，就能得到性能更好的新型武器。英國人發現，如果帶頭軍官不在場，哥薩克人就不太會抗命。五月底，一千五百名軍官被英國人叫去「開會」，以決定他們的未來，宣稱結束後，晚上就可以回去跟家人團聚。但事實上後來就再也沒有人見過他們。交給蘇軍後，他們不是被當場處決，就是被送往勞改營，活下來的人寥寥無幾。

剩下的哥薩克人看到軍官遲遲未歸心急如焚，開始對英國人起了疑心。英國人明白該採取更強硬的手段了。把手無寸鐵的人交給不共戴天的仇敵，並非愉快的任務，這差事落到皇家愛爾蘭明火槍團的手上，因為羅伯特·阿部特諾（Robert Arbuthnot）少將認為該軍抗命的機率比英格蘭部隊要低，但實際上，士兵均為此良心不安，甚至差點叛變。團指揮官大衛·蕭（David Shaw）回憶：「士兵唉聲嘆氣，但最終還是執行了命令，場面可怕至極。我記得有些女人倒在地上打滾尖叫，有些甚至還是孕婦。我的手下把步槍放在地上，把這些女人抱上火車，然後鎖上門，站著目送火車離開，車窗裡還傳來女人淒厲的哭喊。」[26]

六月一日，在德勞河邊另一個哥薩克難民營，幾千人接到命令登車後，被牧師召集在一起，彼此緊緊相依，牧師們穿著全套東正教服，一邊祈禱，一邊唱讚美詩。一大群人跪著，手牽著手，最裡面是婦孺，年輕男性在外圍。他們四周是宗教圖像、黑旗，還有一個掛著巨大十字架的祭壇。他們沒有設想到士兵會對禱告中的人動手。不過英軍覺得還是得做點什麼。「拉斯蒂」戴維斯少校（Major "Rusty" Davies）與許多哥薩克人私交甚篤，他回憶：「隨

著外圍的人被拉開，剩下的人擠得更緊，恐慌蔓延，他們開始踩著別人的肩膀往上爬，拚了命想要逃離，結果人群像疊羅漢一樣，尖叫不斷，開始歇斯底里，有些人被困在這座人肉金字塔下動彈不得。」[27]

因為太擠，一名年輕女人整個人被推出窗外，腿也被碎玻璃嚴重割傷，她描述其中一邊人牆倒塌後的景象：

> 人們匆忙逃竄⋯⋯六神無主。全部的聲音都混在一起：歌聲、祈禱、咆哮、尖叫、被士兵逮住的可憐人的哭喊、孩子的啜泣、士兵嘴裡的髒話。所有人都遭痛毆，連牧師也不例外，他們把十字架舉過頭頂，繼續祈禱。[28]

最後任務還是完成了：一些哥薩克人帶著孩子投河自盡，一些人在營地外的松樹上吊自殺，其他多數人被裝進運送牲口、密不透風的車裡，只有一扇很小的窗戶，裡面放著一只木桶，給所有人上廁所。旅長史考特向上級報告，整件事「完全是一齣該死的爛劇」。戴維斯少校說：「回想起當時的情景，我仍心有餘悸。」[29]

在眾多孤立無援，最後被湮沒在歷史洪流的民族中，哥薩克人只是其中之一。說是「歷史」，其實太過抽象，他們是被活生生的人毀滅，背後動機可能是革命，也可能是要建立單一民族國家。哥薩克人不是這些想法唯一的犧牲品，有些受害者本身也曾服膺這些教條。

§

一九四五年的夏天酷熱難耐，英、美、蘇三個戰勝國的領導人在波

茨坦會晤。會中做出的決議聽起來很合理，甚至有點索然無味。在驅逐中東歐的德國居民一事上，做出以下結論：「三國政府全盤考量此問題後，意識到須將留在波蘭、捷克斯洛伐克、匈牙利的德裔族群相關人士遷往德國，此事勢在必行。各方同意，屆時任何生效的人口流動，應以井然有序而人道的方式進行。」

聽起來很合理。兩年前的德黑蘭會議上，邱吉爾、羅斯福、史達林已經同意將波蘭東部大片領土讓予蘇聯。這項遣返德國人的協議延續各方出奇的友好氣氛，美國總統杜魯門與史達林尤其契合。（杜魯門比較不喜歡邱吉爾，這位英國首相試圖奉承他未果。）杜魯門在位於波茨坦的總統官邸「小白宮」裡，為史達林與邱吉爾演奏波蘭音樂家帕德列夫斯基（Paderewski）的〈G大調小步舞曲〉。史達林表示：「音樂真是妙不可言，可以泯除人類內在的獸性。」[30]

當時許多美國士兵都跟杜魯門一樣，對史達林抱有好感。美國陸軍報《美國佬》在報導波茨坦會議時，直言史達林「輕易成為這場眾星雲集盛會中，最吸引士兵關注的焦點人物。傳說史達林在擁有讓日本投降的勝算之前，就已經大受歡迎。來自紐約州長島市的下士約翰‧圖伊（John Tuohy）以前是派拉蒙電影公司的訂票員，如今在擠滿名人的小白宮前站崗放哨。他形容史達林『比想像中矮一些，但是身上一乾二淨，穿著漂亮的軍裝。』」[31]《紐約時報》把三位戰勝國領導人在廢墟中磋商的畫面形容成「三個走進墓園的男人，他們手中握全世界絕大部分的權力」。[32] 其中自然包括了一千一百多萬德裔移民命運的生殺大權，他們很多人都跟現今的波蘭、捷克斯洛伐克、匈牙利、羅馬尼亞的領土有極深的淵源。

在波茨坦會議平淡的修辭背後，潛藏的是更為殘酷的感受。幾百萬德國人已從蘇台德區、西里西亞與東普魯士被趕出家園。

就在波茨坦會議召開前，史達林還向捷克斯洛伐克的總理茲德涅克·費林格（Zdenek Fierlinger）保證：「我們不會妨礙你們，儘管把他們全趕出去。」[33]

邱吉爾在雅爾達告訴史達林說：「（我）對於用武力驅逐幾百萬人的想法並不吃驚。」史達林也向英國首相保證道：「（波蘭）再也不會有德國人，因為我們部隊抵達時，德國人將聞風而逃，一個不剩。」邱吉爾接著他的話說：「那麼現在的問題是，該如何在德國安頓這批人。我們殺了六、七百萬德國人，戰爭結束前應該還會再殺個一百萬。」喜歡精確數字的史達林想問清楚：「是一百萬還是兩百萬？」邱吉爾應道：「我可沒打算設定上限。這樣就能在德國騰出一些空間，讓出來給那些需要填補空缺的人。」[34]

一些遭到驅逐的德國人曾熱烈擁護納粹，有些甚至還是戰犯。生活在第三帝國邊陲的德國平民，絕大多數人的處境都讓他們對納粹與其當地附庸懷有好感，特別是在蘇台德區，那裡的日耳曼人即使富甲一方，在一九三八年前，仍會覺得捷克人將他們視為二等公民。話雖如此，還是有許多人與納粹劃清界線，有些還曾積極反抗過納粹。但無論是邱吉爾還是史達林都無意如此細分，所有德國人都得離開：罪犯、納粹、反納粹、男女老幼，無一例外。

在史達林與希特勒的政策中，人口轉移、大規模驅逐與邊界變動都是家常便飯。但邱吉爾心中的前例則有所不同：根據一九二三年簽訂的《洛桑條約》，希臘同意讓國內的穆斯林移居土耳其，土耳其則讓境內信奉希臘東正教的土耳其公民遷往希臘。實際上，由於希土戰爭的緣故，早在一九二三年前就有大量自發性的人口流動，官方的人口交換相對來說較不血腥。但一九四五與一九四六兩年間，中東歐的人口流動在規模上完全不可同日而語。

當然還是有交換人口，東波蘭後來成為烏克蘭，波蘭人搬到西里西亞。而曾為德國領土的西里西亞，現在已經沒有半個德國人了。美其名為「人口流動」，實際狀況是約有一千一百萬人被迫離鄉背井，而整個過程並不井然有序，也不人道。

科尼斯堡出身的漢斯·葛拉夫·馮·藍道夫醫師相信，人類之所以表現得像野蠻人，是因為他們背離了上帝。他曾試圖徒步離開這個遭到轟炸與大火毀壞殆盡、接著又被劫掠一空的故鄉。他認為擠進一輛通常是運煤或運牛的西行火車太過危險，因此他在淒風苦雨中走過一片「杳無人煙的土地」：

> （經過）整片無人收割的田地……彈坑、被連根拔起的樹木、翻倒在壕溝的軍車，以及被燒光的村莊。我在一間破敗的屋子裡躲避風雨，突然感覺有東西在動，磚頭地板傳來一陣聲響，幾個衣衫襤褸的人站在四周，眼神空洞。裡面有三個孩子瞪著我，眼神帶著敵意。顯然他們也想逃離科尼斯堡，卻被困在這裡。俄國人抓到他們後，命令他們那裡都不能去，因此進退兩難。他們最後一次吃東西，是從在此暫歇的俄國卡車上拿到幾顆馬鈴薯。我沒問這是用什麼代價換來的，但從他們言談間，很明顯又是女人得付出代價。老天爺，這些人已經像鬼魅一樣，究竟有誰還能從他們身上滿足自己的慾望？[35]

還有遠比這更糟的狀況，但比起其他如施虐式暴力、謀殺、餓死等慘劇，這個故事更能反映出突然失去家園的人心中的無助感。他們進退維谷，在這片不再屬於他們的無人土地上，困在煉獄當中。

藍道夫對火車的疑懼不無道理,擠上火車不只得連續數日緊挨著其他人困在貨物超載的車廂內,沒有食物、飲水與廁所,還得忍受日曬雨淋,中間還有可能直接被拉去強制勞改營,最起碼會遇到攔路搶劫。保羅·勒貝(Paul Löbe)是一名曾遭納粹政權逮捕的社民黨記者,他描述了穿越西里西亞的旅程是什麼景況:

> 俄國人把火車頭與車身分開後,將我們扣留二十二小時。類似的事發生了好幾次……列車共遭人搶劫四次,兩次是波蘭人,兩次是俄國人。方法很簡單,列車因鐵軌受損減速,搶匪就爬上車廂,把我們的行李箱與背包扔到路旁。半小時後,他們就跳下車收集戰利品。[36]

　　在這段無法無天的時期,警察與官員往往與劫匪蛇鼠一窩,火車站成了最危險的地方。成群搶匪會找那些不得不在車站過夜的倒楣鬼下手,女人不分老幼,都可能被酒醉尋歡的士兵強姦。無家可歸、喪失所有權利的可怕之處就在於,人為刀俎,我為魚肉,別人可以對你為所欲為。

　　從某方面來看,西里西亞、普魯士與蘇台德區德國人遭遇的暴行,其實是德國人對其他人(尤其是猶太人)所作所為的醜陋翻版。許多公共場所都禁止德國人入內;他們必須戴上印有字母 N 的袖章(N 代表 Niemiec,是波蘭語中的德國人);德國人不准購買雞蛋、水果、牛奶、乳酪;此外,德國人還不能與波蘭人通婚。

　　當然,我們也不能完全這樣類比。保守派作家暨日記作者恩斯特·榮格的朋友曾從捷克斯洛伐克的獄中寫信給他:「就眼下發生在捷克斯洛伐克德語區和匈牙利語區的悲劇而言,唯一能相提

並論的大概只有猶太人大屠殺。」[37] 當然這完全是胡扯。遣返過程中到底有多少德國人喪生，目前仍有許多爭議。一些德國歷史學家宣稱有一百萬人死亡，有些人則反駁大概只有一半左右。[38] 不過就算只有五十萬也夠慘了。話雖如此，當時並沒有系統性滅絕所有德國人的計畫，而且原本就生長在西里西亞與蘇台德區的德國人，有時還有機會選擇成為波蘭或捷克的公民，納粹統治下的猶太人可沒有這種選擇的權利。

德國女人時而遭受蘇軍、波蘭人或捷克人的性侵，她們自稱為「好獵物」（Freiwild），基本上這是所有無家可歸、喪失權利者的處境。一九四五年的夏天，西里西亞是人人口中的「大西部」。新波蘭的格但斯克，先前隸屬於德國的但澤市（Danzig），其地方臨時政府首長宣稱「淘金熱」已經開始：「每條路上，波蘭各地的人乘坐各種交通工具，趕往這個淘金勝地，他們唯一的目標是劫掠而非工作。」[39] 德國人的房子、德國人的公司、德國人的一切資產、包括德國人自己，都任君挑選。

然而，一九四五年發生的種族清洗，遠遠不只有遣返或奴役。赫伯特・胡卡（Herbert Hupka）有一半的猶太血統，住在上西里西亞的拉蒂博（Ratibor，今天波蘭的拉齊布日 [Racibórz]）。他記得曾被迫在雨中遊街，途經從前的學校，他父親曾在此教授拉丁文與希臘文；他注意到地上有一堆破爛濕透的書，裡面有托馬斯・曼（Thomas Mann）、阿費德・杜布林、法朗茲・韋爾佛（Franz Werfel）等被納粹封殺作家的作品。納粹政府將這些書沒收後，丟進猶太墓園，不知怎麼會出現在大街上，胡卡描述道：「無人聞問，就這樣堆在學校前。」[40]

一九四五年，德國文化有計畫地遭到毀壞，一起遭殃的還有

那些生長在德國文化中的人。舊時德意志帝國與奧匈帝國某些地區的偉大城市，如布雷斯勞、但澤、科尼斯堡、倫貝格（Lemberg）、布魯恩（Brünn）、切爾諾維茲（Czernowitz）、布拉格等，都是德國精緻文化的中心，傳承此一文化者通常是講德語的猶太人，而這些城市如今必須「去德國化」。重新粉刷街道路牌與商店招牌，更改地名，洗劫德國人的圖書館，毀壞紀念碑，一一抹去刻在教堂等公共建築上、歷史悠久的碑文，禁用德文。一篇來自布拉格的《美國佬》報導寫著：

> 如果你用德語問路（萬一你不會捷克語的話），只會招致異樣的眼光……不是因為捷克人聽不懂，多年來德語已經成為他們的第二語言。一名被迫在布拉格工廠為德國人工作的捷克人……這麼說：「請別在此處講德語，這是禽獸不如的人說的語言。」[41]

中歐與東歐人不僅要從生活中剔除德國人與德國文化，甚至要忘卻德國人曾經在此的記憶。這麼做有諸多不同的動機；對於共產黨人來說，這是革命大業的一環，目的是擺脫令人憎惡的資產階級；對諸如捷克總統愛德華·貝奈許等非共黨的民族主義者而言，這是在報復叛國行為：「境內的日耳曼人……背叛了國家、背叛了民主、背叛了同胞、背叛了人性，也背叛了人類。」[42] 一位地位崇高的捷克斯洛伐克天主教堂（Czechoslovak Catholic Church）神職人員大聲疾呼：「這是千載難逢的機會，要好好跟德國人算總帳。他們非常邪惡，因此『愛鄰如己』的誡命並不適用。」[43] 波蘭首位共黨領袖瓦迪斯拉夫·葛穆卡（Władisław Gomułka），將這種普遍的仇

德情緒表達得最為傳神，他在波蘭工人黨（Polish Workers' Party）的黨中央大會上表示：「我們必須驅逐所有德國人，因為國家是建立在單一民族，而非多民族的基礎上。」[44]

這樣的種族純淨與單一民族國家的想法，可以追溯到二十世紀開頭數十年，或甚至更早，希特勒的大業也是據此開展，諷刺的是，這項計畫卻由仇恨德國者代為完成。就算把戰後發生在波蘭、捷克斯洛伐克、匈牙利、羅馬尼亞等國恐怖的種族清洗全都納入考量，我們還是不該忘記摧毀中歐德國文化的罪魁禍首，其實是德國人自己。他們消滅的中歐猶太人之中，有許多都是德國菁英文化的堅定擁護者，將他們趕盡殺絕無異開啟了自毀文化的進程。波蘭人與捷克人在戰後將德國人全趕出去，這是他們結束德國人自毀文化進程最快的方式。

一九四五年的夏天和秋天，為數眾多的猶太生還者置身德國的難民收容所，這並不是出於他們對德國的愛，想想這個國家在不久前才傾全力要讓猶太人滅族。猶太人是覺得在德國比較安全才待了下來，至少比一些他們的原生地還安全，如立陶宛、波蘭。至少在有英、美兩國護衛的收容所中，他們不太可能遭到迫害。幾萬名猶太人，無論是從波蘭集中營活下來、跟游擊隊一同作戰、還是結束在蘇聯的流亡，都在這個夏天湧向德國。儘管德國難民收容所提供了暫時的庇護，但遠遠稱不上是一個家。昔日的「家」，如今安在？多數生還者已經無家可歸；家，僅存於想像之中。家已經毀了，正如一些難民所言：「我們不在巴伐利亞……天地間無我們容身之處。」[45]

不少倖存的歐洲猶太人因受創過深，以致生活無法自理。恐懼與憤怒使他們無法接受他人幫助，尤其無法接受非猶太人的協

助。收容所裡，猶太人一開始都與非猶太人共處一室。在某些特殊的例子裡，因為官員的馬虎與漠不關心，猶太人甚至得跟昔日納粹分子關在一起。難民營環境之惡劣更是難以想像，如果長期受到禽獸不如的非人對待，又怎麼可能在一瞬間恢復自尊？巴頓將軍是出了名地歧視猶太人，他說猶太生還者「比動物還低等」。口沒遮攔是一回事，強悍的巴勒斯坦猶太人為了幫助同胞而抵達德國，但即使是他們，親臨現場時，也無法掩飾心中的震撼。在哈努赫・巴托夫（Hanoch Bartov）的自傳小說《旅團》（Brigade）中，一名猶太旅團的士兵說：「我不斷告訴自己，眼前這些人就是我們談論多年的同胞，然而我們之間的距離，卻比這片通電的鐵絲網還要遙遠。」[46] 一名美國士兵寄了封信回家，信中寫到他遇到一名波蘭猶太人「剛從達浩放出來，哭得像個孩子」，蜷縮在慕尼黑公廁一角。「我不用問就知道他為什麼哭，反正答案都一樣：不是雙親被折磨致死，就是妻子被送進毒氣室，或孩子餓死；或者以上皆是。」[47]

　　猶太人可能是最迫切需要英雄神話的民族，他們是所有受害者中最不幸的一群。順便一提，當時並非大部分的人都認同這點，甚至連許多猶太人都還無法了解猶太人大屠殺的恐怖真相。一九四五年十二月，英國正統猶太教大拉比所羅門・熊斐德博士提出波蘭猶太生還者現況報告時，居然還能說出以下這番話：「波蘭猶太人都同意，在奧許維茲（裡面有浴室、煤氣與一些紅十字會服務）死去，比任何其他地方都還有人道。」[48] 這是哪門子的人道？

　　戰時，巴勒斯坦的猶太媒體就試圖將一九四三年發生在華沙猶太聚居區的暴動壯舉，跟馬薩達之戰（Masada）相提並論。公元前七十三年，猶太奮銳黨（Jewish Zealots）退守此處，與羅馬人展開無異於自殺的背水一戰，馬薩達從此成為聖地。以色列《新消息

報》（*Yediot Ahronot*）在一九四三年五月十六日的頭條是：「華沙的馬薩達淪陷，納粹放火燒毀僅存的華沙猶太聚居區。」實際上，一直要到一九七〇年代，華沙暴動才真正成為以色列建國神話的一部分。不過，戰後不久，就有人嘗試用英勇舉動重振猶太士氣，這些舉措都和主張猶太復國的錫安主義（Zionism）密切相關，用建立家園的夢想鼓舞一個破碎的民族。有人提到，猶太旅團乘坐卡車，從義大利浩浩蕩蕩進入德國，用擴音器宣布「注意，猶太人來了！」（*Achtung! Die Juden kommen!*）七月廿五日，來自西德所有難民營委員會的猶太代表發表宣言，要求進入巴勒斯坦。他們選擇在一家慕尼黑啤酒館發布這項激動人心的消息，這個地點也是希特勒一九二三年發動政變失敗之處。

當年身在聖地的猶太人與流離失所的猶太人（Diaspora）之間，關係並不緊密，因此才有必要把華沙與馬薩達相提並論，宛若猶太聚居區烈士摩德察·阿涅勒維奇（Mordechai Anielewicz）等人是為了以色列國（*Eretz Yisrael*）獻身的。猶太復國主義青年團體在戰時與戰後的難民營中積極塑造這層關係，迅速用集體農場基布茲（*kibbutzim*）組織猶太生還者。掌管蘭茲貝格難民營的美國軍官厄文·海蒙少校自己也是猶太人，即使如此，他也不確定該如何看待難民營中的基布茲黨人：「我的問題已經夠多了，但今天我得知營中最優秀的年輕人都加入了基布茲。基布茲似乎是關係緊密的自律團體，成員非常希望移民至巴勒斯坦。在那邊……他們計畫按照理想的集體主義原則來安排自己的生活。每個基布茲都是一個小集團，對難民營的生活毫無興趣。」[49]

其實，還有不少生還者夢想到美國建立新家園。在巴伐利亞邦的一個大型猶太難民營「佛倫瓦德」（Föhrenwald）裡，街道都是

令人嚮往的名字，如「紐約」、「密西根」或「威斯康辛大道」。[50] 然而無論對生還者多有吸引力，美國並不歡迎這些歐洲猶太人，不可能在戰後直接接收。在生還者中，中歐的年輕猶太復國主義者擁有很好的名聲，他們青春洋溢、體格佳、紀律嚴明、士氣高昂、充滿理想，強調鍛鍊、農耕與自衛。德國戰敗後十天，英國隨軍神職人員拉比·李維（Rabbi Levy）投書《倫敦猶太紀事報》（London Jewish Chronicle），盛讚貝爾森的猶太復國主義者：「我怎麼忘得了……一起坐在木屋裡、高唱希伯來歌曲的場景？世人會相信有這種堅苦卓絕的精神存在嗎？兩天前，我結識了一群波蘭的年輕猶太復國主義者，他們住在一間最骯髒的營房中，但自己棲身的角落卻一塵不染。」[51]

貝爾森集中營裡最強悍的硬漢，身材矮小清瘦，名叫約瑟夫·羅森薩夫特（Josef Rosensaft），他相當符合猶太英雄的形象。一九一一年生於波蘭的他，年輕時便很叛逆，背離家中哈西迪（Hasidic）教義，成為左翼猶太復國主義者。一九四三年七月，他與妻子和繼子在貝津（Będzin）猶太區被捕，送上一輛開往奧許維茲的火車。他設法從逃出火車，在機槍火網中跳進維斯杜拉河（Vistula River），後來又於猶太區被捕，但再次成功逃脫，不過依舊被捕，送往附屬於奧許維茲的滅絕營貝卡瑙（Birkenau）。他在一座採石場做了兩個月奴工後，被送往另一座集中營，在一九四四年三月時逃脫，四月時再度被捕，他在貝卡瑙被嚴刑逼供數個月，始終拒絕透露誰幫助他逃脫。「朵拉－米特堡」（Dora-Mittelbau）集中營的囚犯在陰濕的地下隧道為德軍製造 V-2 火箭，直到累死為止。他在那邊短暫停留後，由於員額已滿，他最後來到伯根貝爾森集中營。

羅森薩夫特不是受過良好教育的都會猶太菁英,他只會講意第緒語(Yiddish),但這並非他與盟軍談判時,堅持只用意第緒語的唯一理由,雖然這點讓英國的談判代表相當惱火。他之所以這麼做是出於榮耀,作為代表貝爾森集中營獲釋猶太人的中央委員會領袖,他希望猶太人被當成獨特的民族,並能擁有共同的家園,在他心目中,這只可能是巴勒斯坦。他主張猶太人必須和其他民族的囚犯分開,應該獲准自治,並應準備好動身前往屬於猶太人的土地。[52]

其他難民營也發出類似的訴求。蘭茲貝格猶太委員會便經常提出惹惱厄文·海蒙少校的要求。不過在一封寄回家的信中,他引用了一位難民營代表的演說詞,作者是立陶宛農業經濟學家奧雷斯基博士(Dr. J. Oleiski),海蒙少校認為他的演講「深具啟發」。奧雷斯基博士回顧他在猶太區的歲月,當時猶太人「隔著維爾納的籬笆,遠眺科夫諾(Kovno)等立陶宛城鎮」,高唱「我想再看一眼故鄉。」奧雷斯基接著說,但時至今日:

> 經過這一切,在經歷過德國集中營後,在我們可以斷言故鄉已成萬人塚之後,我們只能用指尖摸索,緊握摯愛的人殘存的暗影,痛苦哭喊:我再也見不到我的故鄉!這些在二十世紀剷除德國這個歐洲瘟疫的勝利國家,必須徹底了解所謂的猶太人問題的本質。我們不是波蘭人,雖然我們生於波蘭;我們不是立陶宛人,即使我們生命的足跡曾留在立陶宛;我們也不是羅馬尼亞人,即使我們在此見到生命的第一道曙光。我們,是猶太人!!

來自美國的海蒙少校既不是猶太復國主義者，看起來也不像有宗教信仰。事實上，他從未透露自己的家庭背景，因為他擔心這可能會讓他在德國須謹慎處理的任務更加棘手。儘管他有諸多不滿，他還是同情奧雷斯基博士的抱負，包括「在巴勒斯坦建立猶太人國協」（原文皆用大寫）的目標。海蒙寫著：「我愈是細想，就愈是無法對委員會感到生氣。作為團體，委員會密切關注民族權益的保障，並積極想把生還者送出德國。我所說的民族權益，是指應視他們為自由的民族，而非被監護或受施捨的對象。」[53]

　　猶太人從前是被迫害的少數，卑賤、亟欲討好一起生活的其他多數人，滿心期待能融入當地社會，卻永遠提心吊膽。現在，他們要從這種「受施捨的對象」轉變成驕傲的戰鬥民族，在屬於自己的神聖土地上耕作。這種理想早在納粹實行種族屠殺之前便以許多形式存在：社會主義、宗教、甚至種族主義。不同派系間不斷彼此抗衡，有時激烈競爭。生還者一有力氣投票，貝爾森等集中營便開始組織政黨。巴勒斯坦猶太復國運動領導人大衛・班－古里安（David Ben-Gurion）是另一位波蘭硬漢，他很早就看出猶太人所受的苦難會如何協助實現他堅信不移的大業。一九四二年十月，他告訴位於巴勒斯坦的猶太復國主義執行委員會（Zionist Executive Commission）：「如果能有效引導，災難就是力量。猶太復國主義的祕訣在於，將災難轉為創造力與利用價值的源頭；而非像大離散一樣，只導向絕望與墮落。」[54]

　　這聽起來異常冷血，也是「收割」（instrumentalizing）大屠殺的最早先例。當然，絕不容許軟弱是班－古里安的一貫作風，為了建立猶太人的新英雄神話，這麼做也許有其必要。班－古里安是個務實的人，他認為情感的表達毫無意義。不過在一九四二年，他

也沒有意識到歐洲猶太人的劫難到底有多深重，這在當時根本鮮為人知。最早得知猶太人慘況的其中一位，是阿波利納利·哈特葛拉斯（Apolinari Hartglass），他是猶太復國主義者，也是歐洲猶太人救援委員會（Rescue Committee for European Jewry）成員。早在一九四〇年，他就提出警告，表示納粹「正在消滅波蘭（猶太）人」，然而在一九四二年，當波蘭難民證實了他最壞的預測，即使連哈特葛拉斯也只是回答：「如果你們說的我全都相信，我還不如一了百了。」[55] 班－古里安知道一些事實，但跟多數人一樣，他還無法想像真相有多麼地恐怖。

儘管如此，我們還是可以指控哈特葛拉斯與班－古里安利用他人苦難，遂行其政治目的。一九四三年，在一份給救援委員會的備忘錄中，哈特葛拉斯表示可能會有七百萬名歐洲猶太人遇害，而巴勒斯坦的猶太人（Yishuv）對此也無能為力。他繼續說，不過，如果真有一小部分猶太人能獲救，「我們至少得從他們身上獲取一些政治利益，從猶太復國主義的角度來看，只要滿足以下條件便能實現：我們得讓全世界了解到，唯一願意接受猶太生還者的國家是巴勒斯坦，唯有巴勒斯坦猶太人願意吸收他們。」[56]

一九四五年十月，班－古里安決定親自走訪前德國集中營，他在日記中記下簡短枯燥的事實。在達浩，「我看到烤爐、毒氣室、狗舍、絞架、囚犯營房與親衛隊的營房。」在貝爾森，「今年四月十五日之前，這裡尚有四萬八千名猶太人……後來陸續有三萬一千人死亡……（死於傷寒與肺結核）。」[57] 根據傳記作者沙布泰·特維斯（Shabtai Teveth）記載，班－古里安此行目的更像是塑造英雄故事。他想像著「從滅絕營中死裡逃生的人，突破英軍封鎖，奮力踏上巴勒斯坦的土地」。特維斯冰冷地評論道：「他仔細檢視骨瘦如柴的

生還者，這肯定像是指揮官在開戰前檢閱自己的部隊。[58]

　　班－古里安探訪的消息很快傳開，他所到之處都擠滿了難民。海蒙少校之所以知道他來到蘭茲貝格，是因為他「注意到人們蜂擁而出，在通往慕尼黑城外的馬路旁列隊恭候。人們手捧鮮花，舉著匆忙寫下的旗幟標語，並用各種東西布置難民營。我們從未見過營地裡如此有活力。我覺得就算杜魯門總統親臨，也不會造成這麼大的轟動。」[59] 就海蒙少校的觀察，對營裡的人來說，班－古里安「就是天神」。

　　在班－古里安的德國之旅中，有一場非常著名的演說，地點在慕尼黑附近的聖奧迪林（St. Ottilien）本篤會修道院的醫院，離達浩集中營不遠，談話對象是集中營生還者。看到猶太孤兒，班－古里安終於動了感情，眼眶含淚，但他很快恢復平靜，「我不會試圖表達內心情緒……這種事情不可能發生。」相反地，他煽動的是聽眾的情緒，有些聽眾還穿著條紋的囚服，他說：

> 我要告訴諸位，真的有一個欣欣向榮、屬於猶太人的巴勒斯坦。就算此處大門深鎖，巴勒斯坦猶太人也會用強壯的手將它打開……如今我們是巴勒斯坦舉足輕重的強權……我們有自己的商店、自己的工廠、自己的文化、自己的步槍……希特勒離巴勒斯坦並不遠，那裡曾經可能遭遇大肆毀滅，但發生在波蘭的慘劇絕不會在巴勒斯坦重演。德國人休想在猶太會堂中屠殺我們，因為每個猶太男孩跟女孩都能朝每個德國士兵開槍。[60]

　　「強壯……力量……我們自己的步槍……」猶太復國主義領袖說的這些英雄主義修辭，恰恰是英國人不願聽到的，即使英

國外交大臣亞瑟・詹姆斯・貝爾福（Arthur James Balfour）曾在一九一七年承諾讓巴勒斯坦成為「猶太民族的家園」。英國政府飽受壓力，因為在一九一七年的《貝爾福宣言》中，他們向巴勒斯坦的阿拉伯人承諾：「不會做出任何損害巴勒斯坦既有非猶太群體的公民權與宗教權的舉動。」巴勒斯坦大約有七十萬人口，九成一都是阿拉伯人，若同意猶太人移民此地會造成衝突。因此在一九三九年，英國政府發布白皮書，將一九四〇到一九四四年間移民巴勒斯坦的猶太人數限制在每年一萬人；若有急難狀況，可以另外增加兩萬五千人。後來確實有急難狀況，由於所設限額過低，只有和急難規模不成比例的猶太人能順利前往巴勒斯坦。班－古里安現在堅持不惜一切手段，要把至少一百萬名猶太生還者遷往巴勒斯坦，合法與否並不在考量之內。杜魯門總統讀到德國猶太難民的處境報告時，大為震驚[61]，他在寫給英國首相克萊門・艾德里（Clement Attlee）的信中主張，英方應允許至少十萬名猶太人移民巴勒斯坦，他補充說：「正如我在波茨坦跟您提到的，所有美國人民都堅信，不應緊閉猶太人向巴勒斯坦移民的大門，在歐洲飽受迫害的猶太人，應有一定數量的人，得以依照自身意願，移居巴勒斯坦。」[62]

　　杜魯門在信中沒說的是，他並不希望這幾十萬猶太人移居美國。英國人積極阻止猶太人遷往巴勒斯坦，有時還得對剛從納粹集中營死裡逃生的生還者動粗，理由非常實際，因為巴勒斯坦仍受英國託管。即使是工黨政府執政，英國仍希望保持在中東的影響力，因為中東是英國連接印度的門戶。況且阿拉伯人也博得英國外交部較多的同情，如果有太多猶太人獲准在多數為阿拉伯人的土地上定居，阿拉伯人一定會進行武裝反抗。從英國人的角度來看，這種情況自然是非常不妥，因此那些試圖非法入境的猶太人很

可能遭到英國士兵一陣毒打，丟回破爛的船上，甚至被射殺。

　　但英國人的理由並非總以務實為考量，反而常常言不由衷。如果說猶太人復國主義的興起是一場猶太人身分認同之戰，英國人提出的則是另一種關於認同的想法。美國駐政府間難民委員會（Inter-Governmental Committee on Refugees）特使厄爾・哈里森（Earl G. Harrison）曾呈遞一份在德國流離失所者的美方特別報告，英國外交部對此表示，報告中的錯誤不僅是建議將猶太人與其他的難民分隔，其結論主張猶太人在歐洲沒有未來，也不正確。畢竟，「這等於間接承認納粹的想法，認為歐洲沒有猶太人的容身之處」。盟軍有義務「創造出讓猶太人覺得回到故鄉是理所當然的條件，而不是在現階段承認這些條件不可能被創造出來」。[63]

　　英國外交部並未明言該如何在波蘭、立陶宛或烏克蘭等國創造上述條件。猶太人對於如何通往錫安之路，也不是眾口一詞。當時，整合巴勒斯坦所有猶太復國組織的「猶太事務局」（Jewish Agency）以及「美國猶太人聯合分配委員會」（American Jewish Joint Distribution Committee, JDC，簡稱「聯合會」）之間，存在激烈的路線之爭。聯合會官員竭盡所能幫助猶太難民與流離失所者，發放金錢、食物等必需品，他們對於猶太復國主義的教條十分反感，認為既專制又適得其反，像是猶太事務局甚至會阻撓兒童在歐洲或美國找認養家庭落腳，因為這可能會讓他們喪失「登上」猶太故土的信心。

　　儘管還要再花上幾年時間，但猶太復國主義者最終仍得償所願。以色列於一九四八年建國，幾百萬猶太人在那裡找到了庇護，多數歐洲國家與美、蘇兩國都表示同情。或許是出於愧疚；或許是源於十九世紀念茲在茲的理想，主張每個種族都應有自己的國家；

或許也因為理解到以色列是許多猶太人唯一的選擇。英國外交大臣伊登對哥薩克人的看法,同樣適用於歐洲猶太人:「我們不想讓他們留在這邊。」[64]

第五章

解毒

戰爭、軍事占領與獨裁專制不僅讓家園殘破,也使道德衰敗。政治合法性蕩然無存,人民的憤世嫉俗腐蝕了公民意識。能在暴政下混得很好的,通常都是最令人不齒的腐敗人士;而時局扭轉後,最理應取得政治地位的人,往往是獨裁政權中最邊緣化的一群。二戰期間,他們是一小撮積極投入抵抗運動的男男女女。在淪陷國從事抵抗運動很危險,在倫敦則安全一點,因此諸多流亡「自由」政府都匯集在倫敦,維持形式上的運作。

　　戰後,人們刻意浪漫化抵抗運動,但其實抵抗運動對於擊敗納粹德國與日本帝國貢獻甚微。暴力反抗會引來當局報復,對無辜的平民慘下毒手,因此反抗往往得不償失。反抗英雄的行為往往導致更野蠻的鎮壓,因此傾向於明哲保身的平民普遍痛恨這些英雄人物。當然,抵抗運動還是有其象徵意義,它代表被壓迫的人民尚有一線希望,暴政也並非堅不可摧。但要等到戰火平息後,抵抗運動真正的意義才更加明瞭。在受到殘暴統治的社會中,充斥著通敵者與姑息者的遺毒;此時一些人不顧個人安危、毅然決然抵

禦外侮的事蹟，可以提供這樣的社會英雄故事。要恢復民主有賴這些故事，因為它們不僅能重振公民士氣，也為戰後政府提供了政治合法性。這些故事是戰後歐洲民族復興的創始神話。

在部分中東歐地區，抵抗運動所扮演的角色更為複雜，因為它們要對抗兩大暴政。把史達林當成主要敵人的反抗者，有時會與德國人合作。烏克蘭最著名的反抗英雄，是「烏克蘭民族主義者組織」（Organization of Ukrainian Nationalists）的領袖斯傑潘・班傑拉（Stepan Bandera）。一九九一年蘇聯解體，烏克蘭終獲獨立，他被奉為國父，有點類似烏克蘭版的喬治・華盛頓。班傑拉的雕像隨處可見，到處都是班傑拉紀念碑、班傑拉紀念館與班傑拉博物館。然而，班傑拉根本不是統一國家的英雄，他來自曾隸屬於奧匈帝國的西烏克蘭，在篤信俄國東正教的烏克蘭東部，至今仍將班傑拉視為一九四一年與納粹沆瀣一氣的法西斯分子。一九四四年，班傑拉手下的民族主義者殺害了大約四萬名波蘭人。慘劇發生時，英雄本人正關在納粹集中營裡，因為他之前宣布烏克蘭脫離德國、蘇聯獨立。一九五九年，他在流亡慕尼黑時，遭到蘇聯 KGB 特務暗殺。

西歐的狀況比較沒那麼複雜，反倒是英雄神話在法國這樣的國家特別重要。因為在法國，官僚、警力、司法、產業菁英、甚至許多藝術家、作家，都與通敵的維奇政權關係密切。一九四〇年六月十八日，身在倫敦的戴高樂將軍透過廣播，發表反抗言論，當時他在法國還沒沒無聞，法蘭西祖國（patrie）的偉大國父仍是貝當元帥。他在廣播演說時有些結巴，卻讓人深受感動：「無論發生什麼事，法國抵抗運動的火焰都不能、也不會被撲滅。」不過這段演說根本沒有幾個人聽到。

事實上，戰爭的頭幾年，法國並沒有什麼反抗勢力。一九四四年，盟軍在諾曼第大敗德軍後，戴高樂回到法國，成為公認的民族氣節象徵。他一身戎裝，昂首闊步地走在「解放」巴黎的法軍部隊之首，途中雖遭到親納粹狙擊手射擊，但他依舊邁步前進，彷彿什麼都沒發生。這個看似刀槍不入的人物，因此得以組成臨時政府，一直執政到一九四五年十月戰後的第一次選舉。臨時政府中不乏維奇派人士，與反抗團體處處相左。反抗團體通常由共黨分子領導，他們自有不信任戴高樂政治目標的理由，反之亦然。不過，戴高樂將軍是反抗力量的驕傲門面，他的領導深具正當性，是把法國拉出道德破產深淵的不二人選。

　　德國與日本沒有什麼英雄人物或領袖可以拿來說嘴（儘管在東德共產區編造了「反法西斯」的英雄神話）。一九四四年七月，曾有軍官試圖暗殺希特勒，最後犧牲性命，但當時多數德國人都還不認為他們是英雄。這些軍官有不少人出身普魯士將門世家，非德國人以及不少德國人都把他們與軍國傳統聯想在一起，許多人認為這種「普魯士主義」（Prussianism）正是戰爭的導火線。也有一些日本人反抗戰時政權，但多半是共黨人士或激進左翼分子，在牢中度過戰時歲月。整體來說，希特勒的第三帝國與日本帝國政府的反對者多半沒有張揚，德國的反對者也有人選擇遠走他鄉。

　　不過在德國境內，還是有一些積極反抗的團體。這些小團體在幾乎孤立無援的情況下，冒著生命危險行動。其中一位是記者茹絲・安德莉亞斯－斐德利希（Ruth Andreas-Friedrich），她加入了「愛彌兒叔叔」（Uncle Emil）的柏林反抗團體。她和一些勇敢的朋友一起藏匿猶太人和其他受納粹迫害的人，並偷偷散發反納粹傳單。從事這些行動的人，只有極少數能保住性命，像安德莉亞

斯－斐德利希這樣的人太過稀有，不足以塑造出抵抗運動的全國神話。然而戰事一結束、危險一過去，大家還是覺得有挽救道德操守之必要。安德莉亞斯－斐德利希在柏林俄占區的廢墟中勉強生存，一九四五年五月十五日，她在日記寫下這段文字：

> 政治運動遍地開花，如火如荼展開，大家好像急著追回逝去的十二年光陰。各種「反法西斯」團體像雨後春筍般蓬勃興起，到處是旗幟與海報、告示、標語。每個街角都有政治團體成立……不是所有反希特勒組織都歷經漫長的奮鬥，其中一些是在希特勒時代結束後，才開始抵抗的。[1]

在其他擺脫德國占領的國家中，也有類似的虛偽現象，不過比較沒有那麼明目張膽。然而，英雄神話並不足以挽救這些國家敗壞的道德，對於德國及日本就更不用說了。戰後新秩序要取得正當性，就得先整肅納粹分子、日本軍國主義者與通敵者之流。那些應該為戰爭負起責任的人，包括專制獨裁、迫害異己、奴役他人與負責大屠殺的人，都必須剷除。但該從何處著手？如何進行？要如何定義「罪行」？只要是共謀就該被整肅嗎？怎麼找到這些戴罪之人？有罪與無罪之間的界線在哪裡？如果每一個當過納粹以及和納粹合作過的德國官員都得被整肅，已經殘破不堪的德國社會很可能就此崩解，因為這樣的人實在太多。在瀕臨饑荒邊緣的日本，如果徹底整肅戰時的官僚與政治體制，大概就沒有什麼日本人有才能維持國家運作。但當局卻還是得做點什麼，好讓大家覺得正義得到伸張。

對一個脫序的社會而言，除了直接處決犯錯的人之外，最古

老、也最簡單的解決方式就是流放。一位比利時的保守派基督徒參議員在思考如何處置前通敵者時，便建議道：「如果我國真的無法讓這些人再度融入社會，難道不能把他們送到別的地方嗎？……比方說，拉丁美洲就有些適合的國家，說不定他們能在那裡展開新生活。」[2] 的確有人採納這個建言，不過是由納粹劊子手祕密自行前往，而非一項切實可行的政府決策。把歐洲所有通敵賣國者全部送到拉丁美洲已經是異想天開，更遑論驅逐德國境內所有納粹分子了。

然而，一九四五年七月召開的波茨坦會議，英、美、蘇三國領導人一致同意，有必要採取激進手段，清洗戰敗國的意識型態遺毒，將它們重建為永不參戰的民主國家。德國與日本都會被「非軍事化」與「民主化」。納粹組織與警力自然會遭到查禁，「所有旨在維繫德國尚武傳統的軍事組織、社團、協會」也在取締之列；接著，德國民主化也包括，「除了掛名者之外，所有納粹黨員，以及所有對盟軍目標深懷敵意者，均不得擔任公職，也不得留任重要私人企業負責人」。

當然，蘇聯與西方盟友對於何謂民主，意見分歧。另一個不明確的地方是，該如何區分「前納粹分子」、「軍國主義者」、「對盟軍目標深懷敵意者」，假如這三者之間真的有所分別的話。畢竟我們可以設想有人過去是納粹，但現在十分樂意為盟軍效勞；或強烈反對盟軍政策的反納粹者，比方說在西邊占領區的共產主義者，或蘇聯占領區的自由民主派。而且，該如何整肅也取決於大家如何看待這場德國災難。各個強權在這點上比較有共識，他們認為普魯士軍國主義，或稱「普魯士主義」是癥結所在，應該根除。一直到後來，大家才知道這種想法當然有點離譜。

在波茨坦會議中，對於日本的決議則有點不一樣：「針對那些欺騙與誤導日本人民走上征服世界之路的人，必須一舉取消其權威和影響力。因為我們堅信，只有不負責任的軍國主義從世界消失，和平、安全與正義的新秩序才有可能實現」。

這種措詞同樣有些模稜兩可，而且相當誤導人。真的有「負責的軍國主義」這種事嗎？而且究竟是誰誤導了誰？掌握日本最高權力的盟軍最高指揮官（Supreme Commander for Allied Powers, SCAP）麥克阿瑟將軍，並未接受裕仁天皇主動承擔戰爭責任的請求，因為 SCAP 確信有必要保全天皇以避免混亂，因此天皇被豁免了所有罪責。

麥克阿瑟這時是日本最有權力的人，他刻意把自己塑造成為偉大白人父親的形象。他收到不少日本平民來信，其中有些人對他出奇地景仰。最高指揮官原本的意圖是扮演權傾一時的幕府將軍，輔佐僅具象徵意義的天皇，結果從某方面來說，他倒是成了「聖人」。一封來信寫道：「敬愛的閣下，當我想到閣下以德報怨，未擅加以眼還眼，我便滿懷敬畏之情，彷彿上帝降臨。」[3]

對多數日本人而言，戰時天皇擁有神聖的地位，然而傾向自由派或左翼的人卻不這麼認為。一名可能是基督徒的人士去函最高指揮官，質疑他為何不以戰犯罪名逮捕天皇：「為了能問心無愧地站在全世界與上帝面前，實現真正的法律正義與人類公理，我們懇請您以戰犯罪嚴懲現任天皇。如果您放過天皇的目的只是為了操縱人民，那麼我相信，盟軍一切用意良善的政策在您離任後都將是一場幻夢。」[4]

不過也有信件警告麥克阿瑟，若對天皇輕舉妄動，後果將不堪設想：「這麼做一定會引發全世界最嚴重的悲劇。若想要這麼做，

首先得徹底滅絕八千萬大和民族。」[5] 這裡使用「大和」一詞，顯示來信者是個沒被盟軍教化成功的民族主義者。麥克阿瑟最後決定遵循這類意見。因此，儘管所有戰爭行為，包括那些最令人髮指的暴行，都是以「效忠天皇」之名犯下，但天皇本人最後其實只是「為奸人所誤」。公開背離這種論述可能會惹上大麻煩，即使到現在依然如此。*

日本沒有類似納粹黨的組織，更沒有希特勒，也從未發生諸如一九三三年的德國政變，因此「軍國主義」、「極端民族主義」、甚至「封建主義」就成了有待根除的惡種。有鑑於此，美軍指令寫道：「曾積極鼓吹軍國主義與武裝民族主義者，將即刻從公職中排除，也不得在任何公私部門擔任要職。」[6] 如果對象是宣傳家、戰犯、軍事領袖，執行起來相當直截了當，但若要整肅官員、商人或實業家，則有諸多挑戰，因為官僚早在太平洋戰爭爆發前便已任職許久；而商人與實業家必然與戰時日本政府合作過，並從中獲利，不過在許多情況下，並不能將這些人稱作軍國主義者或極端的民族主義者。

左翼的盟軍官員比保守派更傾向認為，「軍國主義」、「封建主義」或「普魯士主義」宛如人體內的癌細胞，能夠加以切除。這點也適用於德國人、日本人與昔日淪陷國的國民。在許多國家反抗外敵的戰鬥中，包括共產黨在內的左派，扮演了主導角色，因此抵抗勢力中的左翼成員堅持戰後社會應遵循他們的想法塑造。在他們看來，一九四五年是一次絕佳的時機，終於可以整肅那些與法西斯同流合汙的軍事、金融與政治體制。

---

* 1988 年，身為基督徒的長崎市長本島等表示，裕仁天皇應承擔戰爭的部分責任。他因此成為極右派的目標。1990 後，他遭到殺手從背後槍擊，險些喪命。

雖然麥克阿瑟將軍是保守派共和黨人，但在盟軍占領日本初期，他的身邊卻圍繞著一群滿懷理想主義的律師與提倡新政的改革者，他們將整肅視為日本民主化改造的一部分而大力推動。這些人在戰前與日本菁英沒有密切聯繫，並不是日本專家。他們不認為從事日本改造有必要通曉日本文化，只要有一部正確的憲法，並配合建立自主工會等進步措施，任何國家都能進行民主化改造。在日本，早期的整肅均由諸如查爾斯・凱茲中校（Lieutenant Colonel Charles Kades）等人督導。凱茲支持羅斯福新政，在麥克阿瑟手下的政府管理部門任職。他的上司是寇特尼・惠特尼准將（Brigadier General Courtney Whitney），此人曾在馬尼拉擔任律師，他和他備受尊敬的指揮官一樣，喜歡誇大其詞：「麥克阿瑟的政治哲學，在過去的軍事占領紀錄中可謂史無前例，這將是未來軍事占領的標準與挑戰。」[7] 這些改革派在指揮官麥克阿瑟的地下東京法庭中，面對的主要政敵是情報主管查爾斯・威樂比少將（Major General Charles Willoughby）。

　　威樂比生於德國，本名卡爾・馮・切普暨威登巴赫（Karl von Tscheppe und Weidenbach），麥克阿瑟喜歡暱稱他為「我最愛的法西斯分子」。這個稱呼其來有自。熱愛狩獵的威樂比輕聲細語、風度翩翩，但脾氣卻很火爆。威樂比老覺得到處都有猶太人與共產黨在搞陰謀，連美軍高層也不例外。法國大使因為有個俄國姓氏，也曾被他懷疑。與指揮官手下的新政支持者比起來，威樂比和裕仁天皇周圍的保守派廷臣走得更近。一九五〇年代退休後，他移居馬德里，對佛朗西斯科・佛朗哥（Francisco Franco）心悅誠服，並擔任他的顧問。然而，由於威樂比負責占領區警務，他必須親自開除他私下欣賞的公眾人物。威樂比不時抨擊整肅計畫。在聽過

他大放厥詞後，惠特尼評論：「我認為，任命這麼反對某項計畫的人執行計畫，實在是個錯誤。」[8] 後來的發展證明惠特尼所言不虛，至少在當時看來的確如此。

在德國，清算昔日納粹的主要幕後推手是佛朗茲·紐曼（Franz Neumann），身為馬克思主義者的他，後來為中情局前身的美國戰略情報局（Office of Strategic Services, OSS）效力。紐曼是德裔猶太難民，在戰前便以政治理論家與勞工律師的身分聞名德國。在美流亡期間，他與同樣是難民的法蘭克福學派馬克思主義學者赫伯特·馬庫色（Herbert Marcuse）一起為美國政府準備了一份「去納粹化」指導手冊。根據他們的論點，第三帝國是「極權與壟斷性資本主義」[9] 的典型例子。為納粹運動撐腰的是實業家，而迫害猶太人的真正目的是轉移大眾對壟斷性資本主義的不滿情緒。

紐曼獲得美國占領區最高軍事長官路瑟斯·克雷將軍的支持，協助起草居心叵測的「審查問卷」（*Fragebogen*），強制每個德國成年人都要回答問卷上面的一百三十一個問題。美軍希望透過這些詳細的問題，審視受訪者過去隸屬的政治團體與傾向，藉此釐清兩千三百多萬名德國人是清白還是有罪。典型的問題是：「你或你家人是否曾基於信仰或種族因素，偷竊霸占他人的財物？」另一個問題則是關於大學兄弟會會籍，彷彿這些團體都是納粹黨的附屬機構，但其實它們在一九三五年以後就遭到取締了。當然，德國人在問卷裡很少會講真話，他們會拖延交卷時間，有時根本沒交。取消問卷的呼聲從未間斷，盟軍當時的人手與能力均不足以分析這些文件。根本沒什麼美國人會講德文，更別說看懂了。軍事當局的主要任務是重建德國的民主體制，為此已忙得不可開交，新頒佈的

「八號法律」在十二月一日生效，則讓他們益發疲於奔命。

柏林先前的抵抗鬥士茹絲‧安德莉亞斯－斐德利希，曾在日記中讚許這號法律：

> 三週前，當局首度對納粹黨員採取行動。工商界驅逐了所有擔任顯要職務的納粹分子，文化事業也排除他們的進用，過去的國家社會主義工人黨員只能成為受雇勞工。[10]

安德莉亞斯－斐德利希非常贊同讓昔日納粹接受勞改，進行諸如清理廢墟這種卑微的體力勞動，但這種看法似乎並不普遍。她記下周遭人的話：「不可思議，恐怖至極！演變成這樣太不公平，非常誇張。他們不能把一部特別法強加於兩成的德國人身上。」對於這些耳語，她在日記中暗暗回應道：「他們當然可以！他們（德國人）難道忘了這麼做有多簡單嗎？他們難道忘了這部特別法與八年前反猶太人的法律幾乎如出一轍嗎？」[11]

她對抗議的德國人沒有半點同情，但她的類比也顯示了有些地方有待商榷。在納粹政權下驅逐猶太人是一回事，但如果為了重建民主體制而這麼做，就大有問題了。再說，就算曾經加入納粹黨也不能代表什麼。十四萬名德國人因此丟了工作，其中不少人是純粹基於恐懼或野心而入黨的低階官員與投機分子。但地位更高、罪孽更深的大人物反而安然無恙：嫌麻煩而未入黨的巨賈，靠著搶奪猶太人的資產發跡致富；銀行家囤積遇害猶太人嘴裡拔出的金牙；教授大肆宣揚毒害人心的種族主義理論；律師與法官謹遵希特勒第三帝國的政令，指控愛上「劣等民族」的男女，犯了顛覆納粹政權罪或「妨害種族名譽罪」。

特奧多・豪伊斯（Theodor Heuss）在戰前是自由派記者暨政治人物，儘管他並未積極投身抵抗運動，卻十分痛恨納粹。盟軍認為豪伊斯是他們可以信賴的德國人，一九四五年，美國人任命他為巴登－符騰堡邦（Baden-Württemberg）的文化部長。豪伊斯的一大難題是學校缺乏有能力的老師來將受過十二年納粹宣傳的年輕人導向正軌，而整肅運動讓他的任務益發艱鉅。在寄給軍事當局的信中，他言詞迫切地寫道，在他看來，整肅中被撤職者只有一成到一成五確定是納粹分子。但開除了這麼多老師以後，孩子的受教權也跟著被剝奪。他認為，對於在第三帝國崛起前念書的老一輩教師，「剝去他們的褐色外衣」並「喚醒他們的良知」並非難事。他懇求官方的信任，「我們保證能清除老師的納粹思想，將他們改造成新觀念與進步思想的傳播者，本著正確的精神教育青年。」[12]但他的意見並未受到採納。

卡爾・祖克梅爾結束在美國的流亡回到德國，並負責為美國戰爭部撰寫報告。他認為美國人的整肅太過拙劣，往往偏離真正的目標，以至於去納粹化運動適得其反，恐怕會導致納粹復辟。德國保守派將去納粹化視為社會主義者的陰謀，他們認為盟軍當局有意偏袒德國激進派，後者巴不得對每個城鎮進行整肅，揪出任何可能沾上法西斯色彩的人。祖克梅爾講了個他在奧地利聽來的笑話：某人去地方警察局註冊姓名，警察問他，你為什麼要註冊？這人回答，因為我是納粹。警官說，那你一年前就該來註冊了。那人又回答：一年前我還不是納粹。[13]

等到這則笑話傳遍四處時，迫於現實，多數辨認忠奸、篩選前納粹的工作，已經移交到德國委員會手中。此一做法在「從國家社會主義與軍國主義解放法」（Law for Liberation from National-

Socialism and Militarism）中正式定案，但結果卻是一場鬧劇。德國政客完全無意繼續整肅，整肅委員會理應由激進革命派擔任成員，實際上卻往往由前納粹分子擔任。天主教牧師警告，德國人若提供對同胞不利的罪證，也有罪。在第三帝國期間發了橫財的地方要人，如果牽涉其中，則往往花錢消災了事，一般的做法是找來被納粹迫害的可憐生還者取得有利證詞。一九四六年後，有一段時期的熱門詞彙是「漂白運動」（Persilschein），Persil是種漂白衣物的洗潔劑品牌。不計其數的前納粹分子拿到「漂白」文件，把他們不久前的歷史汙點洗得一乾二淨。就連證明一個人曾被關進納粹集中營的文件也能在黑市買到，但價格不菲，每份要價兩萬五千德國馬克，不過對許多前親衛隊軍官來說，這點錢他們還出得起。

　　東德的情況也好不到哪裡，雖然共產黨聲稱「民主蘇聯占領區」的整肅行動相當成功。一九四五年春末，安德莉亞－斐德利希前面說過的那種德國「反法西斯」委員會雖然接掌了整肅工作，但到了初夏，德國、共產黨（KPD）上台後便解散了這些委員會。理論上，東德的整肅確實比西方占領區嚴謹，畢竟德意志民主共和國（German Democratic Republic）的建國神話就是「反法西斯」鬥爭的驕傲歷史；這是「更好的德國」、經歷反抗的德國。然而，共產主義者十分執著地認定所有德國人都有罪，也認為條頓人（Teuton）有著根深蒂固的痼癖。這些都讓這個神話蒙塵。他們的某些修辭似乎也受到這種德國式病毒感染。德共要求徹底「清算」希特勒政權的餘孽。[14] 在布蘭登堡邦（Brandenburg）的一個小鎮上，前納粹分子被勒令在衣服別上納粹黨章，許多人都主張重懲。另一個地方的長官也警告：「我們要以納粹分子對付我們的方式回敬他們，也就是不能手下留情。我們要強迫這些懶鬼勞動，如果有必要，可以

把他們關進勞改營……到了明年底，我們希望見到一個沒有納粹的德國（*Nazirein*）。」[15]

　　儘管這些措施相當強硬，東德的整肅幾乎和「資本主義占領區」一樣無用。照理說應該去辨別誰是「積極」納粹、誰是「掛名」納粹，但卻經常真假難辨。蘇聯人隨即對此感到厭倦，下令所有前納粹黨員解除公職，並限期在幾個月內完成。這當然是不可能的事。歸根結柢，他們並不信任讓德國人負責整肅，也從未給他們妥善的指導方針。在這點上他們的確有理由不信任德國人，許多德國人拒絕合作，因為他們很快發現，過多的整肅將導致教育與社會公共服務崩解，也會讓任何經濟復甦的跡象都化為泡影。於是，東德萊比錫與德勒斯登的德國人，和西德慕尼黑或科隆的德國人有志一同，想盡藉口讓前納粹分子復職，或包庇他們免於指控。甚至連蘇聯當局發現整肅行動可能威脅到轄下工廠生產進度時，也對此睜一隻眼、閉一隻眼。許多納粹「小人物」輕易地受到共產黨吸納，而他們對於共產黨的威權手法並不陌生。地位比較顯赫的前納粹則列冊存檔保留，免得將來他們成為麻煩人物。

　　所有占領區都面臨這種兩難：無論德國菁英有多惡貫滿盈，還是不能將他們一舉殲滅，否則國家重建將困難重重，無論是共產主義路線或資本主義路線皆然。沒多久，全體盟軍便將經濟復甦擺在伸張正義之前，不過兩方陣營的動機截然不同：蘇聯人想要重建「反法西斯」德國，作為蘇聯與帝國資本主義間的緩衝；英、美兩國與盟友想的則是讓「他們的」德國成為對抗共產主義的民主堡壘。

　　一九四五年，巴頓將軍說「納粹這玩意兒跟民主、共和兩黨選舉狗咬狗沒什麼兩樣」，「我們將會需要這些納粹」。這種對去納

粹化與前納粹分子的史觀不僅過於簡化，考慮到他的仕途，這席話也說得太早了，艾森豪不得不將這位巴伐利亞軍事統帥撤職。不過巴頓只是心直口快罷了，他的觀點並非離經叛道。德國戰敗一年後，也就是整肅初期時，多數美國官員都同意巴頓的看法；而英國人打從一開始，就覺得美國人汲汲於嚴懲德國人很荒謬，而且只會適得其反。英國外交官康・歐尼爾（Con O'Neill）對這些他口中的「低級狂熱分子」只有鄙夷；而「八號法律」規定所有納粹黨員只能從事卑微的工作，他對此的評論是：「這是一種有系統、規劃詳盡的愚蠢舉動，大概很難有人可以超越。」[16]

赫曼・約瑟夫・阿布斯（Hermann Josef Abs）的故事很能說明這個看法。在第三帝國時期，他是一位銀行家，與其他商人與實業家相比，他的罪刑似乎相當輕微。比方說他不像阿佛列德・克魯伯（Alfried Krupp）雇用婦孺，將他們奴役至死；也不同於與希姆勒（Himmler）有私交的菲德利希・佛利克（Friedrich Flick），佛利克的「煤鋼帝國」極其殘忍地剝削集中營的人力；阿布斯甚至不像杜塞朵夫（Düsseldorff）曼內斯曼公司（Mannesmann）的總裁威廉・贊根（Wilhelm Zangen）或經濟官員暨烏克蘭謀殺隊首領奧托・奧倫道夫（Otto Ohlendorff），他既非納粹黨員，也不是親衛隊軍官。

阿布斯從來沒有親身捲入骯髒的勾當。在萊茵河地區土生土長的他，是位圓融的天主教徒，愛好英國文化，英語流利，對普魯士尚武精神非常不屑。他戰前於猶太銀行任職，還是西格蒙・華伯格（Sigmund Warburg）的好友。如果一九三〇年代，他沒有變成野心勃勃的德國技術官僚，可能就不會跟納粹有任何瓜葛，但他卻擔任德意志銀行（Deutsche Bank）主管，藉著將猶太人的公司「亞利安化」（Aryanizing）壯大自己的財團。除了為希特勒打點私人帳戶

外，阿布斯還為諸如西門子（Siemens）、克魯伯（Krupp）、法本公司（I. G. Farben）等大企業提供金融服務，這些公司都曾在奧許維茲集中營附近建造龐大的奴工營。阿布斯行事應該不是出於魯莽的意識型態狂熱。事實上，我們幾乎可以確定他不是狂熱分子。然而，沒有阿布斯這樣的人幫忙，希特勒邪惡事業的效率就會大打折扣。

　　一九四五年六月，阿布斯被發現藏身在貴族朋友家中，隨即被塞進一輛英軍吉普車，此時他已做好最壞的打算。結果他沒有進監牢，而是被帶到漢堡碩果僅存的一間飯店，他在那裡受到倫敦銀行家查爾斯·鄧斯敦（Charles Dunston）的熱情款待，兩人是舊識。鄧斯敦戰前在德國做過生意，還頗為欣賞納粹運動的整齊劃一、昂首闊步。鄧斯敦回想與老友再聚的情景：「就像回到了過去，我沒有問他戰爭的事，這不重要。」阿布斯對自己的不修邊幅表示歉意，解釋沒有像樣的刮鬍刀，但在鄧斯敦眼裡，他看起來完全沒變：「頭髮一絲不亂。我隨即問他，是否願意幫助我們重建德國銀行體系，他欣然答應。」[17]

　　不過，事情的發展卻未盡如人意，即使英國人數次抗議，美國人依然堅持以戰爭罪嫌犯逮捕阿布斯。入獄後的阿布斯表示，除非自己獲釋，否則拒絕再為英國人提供金融諮詢。英國人花了三個月的時間，總算說服美方放人。

　　阿佛列德·克魯伯在他位於埃森（Essen）的鄉間莊園大廳被捕時，跟前來抓他的美軍說「這是我家，你們在這裡做什麼？」他與實業家菲德利希·佛利克一起接受紐倫堡大審。法本公司的老闆格奧格·馮·施尼茨勒男爵（Baron Georg von Schnitzler）曾犯下奴役奧許維茲囚犯等罪行，英國人上門抓他時，他身穿一件上好

蘇格蘭粗花呢布剪裁而成的高爾夫球外套，彬彬有禮地接待來客。他表示，能重獲自由，與勛爵甲、勛爵乙與德拉瓦州威明頓的杜邦家族等老朋友再續前緣，實在欣喜萬分，他們真的是很棒的朋友，過去幾年跟他們中斷聯繫，讓他相當痛心。[18] 馮・施尼茨勒因「掠奪與侵占罪」獲判五年。但一年後，他就回歸商界，重新融入社會。克魯伯因為雇用奴工獲判十二年有期徒刑，最後只服了三年刑期。佛利克獲判七年，但在蘭茲貝格監獄舒服地待上三年後也被釋放。服刑期間，佛利克曾向赫曼・阿布斯尋求金融諮詢。阿布斯後來成為德意志銀行、賓士、漢莎航空等公司的董事，在西德重建過程中扮演重要角色。一九六〇年代，克魯伯公司的經營權轉讓給一家基金會，赫爾曼・阿布斯就是這樁交易的其中一位主要操盤手。

§

至少還有一部分的希特勒帝業菁英吃過牢飯，雖然在牢裡都受到特殊對待，但他們的日本同行卻連這種罪都不用受。在日本，除了逮捕戰犯嫌疑者之外，整肅行動的重點在於「預防」而非「懲罰」。需要防範的是「軍國主義」死灰復燃。但問題是，美國人不知道要對付誰，而且他們太傾向於將日本看成東方版的第三帝國。

究竟是誰「讓日本人民誤入歧途」？不會是天皇，因為最高指揮官已經判他無罪。最接近納粹軍事組織的機構是軍事警察，也就是憲兵隊，其刑訊與殺人手法十分老練，因此無論是日本人或外國人一提到憲兵隊便聞之色變。約有四萬名憲兵隊軍官在整肅中去職，極少日本人同情他們的遭遇。其他的愛國組織，諸如神道教、天皇崇拜、武道社或戰時經濟規劃社團，多少有些關連，這些

團體表面上看起來像納粹組織，但其實有很大的差異。一九四〇年成立的「大政翼贊會」也是如此，這是一個奉行現有組織內漸進改良（reformist）的鬆散政治團體，旨在動員政治人物、官僚與知識分子為戰爭出力，並沒有統一的意識型態，創始者當中甚至還有社會主義者。日本的戰爭規劃委員會也有部分左派經濟學家。美國人對於該如何處置日本部隊軍官，甚至提不出明確的政策。一開始，美軍決定清算所有少佐以上的軍官，軍階低於少佐者顯然沒有機會誤導任何人，但是參謀長聯席會副主席理查·馬歇爾少將（Major General Richard Marshall）聽到消息時，火冒三丈，根據他的親身經歷，日軍上尉與中尉是一群最殘暴的狂熱分子。他說，如果這些人未名列其中，就會再次讓日本人誤入歧途，於是，這些軍官也被納入整肅名單。[19] 簡言之，最高指揮官那邊的美國人也搞不清楚狀況。

如果有什麼機構在日本對外戰爭中舉足輕重，那一定是官僚體系：「內務省」負責查禁異見，「商工省」負責戰時產業規劃（戰爭期間被併入「軍需省」），「大藏省」負責大舉搜刮亞洲被征服國資源。產業官員曾在傀儡政權滿州國、中國各地與日本本土大規模強徵奴工，逼迫他們在工廠與礦坑中勞動，多數人的工作條件惡劣到駭人聽聞的地步。然而，美國占領軍對處置這些案件的指導方針十分模糊——高級官員被撤職，但低階官員仍保住職位。遭整肅的官員理應不得再有任何影響力，但他們若要私會老部下、進行非正式磋商，根本也防不勝防，於是這種事也就屢見不鮮。

美方內部最嚴重的分歧在於如何處置工商界菁英。喜歡誇大其詞的最高指揮官麥克阿瑟宣稱：「正是這些人，這些出生於封建世家、成為一方梟雄的人，將多數日本人的生活控制於看不見的枷

鎖中，他們提供物資與意志，帶領日本走上對外侵略之路。」他堅持必須將這些人從「影響未來日本經濟發展的進程中剔除」。[20]

麥克阿瑟說這一番話的時間是一九四七年，當時距仿效「紐倫堡大審」的「東京戰爭罪審判」（正式名稱是「遠東國際軍事法庭審判」）已經過了一年。其他美國人的看法則大相逕庭，曾任美國司法部長的東京法庭首席檢察官約瑟夫·基南（Joseph B. Keenan）在同年則說：「我們從未獲得或發現證據，證明地位顯赫的工商界領袖曾與人密謀，共同策劃或發動戰爭。」[21]

日本人對清算的看法，取決於個人的政治立場。在一封寫給最高指揮官的信中，希望麥克阿瑟了解，「至少直到現在，九成九的日本人都是徹頭徹尾的戰爭狂熱分子與軍國主義者。」[22] 一位立場比較溫和的記者則表示：「官僚體系毫無原則，居然會允許⋯⋯前內務大臣這樣的法西斯主義戰犯都獲得留任，就算留任其中的有自由派，也是膽小怕事、畏首畏尾之輩。」[23]

日本的狀況之所以比較單純，是因為同盟國中只有美國負責主導日本的「去軍事化」和「民主化」。反觀德國，並沒有類似最高指揮官一職，就連路瑟斯·克雷將軍也不是，他不會收到以下這種來信：「我們將麥克阿瑟看作耶穌基督再世。」[24] 由於美軍內部在官僚職務與政治遊說議題上嚴重分裂，因此美國人也從未真正提出過一以貫之的整肅方案。實際治理日本的工作也留給日本自己的內閣，由他們來指揮官僚系統落實改革。這些舉措充其量也只能說是敷衍了事，美國新政派瞄準的是另一個目標，雖然首席檢察官約瑟夫·基南對此並不苟同。新政派主張革除那些「不肯將未來日本經濟建設僅導向和平一途」的人，而「控制了日本貿易與工業半壁江山的工業與銀行複合體」必須解散。[25] 這些複合體，亦即

財閥，被認定是策動戰爭的主要經濟推手。

這對眾實業家來說不啻是當頭棒喝。他們跟赫曼・阿布斯等德國大亨一樣，很珍惜在戰前與倫敦和紐約大企業董事的交情。甚至戰爭還沒結束，一名畢業於哈佛大學並在大型鋼鐵企業擔任總裁的日本企業家，在一次實業家的祕密會議上，就用英語興奮大叫：「我們的朋友要來了。」[26] 不少具有國際經驗的日本商界領袖曾在歐美留學，他們期待獲得意氣相投的美國人賞識，由他們來主導日本的經濟重建。但天不從人願，他們被攆走，財閥也隨之四分五裂。

對於麥克阿瑟軍政府裡的新政支持者來說，他們最引以為傲的成就，一是解散財閥，二是土地改革，後者瓦解了日本農村的「封建主義」。許多日本左派因為美國的政策歡欣鼓舞。在軍事占領頭幾年，華府被看成左派最好的朋友：女性普選、罷工權、勞資集體談判，這些偉大的創新由美國人推動，日本人則心懷感激地具體落實。從此，共產黨與社會主義者開始在工會與高等教育領域取得巨大權力。

但即使是一些秉持左派觀點、對實業家沒什麼好感的日本人，對於財閥特別遭到責難，也感到不解。在寫給朋友唐納・紀恩的信中，當時還是海軍軍官的狄百瑞，提到他與東京商人宮內聊天的內容。宮內自稱是民主派社會主義者，狄百瑞向他詢問財閥在戰時的角色。宮內回答，他們的所作所為和軍方相比是小巫見大巫，的確有些人從戰爭中獲得龐大利益，諸如日產的新興財閥，但傳統的「四大」家族：三菱、三井、安田、住友，則跟其他人一樣，只有被收編的份，「它們很弱，財閥很弱。」[27]

狄百瑞半信半疑，他太常從日本人口中聽到這句話，不禁懷

疑這是軍方宣傳的影響。他寫道：「三〇年代的軍隊，一定是先鼓吹此論調，然後藉著買通或威脅財閥為此說法背書。」

可以確定的是：大體上，美國人追究財閥的責任，卻放過官僚體系。這等於在昭告天下，他們並不了解日本戰時的體制運作。但原因不只是無知或誤解，也在於美、日雙方的目標一拍即合，美國規劃者滿懷理想，一心想重建嶄新的日本；而日本「革新官僚」則希望維持他們在戰時對經濟的控制，但這回達成經濟目標的過程會比較和平。

這並不是說當局什麼事都不用做，截至一九四八年，已經有九十多萬人的職涯背景遭受檢查，當局也審視了一百五十多萬份問卷。美國人解散內務省，日本軍隊也遭到解編，共計一千八百名官員遭到整肅。但其中多數人（七成）過去都是警察，其餘則是內務省的官員。經濟官僚幾乎全都安全下莊，昔日的軍需省僅裁撤四十二人，而大藏省只開除了九人。[28] 那名曾派任滿州、負責勞工事務的軍需大臣，後來參與策劃日本的帝國主義擴張計畫，史稱「大東亞共榮圈」；他曾遭逮捕，卻從未被正式指控犯有戰爭罪。他就是岸信介，在出獄後仕途順遂，後來還成為日本首相。

在大東亞共榮圈的歷史上，菲律賓的處境並不尋常。一九四一年十二月八日，珍珠港事件爆發十小時後，日本入侵菲律賓，強行占領。時任菲律賓陸軍元帥的道葛拉斯·麥克阿瑟於翌年三月撤退至澳洲，他立下誓言：「我會回來的。」菲律賓總統曼努埃·奎松（Manuel Quezon）也逃到了澳洲，繼而輾轉到華盛頓建立起流亡政府。這麼做本身就很不尋常，當時印尼或緬甸都沒有流亡政府，泰國倒是有流亡政府，但泰國從來不是殖民地。日本入侵時，菲律賓介於殖民地和國家之間，已經有大英國協的地位，且原訂將於

一九四六年完全獨立。雖然日本人承諾，用本間雅晴將軍的話來講，要從美國的專制霸權中解放菲律賓人，但實際上日本人只是成了新的殖民主，而且統治手段更為殘暴。儘管荷西・勞雷爾（José P. Laurel）在一九四三年正式宣布菲律賓共和國獨立，但日本人依舊大權在握。每位菲律賓政府官員身後都站著一名日本「顧問」，而每位顧問背後都有日本軍隊和令人聞之色變的憲兵隊。簡言之，所謂的「共和國」不過是個幌子。

即便如此，菲律賓國內還是有一群作風強悍的抗日力量。最有成效的一支，主要在第一大島呂宋島鄉間活動，意識型態與奎松或勞雷爾都不一樣。「虎克黨」（Hukbalahap）意為抗日人民軍，由赤腳的農民革命分子組成，他們的敵人除了日本人，也包括菲律賓的大地主。地主坐享大片甘蔗與椰子園帶來的財富，表面是民主派，實際的統治方式卻是封建的寡頭集團。虎克黨最有名的領袖是佃農之子路易斯・塔魯克（Luis Taruc）；另一位聲名在外的虎克黨戰士叫菲莉帕・庫拉拉（Felipa Culala），她人高馬大，驍勇善戰，化名「達揚達揚」（Dayang Dayang），就連日本人也聞風喪膽。

日本占領期間，由於許多地主放棄種植園逃往馬尼拉，虎克黨便仿效共產黨在其他國家的做法：接管土地，建立國中之國。虎克黨紀律嚴明的作戰「連隊」（squadron）心狠手辣，死在他們手下的不只是日本人，有通敵或違紀嫌疑的菲律賓人也難逃厄運。就連聲威遠播的「達揚達揚」，違紀時也要受罰。她服膺自己的格言：「那些不發戰爭財的人，腦子一定進水了。」大肆搶奪財物，從水牛到珠寶無所不搶。她被捕受審後遭到槍決。[29]

荷西・勞雷爾與任職於傀儡政府的多數黨羽，如曼努埃・羅哈斯（Manuel Roxas）和貝尼格諾・艾奎諾（Benigno Aquino）等人，

均出身上流社會的地主家庭。就算沒有日本的占領，虎克黨也想推翻他們。從效忠日本、推動反美與泛亞事業這幾點來看，這些人毫無疑問是通敵分子，但正如原西方殖民地其他勾結日本人的亞洲民族主義者，他們的動機其實很複雜。勞雷爾的學經歷非常出眾，他畢業於耶魯大學法學院，當過參議員，後來擔任馬尼拉最高法院的助理法官。雖然貴為殖民菁英階層的一分子，但他或許打從心裡相信，菲律賓人若要擺脫對美國的依賴，就得仰賴日本人激進的「亞細亞主義」（Asianism）。歐洲的一些「賣國賊」（quislings）也持類似的論調，他們認為，納粹建立的新秩序可以為腐敗的社會注入一股生氣，但這麼做的同時也背叛了國家的獨立自主。無論在日本人登陸前或登陸後，勞雷爾、蘇卡諾等人一直是在外國的宰制下行動。

勞雷爾一直是菲律賓游擊隊的頭號目標。一九四三年六月，他與貝尼格諾‧艾奎諾在維克維克鄉村高爾夫俱樂部（Wack Wack Golf and Country Club）打球時，遭到兩名殺手伏擊，背部中彈，其中一名殺手自稱「小喬」（Little Joe）。幾個月後，養好傷的勞雷爾前往東京出席大東亞會議（Greater East Asian Conference）。一群領導人在會議中喊著「亞洲兄弟情」的口號，承諾加強泛亞合作。翌年，他應日本要求，同意向美國宣戰。

在此同時，一九四四年十月，麥克阿瑟將軍實現了重返菲律賓的承諾。為了讓這一幕更加戲劇化，他踏入萊特島（Leyte）淺灘，戴著墨鏡、神情嚴肅，但其實他反覆踏了淺灘好幾次，只為拍下恰到好處的新聞照片。登上呂宋島之前，他也如法炮製。講話時常援引《聖經》的麥克阿瑟，對篤信天主教與神祕主義的菲律賓人自有其吸引力，他莊重地說：「菲律賓人民，我回來了。感謝上主恩澤，

我們的部隊再次踏上了菲律賓的土地，這片土地，因為我們兩國人民灑下的熱血而變得神聖⋯⋯到我這裡來⋯⋯神聖的主將為你們指明道路。」

　　朝向馬尼拉推進是一條漫長而血腥的道路，一路上美軍獲得虎克黨的積極協助。菲律賓游擊隊將日本趕出呂宋島中部各地後，升起星條旗和菲律賓國旗，建立起自己的政府，滿心期待美國支持菲律賓社會主義共和國獨立。然而事與願違，儘管麥克阿瑟口頭嘉許虎克黨的戰鬥精神，但卻又聽從他人的勸說，讓自己最熟悉的那批人出馬，也就是過去的地主菁英。雖然麥克阿瑟曾揚言「不惜一切也要把所有叛變的菲律賓人揪出來」，卻將勞雷爾傀儡政府的忠實成員曼努埃·羅哈斯任命為美軍准將。[30]

　　虎克黨受命繳械，拒絕交出武器者就束手就擒。有些人沒有正式起訴即被判入獄，其中包括路易斯·塔魯克，他與過去幾位勾結日本人的通敵者關在同一間牢房裡。後來，五萬名農民到馬尼拉的馬拉坎南宮（Malacañang Palace）前示威，塔魯克因此獲釋，但他多數部下仍身陷囹圄。後來的發展不甚明朗，有人暗地較勁，金權在檯面下交易。最後馬尼拉媒體發表文章，歌頌勞雷爾與其同志在戰時是千真萬確的愛國者，盡全力保護菲律賓人免於日本人的暴行侵害。麥克阿瑟讚揚羅哈斯是「游擊運動的重要成員」，訓誡菲律賓人要拋開「小鼻子小眼睛的妒忌」和「毫無必要的誤解」，因為這樣只會「阻礙進步」。[31]

　　身為第二次世界大戰結束後的第一任菲律賓總統，曼努埃·羅哈斯宣布，赦免戰時的通敵叛國者，無數人獲釋出獄。路易斯·塔魯克躲進深山裡，虎克黨更名為「解放人民軍」（Army to Liberate the People），也就是「毛派新人民軍」（Maoist New People's Army）

的前身。昔日的地主家族在重新牢牢掌握原有財產後，繼續控制著菲律賓的政治。即使到了一九八六年，在「人民力量」（People Power）運動推翻費迪南・馬可仕（Ferdinand Marcos），讓全世界看到亞洲民主化的曙光後，舊菁英依舊把持政壇。「人民力量」運動的明星人物是貝尼格諾・艾奎諾的兒媳婦，又名「柯莉」的柯拉松・艾奎諾（Corazon "Cory" Aquino），人稱艾奎諾夫人。她在位時，副總統由荷西・勞雷爾的兒子多伊・勞雷爾（"Doy" Laurel）擔任。在本書付梓時，菲律賓的現任總統換成了「柯莉」的長子艾奎諾三世（Benigno Aquino III）。

§

要在滿目瘡痍的國家恢復正當性，有一種方法是擁戴一位代表性人物。可以是備受愛戴的君王，也可以是抵抗外敵的義士，甚至是某位儼然救世主的外國將軍。道葛拉斯・麥克阿瑟將軍也許有些裝腔作勢，在一些人眼中甚至顯得妄自尊大，但他在日本和菲律賓卻將這個角色發揮到極致。他保留天皇以體現政治延續性的做法，背後的算計是想彰顯自己身為臨時幕府將軍的功績。英雄主義常常是種表演，有時則完全是捏造出來的，麥克阿瑟也不例外。比方說，朝鮮的「偉大領袖」金日成便是蘇聯紅軍一手扶植出來的，在宣傳中，這位偉大的游擊戰英雄單槍匹馬把日本人趕出朝鮮半島。但實際上，他戰時多半都待在哈巴羅夫斯克（Khabarovsk）附近的蘇聯軍隊訓練營。

　　一旦戰前傀儡政權的掛名首腦名譽掃地，正當性受到挑戰，就很有可能發生內戰。這種情況在希臘演變成全面內戰；在中國，國民黨與共產黨經歷了長達一年的挑釁與小規模衝突後，內戰也

一觸即發。

　　美國人稱呼蔣介石為「大帥」(Gimo)，戰時美國駐華最高長官喬瑟夫·「醋喬」·史迪威 (Joseph "Vinegar Joe" Stilwell) 則稱他為「呆瓜」(Peanut Head)。蔣介石名義上管轄整個中國，但實際上有大片疆土並不在掌控之中。他吹捧自己是英勇擊退日軍的偉大民族領袖，美國戰時宣傳也持同樣論調，但盤踞西北的毛澤東與他的游擊隊提出異議，倒也有幾分道理：講好聽一點，蔣介石是消極抗日，說重一點他是勾結日軍，聯手對付共產黨。共產黨聲稱自己才是真正的抗日者，毛澤東才是民族英雄。但事實上，雙方常把日本人看成惱人的插曲，美國人遲早都會出手收拾殘局，真正的敵人在國內。隨著兩支敵對的中國軍隊集結，準備一決勝負，兩種版本的英雄敘事也在互相較勁。

　　其實戰爭剛結束時，兩位領導人就在國民政府的陪都重慶會面，進行漫長的晤談。雖然互看不順眼，但仍佩服對方的強悍，宛如兩個敵對幫派的老大在惺惺相惜。毛澤東在官方接待會上向蔣介石敬酒，祝福他萬壽無疆。為了避免爆發全面內戰，雙方針對權力分享、劃定勢力範圍、建立國民黨與共產黨聯合政府等問題進行友好協商。會中並未達成有約束力的協定，毛澤東告訴他的同志，表達和平意願的聲明（「民主」、「單一軍隊」、蔣介石的「領導」）只是「一張廢紙」。[32] 但心神不定的美國駐華大使派翠克·赫利 (Patrick J. Hurley) 仍對撮合國共兩黨抱著希望。他對中國幾乎一無所知，他為這些中國主人帶來刺耳的巧克陶印地安人 (Choctaw Indian) 的戰吼，讓主人不太愉快。在赫利的妄想中，哪個美國人要是對國共合作抱有疑慮，即使是熟悉中國問題的外交官，全都是叛徒，恐怕還是個共產黨人。

《紐約時報》一位記者說得沒錯，在十月六日刊登的一篇報導中，他寫道：「很多西方人不懂為何其中有那麼多爭辯，我們有必要指出，軍隊在中國政治中有決定性的角色。」不僅如此，武器也是決定成敗的關鍵。這也是為何蔣介石堅持只有他有權命令日本人繳械，而毛澤東又對此毫不理會的原因。

一九四五年夏天，蔣介石麾下有四百萬名國民政府軍，遍布華中與華南地區。但他們訓練極差、軍紀渙散，而且帶隊的長官往往腐敗無能。日本人在東北的滿州國和國民黨舊都南京建立「傀儡軍」，人數多達上百萬。傀儡軍的裝備比國民政府軍精良，而且往往更會打仗，所以蔣介石並未解散他們，反而把這些部隊整編到自己的軍隊。此外，各省還有不同派系的軍閥，表面上效忠中央，但總是靠不住，只為自己打算。

城裡鄉間的中國平民都很害怕國民政府軍到來，因為這些部隊的作風更像土匪而非軍人。他們打家劫舍，搶奪食物、姦淫婦女、還從農民裡抽壯丁。傀儡軍與軍閥也好不到哪裡。共軍大約有一百萬人，另有兩百萬民兵，他們本來也可以成為專橫跋扈的土霸王，但至少他們懂得紀律的公關價值。他們意識到，要打贏戰爭有部分還得靠宣傳。被平民百姓視為英雄的人民之師，是他們的最大資產。

大半中國不僅支離破碎，還因為外國占領、軍閥割據、內戰中的整肅與反整肅而元氣大傷，經年內戰的殘酷與抗日戰爭不相上下。研究日本的學者唐納・紀恩當時還是個年輕的美國海軍軍官，被派駐在港口城市青島。青島毗鄰黃海，以其海軍基地、歐式建築和德式啤酒屋而聞名。美國海軍陸戰隊在青島登陸時，日本帝國海軍尚未撤退，紀恩很快就察覺「氣氛有些不對勁」，空氣中瀰漫

著一股欺詐和腐敗的臭味;「到處都有人被指控為內奸,但這座城市本身的習氣則更是可疑」。[33]

他發現,管理青島的依舊是日本人當初任命的那批中國人,他們大多聲名狼藉,從外國占領中大撈一筆。他還發現,日本海軍軍官可以公開吹噓戰時搜刮來的財富,而許多中國人則因為通敵而遭到整肅。但控訴他們的人卻也素行不良,他們只是想搜刮嫌疑犯的財產。青島充斥著外來投機客、黑幫、見風轉舵的間諜,還有依舊作威作福的日本人。這一切絕非青島特有,紀恩聽說過中國各地傳來的一些小道消息,大致是國民黨請求全副武裝的日軍協助剿共。這些消息完全正確。蔣介石政府中某些右翼派系想藉日本人之力,立即發動與共產黨的戰爭,但謹慎的大帥不想做得太過火。然而,的確有大批日軍被調去守衛中國鐵路等許多設施,以防共產黨進犯。

各地都出現了報復日本人的行動,但總體而言,國共兩黨的精力都集中在對付國內敵人,而國民黨也需要日本的幫助。另外,中日之間的糾葛太多,剪不斷理還亂,沒有簡單的解決辦法。

戰爭結束不久,最荒謬的場景發生在南京。一九三七年時,在日軍的踐踏下,有幾萬、甚至幾十萬中國人慘遭強姦和殺害,南京大屠殺至今仍是二戰史上最駭人聽聞的暴行之一。岡村寧次將軍並未直接參與屠殺,但他必須為同樣令人髮指的戰爭罪行負責。一九三八年,他指揮的部隊使用化學武器,殺害了不計其數的平民。他在一九四二年奉行焦土政策,即中國人口中的「三光」(「殺光、燒光、搶光」),導致兩百多萬人死亡。所有十五歲到六十歲的男性都有可能因為反日嫌疑遇害;而年輕女性則遭到計畫性擄掠,大多來自韓國,她們被逼迫在日軍慰安所中充當性奴,這同樣也發

生在岡村寧次治下。

但一九四五年九月九日，同一位岡村向何應欽將軍投降時，何將軍竟然對這位日本將軍鞠躬，並對於受降儀式讓他受辱表示歉意。何應欽曾就讀於東京的陸軍士官學校，和岡村寧次是師生關係，何應欽尊稱他為「先生」，即日語中老師之意。[34] 就這樣，岡村依舊占據南京的外交部大樓，好像什麼都沒發生過一樣。他在三年後終於被南京法庭以戰爭罪起訴，但蔣委員長親自出面，讓他免受進一步屈辱，國民黨還聘請他當軍事顧問，岡村寧次於一九六六年安詳地死在病床上。

中國內戰的關鍵其實在東北。日本人在此建立重工業，開發礦產，誰能率先奪取這塊心臟地帶，誰就能立於不敗之地。我們先前看到，蘇聯人搶先一步趕到，奪走所有工業與金融資產後運回蘇聯。他們剛開始和中共打交道時並非一團和氣，蘇聯紅軍軍官看不起蓬頭垢面的中國軍人，由於沒有翻譯，他們幾乎完全無法溝通。另外，史達林為了維持大國之間的穩定關係，決定暫時先承認蔣委員長為中國的合法領袖。

然而，有愈來愈多的中共八路軍逐漸流向東北，他們在某些區域得到蘇聯部隊指揮官的同情與幫助，接收了當地的日常政務。這片土地在多數中國人眼裡是遊牧民族與蠻夷家園的北大荒，許多共產黨幹部對此感到既陌生又沒有著力點，因此接收工作進展困難。除了與蘇聯人的關係緊張外，八路軍還要對付在當地為非作歹、四處流竄的傀儡軍餘黨，以及不同派系的地下游擊隊。這些游擊團體中，有些與蘇聯人有關聯，有些隸屬於東三省軍閥，有些則來自國民黨陣營。國民黨希望日本和美國能協助剿共；同理，共產黨也希望得到蘇聯支持，鎮壓「反蘇盜匪」。[35]

在此同時，對共產黨挺進東北深感不安的蔣介石，敦促美國人把國軍部隊運往北方。美國方面敷衍了事，因為官方政策是「不捲入同室操戈的衝突」。國民政府軍抵達東北時，往往不是來得太遲，就是兵力不足，有時還被送錯地方。

東北情勢後來嚴重惡化，一九四八年的長春圍城中，共有三十萬平民死於饑荒與疾病。中國與朝鮮邊境安東市一所著名妓院發生的故事，最能刻畫這個龍蛇雜處之地的特質。

一九四五年秋天的安東是個國際化的地方，有點類似東北亞的卡薩布蘭加，那裡不光有滿人，也不乏韓國人、俄國人與大約七萬名日本僑民。這些日本人中既有駐紮當地的軍人和定居於此的平民，也有從昔日滿州國各地逃來的難民。因為擔心受到來犯蘇軍的毒手，特別是擔心婦女受害，日本僑民領袖決定成立一個「夜總會歌舞團」，名義上提供歌舞演出，實則為妓院。有了這個地方，就能讓蘇聯人轉移注意力，不再不懷好意地盯上日本的良家婦女。管理這一機構（名為安寧飯店）的任務落到一個四十出頭女人的肩上。這女人叫大町，過去在日本人開的溫泉度假村當過藝妓。藉由喚起愛國心，她雇用了一批日本女性，當中不少人從未有過性服務的經驗。大町要求她們為日本獻身，她們是安東的女子神風特攻隊員。[36]

一些受過大町救命之恩的日本人心存感激，為她立下石碑紀念。這塊石碑現仍屹立在大町日本的老家。大町最引以為豪的是自己「不問政治」的立場，她對所有男人，不論身分地位貴賤，不論是俄國人、日本人還是中國人，都一視同仁。儘管大町成立「夜總會歌舞團」的初衷是為了讓俄國人找樂子，但也吸引了其他客人，包括日本退役軍官、社團領袖，以及過去勾結日本人、現在又與國民

黨眉來眼去的中國內奸。除此之外，甚至還有中共與日共前來光顧。眾恩客在清酒、伏特加、中國烈酒觥籌交錯中酒酣耳熱，「安寧飯店」成了交換各種情報的場所。

大町從蘇聯人那邊聽來有關部隊調遣和計畫抓人的消息，隨即透露給日本人。許多日本人因此提前得到風聲，抓準時機消失得無影無蹤。安寧飯店裡既有間諜，也有雙面諜；有所謂的「紅蘿蔔」（冒充「紅色」共產黨的反共分子），也有「藍蘿蔔」（擺出反共面貌，實則是打入敵人內部的共黨分子），他們在這裡醞釀密謀與對策。安寧飯店為一名日本職員和中共間諜（也許是根「紅蘿蔔」）安排過一場婚禮，日本人可以藉此釐清共產黨到底意欲為何。在安寧飯店，國民黨和日本退役軍官還曾密謀啟用先前藏在安東深山裡的火砲，意圖發動一場右派軍事政變，不過由於國軍部隊未能如期趕到，這起陰謀也就功敗垂成。

國民黨政變失敗不久後，共產黨八路軍便風光進城取代蘇聯紅軍。剛開始好像什麼都沒變，安寧飯店準備了一席中菜款待共產黨，不過共產黨幹部對陪酒行為嗤之以鼻，因此席間沒有出現男男女女打情罵俏的情景。也許日本人能協助八路軍？日本「滿州國電器株式會社」的前員工成立了一個「紅色劇團」，旨在演出社會主義的「人民劇」。

然而，這段蜜月期並未維持太久，共產黨認為新秩序容不下一間國際化妓院。況且，他們懷疑日本人曾插手國民黨之前發動的失敗政變，於是以國民黨特務的罪名，逮捕了大町和數名日本社團領袖。這些人後來的下場，不得而知。大町坐了一年牢，一九四六年九月，她在鴨綠江邊遭到處決。她是否真的是間諜？為誰效力？始終是個未解之謎。

§

法國亟需某種政治延續性與正當性。自一七八九年法國大革命開始，內戰餘燼從未熄滅。保皇黨和天主教反動派自共和國誕生之初便一直與其作對，並在德國占領和維奇政權時暫時占了上風。戴高樂將軍根本不是左派，對於混亂的多黨制民主也沒有興趣。儘管對共和國體制沒有好感，但出於延續性考量，也只好將自己打造成共和國的當然繼承者。雖然國民議會（National Assembly）在一九四〇年以選舉方式賦予貝當元帥制憲權，但戰爭一結束，他的維奇政府便遭宣告違法。戴高樂在一九四四到四五年期間的任務便是將支離破碎的法國重新復原。

人們對內戰的恐懼並非空穴來風。在反抗力量中居主導地位的共產黨，早在一九四一年就已列出有待整肅的敵人清單。他們對實業家的興趣，不亞於親納粹法國民兵（milice）中的小混混。對於前抵抗者來說，重要的是懲罰菁英與領導者，而不是在路燈柱下吊死「替死鬼」（Lampistes），讓幕後主謀逍遙法外。[37] 戴高樂深知，一方面唯有親眼見到，正義才算得到伸張；另一方面，法國已經傷痕累累，大規模整肅將讓社會面臨難以承受的壓力。戴高樂希望儘快結束這個狀態，於是設定了一九四五年二月為最後期限。這當然是癡人說夢。

然而到了二月，多數以暴制暴的正義已經得到伸張。囚犯被處以私刑，四千多人遭草草處決，其中一些是被群情激憤的暴民絞死的。特別在法國南部，某些地區幾乎陷入無政府狀態。戴高樂並不支持這種行為，只有國家才有權成為懲戒主體。事實上，部分前反抗者因為太過熱衷於處決通敵嫌犯而被捕。但戴高樂真能怪罪

他們嗎？帕斯卡·寇柏（Pascal Copeau）是南方的一位記者兼抵抗運動領導人，他在一九四五年一月寫道：

> 在這可怕的四年間，最優秀的法國人學會了殺戮、暗殺、破壞、讓列車出軌，有時還會搶劫，違背他們所知的法律……是誰教會法國人做這種事？是誰下令要他們去暗殺？不是我親愛的將軍（mon général），還會是誰呢？

　　要讓國家重新壟斷武力使用權，戴高樂的首要之務便是解除抵抗勢力的武裝。由於法國抵抗運動地下黨游擊隊員（maquisard）在戰時曾冒著巨大風險取得武器，而戴高樂自己卻藏身在比較安全的英國首都，這項工作於是變得相當棘手。共產黨抵抗者依舊幻想會爆發第二次法國大革命，為此他們應該保留武器，但這種可能性微乎其微。不單單是因為在法國，人們對這種激進運動並不支持，史達林也表明他不會在美國人的勢力範圍內支持革命，他還有更重要的事情要做。因此，他要求法國、共產黨不要輕舉妄動。後來戴高樂也跟法共達成協議。共黨黨魁莫里斯·多列士在一九三九年從法軍逃兵前往莫斯科，如果法共想要他獲准返鄉，且不以叛國投敵罪遭到審判，就必須同意遣散武裝作戰人員。儘管有人小心翼翼把大量武器藏在偏遠農莊內、地板下或倉庫中，共產黨最後還是屈服了，國家逐漸重新取得控制權。

　　某些指標性人物，因為在德國占領期間罪行重大，受人矚目，被送上被告席。貝當本人也接受審判應以叛國罪處死，但鑑於他年事已高、功勳卓著，不適用死刑，因此被流放到大西洋沿岸的某個小島。他晚年得了老年癡呆症，還被剝奪軍功，晚景淒涼，客死異

鄉，讓一些忠實追隨者忿忿不平。一九七三年，追隨者曾試圖為貝當洗刷屈辱，他們挖出他的遺骸送回法國本土，打算將其風光歸葬在陣亡將士公墓中。但有人在貝當的律師賈克・伊索尼（Jacques Isorni）的車庫裡發現元帥遺骨後，遺骸旋即被送了回去。就已知的資訊看來，目前依然留在島上。

貝當的戰時政府中，最有權勢的部長當屬貌不驚人，但人人喊打的皮耶・拉瓦爾（Pierre Laval）。他就沒那麼走運了，拉瓦爾被判死刑。在因氰化物過期而服毒自殺失敗後，一九四五年十月，拉瓦爾遭到槍決。

還有人也因為戰爭罪遭到審判。但庭審能夠服眾之前，必須先整飭司法系統。由於戰時全法國只有一位法官拒簽效忠貝當元帥宣誓書，問題就來了。由法官與昔日抵抗者組成的整肅委員會必須判斷地方法官的行為是否像忠誠的法國人。基於此一籠統定義，共有兩百六十六人被認定為「不良分子」。同樣的標準也適用於公務員身上，並有各式各樣的制裁手段，輕則暫扣一半薪資，重則開除，甚或喪失所有公民權利。一百萬名公務員中，有一萬一千三百四十三人受到仲裁，五千人丟了鐵飯碗。與別國情況相似，法國工商業菁英大致上沒有受到衝擊。那些遺臭萬年的納粹同情者，比如香水製造商萊雅（L'Oréal）的創始人，全都安全下莊。

雷諾汽車的創始人路易・雷諾並不是什麼出名的納粹分子。據他的回憶，德國人給他的選項很殘酷：要不就讓賓士公司接管，眼睜睜看著自己的員工遭送德國，要不就為德軍製造汽車。他選擇了後者，在共產黨抵抗圈裡，實業家雷諾被當成遭人唾棄的賣國賊，他是主要的階級敵人。共產黨機關報《人類》（L'Humanité）在一九四四年八月寫道：「雷諾汽車的老闆殷勤地提供敵軍裝備，

使盟軍士兵喪命，他必須為此付出代價。」由於鮮有其他實業家遭到清算，雷諾只是代罪羔羊，或者只是戴高樂主義者丟給左派的一根骨頭罷了。雷諾最後因為頭部傷勢過重死在獄中，連出庭為自己辯護的機會都沒等到。

許多遭清算的法官和公務員，很快便復職，有些則在私人單位找到了體面的工作。莫里斯‧帕朋（Maurice Papon）就是典型的例子，只是結局出乎意料。帕朋是最後一位因戰爭罪受審的法國人。在波爾多警局任職高階警官時，他曾把上千名猶太人送去集中營，但在一九四五年卻未受審判。相反地，他後來在歷屆政府中都當了大官：戴高樂時期任職國務院祕書，做過科西嘉與阿爾及利亞的行政長官，並協助鎮壓阿爾及利亞的反殖民主義暴動；同樣在戴高樂時期，他還當過巴黎警察局局長。為了表揚他對於法國的傑出貢獻，戴高樂頒給他「榮譽軍團勳章」（Legion of Honour）。帕朋的最後一份公職是在瓦勒希‧季斯卡‧德斯坦（Valéry Giscard d'Estaing）總統手下擔任預算部長。在帕朋的輝煌公職生涯中有個奇怪的地方——他活得太久，活到不光彩的過去又找上門來。一九九五年，帕朋受審，四年後鋃鐺入獄。二〇〇二年，獲釋出獄，並因為非法佩戴被撤回的榮譽軍團勳章，被處以相當於三千美元的罰金。

戴高樂修補法國社會的方式，和盟軍「修復」日本、義大利、比利時乃至於德國的做法，本質上大同小異，他們都讓戰前菁英承擔最低限度的傷害。戴高樂無法承受國家進一步分化，他需要商人、金融家、律師、教授、醫生與官僚發揮長才，這些人的社交網絡對國家有幫助。

參與抵抗運動的男男女女，前仆後繼，在別人明哲保身時，不

顧性命危險，貢獻了英勇的反抗力量。這麼做有各種理由，有的出於宗教信仰、政治意識型態而反抗，有人因為無聊想找樂子，抑或憤怒無處發洩，也有人渴望冒險，或只是想為正義發聲。但與多數投機者與馬屁精相比，他們選擇的路非常罕見，難以代表大多數人。

　　無論在法國或他處，懲罰往往是象徵性的，對錯誤責任的分擔也不盡公平。體制派相對而言毫髮無傷。瑪特·希夏（Marthe Richard）過去是名妓女，可能還身兼間諜，她在一九四五年十二月四處遊說，建議關閉巴黎的紅燈區。一年後《瑪特·希夏法案》（*Loi Marthe Richard*）生效，法國的妓院全都關門大吉。這種十萬火急的辦事效率，完全不像法國人的作風，而這麼做的理由是德國占領期間，妓院是「賣國賊」聚集的重鎮。

第六章

法治

共產黨八路軍在一九四五年深秋挺進東北，逐步拿下各個城鎮；有些是從取代日本人的中國國民黨那裡奪下，有些則是從蘇聯紅軍手中接收。八路軍拿下這些城市之後，緊接而來的就是所謂的人民公審。「正義」執行得十分倉促，其法律程序就算不用「簡單」來形容，也得說「粗糙」。

在某些案例中，中文報紙會出現尋求證人的廣告，呼籲過去所有跟日本傀儡政權滿州國官員有過節的人站出來舉證。在中國與朝鮮邊境的安東市，有人在一所小學裡設立了「人民法院」。許多都是雞毛蒜皮的罪狀，有些人只是長期積怨難以抒發，想藉機出口惡氣：拉黃包車的車伕狀告某日本商人弄壞他的燈籠卻不肯賠償。有個小伙子記起他父親為一家日本公司做苦力，最後活活累死。遭到指控的人通常都記不得這些惡行，要是只交一大筆罰金就能脫身，那還算是幸運。

也有比這更加嚴重的罪狀，人民的正義在這些案件中一樣來得倉促。十二月，有三百名安東的公職人員在鴨綠江邊遭到處決，

其中既有中國人也有日本人，均在滿州國政府任職。其中一位是曾任安東市長的曹姓中國人，另一個是他的日籍副手渡邊，有目擊者記錄了兩人的下場。

他們頭上罩著黑色頭套，胸前別著滿州國勳章，這在過去是榮譽的象徵，現在則成了恥辱的標記。兩人被押上馬車，沿著安東的主要大街遊行示眾。他們的頭低垂著像在懺悔，手裡還舉著木牌，上面寫著鮮紅的大字好讓所有人都看清楚，其中一塊牌子上寫著「反動」，另一塊則寫著「傀儡」。人民法院設在戶外，大批群眾前來圍觀，個個想要看兩個罪人一眼。人民法官大喊：「要怎麼處置他們？」「殺！殺！」暴民高聲回應，就這麼決定了兩人的命運，他們被帶到江邊，被逼著跪下從背後槍決。（據說行刑前，渡邊的耳朵還被割了下來，但眾說紛紜，莫衷一是。）[1]

這段記載之所以有意思，並非這種簡短的審判本質上近乎鬧劇、草菅人命，而是審判的必要性。中共為什麼堅持要審判？何不直接斃了惡棍？他們顯然希望這些處決在人們眼裡是合法的。建立某種形式的合法性，是取得正當性的必要條件，在獨裁政權底下更是如此。然而法律的概念在裝模作樣的公審中完全是政治化的，審判是彰顯共產黨權威的一種儀式。這些安東被告的罪名不僅是為日本傀儡政權服務，還包括解放後與「反動的」國民黨勾結。後者他們很難避免，畢竟國民黨比共產黨先接收安東。由於共產黨理當代表人民權力，所以人民在這個儀式性事件扮演的角色，就是大聲喊出共產黨期待他們喊出的判決結果。

中國並非施行人民公審的特例。凡是共產黨控制的地方，類似的人民法院猶如雨後春筍，到處都是。一九四五年，蘇聯紅軍所任命的匈牙利「反法西斯主義者」上台時，匈牙利作家馬芮‧桑

多正好在布達佩斯。當時匈牙利還不是共產黨國家，史達林認為逐步奪權才是上策，他還不想過早驚動西方盟友。共產黨雖然在十一月的大選失利，但到頭來由誰執政仍是蘇聯說了算。用匈牙利共產黨領袖拉克西・馬加斯（Mátyás Rákosi）的話來說，共產黨會一步步「蠶食」對手，直到一九四九年匈牙利人民共和國最終成立為止。

在歷經蘇聯與羅馬尼亞軍隊長達數月的圍城後，一九四五年的布達佩斯千瘡百孔。皇宮成了一片廢墟，全城斷電，電話不通，坍塌的橋梁沉入多瑙河，宛如受傷的鋼鐵怪物。食物短缺，陌生人走進別人家中，要口飯吃，或是去挑釁生事（馬芮寫道，他們是去表達他們的「恨意」）。人們普遍將憤怒的矛頭對準富裕的資產階級家庭。昔日法西斯主義箭十字黨（Arrow Cross）的審訊室被新的當權者占據，黑幫分子乘著進口美國車在崎嶇的大街上橫衝直撞。馬芮注意到城中先是一股騷動，但不久便歸於沉寂。他在回憶錄中寫道：「偷拐搶騙就像鼠疫一樣四處擴散，」接著又說，法律與正義「無處可尋，不過人民法院已經在辦案了。處決政治犯為失業遊民帶來每日的生活樂趣，就像羅馬皇帝卡里古拉（Caligula）執政時期那樣。」[2]

由於國王缺位，匈牙利自一九二〇年代以來便一直由海軍上將霍爾蒂・米克洛什（Miklós Horthy）統治，其正式頭銜是匈牙利王國攝政王（His Serene Highness the Regent of the Kingdom of Hungary）。在這奇特的安排之前，共產黨於一九一九年曾在庫恩・貝拉（Béla Kun）領導下，統治了匈牙利一年。紅色恐怖過後緊接著是白色恐怖。霍爾蒂是個非常反動保守的人物，不過還算不上是法西斯分子。他終其一生都非常害怕共產主義，也和許多人一樣認

為共產主義和猶太人有關聯。霍爾蒂不喜歡猶太人，但還不至於要把他們趕盡殺絕。一九三〇年代末，他不智地與納粹德國結盟，但當希特勒要求他協助大屠殺時又退縮不前。一九四四年以前，儘管匈牙利猶太人遭到騷擾，但尚免於大屠殺的命運。一九四四年，德國人決定掌控局面，出兵入侵匈牙利。當時德軍在蘇聯遭受重創，補給線拉得太長，物資嚴重匱乏，運輸線也遭敵軍切斷。然而，為了凸顯納粹的真正要務所在，四十多萬名匈牙利籍猶太人以驚人的效率被驅逐出境，大部分死在奧許維茲與貝卡瑙集中營。霍爾蒂被迫下台，讓位給極端反猶的箭十字黨黨主席薩拉希・費倫茨（Ferenc Szálasi）。他在位一百六十三天，大行恐怖統治，為正式負責在布達佩斯執行「最終解決方案」的阿道夫・艾希曼（Adolf Eichmann）提供一切必要協助。

一九四五年，新掌權的反法西斯政權大舉動作，他們要求箭十字黨政府中所有人都接受審判，處決則是既定的結論。各處人民正義的一大共同點是審判結果鮮有爭議。這不僅是人民法院的職責，媒體也得發揮作用。印雷地・貝拉（Béla Imrédy）先前是銀行經理，後來成為反猶太人戰將，並在一九三八年當上總理。審判貝拉時，一位知名記者如此形容他：「驚慌失措的乾瘦侏儒」、「惡貫滿盈的可憐蟲」、「鐵案如山，他像隻灰色蜥蜴扭動著」。[3] 不過，我得說，西方媒體在審判納粹罪行時也一樣聳動。

一位匈牙利法律專家一語道破人民審判的真正目的：審判不單單只是為了懲罰他們「觸犯了法律」，而是要「報復他們所犯下的政治錯誤……」。[4] 法庭由黨員和工會成員組成，專業法官則負責引導。有時候，專業法官還會遭批評太過寬厚，特別是來自上訴法院，即「國家人民法院理事會」（National Council of People's

Courts）的法官。共產黨報《自由人民報》（*Szabad Nép*）大聲疾呼：
「理事會裡的專業法官完全忘記自己是人民的法官，人民不會把案
件卷宗當兒戲；不會在審判戰犯的案子裡找到從輕發落的理由，而
會要求狠狠報復那些讓他們受苦受難、嚐盡屈辱的罪人。」[5]

　　同理，新秩序也牢牢控制著過去（但要再度強調的是，這
個新秩序雖然是由蘇聯所控制，但此刻還不是共產政權）。諸如
一九四一年擔任總理的巴爾多希・拉斯洛（László Bárdossy）等被
告，法官判決他們要為一九一九年鎮壓「民主」負責。實際上，當
時遭鎮壓的是庫恩・貝拉率領的無產階級共產專政，他們自己也好
勇鬥狠，熱衷執行私刑正義。不過，被審判的不光是人，還有這些
人所代表的體制。在箭十字黨政府擔任司法部長的布丁斯基・拉
斯洛（László Budinszky）被判處死刑，根據全國委員會（National
Council）的說法，判決理由是「二十五年的專制政權」已將「國家
帶往崩潰邊緣」。[6]

　　從數據來看，匈牙利其實還不是清算前朝最力的國家。比利
時有五萬七千多人因為通敵遭到起訴[7]；荷蘭則有五萬名通敵者被
判刑[8]；匈牙利接近兩萬七千人；在希臘，截至一九四五年底，共有
四萬八千九百五十六人在獄中，不過這些全都是左派分子。

　　共產黨與反共者均出於政治目的操縱審判，偶爾同一個案
件還會被雙方拿來從事政治運作，希臘就是最好的例子。早在
一九四三年，左派的「人民解放軍」（National People's Liberation
Army）便已在解放地區成立「人民法院」（People's Courts），這支
部隊隸屬於共產黨領導下的「國民解放陣線」（National Liberation
Front）。在希臘占領區中，「人民法院」是建立社會主義國家計畫
的一環。人民法院的成員有國民解放陣線戰士等「同志」，由農民、

卡車司機等組成，他們審判罪犯、戰犯、通敵者[9]，判決往往都很嚴厲，許多人只草率受了審判後就被游擊隊處決，有時連審判都省了。

希臘鄉間最常見的犯罪行為似乎是竊取牛隻，然而在希臘中部村莊德斯卡提（Deskati），游擊隊根本無暇顧及偷牛賊，他們只是告訴村民不准再偷牛了，因為「我們沒有監獄或流放地來扣押小偷。如果你們之中有人因為偷牛被抓，主人只消說要我們砍哪個部位就行了，要砍頭還是砍腳，自己決定吧！」[10] 這種方式顯然奏效，至少在德斯卡提，偷牛歪風戛然而止。人民法院倒是處理了一起很有意思的案子，一個年輕人在向少女表達愛意後，卻向另外一名女子求婚。法院給了他嚴峻的考驗，若不娶第一個女孩就得人頭落地。他遲疑許久，最後一刻還是決定保命為上。

人民法院對通敵者就沒那麼仁慈了。這些人包括為德國人效力的警察與憲兵、法西斯主義宣傳者、講斯拉夫語並勾結保加利亞人侵吞大片希臘領土的馬其頓人，或者阻礙革命的階級敵人。一九四四年春，希臘脫離德國占領，執政大權有一陣子落到「國家團結黨」（Government of National Unity）籌組的政府手上。即使政府成立正式法院起訴通敵者，一直到一九四五年，人民法院依然在某些地區持續運作。就這樣，希臘國內有兩個獨立的司法體系，一是權力有限的官方法院，另一個則是管轄範圍更大的人民法院。這顯示各方難以就政治正當性達成共識。希臘並沒有一位戴高樂將軍來消除共產黨和保守派，以及保皇黨和自由派之間的歧見。戰爭的傷痕猶新，分歧深如溝壑。

官方法院有時也試圖審判戰時高層通敵者，比如德軍占領期間的數任希臘總理。但審判進展緩慢，不時陷入僵局。和所有賣國賊一樣，總理們口口聲聲表示自己是出於愛國心才堅守崗位；他們

的確也拿出一些證據，證明是希臘流亡政府要他們留守，要他們在混亂時局中維持穩定。流亡政府領袖不是別人，正是希臘解放後的首任總理喬治奧斯·帕潘德里歐（Georgios Papandreou），其兒孫日後也成了總理。

更殘暴的通敵者根本沒被起訴，像是兇惡的保安團（Security Battalions）等就逃過一劫。一九四五年二月，各方簽訂了《瓦爾基薩停戰協定》（Varkiza Agreement），左派被迫放下武器，以期藉由全民公投產生未來政府。實際上在簽署協定之後，希臘亂成一團，過去的右翼通敵者拒絕繳械，並恐嚇任何他們懷疑同情左派的人士。有些人僅參與過人民法院就遭逮捕，有時還被槍決。這一次掌管國中之國的，是政府管不住的右派民兵。由於警察大多與右派同屬一個陣營，法庭無法仰仗他們逮捕昔日通敵者。相反地，前游擊隊員和他們的支持者，遭到過去為德國人工作的武裝人員明目張膽地毒打、拷問並囚禁。監獄中的通敵者與國民解放陣線支持者不成比例，約為「一比十」。

一名叫帕納約蒂斯（Panayiotis）的老游擊隊員在一九四五年二月交出武器。幾個禮拜後，他被前保安團人員逮住，他們把他帶到附近一所學校，整個人倒吊起來，用槍托毒打、還用鞭子抽他的腳底，抽得他皮開肉綻，只能一路爬回家。即使如此，日後在澳洲的家中憶起這段往事時，他還是覺得自己很幸運，因為「只淪為第一波法西斯報復行動的受害者」，並且「逃過了第二波報復，這次有成千上萬的人在法西斯公堂上被判處死刑」。因此希臘的解放並不代表內戰結束，永無止境、以暴制暴的惡性循環並未中止，相反地，更大的悲劇還在後面。

§

悲劇家艾斯奇勒斯（Aeschylus）的傑作《佑護神》（*Eumenides*），故事背景是二千五百年前左右的雅典，描繪一樁謀殺案。為報殺父之仇，奧瑞斯提斯（Orestes）憤而弒母。諸惡引發了復仇的怒火，以牙還牙，以眼還眼，直到正義得到伸張。智慧女神、雅典的守護神雅典娜（Pallas Athena）說服奧瑞斯提斯接受審判，她說只有透過法庭上的理性辯論才能平息復仇之火。但即使是法庭上的理性辯論也不見得能獲得明確結論；陪審團的票數各半，於是要由雅典娜做出神聖判決，她選擇放走奧瑞斯提斯。不過她的決定的確平息了眾人的怒氣：

> 心中的高牆，
>
> 再也不會反映妖言惑眾的聒噪，
>
> 也得不到鮮血和罪行的滋潤。
>
> 乾渴的塵埃，
>
> 再也不能吸取流淌的黑色血液。
>
> 騷亂的公民因憤怒和復仇灑下熱血，
>
> 大聲喊著殺人償命！[12]

自雅典娜在此案守護雅典以來，人世間並沒有太多變化。結束冤冤相報仍是舉行審判最重要的理由，但在戰事結束或獨裁政權垮台後進行審判，有一大問題是可能會有大量的被告人。一九四三年的德黑蘭會議上，史達林對邱吉爾說應該即刻槍斃五萬名德國軍官。也許這只是史達林的黑色幽默，但邱吉爾並不覺得好笑，反而怒氣沖沖地拂袖而去。史達林的話也不完全沒有道

理，即使沒有集體共業這種事，罪人實在太多，審也審不完。無論如何，正義還是得被看見。雖然被告遭指控的罪行，是由成千上萬的人共同犯下，背後還有上百萬人搖旗吶喊，但這並不表示遭到審判者全都是代罪羔羊。不過在部分案例中，有一些人的確是遭到象徵性的審判。這是因為共犯人數過多無法一一審判，或鞭長莫及，或其他犯罪者因政治理由受到庇護。

罪大惡極的日本戰犯中，有一位名叫石井四郎的軍醫，他傲慢、個性孤僻。早年因為發明了一套淨水系統而聲名鵲起，他曾在天皇面前示範新發明，朝著過濾水中撒尿，並邀請天皇飲用，天皇禮貌地拒絕了。石井四郎也是最早大力鼓吹細菌戰與化學戰的人。一九三六年，皇軍批准他在滿州國哈爾濱附近建造一座龐大的祕密設施，在那裡可以隨心所欲地做實驗。石井在七三一部隊裡有許多得力助手，包括一名叫做北野政次的軍醫。他們不僅研究鼠疫、霍亂等疾病，還拿幾千名囚犯做活體實驗，實驗內容全看醫生的興趣。拿來當人體白老鼠的多為中國人，但也有俄國人，甚至還有幾個美國戰俘。日本人稱他們為「圓木」或「猴子」。有些人暴露在酷寒中測試抗凍能力；有些人則被倒吊看多久會窒息；有些人在無麻醉的情況下被開腸剖腹，摘走器官；還有些人被注射致命病菌。七三一部隊的另一項特長是讓大量老鼠感染致命細菌，然後空投到中國城市。一起丟下的還有拴在小型降落傘下的陶瓷炸彈，裡面是成千上萬隻跳蚤。

一九四五年夏天，就在蘇聯紅軍抵達前，撤退在即的日本人摧毀了哈爾濱附近的「淨水設施」，殺光裡面僅存的囚犯。當年的廢墟遺址現在是「愛國主義博物館」，裡面陳列石井與手下一起解剖活體的蠟像。事實上，石井、北野等人成功逃回日本，蘇聯人則

俘虜了軍階較低的醫生，後者很快被起訴犯有戰爭罪。儘管麥克阿瑟將軍承諾會審判日本戰犯（當然天皇本人除外），但石井很快就不見蹤影。他成功說服以麥克阿瑟的「法西斯寵物」查爾斯‧威樂比少將為首的審訊人員，聲稱他在中國實驗所取得的資料，對美軍有重大價值。威樂比也相信他的確能提供美國醫生無法進行的人體試驗關鍵資訊，當時美國人很擔心蘇聯已在此類研究中領先。另外，一名美軍醫學專家在寫給國務院官員的備忘錄中表示，人體試驗要比動物實驗好，而且，鑑於「任何戰爭罪審判都會毫無保留地向所有國家揭露這類資料，為了美國的國防與國家安全利益著想，必須竭力防止公開這方面的資訊」。[13]

石井四郎中將於一九五九年安詳地在東京去世，督辦他葬禮的是過去副官和日後七三一部隊的繼任者北野政次中將。北野是血液實驗專家，後來成為日本第一家商業血庫「綠十字株式會社」的社長。這些人沒留下什麼犯罪證據，唯一的例外大概是哈爾濱附近監獄實驗室的廢墟，以及北野在中國某地的廢棄地下室鼠窩裡，立下的奇特紀念碑，為的是紀念那些因他的研究目的而解剖的老鼠。

§

在太平洋戰區，首名接受戰爭罪審判的，是人稱「馬來亞之虎」的山下奉文將軍。日本人用這個名號是出於敬意，外國人則是聞之色變。其實山下將軍在馬來亞的時間並不長，他是在一九四二年二月的新加坡一役中，以寡擊眾，因而贏得了這個稱號；當時雙方兵力懸殊，三萬日軍對上十萬英國與大英國協聯軍。山下奉文面對手下敗將白思華中將（Lieutenant General Arthur Percival）時，要求對

方立刻回答：「投不投降？」時至今日，人們依舊能在新加坡聖淘沙島上的遊樂園裡看到一組蠟像，描繪這羞辱的場景。

日本的戰時首相東條英機將軍，既不喜歡山下，也不信任他，或許是嫉妒他的軍事才能，又或許是因為山下對日本向西方列強宣戰一事存疑。東條排擠山下，將他調離東南亞，流放滿州國，讓他沒機會在戰場上建功，直到一九四四年東條失勢，山下才又被派回南洋，接下守衛菲律賓的艱困任務：此時菲律賓已無險可守。

山下於一九四五年秋天接受審判，罪名是縱容二戰期間最可怕的暴行之一：馬尼拉大屠殺。

屠殺史實不容置疑。一九四五年二月，美軍兵臨城下，將兩萬多名日軍圍困在馬尼拉，其中多數是日本海軍。他們接到命令殊死抵抗，只要還占據一天，就要盡可能將菲律賓首都夷為平地。在灌下啤酒與清酒後，日軍開始屠城。婦女不分老幼全部先姦後殺；嬰兒與小孩被扔在牆上摔死，或被刺刀肢解；日軍比賽剁下男人手腳，盡情屠殺。日軍還突襲醫院，放火將病人活活燒死，房屋建築付之一炬。就在暴行上演同時，美軍坦克和榴彈砲也不停轟炸炮擊馬尼拉，日軍則靠火焰噴射器和反坦克火箭筒抵擋美國人的一波波進攻。經過一個月蹂躪，馬尼拉成了一片火海，受破壞的程度與華沙不分軒輊。在這個漫長血腥的慘劇中，有高達十萬名菲律賓人遇害。

戰前的馬尼拉曾是道葛拉斯‧麥克阿瑟留戀之處，他位於馬尼拉飯店的客房因為這次慘劇嚴重損毀。他記錄了在遠處目睹日軍攻擊飯店時，內心的震驚：「突然間閣樓燃起熊熊烈燄，他們朝那裡射擊。我懷著難以言喻的心情，眼睜睜看著我精美的軍事圖書館、紀念品和收藏大半輩子的私人物品毀於一旦……我體會到

美麗家園被摧毀的無盡酸楚。」[14]

　　對麥克阿瑟而言，一九四五年的馬尼拉大屠殺，以及一九四二年被本間雅晴將軍率領的日軍趕出菲律賓，是他一生的奇恥大辱。因此，針對本間和山下的審判也有個人恩怨的因素。盟國於一九四五年六月就處置戰犯做出決定，華盛頓方面隨即發來一紙命令，要求迅速舉行審判。審判者聽命於麥克阿瑟的軍事委員會，不僅法官是由麥克阿瑟任命，就連庭審程序也是由麥克阿瑟安排。這讓當時在場的許多人明顯感受到，這場審判不是為了平息復仇之火，審判本身就是一種復仇。

　　必須有人為馬尼拉的駭人罪行付出代價，不僅如此，還要加上日本占領時犯下的其他暴行：諸如一九四二年四月的巴丹死亡行軍（Bataan Death March）、餓死戰俘的行徑、摧毀菲律賓城鎮和村莊，還有日本憲兵隊的虐囚行為。菲律賓菁英階層中的通敵者大多免於起訴，而菲律賓多數積極的抵抗者則在剿共名義下備受鎮壓。因此，亟需一名惡棍給飽受摧殘的菲律賓人一個交代，證明正義仍然得以伸張。需要一張面目猙獰的面孔，來代表那些無名氏的劊子手，必須有人上刑台。

　　山下奉文看起來非常符合這個角色：矮胖粗頸，近視的小眼睛，儼然是諷刺漫畫裡的日本戰犯。審判在前高級專員的宅邸進行，而美國人則鼓勵菲律賓人前來觀看。一位老嫗對於戰時所受的屈辱耿耿於懷，她在皮包中夾藏石塊，準備在法庭上砸向這個人面獸心的日本將軍。一些美國記者早在山下奉文被定罪前，便竭力譴責他的行徑。參與庭審的《美國佬》記者說得好：「打從審判一開始，即使賠率是兩披索對兩百，你也找不到願意押山下奉文被判無罪的蠢蛋。」[15]

《美國佬》繼續寫道:「在這個彈痕累累的高級專員辦公室,山下將軍曾以征服者的姿態統治菲律賓。但此時此刻,他卻成為戰犯,站在五人合議法庭前,依法接受公正審判。將軍過去可沒有給他的受害者這種待遇。」

　　這種說法大錯特錯。山下從未踏進高級專員辦公室一步,更不可能是征服者,他在麥克阿瑟涉水走過萊特灣前不久,才首度踏上菲律賓的土地,當時要鎮守菲律賓已全然無望。山下根本不熟悉當地地形,軍隊的指揮系統又亂成一團;他的部隊分散在菲律賓諸島,島嶼間的聯繫大都被切斷;許多隱匿山林的士兵已得不到糧食補給;汽油幾乎無處可尋;部隊訓練很差,且因飽受飢餓,身心俱疲,加上不習慣熱帶氣候,士氣低迷。在菲律賓游擊隊的襲擾和美軍優勢軍力的雙重夾擊下,山下甚至沒有機會見到自己的部隊,遑論以征服者之姿帶兵作戰。

　　馬尼拉大屠殺至少有部分源於日本軍隊本身的混亂無序。山下奉文的指揮部在距馬尼拉約三百二十多公里遠的深山裡,他很清楚兵力守不住首都,於是下令所有日軍撤退,其中也包括名義上歸他指揮的海軍陸戰隊。馬尼拉理應成為一座不設防的城市,只留下一千六百名士兵駐守軍用補給。但海軍指揮官們慌了手腳,有的想戰到最後一兵一卒,有的則主張撤退前要破壞港口設施,指揮權到底在誰手上成了謎團,軍令發出後沒有得到回覆。一如日軍內部常有的情況:中階軍官擅作主張,最狂熱的好戰分子占上風。等到勃然大怒的山下再次嚴令他們撤退時,陸、海軍早已困在馬尼拉,只剩死路一條。

　　山下奉文完全沒有獲得公平的審判。擔任法官的是軍中的文官,法律知識貧乏,也不了解戰場的實際情況。其中一名法官還因

為實在太無聊，大半時間都在呼呼大睡。麥克阿瑟任由檢方使用一切必要的資源，而辯護律師的遴選拖到最後一刻才定案，使得辯護律師根本沒時間調查山下所面臨的六十多項指控，檢方甚至在開庭前又給他加上幾條罪名。採證和其他法律程序規則就算沒有人為操縱，看來也相當武斷。麥克阿瑟在一份「特別聲明」中，重申盟軍於六月確立的規則：「軍事法庭不應受到採證的技術性規則所拘束。應盡可能採取並適用權宜而非技術性的程序，承認所有法庭認為具證明價值的證據。被告的一切認罪自白與聲明，均應得到法庭採信。」[16]

可嘆的是對山下奉文來說，這些證據包括：往日勾結日軍、素行不良的通敵者，在法庭上的可疑宣誓和供述。他們為了洗刷惡名而做出荒誕不經的指控，表示這位日本將軍曾計畫滅絕全體菲律賓人；此外也出現了一連串身心遭受巨大創傷的證人，訴說自己在馬尼拉大屠殺期間所經歷的慘劇。《美國佬》的報導寫道：「啜泣的證人女孩說自己如何被日本鬼子輪姦。許多女孩都表示她們在刺刀下被逼就範……這裡有一段摘錄的證詞：『……一個十二歲小女孩躺在地板的蓆子上渾身是血，身下的蓆子也沾滿鮮血。』」

同樣的，沒有什麼人質疑這些故事的真實性。問題的癥結在於山下奉文是否知情，甚至是否在當時有能力阻止這些暴行。在同一時間進行的紐倫堡大審中，德國將軍只會因為他們下令、慫恿或親身參與其中的戰爭罪而遭起訴。但沒有任何證據顯示山下曾有上述行為。實際狀況是：他的命令截然相反。因此，他受到起訴的罪名是前所未有的：「在對部隊沒有控制權，且手下故意抗命的前提下，未能制止部隊暴行。」《美國佬》信心滿滿地表示，山下「依法」獲得公正裁決。如果真如其所言，那麼這部法律是山下或

任何軍事指揮官聞所未聞的。一九四五年十二月七日，珍珠港事件四周年紀念日當天，山下奉文被判處絞刑。他向法官們鞠躬，感謝美國給他「讓正直的美國軍官與紳士擔任他的辯護律師」的待遇。羅伯特・凱爾（Robert Kerr）少校接受報紙採訪時說，他來太平洋參戰是想在海灘上射殺日軍，而非絞死他們，不過兩種結果對他來講沒什麼不同。[17]

麥克阿瑟拒絕了從輕發落的請求。儘管希望不大，山下奉文的律師團試圖要求美國最高法院宣布審判違法。他們認為軍事委員會無權在和平時期審判過去的敵人，況且審判過程也不公平。最後，最高法院仍決定不挑戰軍事法庭的合法性，但有兩位大法官大力抨擊審判結果。小威利・拉特利奇大法官（Justice Wiley B. Rutledge Jr.）說：「在我國法律傳統中，從來沒有當事人會因為事後追認的罪行遭到起訴……或許在任何情況下，我們都不會將集體罪責加諸到個體身上。更可以確定的是，一個行為能力人若並未積極參與犯行，或知情而未採取行動阻止他人犯罪，絕不會遭到起訴。」[18]

山下奉文自稱問心無愧。他表示馬尼拉大屠殺爆發時自己並不知情，他看到相關證據後十分震驚。他告訴律師，在這麼多人客死異鄉後，他已無顏回到日本。聽完判決後，他寫了一首短詩：

> 我所知的世界如今成了恥辱之地
> 我若此時不死
> 更待何時？[19]

一九四六年二月廿三日，山下奉文在馬尼拉以南、風景如畫的溫泉勝地洛斯巴紐斯（Los Baños）被吊死。

§

對於為何堅持要置其日本對手於死地，麥克阿瑟將軍提出了奇特的辯解。在他看來，山下奉文讓軍職蒙羞。

> 戰士傳統源遠流長，充滿榮耀，根植於人類最高貴的情操，即犧牲的精神。這名軍官……辜負了此一不容改變的標準；他愧對自己的軍隊、國家，也有負於他的敵人和全人類；他徹底違背身為軍人的信仰。正如審判所示，因此而鑄成大錯是軍職的汙點，玷汙了文明，留下了一段永難磨滅、屈辱的回憶。[20]

麥克阿瑟用華麗詞藻道出當代的普遍情緒：審判德國與日本戰犯及其幫兇，不僅是為了恢復法治，更要重建「文明」。在紐倫堡和東京審判中，檢察官也持相同論調。將「文明」等同於「軍人的信念」，是麥克阿瑟的典型思維。另一方面，對於曾在外族占領下忍辱偷生的國家，藉由審判抹去「屈辱可恥的回憶」至關緊要。也許麥克阿瑟說話時腦中想的是菲律賓，但記憶宛如無所不在的陰影，投射在所有因通敵而受審的國家領導人身上，縱使他們覺得自己這麼做有正當理由。

皮耶·拉瓦爾在兩屆維奇政府中擔任過職等最高的部長；安東·穆塞特（Anton Mussert）則是荷蘭國家社會主義運動「領袖」。兩人的共同點在於他們都自認光明磊落、為國家盡忠的愛國者。一九四五年末，經過迅速審判，他們皆獲判叛國罪。面對行刑者時，兩人深信自己有朝一日必將成為得到平反的烈士，更會被追認為民族救星；兩人另一個相同點是，他們死時都是國內最受唾棄的惡人。拉瓦爾和穆塞特都不崇尚暴力，比他們惡劣者大有人在。

相反地，拉瓦爾在一戰期間還是個左派和平主義者，對軍事行動素來嗤之以鼻，有人認為他也反對以武力保衛家園。他是個天生的和平主義者，對自己的談判能力自信十足，哪怕對手是魔鬼也一樣可以在談判中勝出，正如他對自己律師所說的，「通敵對我而言意味著談判。」[21] 實際上，當需要捍衛部分同胞的利益時，兩人偶爾也和德國人唱反調，不過往往不太成功。即便如此，幾乎所有人都憎惡他們，這也解釋了他們的判決結果為何早在意料之中。

跟山下奉文一樣，拉瓦爾和穆塞特都相貌平平，這顯然對他們不利。圓臉的穆塞特身材矮胖，完全不適合穿自己法西斯政黨的黑制服和皮大衣，看起來總是一副滑稽的模樣；拉瓦爾則向來就不是穿皮靴制服的煽動者，而是職業政治人物，永遠穿著條紋西褲、搭配白色領帶，像個販賣黑心產品的無良商人：個子不高、膚色很深、頭髮油膩、眼睛半閉、嘴裡總是叼根菸，把排列不整的牙齒和濃密的八字鬍燻得焦黃。穆塞特的職涯起點是工程師（他設計過高速公路等建設）；拉瓦爾則是律師。拉瓦爾是遠比穆塞特成功的政治人物，他在戰前兩次擔任法國政府的總理，一九三一年還被評比為《時代》雜誌年度風雲人物，上榜理由是「冷靜、莊嚴、高人氣」，讓法國平穩度過大蕭條。[22] 一九三〇年代末，穆塞特多少已經算是許多荷蘭人眼中的諧星了，畢竟穿著一襲黑衣招搖過市並不太符合荷蘭人的作風。

兩人都不希望看到德國人入侵自己的祖國，畢竟他們都是民族主義者。其實在有關拉瓦爾的年度風雲人物特稿中，《時代》雜誌還讚揚他對德的強硬立場。一九三五年，他曾與英、義兩國制定一份短命的協定以阻止德國重新武裝，只要能避免重燃戰火，他什麼都願意。然而，當戰事真的爆發時，穆塞特與拉瓦爾卻都將德

國占領看成是個機會，彷彿他們終於時來運轉：穆塞特對新歐洲的願景是應由「日耳曼民族」掌控，領袖自然是希特勒，不過「荷蘭國家社會主義黨」(National Socialist Netherlands) 統治的荷蘭應享有一定的自主權，由穆塞特自己領導；拉瓦爾對法西斯主義理想沒有半點興趣，但在經歷了一九三〇年代末的政治真空後，他把自己看成法國艱困時期的救世主，只要把貝當元帥這位德高望重的元老推舉為名義領袖，拉瓦爾就能放手一搏，為法國爭取到最佳條件。不僅如此，他也相信建設新歐洲是可以實現的，在新秩序之下，法國會成為德國的主要盟友，為清除歐洲大陸兩大當代毒瘤而努力：英國的猶太資本主義與俄國的布爾什維克主義。對此，他曾於一九四二年發表電台談話：「我希望德國獲勝，因為不這樣的話，布爾什維克主義明天就會遍地開花。」[23] 這些話將在三年後讓他付出代價。

戰前，沒有證據顯示穆塞特與拉瓦爾對猶太人有私怨。穆塞特親近的朋友很少，而其中一個正是猶太人：一九三〇年代，他甚至鼓勵猶太人加入他的「荷蘭國家社會主義運動」(Dutch National Socialist Movement, NSB)。在他看來，有「好的猶太人」，也有「壞的猶太人」——壞的那些拒絕追隨他，或批評荷蘭「國家社會主義運動」，這些猶太人「不算荷蘭人」。不幸的是，穆塞特的德國同志則採取更嚴厲的觀點，這也成為夾在他與德國親衛隊間的重大分歧之一。一九四〇年，他被迫開除 NSB 裡僅存的幾位猶太成員，穆塞特對此非常後悔。至於到底有多後悔，則值得商榷，因為他在一九三八年時提過一份詳細方案，計畫將歐洲猶太人遷往荷屬、法屬與英屬圭亞那 (Guiana)，但希姆勒和希特勒對這份計畫都不感興趣。（英國人和法國人的想法則沒有留下紀錄。）另外，穆塞

特對於搶奪猶太人財產以滿足私慾，分享給親朋好友，卻也從未顯得良心不安。[24]

　　拉瓦爾從不贊同法國極右翼強烈的反猶主義。他和穆塞特一樣與猶太友人交遊，也曾與猶太同事密切共事過。然而在一九四〇年，維奇法國政權並未受德國方面施壓，便逕自推行剝奪猶太人公民權的《猶太人法案》(statut des juifs)，當時的國務部長正是拉瓦爾。他後來試圖搭救法國出生的猶太人，使他們免於驅逐的命運，但這麼做的代價是把幾萬名出生在國外的猶太人送進第三帝國的虎口，其中尚包括已歸化，卻在戰時被剝奪國籍的法國公民。

　　靠著通敵將自己塑造成救世主，像穆塞特和拉瓦爾這類自命不凡的人，直接走向德國人為他們設下的陷阱。穆塞特是因為自負以及意識型態的妄想才這麼做，拉瓦爾則是出於道德感薄弱與太高估自己的智商。兩人都沒有意識到，他們運用這些民族主義的幻想，期待法國與荷蘭成為新歐洲的重要合作夥伴，這實在很難結合德國人全面主導歐洲的計畫。只要有這些賣國賊為德國不得人心甚至罪惡的行徑充當擋箭牌，對德國人來說，他們就有利用價值。兩人漸漸屈服，有時不太情願，有時則滿不在乎。穆塞特還把他的衝鋒隊併入德國親衛隊，宣示效忠希特勒。在他虛幻的想像中，希特勒不僅是德國的元首，更是所有「日耳曼民族」的元首。拉瓦爾通敵的方式有二：為換取部分法國戰俘獲釋，他把法國工人調撥給德國工業界差遣；此外他還建立了一支民兵部隊，用來對付法國游擊隊，並把眾多猶太人推向死亡。一九四二年七月，是拉瓦爾而非德國人，堅持把猶太兒童與家長一起驅逐到波蘭，名義上是為了不要拆散家庭。

兩人的所作所為不但得不到德國人的信任與青睞，反而被視為「資產階級民族主義者」；他們還受到自己的同胞仇視，因為他們具體而微地顯現出占領最可恥陰暗的一面，就連他們本國最親德的納粹分子，那些興高采烈為希特勒帝國效勞者，也討厭他們。既然沒什麼人站在穆塞特和拉瓦爾這邊，解放後他們就成了絕佳的審判和懲罰對象。抓兩個通敵賣國的代表人物殺雞儆猴，或許可以讓成千百萬沒有勇氣挺身而出的人自我感覺稍微好一些。

　　貝當也接受審判，並遭求處死刑，但他年歲已高，加上昔日聲望，這些救了他一命。戴高樂從未打算進行審判，而是希望年邁的他繼續在瑞士流亡，貝當卻自行要求受審。如果說這點已夠讓人困窘，那麼法國人肯定無法下手處決這位維爾登（Verdun）戰役的英雄，因此他們改判貝當流放。某方面來講，拉瓦爾做了他的替死鬼。當時有首流行的法國童謠：「貝當，去睡覺／拉瓦爾，上刑台／戴高樂，上工去」。十多年前曾對拉瓦爾讚譽有加的《時代》雜誌，如今寫道：

> 皮耶·拉瓦爾上週接受審判。老元帥貝當受審、獲判死刑，最後減刑至終身監禁，這在每個法國人心中都留下一點沉重的責任感，但拉瓦爾卻完全沒有得到人們一絲絲憐憫。處死皮耶·拉瓦爾本是件必要的瑣事，也是令人滿足的復仇，他讓審判變成可恥的鬧劇。[25]

　　這麼說稍微有失公允：審判的確是一場鬧劇，但拉瓦爾並非元兇。戴高樂並不熱衷於整肅與審判，但正如童謠的歌詞，他不得不上工，也希望這苦差事儘快結束。戰後憲法訂於十月廿一日全民

公投，所以拉瓦爾案的判決結果必須在那之前出爐。拉瓦爾坐在監獄牢房中，每天抽掉五包美國香菸，心中忿忿不平，因為法庭不讓他碰先前為了替自己辯護所精心準備的文件。他曾到德國短暫避難，後來被人用飛機送回法國。他行李箱裡的一張紙條很能反映他內心的苦悶：「這可真是奇怪的矛盾，我的施政與作為理當為我贏得祖國的認可，如今卻不得不在法庭上自證清白。不論是戰前還是艱難的德國占領期間，我很清楚自己履行了職責。」[26]

穆塞特一直都是個妄想狂，關在荷蘭北海沿岸的監獄時，他又做起新的白日夢：他設計了一艘巨型潛艇。在他看來，美國人一定會充分利用這項發明，他期待自己被送到美國。在生命的最後幾週，穆塞特一直在學英語，但這一嘗試仍以失敗告終。

拉瓦爾本人迅速點出了拉瓦爾案的一項汙點：審判他的法官和檢察官自己也曾於維奇政權任職，並宣誓效忠貝當；總檢察長安德烈·莫荷內（André Mornet）甚至還是撤銷猶太人國籍的委員會成員之一；陪審團則由國會議員與抵抗運動人士所組成。

賈克·夏彭提耶（Jacques Charpentier）是巴黎律師協會主席，他感覺本案有幾分西班牙鬥牛儀式的味道。他回憶：「陪審團成員就像跳進鬥牛場的安達魯西亞頑童，他們用言語侮辱被告，擾亂庭審進行。法庭未經聆訊就對他進行判決……正像人們救活羅伯斯庇爾（Robespierre）僅是為了將他送上斷頭台一樣，把死去的拉瓦爾救活，僅是為了把一個活生生的賣國賊扔進張牙舞爪的人群。」[27]

審判在拉瓦爾抗議法官不公正的一刻達到高潮，「你們無權判我有罪！」他一邊大喊，一邊用刻有總統抬頭的公文包猛擊檯面：「你們可以弄死我，但你們無權將我妖魔化！」這時，一名陪審員

厲聲大喝：「閉嘴，賣國賊！」憤怒的拉瓦爾大喊自己是愛國的法國人，陪審團回罵「畜生！」，應該由行刑隊賞他「十二顆子彈」。[28] 拉瓦爾最後說自己寧願保持沉默，也不做「司法罪行」的「幫兇」。當陪審員叫著「他永遠都不會悔改！」時，拉瓦爾同樣坦蕩而堅定地回答：「沒錯，我永遠也不會悔改。」[29]

穆塞特的審判在海牙的皇宮進行，場面比較莊重一些，但一樣沒有人對審判結果有任何異議。檢察官扎耶（J. Zaaijer）在開庭後的第一句陳詞就是：「就算不進行審判，我們也已經知道穆塞特的罪應該怎麼判。」以這種有罪推定的方式拉開審判序幕相當怪異。穆塞特委任的辯護律師維克赫德‧比斯登（Wijckerheld Bisdom）辯才無礙，他日後回憶當時情景說道，戰後早期社會輿論的共識是：「講到最壞的國家社會主義者，穆塞特當之無愧，他是荷蘭國家社會主義運動的核心人物，這些人最少得判死刑。」[30] 主導審判的是公眾情緒，法律只是在回應街談巷議。

穆塞特用激情的演講駁斥賣國罪的指控。他激動地揮舞手臂，彷彿在對參加集會的黨員講話。他宣稱自己的目標從來就不是把國家的統治權拱手交給外國人；相反地，他的理想一直是藉由德國征戰改變歐洲秩序的契機，建立一個能保障荷蘭人利益的荷蘭政府。他辯解，協助德國人的千秋大業才能「把亞洲人趕出歐洲大門外」。沉浸在慷慨陳詞中的穆塞特過於忘我，居然對著法庭說「我忠實的追隨者們」，這句話在原本十分肅穆的庭審中激起一陣哄堂大笑。[31]

處決這位前荷蘭納粹頭子的過程也比拉瓦爾更為莊重。他被帶到海牙郊外的沙丘邊，這裡曾是德國人槍斃許多荷蘭游擊隊員的地方。穆塞特被綁在一根簡易行刑柱上，一位新教牧師為他作

臨刑禱告，他對自己無法和牧師握手表示歉意。十二名行刑者舉起步槍瞄準穆塞特，他就這樣死了。

拉瓦爾生怕子彈打到臉上毀容，為此擔心了好一陣子。律師要他放心，說現在行刑都很乾淨俐落。後來他嘗試自殺未果，原因是吞下的氰化物膠囊因為過期而藥性不足，無法立刻斷氣。被救活沒多久，步態蹣跚的拉瓦爾，就被帶到監獄高牆旁的刑場。他身著黑西裝，繫上慣用的白領帶，脖子圍著象徵法國的紅白藍三色圍巾。他堅持看到律師，因為「想在臨死前再看著諸位」。他的臨終遺言是「法國萬歲！」槍聲響起，他倒向右側。接下來一名中士做出拉瓦爾最害怕的事，朝屍體補了一槍，確認他已經死亡，這一槍打在臉上，血肉模糊。一位在場的年輕記者描述當時情景：「人們朝刑柱奔去，撿起被子彈打碎的木頭。其中最具價值的是沾滿鮮血的木片。」32

要說穆塞特或拉瓦爾是代罪羔羊並不盡然正確，他們毫無疑問曾協助敵人，選擇與納粹占領者合作。而且審判他們滿足了主要的預定目標：就穆塞特而言，是為了防止荷蘭出現「瘋狂」報復，這種報復行為在法國讓許多人喪命。他的草率審判也成為荷蘭當局放過許多二線人物的理由，否則這些人會讓本來就已擁擠不堪的監獄和牢房大爆滿。穆塞特與拉瓦爾的死，是場正義大秀，展現戰後政府的善盡職責。和穆塞特一樣，拉瓦爾的隕落有助於抑制人們報仇雪恨的衝動，如此才能開始重建國家。

然而，如果說這些審判實現了《佑護神》中雅典娜的目的，即遏制對復仇的渴望，那麼審判速度之快、意料中的結局、嚴重缺陷的程序（最後一點在拉瓦爾案中尤其明顯），讓理應以正當法律程序為依歸的審判變得不再那麼讓人心悅誠服。拿一位觀察家略

顯誇張的結論來看：「拉瓦爾案的審判無可原宥，因為此案讓法國人對法國的司法體系產生質疑……事到如今，傷害已經造成。法國的司法喪失了公信力。拉瓦爾最後終究勝出，造成國家徹底的道德淪喪。」[33]

§

一九四五年時，有些人主張，徹底捨棄法律的枝枝節節，直接槍斃罪大惡極之徒，將更有利於實現法治。時任美國外交官的喬治‧凱南（George F. Kennan）積極參與了歐洲政策的制定，他在回憶錄中流露出對戰犯的反感。他表示，納粹那些領袖的罪行令人髮指，讓他們活著一點好處都沒有，他寫道：「我個人認為，盟軍指揮官應下達殺無赦的命令：任何戰犯若落入盟軍手裡，身分確認後應立即就地處決，這絕對是上策。」[34]

還有其他人也持相同看法。比如，美國國務卿柯戴爾‧赫爾（Cordell Hull）曾對他的英國與蘇聯盟友說，他希望能「逮住希特勒、墨索里尼、東條英機和幾個主要幫兇，讓他們接受戰地軍事審判。隔日太陽升起時，就是歷史事件發生的日子。」[35] 順便一提，赫爾是一九四五年諾貝爾和平獎獲獎人。戰爭期間，英國外交部曾發表備忘錄，反對在戰後審判親衛隊頭子海因里希‧希姆勒等人，理由是他們的「罪行太過殘暴」，已「超越任何司法程序的範疇」。[36]邱吉爾也持同樣觀點，覺得最好「把他們排成一排槍決」。這些話聽來有些刺耳，但如果事先已經知道結局只有一種，而且還得協同雙手沾滿鮮血的蘇聯法官一起審判，那麼審判嫌犯對法治只是弊多於利。儘管邱吉爾排斥審判，蘇聯人卻堅持要審判，在紐倫堡大審根本還沒開始前，他們就在敬酒時說德國領導人都會遭到處決，

這著實讓盟軍法官心驚膽跳。

　　奇異的是，在一九四五年，和執行審判相比，德國人或許更希望進行處決。在造訪漢堡時，有人告訴英國詩人史蒂芬・史賓德，多數德國人認為審判伯根貝爾森集中營慘劇犯行者，只是為了政治宣傳，「這些德國人說，如果被告真的有罪，而且如果我們也確信他們有罪，為何不趕快了結此事，直接宣判呢？」[37]

　　英國外交部的備忘錄在提及希姆勒犯行之罪大惡極時，指出一個嚴肅的問題：在審理遠比正常戰爭罪駭人的罪行前，當時的法律真的適用嗎？世人對於納粹基於意識型態意圖滅絕整個民族的計畫，也許尚未充分了解其規模和本質。當時還沒有人用「大屠殺」（Holocaust）這個詞彙，但盟軍見識得夠多了，知道他們處理的是前所未聞的事件，紐倫堡大審的法律意涵在開庭前就已經十分清楚。

　　只有蘇聯軍隊真的見過納粹留在波蘭的滅絕營遺跡。但他們的西方盟友見到諸如達浩、布亨瓦德、伯根貝爾森等集中營的慘況時，還是震驚不已。一九四五年四月十二日，艾森豪將軍參觀了隸屬布亨瓦德的奧德魯夫（Ohrdruf）集中營。親衛隊在不久前才撤離這座毗鄰威瑪的集中營，由於時間緊迫，親衛隊來不及火化所有屍體。地上遍佈宛如捧爛洋娃娃的屍體，屍體堆中還躺著尚未斷氣、虛弱到站不起來的囚犯。《美國佬》記者寫道：「屍體因為天冷尚未腐爛，抑制了異味，我們才有可能驅前湊近檢視。」這位叫索爾・李維特（Saul Levitt）中士的記者還寫道：「血液在屍體附近的地面凝結成厚厚一層，彷彿紅泥糊成的鬆餅。」[38]

　　艾森豪在給太太瑪米（Mamie）的信中寫道：「我無法想像世上會有如此殘暴、野蠻、慘絕人寰的事情發生。」他想讓美國軍人

都目睹這一幕幕慘況，這樣他們就會清楚自己為何而戰；他還想讓記者參觀集中營，這樣就不會再有人胡說這些駭人聽聞的罪行都是為了政治宣傳而虛構。美國參、眾兩院的議員和英國國會議員都被請去參觀集中營。艾森豪之所以要記錄一切，包括成堆腐爛的屍體、焚屍間與刑訊室，理由是這些事物「超出美國人所能理解的範圍」。[39] 邱吉爾從艾森豪那裡收到一則訊息，上面寫道：「這些發現，特別是威瑪，遠遠超過以往揭露的所有暴行。」[40]

德國本地人被迫穿過集中營，有的用手帕捏住鼻子，有的不敢多看一眼，還有的在填滿發黑屍體的土坑旁嘔吐不止。不光是德國人，盟國城市裡的人也被要求了解德國人犯下的滔天大罪。有時這麼做並不受歡迎。在倫敦，「無法消受暴行紀錄片」的電影院觀眾試圖逃出萊斯特廣場電影院（Leicester Square Theatre），卻被守門的英國士兵擋住。據《每日鏡報》（The Daily Mirror）報導，「全英國的人都想逃出電影院。在許多地方，都有士兵命令觀眾退回去勇於面對。」一名軍人接受採訪時說：「許多人不相信會發生這樣的事，但這些影片就是證據。所有人都有義務知道真相。」[41]

倫敦《泰晤士報》則是報導：「對於還懷疑這些暴行是否存在，以致無動於衷的最後藉口，文明世界應該加以揚棄，這對文明本身至關緊要。」[42] 艾森豪深信，認識到人類之作惡多端將能引導我們向善；了解人性最壞的一面是文明教化的過程，這也是後來進行戰爭罪審判的主要動機之一。

和波蘭的死亡工廠相比，發生在奧德魯夫的慘劇只能算小巫見大巫，但當時世人並未充分理解這點，這也說明了為何當時一些新聞報導稱德國集中營為「滅絕營」。彼時的新聞報導也極少強調這些集中營的受害者大多是猶太人。出於文明存續的考量，艾

森豪希望全世界都知曉這些暴行。要為發生過的慘劇留下紀錄，並為德國與全世界的人上一堂道德教育，其中一種方式就是擴大戰爭罪審判的範圍。六月二日，艾森豪提請參謀長聯席會議對這些暴行的負責人提起公訴。

第一起集中營審判就在伯根貝爾森集中營，經辦該案的是英國而非美國。這起審判可說是一九四五到一九四六年紐倫堡大審的演練，過程顯示了將現行法律與司法程序套用在納粹罪行上的困難。幾名被告，包括喪心病狂的貝爾森集中營指揮官約瑟夫‧克萊默和集中營醫生佛里茨‧克萊因（Fritz Klein），他們此前也在奧許維茲－貝卡瑙集中營工作過。盟軍決定，他們的罪名應該再加上這一條。如此一來，除了草菅人命，任由集中營人滿為患，坐視飢餓囚犯死於斑疹傷寒等疾病的罪名外，還要加上積極參與種族滅絕的前科。各大報章媒體日復一日地刊登這些驚悚的頭條標題，諸如「但丁作品中才有的景象」、「毒氣室的目擊者」、「幾百萬人遇害」、「小女孩被絞死」、「女孩被毆致死」，就連一向以嚴肅著稱的《泰晤士報》也加入圍勦行列。有「貝爾森惡魔」之稱的克萊默，與綽號「蛇蠍美人」或「奧許維茲鬣狗」的二十二歲金髮女看守厄瑪‧格雷澤（Irma Grese），成了家喻戶曉、納粹恐怖室的代名詞。這種大肆渲染的做法是否真的有助於人們理解納粹暴行，還有待商榷。某種程度而言，震驚於個別「禽獸」與「惡魔」的惡行，其實會使人忽略背後潛藏的罪惡體制，也就是讓他們的行為顯得稀鬆平常的體制。針對一九六一年在耶路撒冷審判艾希曼一案，漢娜‧鄂蘭（Hannah Arendt）提出一份飽受批評的報告，但在體制因素這點的分析上，這份報告鞭辟入裡。基於意識型態實施的大屠殺一旦成為政策，上至帝國親衛隊頭子，下至管理鐵路運行計畫的低

階官僚，所有人都脫不了共犯關係。那些「禽獸」只是比別人欠下了更多血債而已。

貝爾森審判和許多審判一樣，必須儘快宣判；義憤填膺的大眾完全等不及。然而英國人素來以公平公正的審判為傲，他們不容許出現類似拉瓦爾案中讓法律威嚴掃地的鬧劇。但問題卻在法律本身，所有英國軍事法庭，如設在德國呂內堡（Lüneburg）當地一棟十九世紀豪華校舍內的法庭，只能針對符合「違反戰爭法和戰鬥手段」定義的戰爭罪刑提起訴訟。[43]

於是律師們先就法庭是否有權審判被告展開冗長的司法較勁。其後，幾個目擊證人講述他們經歷的可怕景象。來自波蘭盧布林（Lublin）的索菲亞·利特文絲卡（Sophia Litwinska）是奧許維茲和貝爾森兩座集中營的生還者。她描述了一九四一年聖誕夜裡發生的一件事。當天晚上，德國人剝光女囚身上的破衣服，將她們趕出營房，命令她們赤裸裸地站在刺骨寒風中，一直站到翌日聖誕節早上五點鐘。隨後，她們被一輛砂石車載走，扔在毒氣室門口。

九月廿一日，來自索斯諾維茨（Sosnowiec）、日後嫁給猶太復國主義領袖約瑟夫·羅森薩夫特的哈達莎·畢可醫師，站在一排三千瓦煤氣燈下的證人席上。她在奧許維茲失去了雙親、兄弟、丈夫和年僅六歲的兒子。由於她擔任醫勤雜工，對集中營裡發生的事瞭若指掌：挑選犯人（克萊默與克萊因醫師都曾參與）、醫學實驗、毒氣室。在毒氣室，囚犯分遣隊裡的猶太人被派去從事最可怕的工作：剃頭髮、搬運死屍、火化屍體。據《泰晤士報》報導，畢可告訴法庭，那些被選中送去毒氣室的人，「一絲不掛地被人帶走，在不吃不喝的情況下等上幾天，直到卡車開來，把他們送去火葬場。」她接著說，在毒氣室被毒死後，「死人被裝上推車，沿著軌道離開

毒氣室，來到更衣室對面。有時，囚犯分遣隊的人會被處決，然後找其他人替補。不過，大致上還是有可能留下一些紀錄。」她表示，她被送去集中營的朋友由此估算，共有四百萬名猶太人被消滅。[44]

畢可博士的朋友高估了死亡人數，但猶太人遭到種族滅絕的事實明明白白地擺在英國軍事法庭上。辯方律師試圖檢驗證人，看他們說話是否前後一致，是否失憶。克萊默的律師溫伍德少校（Major Winwood）形容貝爾森集中營的囚犯是「中歐猶太區的餘孽」，這也許是迎合當時依舊普遍的偏見，他後來為此說法道歉，表示自己「只是充當被告的喉舌」。[45]沒有人懷疑庭上所述暴行的真實性，然而這是軍事法庭，部分律師也只會用軍事語彙來考慮問題。溫伍德少校把他的當事人比作一位「管轄監獄的軍團司令，命令均來自軍團司令部」，親衛隊上尉克萊默不過是一名奉令行事的普通士兵，沒有證據顯示他曾「蓄意虐囚」。[46]

赫伯特・史密斯上校（Colonel Herbert A. Smith）在戰前是倫敦大學的國際法教授，辯方請他主張並沒有人犯下戰爭罪，發生在集中營的事情「和戰爭毫無關連」，而且就事情發生的地點和時間點來看，當時的行為並不被視為犯罪，他說，畢竟希姆勒是警察頭子，他有資格下令，而且他的命令「也具法律效力」。[47]

這些辯詞還是救不了克萊默、格雷澤、克萊因醫師，三人最後都被判處絞刑。但我們至少能從貝爾森審判中總結兩件事：世人也許還沒完全弄清楚「滅絕營」與「集中營」的區別，也不知道在使用毒氣室前，東歐已經歷了多少殺戮。但在一九四五年，只要看過報紙，就應該知道納粹是有組織的殺人機器，這使得使用蓄意「虐待」這樣字眼的人十分麻木不仁；喜歡吊書袋的史密斯教授也證明了另一件事：戰爭罪的現有法律和公約已經不足以處置納粹

大屠殺這種性質與規模的罪行了。這為史上最轟動的戰爭罪審判奠定了基礎。十一月廿日，紐倫堡大審拉開序幕。就在四天前，貝爾森那些「禽獸不如的傢伙」獲判死刑。

§

我必須要說，紐倫堡大審中的二十一名被告看起來並不像禽獸。觀察家的評論認為這些人看起來極其普通，臉色蒼白、神情疲倦，穿著破舊的西裝。他們之中有約阿辛·馮·里賓特普（Joachim von Ribbentrop），他下巴上揚，雙眼緊閉，自尊似乎受了傷害；赫曼·高凌（Hermann Göring）癱坐在椅子上，不時用手帕擦拭因傻笑從嘴唇上滲出的口水；漢斯·法蘭克（Hans Frank）戴著深色眼鏡遮蔽他的眼神；奴工事務首領福里茲·紹克爾（Fritz Sauckel）看起來像是個膽怯的門房；雅爾瑪·沙赫特（Hjalmar Schacht）則刻意別過頭，像是害怕被別人傳染什麼；尤里斯·施特萊徹（Julius Streicher）身體抽搐，煩躁不安；魯道夫·赫斯（Rudolf Hess）一直前後晃動，濃密眉毛下的雙眼到處亂掃，舉止怪異，可能已經精神失常。

除了部分證人外，紐倫堡的正義殿堂內只有一個人充分感受過這些罪人親手打造的可怕世界，很少人知道他的名字，也不會從在場幾百名律師、翻譯、法庭職員、法官、軍警和記者中留意到他的存在。他是恩斯特·米歇爾（Ernst Michel），一家德國通訊社的小記者。在他文章署名旁還有一串數字：104995，這是他在奧許維茲的編號。一九三九年，還是學生的米歇爾在家鄉曼海姆（Mannheim）因猶太人身分被捕。

就在蘇聯部隊抵達奧許維茲集中營之前，米歇爾被迫踏上一

場死亡行軍，步行穿越冰天雪地的波蘭與德國邊境，目的地是布亨瓦德。美軍逼近布亨瓦德時，體重只剩三十六公斤的他又被驅趕上路。也不知道哪裡來的力氣，他在半路上竟一路狂奔逃進森林，然後在蘇聯占領區躲了一陣子。他一直遮住集中營的囚服，生怕人們發現他是猶太人。他在歷經艱險後回到曼海姆，發現雙親都被殺害，親戚也都不見蹤影。由於中學學過英語，美國的戰爭罪調查人員讓他從事翻譯工作。他在紐約和我見面時告訴我：「德國人總說自己幫助過猶太人，完全是胡說八道！我還認識某個說過這種話的德國人，但他可是個不折不扣的納粹。」

米歇爾的下一份工作是紐倫堡大審的採訪記者。他原本擔心自己缺乏專業訓練，卻被告知僅需記下所見所聞即可，所以他就去了。這位六個月前剛從布亨瓦德死亡行軍中逃脫，奧許維茲囚犯編號 104995 號的米歇爾，如今和高凌共處一室。六十年後，身在紐約的他回憶道：「我認得出他們所有人的臉。我是自由之身，是唯一旁聽審判的生還者。他們講的就是我。」

以下摘自恩斯特‧米歇爾為《德意志綜合新聞報》（*Deutsche Allgemeine Nachrichtenagentur*）撰寫的第一份報導：

> 在集中營的艱難歲月裡，有股信念一直支撐著我：有朝一日，那些掌權者都會被送上法庭。這個信念給我活下去的力量，這天終於來臨，今天坐在離我幾步之遙的人，曾經是全體集中營囚犯心中毀滅的象徵。如今他們因為自己的罪行正接受審判。[48]

無論盟軍的戰爭罪審判有多大缺陷（它們的確有缺陷，而且東京審判的瑕疵比紐倫堡大審更多），米歇爾的話至少可以成為

審判依然符合正義的一大論據。紐倫堡大審的另一優點是，審判整體而言沉悶至極。莉貝卡・韋斯特（Rebecca West）在判決下達前幾週聆聽了審判，她將正義殿堂描述為「一座無聊的堡壘」，她寫道，所有「在裡面的人都身陷極端的無趣中……史上空前的沉悶。法庭就像快要壞掉的機器。這部偉大的機器，儘管其伸張正義的目的搖搖欲墜，儘管往往宣判死刑，卻捍衛了人類的生存。」[49]

至少在紐倫堡大審中，法律被當作一回事，而不是迫於公眾憤怒而舉行的潦草審判。所有事情都得按照程序來，於是審判日復一日地持續進行，乏味成了剛正不阿的象徵。後來在海牙國際刑事法庭舉行的審判，總體上便以紐倫堡的形象塑造，特別是冗長乏味這點。「冗長乏味」讓復仇的槍口熄火，這正是紐倫堡真正的目的。早在一九四二年，九國流亡政府就在倫敦成立了盟國懲治戰犯委員會（Inter-Allied Commission on the Punishment of War Crimes），各國代表在聖詹姆斯宮會晤，簽署了以此地為名的《聖詹姆斯宮宣言》（The Declaration of St. James）。外界都很擔心「公眾發動報復行為」的風險，因此「文明世界的正義觀」要求各國自由政府，將「以下這點列為主要戰爭目標之一：透過有組織的法律管道，懲治犯下此類罪行的負責人。」[50]

紐倫堡大審進行時，並沒有太多人知道納粹對猶太人進行的是種族滅絕計畫，但的確有人知道這件事。一九四二年十二月，就在滅絕營的毒氣室開始運作數月後，美國與歐洲盟國就指控德國政府在奉行一項「滅絕歐洲猶太人的野蠻政策」。這個聲明並未引起大眾的廣泛迴響，因為大家依然難以想像會有這樣的事情發生，英、美兩國政府都覺得不適合大張旗鼓地宣傳；另外，他們也不想讓國民認為打仗是為了拯救猶太人。[51]

一九四二年，蘇聯還未加入西方盟友譴責猶太人大屠殺的行列，而且戰爭結束很久之後，蘇聯人依然選擇沿用法西斯受害者這種籠統說法，沒有特別強調猶太人；不過蘇聯檢察官在紐倫堡大審中，的確提到了猶太人遭受的迫害。羅曼‧盧殿可將軍（General Roman A. Rudenko）是紐倫堡五位主要檢察官之一，在這之前他曾發起血腥的審判表演；而在紐倫堡大審中，他也只是在散播虛假的政治宣傳，他把一九四〇年在卡欽（Katyn）殺害兩萬多名波蘭軍官一事算到德國人頭上，其實他很清楚真正的幕後黑手是蘇聯祕密警察。但對於猶太人遭到種族滅絕，他倒是一點也不含糊。恩斯特‧米歇爾在一篇報導中引述盧殿可的話：「法西斯陰謀家策劃了滅猶計畫，企圖將全世界的猶太人趕盡殺絕，並且在一九三三年後的所有行動中持續貫徹這項計畫。滅絕猶太人的獸行發生在烏克蘭、白俄羅斯、波羅的海等國。」[52]

　　這種說法有點誇大其詞；滅絕計畫始於一九四一年，而非一九三三年。盧殿可把時間往前推，恐怕是為了強調納粹陰謀裡不僅包括屠殺猶太人，還包括對蘇聯發動侵略戰爭。

　　正如在貝爾森審判中所見，由於現行的戰爭罪僅適用於戰爭行為，因此有必要制定新法，才能回溯處理一九三九年前的第三帝國，並追究其計畫性種族滅絕的罪行。納粹德國的法律並未禁止殺害猶太人或其他無辜平民百姓，不能說當時殺人是合法的；按照上級命令行事參與屠殺，也不足以成為無罪的理由。一九四五年八月，《國際軍事法庭倫敦憲章》（London Charter of the International Military Tribunal）確立了新的法律範疇「危害人類罪」（crimes against humanity），擴充了戰爭罪的內涵；另一個新的法律名詞是「破壞和平罪」（crimes against peace），意即策劃和

發動侵略戰爭。策劃發生於實際戰爭之前,這就給陰謀入罪創造了空間。在英、美法律體系中,人會因預謀而被認定犯罪,當時這條法律也適用於納粹身上(後來也適用在日本軍隊和政府身上,儘管理由並不充分)。

制定可溯及既往的法律,並在事後判人有罪這種做法,在法律上有很大的問題。把戰敗國被告交給戰勝國審判,也很容易引人非議。「東京大審」於一九四六年舉行,似乎暗示著日本只是亞洲版的納粹德國,這是十分扭曲的看法。右翼民族主義作家恩斯特·榮格認為,將惡棍變成司法不公的受害者,具有高度道德風險,他形容紐倫堡法庭上「既有殺人犯,也有清教徒,屠刀安在道德的握把上。」[53]

身為頑固的德國民族主義者,榮格對美國人的鄙夷大過對蘇聯布爾什維克的恨意,故作此言。整體而言,即使當庭法官背負血債或食古不化,舉行審判依舊是上策,優於邱吉爾、美國務卿赫爾和美國外交官凱南所建議的做法。草率處決只會拉低盟軍戰勝者的道德風範,讓他們和戰敗的納粹沒什麼兩樣。許多德國人只有在戰敗的苦澀淡去、生活更加安定後,才理解到紐倫堡大審的價值,而這些審判也為德國人自己公審納粹戰犯提供了良好示範。但日本人並沒有依樣畫葫蘆,原因很多:在東京審判中,勝者為王的傾向更加明顯,出的紕漏更多,大家對戰爭莫衷一是,而且日本沒有納粹政權,沒有屠殺過猶太人,也沒有希特勒。

最終,正義是否得到伸張?是否有足夠的整肅和審判,確保正義可望亦可及?答案只能是否定的。有太多罪犯逍遙法外,有些人事業飛黃騰達;而罪行遠比他們輕微的,則成了代罪羔羊。即使在各種條件俱足的情況下,全面正義也只是烏托邦的幻想。出於

政治與現實的理由，全面正義難以實現。你不可能一次審判上百萬人，懲治有罪之人仍須與其他考量取得平衡。過度狂熱會使社會重建陷入泥沼，但輕易放過惡貫滿盈的戰犯，又會讓社會道德大打折扣。這種微妙的平衡，無可避免會有缺陷。戰後長大的德國人，在成長過程中遇到的許多人，無論是老師、醫生、大學教授、外交官、實業家與政治家，過去都是納粹，這樣的經歷肯定令人難堪。不過這種情況不只發生在德國與日本，不少曾被德國占領的國家，老一輩菁英雖然和第三帝國眉來眼去，納粹離開後，他們卻也很少因此身敗名裂。

然而，「投機」或許有時仍是人類最有用的品格。一九四五年六月，柏林前抵抗者露絲·安德莉亞斯－斐德利希與同為英勇抵抗者的好友聊起這個話題。她的朋友佛蘭克說：

> 元首死了。如果你想活下去，你就得吃飯。如果你想吃飯，而且吃香喝辣，你最好不要是納粹。所以他們不是納粹，既然現在不是，以前當然也不是。他們以各種神聖的名義發誓，自己從來就不是納粹……口誅筆伐並不能讓人變得完美。他們沉淪時應該協助他們站起來，給他們機會贖罪。然後就不要再報復了，一了百了。[54]

這番話出自一位冒死抵抗納粹的人，平添幾分道德重量。投機心態讓銀行家向殺人如麻的政權妥協，提供資金給在滅絕營附近設廠、剝削奴工的公司；卻同樣也讓他成為戰後德國民主體制的忠誠公民，成為重建的動力。這或許有違正義，甚至在道德上令人厭惡，而德國、日本乃至於義大利，最終均為此付出慘痛代價。

一九七〇年代這三國的極端革命主義者都發動了暴行，他們狂熱地相信自己的國家未曾改變，法西斯主義仍以另一種面目存在，甚至由一九四〇年代發動戰爭的同一批人所延續。革命者堅信自己有責任抵抗，因為他們的父執輩沒能做到。

羅伯特·傑克遜（Robert H. Jackson）是紐倫堡大審的另一位主要公訴人（以及美國最高法院大法官），他顯然完全不是極端主義革命者，但他深信審判不只是在定罪量刑與懲罰罪責，他相信自己在為文明代言。紐倫堡之後的世界會變得更好，他在開場致辭時驕傲地宣示：「四個大國因勝利而歡欣，為傷痛而感懷。它們收起復仇之手，願把敵人俘虜交由法律審判，這是強權獻給人類理性最重要的禮讚之一。」他接下來的補充說明更是著眼於未來：「我們永遠不能忘記，在未來，歷史會透過這些被告的審判紀錄來評價我們。若是給被告一杯毒酒，等於是往我們自己嘴裡灌酒。」

傑克遜充滿理想主義，審判是為了努力建設更美好的世界，讓往昔種種慘絕人寰的事蹟不再重演。大審結束後，傑克遜在英國大律師彼得·卡沃柯雷西（Peter Calvocoressi）陪同下，前往薩爾茲堡參加一九三九年以來首次的音樂節，兩人一起欣賞歌劇《玫瑰騎士》（*Der Rosenkavalier*），德國年輕女歌唱家伊莉莎白·舒娃茲科芙（Elisabeth Schwarzkopf）的嗓音彷如天籟，餘音繞梁，三日不絕。

這位偉大的女高音其實頭上飄著一小片烏雲——她在一九四〇年加入納粹黨，曾到東線戰場勞軍，為親衛隊軍官獻唱，還與時任下奧地利邦（Lower Austria）納粹總督的親衛隊將軍有過一段情。或許她所做的這一切是出於信念，也或許她是個投機主義者，但無論如何，她在戰後很快就恢復了名聲。一九五三年，

她嫁給了極力為她平反名聲的這名男子：英國音樂經理人華特·萊格（Walter Legge），他是猶太人。

第三部 絕不讓歷史重演

第七章
充滿自信的晴朗早晨

一九四五年四月八日，後來報導紐倫堡大審判的記者恩斯特·米歇爾被迫離開布亨瓦德，踏上一段寒冷的死亡旅程，同行的還有幾千人。沒離開的人由少數親衛隊警衛看管，這些囚犯明白，如果美國人不儘早趕到，他們一定也會被迫走上同樣的旅程，或直接就地處決。布亨瓦德集中營位於風景秀麗的埃特山（Ettersberg）上，是最恐怖的德國集中營之一。親衛隊想出不少酷刑，其中一種是把手肘綁在背後，吊到樹上，囚犯會因疼痛難耐而叫喊，此後這個殘酷的地方被稱為「會唱歌的森林」。此地曾是大文豪歌德詠嘆大自然美妙之處，他在此曾與一名年輕詩人朋友交談，這位朋友還記下了偉大作家的各種觀察。

　　集中營內有一個共產黨領導的小規模地下組織，他們在營房藏匿了一批槍枝與波蘭工程師製造的短波無線電台。四月八日，營地發出一通措辭急切的電報：「致盟軍，致巴頓將軍的部隊。這裡是布亨瓦德集中營。救命。我們請求協助。德國人想撤離我們。親衛隊想殺了我們。」三分鐘後，囚犯們收到回電：「致布亨瓦德集中

營。堅持下去。正火速前往支援。第三軍官兵。」[1]

沒幾個囚犯還有力氣攻擊親衛隊守衛，甚至連美國人終於趕到時也沒力氣致謝。但集中營反抗組織中還是有比較健壯的成員，決定不再坐等第三軍到來，光是知道友軍即將來援就令人振奮。他們突擊瞭望塔，拿出為了這一刻而藏匿的槍枝，解決僅存的守衛。

當美軍還在為病入膏肓、奄奄一息的囚犯尋找食物和飲水時，反抗組織的共黨領袖已經開始展望未來。幾乎就在解放布亨瓦德的同時，刻有「各得其所」（*Jedem das Seine*）字樣的集中營鑄鐵大門就被塗上一行大字：「絕不讓歷史重演！」

凡是在史上最慘烈的人類衝突中受苦受難的人，無不抱持著「絕不讓歷史重演」的情緒。對許多人而言這不只是一種情懷，而是種理想，或許是烏托邦的理想，相信在戰火的餘燼中，人類可以建立一個嶄新美好的世界。雖然包括我父親在內的許多人都希望生活回歸常態，然而其他人知道這是不可能的。世界不會返回戰前的模樣——戰爭摧毀了大半個歐洲與亞洲，舊政權已經道德破產，殖民主義政權也一樣。納粹主義與法西斯主義壽終正寢，所有變化都鼓勵大家相信一切將徹底推倒重來。一九四五年是白紙一張；悲哀的歷史即將隨風而逝，讓人欣慰；一切都有可能。於是，諸如「德意志，零時」（*Deutschland, Stunde Null*）這樣的說法就大為風行，羅貝托・羅塞里尼（Roberto Rossellini）還拍了部以此為名的電影，片中描述柏林廢墟的生活；又如「新生團」（*Gruppe Neubeginnen*），一個由流亡倫敦的德國社會民主人士所建立的組織，也流行這種說法。

當然，並非什麼事都有可能。人類社會沒有所謂的「白紙一

張」，歷史更不可能想忘就忘。再者，儘管絕大多數的人都同意慘劇不能重演，但對於如何確保這點則沒有什麼共識。不單是烏托邦理想，或是退而求其次，希冀政治改革，都有各種不同的意見。

現在我們都知道蘇共和中共當時想要發動革命的目的，也清楚歐洲殖民地的民族主義者想要什麼。西歐國家共產黨的目標更加複雜，史達林出於本身地緣政治的考量而箝制他們。再怎麼說，就算法國與義大利游擊隊英勇善戰，距離掌握實質權力仍相當遙遠。不過深刻的變革還是在西歐生根萌芽，催生此變革的是社會民主黨人，早在戰爭結束很久之前，他們就已經在為和平打算。出現最激烈變化的不是過去淪陷的國家，而是一個保守的島國。在最黑暗的戰爭歲月裡，在納粹彷彿所向披靡之時，正是此傳統堡壘可歌可泣的抗爭，保存了歐洲人的希望，那就是——英國。

§

我外婆是英國人，作為典型移民家庭的女兒，她身上流淌著慷慨激昂的愛國情操。因此，一九四五年七月，英國同胞以選票把邱吉爾領導的保守黨趕下台時，她心中忿忿不平。大選後邱吉爾下台，人稱「小克雷米」的工黨黨魁克萊門・艾德里（Clement "Little Clemmie" Attlee）以壓倒性優勢贏得政權。我外公當時仍在印度服役，正等待退伍復員。在寫給外公的信中，外婆對英國人的「忘恩負義」痛心疾首，他們不懂得對「賜予我們一切的那位偉人」知恩圖報。同樣出身猶太移民家庭的外公則沒那麼激動，那時他還在部隊服役，聽到的是不同的聲音。

就連七月大選的勝利者，也對自己大幅領先對手感到意外，根本沒料到會辦慶功宴。工會代表擠在英國北部冷颼颼的旅館

中，鴉雀無聲地盯著大螢幕上不斷上升的數字，最終結果：工黨贏得三百九十三席，保守黨拿下兩百一十三席。《曼徹斯特衛報》（Manchester Guardian）刊登的一篇報導寫道：「左派的雷鳴化為閃電，大選結果照亮工黨的勝利。今天唯一的慢動作鏡頭是，大家一時對勝選結果還無法意會過來……自始至終，艾德里先生都鎮定自持，看來有點疲倦。」[2]

工黨表面謙遜，隨之而來的計畫卻十分激進。最著名的一段抒發勝利情緒的文字，遲至一年後才出現。哈特利‧肖克羅斯（Hartley Shawcross）是紐倫堡大審的其中一位首席檢察官，同屬工黨的他，魅力遠勝黨魁，他告訴國會：「我們現在是主宰者，將來很長一段時間也會是主宰者。」[3]肖克羅斯一直到去世前都因為這段吹噓之詞遭到非議，可見新政府行事要多謹慎，以免給人留下驕傲自滿的印象。

選舉結束後，《衛報》刊載了一篇美國人的評論：「就在美國終於擺脫新政派人士而回歸中道時，英國卻轉向社會主義，真教人感到不可思議。」[4]

海外對英國大選的反應，也頗耐人尋味。巴勒斯坦猶太人欣喜若狂，他們覺得工黨會比保守黨更支持猶太復國主義。希臘保皇黨大為震驚，相反地，四面楚歌的左派卻很興奮，期盼命運因此扭轉，不過這期待最後是一場空。蘇聯新聞只是宣布工黨勝利，未多加評論。佛朗哥將軍領導的西班牙法西斯政府，則預期這將導致兩國斷交。在英屬印度孟加拉國的前總理、穆斯林大公卡瓦賈‧納茲穆丁爵士（Sir Khwaja Nazimuddin）說：「看來英國選民拋棄了讓他們免於毀滅的人，戰爭還沒結束呢。」[5]

一位法國政治人物當時說，不懂知恩圖報是一個強大民族的

特點，也許這話說得沒錯。實際上，邱吉爾依舊深受人民愛戴，但對多數選民來說，最理想的狀況並不可行：一個由邱吉爾擔任首相的工黨政府。正如《衛報》的政治記者所言：「這個國家寧願讓邱吉爾先生走人，也不願為了讓他留任而付出保守黨執政的代價。」「（保守黨）不光因為他們的過去而受到譴責；還因為對這個時代沒有憧憬而被拋棄。和歐陸一樣，英國在新秩序建立後顯然面臨巨大的壓力。」

　　邱吉爾自己對這一切也有些不知所措，但還是能坦然接受敗選。也許是希望丈夫多待在家裡陪她，太太可萊蒙婷（Clementine）跟他說，這可能是塞翁失馬，邱吉爾回答：「現在看來的確禍福尚且難料。」他本來希望戰時成立的全國聯合政府能夠維繫下去，至少也要等到打敗日本。實際上，由於他從來就不熱衷於政黨政治（他兩次更換黨籍），邱吉爾大概覺得全國聯合政府比單一政黨執政的政府更自由。同樣也在大選中失去議員席位的日記作者暨外交官哈洛德・尼可森（Harold Nicolson）指出，邱吉爾並未怨天尤人，他表現得「沉著、堅毅和超脫，還摻雜一絲自嘲，命運居然這樣捉弄他；但他同時卻又對選民的獨立性表達了些微敬意。」6

　　邱吉爾的一些保守黨同僚要比我外婆更了解他們的對手。哈洛德・麥克米倫勢必感受到英軍的普遍情緒，他在回憶錄中寫道，考量到重建國家的艱鉅挑戰，「英國人很可能是出於強烈的直覺，認為還是讓左派政府執政比較好。」7 不過，他補充說，那是因為許多人在戰爭期間被灌輸「衝突一結束，烏托邦就會自然出現。」大家認為英國人領導下的社會主義國家，「將在一個和平的世界裡，帶來空前的繁榮。」8 上述是麥克米倫的解讀。也許當時的確瀰漫著這種天真的理想主義，然而，認為邱吉爾統治下的英國已成歷史，

社會將變得更平等的想法，並不能簡單視為白日夢。有一點麥克米倫也許不願承認，那就是承擔大部分粗重工作的人，對麥克米倫這種上流階級都十分仇視。

但是哈洛德・尼可森沒有忽略這點。五月廿七日，他懷著一種不同的階級憤恨、以再清楚不過的筆調在日記裡寫道：人民「隱約感到他們所經歷的一切犧牲……都是『他們』的錯……儘管這種思路完全不合邏輯，人民卻堅信這個『他們』就是上層階級或保守黨人士。階級情緒和階級仇視異常強烈。」[9]

但如果感覺到一切再也無法回到過去，不再能接受階級尊卑有別的「正常」狀態；再也無法理所當然接受特權；或再也無法忍受因為出身貧寒而無法擁有良好教育、寬敞華屋或妥善醫療的話，這又有多「不合邏輯」呢？描寫人民共赴國難時萬眾一心的作品，在戰後汗牛充棟，這是一種樂觀開朗、「倫敦挺得住」的英國鬥牛犬精神，激勵所有人齊心協力團結合作。但這些弭平階級劃分的經歷同時也營造出嶄新的權利意識（sense of entitlement），使過去的不平等再也無法維持下去。這是英國人所認知的「絕不讓歷史重演」。

美國文評愛德蒙・威爾森曾參加過一次工黨會議。開會地點在某個工業小鎮，鎮上是一排排狹長的灰黑色平房。在一個灰濛濛的下午，他旁聽了工黨主席、馬克思主義學者哈洛德・拉斯基（Harold Laski）的談話。在場男女無不神情肅穆、專心聆聽，他們有的穿著多餘的破舊軍裝，有的穿著不太合身的「歸建軍人」便裝。拉斯基提醒聽眾，溫斯頓・邱吉爾「支持傳統英國，加上一部分實質的建設措施」，但他要讓聽眾明白，在「傳統英國」，百分之一的人擁有五成的財富；此外，只有百分之一的軍官，出身勞工階

級家庭。

　　就在威爾森聆聽拉斯基大談社會主義政府的恩賜時，他注意到一名老太太（也許只是外表比實際年齡大）正用飢渴的眼神盯著講者。這種眼神，讓他聯想起自己見過的其他歐洲人：他們臉色蒼白、骨瘦如柴，但與承平時期的窮人不同，他們似乎屬於某一奇特的「物種，有著動物般貪婪的眼睛」，「只有在胃口大開時」才會眼睛發亮。拉斯基就站在「這名老嫗和她沉默不語的同伴面前」，「他身材乾瘦，戴著眼鏡，額頭很高，向人們做出也許無法完全兌現的承諾」，「某種程度上只是在講政治圈的行話。」然而，「他用力扶住講台的神情很迷人，引得雞皮鶴髮的老嫗伸長脖子，瞇著眼盯著他看。」[10]

　　在希臘，威爾森則有機會和英國軍人打成一片。讓他有些驚訝的是，一般士兵不僅對他們的長官懷著敵意，對邱吉爾也是如此。其中一個人「就邱吉爾抽雪茄這點表達了格外強烈的情緒。」每當英國軍人碰到美國同僚時，都會留意到美國士兵的上級對手下多麼和顏悅色。威爾森察覺到，在所有去過的地方中，「德爾菲（Delphi）的英軍官兵對邱吉爾政府的看法，有著幾乎涇渭分明的階級分野。」他發現，「所有英國士兵都把票投給工黨，但只有一名軍官投票給工黨。」[11]

　　我們無法確認這個觀察是否正確，然而其中或許夾雜了一絲階級意識的投射：英國人在美國人和階級較低者面前會有意無意地流露出傲氣，威爾森本人對此相當敏感。事實上，英國社會的變遷無法單用階級鬥爭解釋清楚，威爾森看到的只是一個片段。諾埃・安南（Noel Annan）除了對知識的強烈興趣外，幾乎在各方面都符合英國大資產階級的氣息。他在一九四五年曾擔任軍事情報

官，後來又升任顯赫要職，包括劍橋大學國王學院院長。一九四五年的大選中，他和一些年輕軍官一樣把票投給了工黨。安南在回憶錄中解釋了箇中緣由，並非他不崇拜邱吉爾；他只是「質疑（邱吉爾）是否明白這個國家在戰後到底需要什麼。」[12]

撇開階級情緒，戰爭之所以改變人民對社會與政治態度的另一個原因，是教育水準普遍提升了。戰時的英國政府大力推動文化事業，「音樂與藝術促進理事會」（Council for the Encouragement of Music and the Arts, CEMA）在工廠、教堂、防空洞裡舉辦古典音樂會和戲劇演出。此外，為了提高境外部隊的文化素養，還開辦辯論與教育活動。在大批官兵駐守的開羅，左翼軍人於一九四三年設立模擬國會以議論政事，用一名空軍飛行員的話來講：「好像我們已經活在期待已久的和平中……」[13]

這種發展讓部分保守黨人極度不安。潘林與法茅斯選區（Penryn and Falmouth）的議員寫信給邱吉爾的國會祕書，信裡說：「我對這種給部隊授課、普及教育的胡鬧感到愈來愈不安……拜託做點什麼吧，除非您希望這些人回來都變成娘娘腔！」[14]

西里・康納利（Cyril Connolly）是畢業自伊頓中學的唯美主義者。熱愛法國文化的他，在一九四〇年創辦文學刊物《地平線》（Horizon），就算「歐陸的光芒已開始黯淡」，仍決意要讓藝術與文化之火生生不息。康納利給軍人、水手很優惠的價格，鼓勵訂閱；他也相信該走下曲高和寡的舞臺，把文化帶向人民。《地平線》就這樣進入許多士兵的卡其布背包，讀者數量之大令人嘖嘖稱奇。一九四五年六月，康納利在一篇文章解釋了他投票支持工黨的理由，並非工黨政治人物比保守黨人（Tories）更積極推廣文藝，事實往往正好相反，但他還是把票投給了工黨，因為每個人都有權過文

明的生活：「要讓英格蘭成為一片樂土，就必須由社會主義鏟除階級秩序。」[15]

戰時英國拍過一些奇特的電影，其中一部是《坎特伯里故事集》（*A Canterbury Tale*），放到任何時代來看，這都是部怪片。執導該片的是麥克・鮑威爾（Michael Powell）和艾默里克・普雷斯伯格（Emeric Pressburger），一個是保守派英國電影鬼才，另一個是崇尚英國文化的匈牙利猶太人。一九四四年，該片甫上映時，由於風格太過古怪，票房口碑並不好。《坎特伯里故事集》反映了當時社會的熱切期待，這些期待既是精神性的，也是政治性的。故事發生在肯特郡鄉下，一位英國兵與一位美國兵在機緣巧合下因一位英國少女而結識。少女來自倫敦，是名售貨員。她在晚上被一位陌生人騷擾，這個名為「膠水男」的神祕男子喜歡偷偷往女人頭髮上倒膠水。不久，兩名軍人就查出膠水男是當地一名有教養的鄉紳與地方官。原來，他這麼做是為了不讓少女外出和士兵廝混，這樣少女才能浸淫在英國的光榮歷史與鄉村風情之中。片中四名角色最後都來到坎特伯里，這是一次當代的朝聖之旅，所有人都從中領受到屬於個人的恩典。

膠水男或許很容易被當成變態、瘋子，但儘管確實是個怪人，他同時也是充滿理想主義、近乎聖人的角色。他企圖以古怪方式，表明為何英國值得為之而戰。該片鏡頭下的英國，特別是英國鄉村，是一片洋溢愛國情操與浪漫情懷的熱土，是保守黨人眼中的「鮮血和祖國」。不過有一點除外，這部電影消弭了傳統的階級藩籬：少女告訴膠水男，她的未婚夫家境優渥，而她只是個店員，門不當戶不對，因此男方父母並不接納她作媳婦。膠水男回答，這些尊卑秩序的框架分類在「新英格蘭」中再無任何意義。片中的

「新英格蘭」是一個哲學思辨的國度，而自然風光則是孕育靈性的沃土。少女說，那可真會地動山搖。膠水男回答，我們正經歷一場大地震。對膠水男而言，這不只是社會和政治的地震，更是發生在英國綠野山林間的一種宗教頓悟。

克萊門・艾德里主張的社會主義，與鮑威爾和普雷斯柏格鏡頭下的保守黨浪漫主義似乎相去甚遠。艾德里的父親是個安靜、嗜抽煙斗的律師，他的兒子與浪漫完全扯不上關係。但艾德里的政治主張與《坎特伯里故事集》的主題並非毫無關聯。英國的社會主義有強大的基督教根源，深植於維多利亞時期的改革主義傳統中，強調透過文化薰陶與藝術創作，打造純淨如畫、田園牧歌般的英格蘭。例如威廉・布雷克（William Blake）的詩作《耶路撒冷》（Jerusalem），就是對處於「黑暗撒旦磨坊」之中的「英格蘭綠野樂土」的禮讚。該詩表達出宗教式的愛國熱忱，似乎耶穌妙手一揮，就把英格蘭化為人間天堂。布雷克是個異議分子，他的詩經常鼓吹工人階級起而反抗壓迫者。在他筆下，一個實行社會主義的英國時而被喚作新耶路撒冷。鮑威爾和普雷斯柏格執導的電影選在肯特郡陽光燦爛的田野中取景，最後在坎特伯里大教堂步入尾聲，影片弘揚的精神和布雷克的願景極為相似。

七月大選前一個月，邱吉爾和艾德里各自提出截然不同的英格蘭愛國主義。邱吉爾試圖先下手為強，指責工黨執迷於舶來品概念，「與英國人的自由觀格格不入」。他大聲疾呼，這種「源自歐陸名為社會主義的人類社會構成觀，若以更暴力的面目示人，就是共產主義」，將無可避免導致警察國家的興起；社會主義政府「必須依賴某種形式的蓋世太保」，而這種做法「在這裡，在傳統的英格蘭，在大不列顛，在這個光榮的島嶼上……這個自由民主體制的搖

籃和堡壘中」永遠行不通。因為英國人「不喜歡被呼之即來，揮之即去……」邱吉爾以他戰時精彩演講的氣勢，鏗鏘有力地說出這番話。[16]

他接著說，軍事化管理在國難當頭之際很管用，「為了拯救自己的國家，我們甘願被頤指氣使。」一旦戰爭結束，驕傲的英國人就應該甩開那些自行加諸的枷鎖與包袱，「走出陰鬱的戰爭黑洞，步入微風拂面、豔陽高照的田野。所有人都愉悅地沐浴在溫暖和煦的金色陽光中。」

秉持自由放任理念的邱吉爾認為碧綠樂土本應如此，但是他的想法完全無法引起共鳴。如今和平近在咫尺，邱吉爾卻對人民的感受置若罔聞。據《衛報》的說法，海外的英軍官兵對此「相當不解」，「邱吉爾先生從一個國家領袖，搖身變成另一個人，居然在演說中指稱『工黨是蓋世太保』，這讓大家都一頭霧水。」[17]

艾德里在回應中也指責對手從可疑的外國來源汲取思想。以邱吉爾來說，啟發他的是維也納學派經濟學家海耶克（Friedrich Hayek）。海耶克在一九三〇年代離開祖國奧地利，他把歐陸出現的極權主義歸咎於中央計畫這個不智之舉。邱吉爾持續閱讀海耶克的名作《通往奴役之路》（The Road to Serfdom）。艾德里對此嗤之以鼻，在電台廣播中表示：「我才不會浪費時間去研究這種理論，那充其量只是從一個奧地利教授批發來的二手學術觀點罷了……」

邱吉爾主張通往陽光燦爛的英國田野，最快的捷徑是取消戰時計畫和管制；艾德里卻深信，若想建設「新耶路撒冷」，就應延續戰時管制，不能把公眾福祉交到私人手上，這些人只為個人利益盤算。他表示，「這場戰爭是靠全民之力才獲勝，除了極少數例外，

人民都將國家放在首位，把個人和派系利益遠遠放在後面⋯⋯如果把私人利益放在首位，我們憑什麼覺得自己能在和平年代實現目標，做到人人有基本生活需求的享受，有社會保險，還能完全就業呢？」[18]

艾德里和許多同輩歐洲人一樣，對於由政府制定計畫很有信心。這絕非是想收割戰後情勢之投機行為。無論是左派還是右派，幾十年來都不信任自由主義經濟學，視自由主義經濟學是導致週期性繁榮、蕭條與高失業率的元兇，這些問題在一九三〇年代曾引發廣泛的政治動盪。希特勒的首任經濟部長雅爾瑪・沙赫特是個規劃主義者，他和艾德里一樣，認為政府應該主導經濟發展。東亞日本的「改革派官僚」也是此原則的信徒，與其說這些人是社會民主主義者，不如說是國家社會主義者，他們與軍隊聯手一起消滅了西方資本主義。二十世紀最偉大的信仰之一，就是規劃出完美的社會。

改造英國的計畫，在戰爭最初幾年就已經擬好了。一九四二年的《貝佛里奇報告》涵蓋了社會保險和聯合服務（Beveridge Report on Social Insurance and Allied Services），提出要建立英國國家醫療服務系統，並提供全民就業。一九四三年公布的一份文件則勾勒出全民中等教育制度的輪廓。一九四四年創立社會保險，翌年又推出住房政策的法案。但一直要到一九四五年七月，絕大多數民眾才支持讓這些計畫付諸實行。當時不只英國，大半歐洲都已精疲力竭、斷垣殘壁，幾乎處於崩潰邊緣，這成了夢想推倒一切、重新來過的完美背景。

§

「新耶路撒冷」在法國對應的詞彙是「進步主義」（*progressisme*）。融合強烈愛國主義的左傾理想激勵著前抵抗主義成員，正如英國社會主義者當初也同樣深受鼓舞。共產黨人、社民黨人、甚至許多戴高樂主義者，之所以對抗維奇政府與德國人，不僅是出於對法蘭西傳統溫柔的愛，也受到政治理想的驅使。為了追求理想，許多人不惜犧牲生命，期盼理想在戰後能付諸實現，而且最好由前抵抗者親自執行。左派主導的「抵抗組織全國委員會」（National Council of the Resistance）在設立之初，就是要成為準政府。

史帝芬·艾瑟（Stéphane Hessel）曾是年輕的錫安主義成員，在經歷蓋世太保的酷刑和布亨瓦德的考驗後撿回一命。回憶起六十年前的往事，他說：「一九四五年，在恐怖的一幕過去後，抵抗組織全國委員會的成員開始投入一項野心勃勃的復興計畫。」這個委員會提議「理性計畫經濟，以確保私人利益符合公眾福祉」，這番話與艾德里的計畫如出一轍：必須制定新計畫來保障全民社會保險。煤礦、瓦斯、大型銀行和電力等部門將被國有化。艾瑟回憶，這麼做是為了「從依據法西斯國家形象所創造的獨裁統治中，解放公眾福祉」。[19]

艾瑟不是共產黨員。他在倫敦加入了戴高樂的部隊，並於一九四四年三月跳傘進入仍處於德國占領下的法國。即使拿著偽造證件，這麼做仍非常勇敢，更何況他還是猶太人（艾瑟於七月遭人出賣被捕）。然而，艾瑟的政治理念勢必要比戴高樂對法國的構想偏左許多。法國左派對戴高樂的看法和許多英國人對邱吉爾的看法相近，他們毫無疑問都是那個年代的偉人，卻也是阻礙進步的反動派。瑪格麗特·莒哈絲曾是左翼抵抗組織的一分子，她說戴高樂是「名副其實的右派領袖」。在她筆下，戴高樂「想要抽乾人

民的生氣。他希望人民既孱弱，又對他忠心耿耿；他希望人民與資產階級一樣是戴高樂主義者；他希望人民成為資產階級。」[20]

她在一九四五年四月寫下這段話。隨著北非和印度支那的殖民戰局益發吃緊，這種情緒更是揮之不去，甚至益發強烈。儘管戴高樂無疑是個保守派，也毫不遲疑地阻擋抵抗運動奪權，但他也清楚自己不得不向進步主義力量妥協。在戴高樂統治下，雷諾汽車廠和五大銀行在一九四五年國有化，其餘被收歸國有的行業還有煤礦、燃氣與公車。也是在戴高樂當政的時候，一九四五年十二月，來自干邑（Cognac）的技術官僚尚·莫奈（Jean Monnet）向戴高樂展示了推動法國經濟現代化的計畫，儘管戰時多數時間他都待在華盛頓。莫奈的方案是讓國家管理工業、礦業和金融業，這是很典型的計畫思想。一項接著一項的計畫是通往美好未來的方法，不僅因為這可以保證社會更公平，而且還可以防止歐洲再度陷入一場毀滅性戰爭。

就這樣，計畫之風吹遍了歐洲大陸。猶太生還者當中的翹楚亞瑟·克斯勒（Arthur Koestler），先前也是共產黨員，曾經從西班牙一座法西斯監獄成功越獄，他對計畫主義蔚然成風抱有極大疑慮，他寫道：「如果我們即將步入由超級國家管理一切的時代，知識分子必將淪為公共服務中的一個特殊部門。」[21] 儘管抵抗組織未能如願當政，不少左傾理想卻實現了。荷蘭和比利時的社民黨都從大選中勝出，贏得組閣權。西西里、羅馬尼亞、捷克斯洛伐克、匈牙利、波蘭都推行了土地改革，讓數百萬農民擁有自己的土地，當然改革的代價通常是由不受歡迎的少數族裔所承擔，如東普魯士和蘇台德地區的德國人。在德國的蘇聯占領區，社民黨人竭力想與共產黨人共謀國是，後來證明只是徒勞無功。

這些改革實際上帶有強烈的泛歐主義元素:「新耶路撒冷」不只是單一國家的理想,更是全歐洲的願景。日後在數屆工黨政府擔任內閣大臣的英軍少校丹尼斯·希利(Major Denis Healey),曾與部隊一起在西西里和安奇奧(Anzio)降落。他對同袍左傾的解釋是「他們接觸了抵抗運動,並且感到一場革命正席捲歐洲。」[22]希利曾是共產黨員,但在一九三九年憤而退黨,原因是蘇、德兩國簽署了《德蘇互不侵犯條約》(Nazi-Soviet Non-Aggression Pact),又叫《莫洛托夫－里賓特洛夫條約》(Molotov-Ribbentrop Pact)。但他對共產主義的赤誠並未徹底熄滅,他在一九四五年的工黨代表大會上,呼籲協助歐洲社會主義革命,他強調,「雖然有時事實顯示,歐洲大陸的同志會走上極端」,但工黨仍不應「太道貌岸然、自以為是」。[23]

以西里·康納利為例,他對法國與歐洲文化的熱愛,加上他的政治觀點,都促使他主張只有團結的歐洲才能築起屏障,阻擋另一場自毀的衝突。一九四四年十二月,他在《地平線》雜誌發表的文章寫道:「每一場在歐洲的戰爭都是歐洲的失敗」,「而歐洲打敗仗也就是英國打敗仗;英國打敗仗,全世界都會陷入貧困」。在他看來,「絕不讓歷史重演」意味著「歐洲聯邦並非名義上的聯邦,而是一個不需要護照的歐洲;是一個人人通行無阻,想去哪裡,就去哪裡的文化實體……如果歐洲不能以國際區域主義取代經濟民族主義,就會像希臘的城邦國家一樣,在仇視與不信任中相互糾纏,最後在侵略者鐵蹄下一敗塗地,走向衰亡」。

在親歐這點上,康納利並非特立獨行,包括邱吉爾在內,不少人都同意他的看法。但我們不得而知的是,邱吉爾是否真心希望英國成為新歐洲重建計畫的一部分。答案很可能是否定的。

戰後第一年，他曾在蘇黎士發表演講，表達了對「歐洲合眾國」（United States of Europe）的熱烈支持，但這個團結的歐洲必須由「英國、大英國協」和歐洲的「朋友和支持者」[24] 所組成。然而，左派的角色依舊是爭議焦點。康納利相信，只有左派才有能力建立歐洲聯邦，這將會是「一個堅強的歐洲人民陣線（European Front Populaire），這個陣線將避免第三次世界大戰發生」。提出類似構想的還有蘇聯，這點在涉及德國前途時尤其明顯，因為在莫斯科看來，德國的統一理應在共產主義統治下實現。在倫敦的法國大使館用過午餐後，哈洛德·尼可森在日記裡談到共產主義政治宣傳的危險性：「要對抗這種宣傳，我們必須提出另一種理想；唯一可行的方案，是在歐洲聯邦下成立一個德國聯邦。」[25]

　　另一種鼓吹歐洲聯合的觀點則立基於愛國主義，認為各國只有在歐洲聯合的條件下才能重振國威。這種觀點在法國倡議最力，倡導者中不僅有維奇政權的技術官僚，也包括他們的政敵，其中的核心人物依然是尚·莫奈，他的統一大夢並不侷限於法國國界。根據莫奈的回憶錄，他終其一生都在嘗試把握「非常時刻」，希望能夠克服歧見，凝聚共識。一九四〇年五月，德軍肆虐全法之際，便是這樣的大好時機。再往前推一年，莫奈提出英法聯盟的構想，想藉此引起時任英國首相的內維爾·張伯倫（Neville Chamberlain）的興趣。一九四〇年，邱吉爾也準備支持這項倡議，但礙於法國人的疑心，最後只能不了了之。

　　「國家計畫」（State planning）是莫奈對法國的愛國貢獻。他告訴戴高樂，這是法國唯一能重現輝煌的辦法。要實現這點，必須讓所有法國人團結一致，並善加利用這種團結的力量。一九四五年是做出這種「集體努力」的最佳時刻，「因為解放後人們還存著愛

國心，也還沒有大型工程使其得以展現。」[26] 第一項偉大工程是將經濟國有化，把德國的煤礦交給法國工廠使用，從而實現法國的現代化。接下來的計畫事關全歐洲，即「煤鋼共同體」，再接著是「歐洲經濟共同體」。按照莫奈的夢想藍圖，這一路走下去，將發展為「聯合歐洲」（United Europe）的鴻圖大業。

戴高樂喜歡將這位歐洲夢想家稱為「美國佬」（*L'Americain*），有幾分欣賞之意。莫奈是少見的法國人中，能在華盛頓、倫敦、巴黎都能隨遇而安的人。但是在莫奈統一歐洲的執意中，歐陸色彩過於濃厚，還有幾分羅馬天主教的味道，這種理想和自由民主體制並不完全契合。在他的歐洲夢想之上，返照著神聖羅馬帝國的餘暉。另外，他非常憂心政黨政治的競爭特質，同時對官僚們鞭長莫及的自由市場經濟也沒有好感。這說明了無論左派或右派，都同樣信仰技術官僚（technocratic faith），或者應該說，在技術官僚的烏托邦裡，左右之分並沒有太大的意義。其中更強烈的信念是，為了實現社會正義，最有效的途徑是一個善意的威權政府。如此說來，邱吉爾在一九四五年認為左派希望制定的計畫不見得適合英國人，並非全無道理。

§

為第三帝國效力的德國技術官僚同樣也是出色的規劃者。一段較為黑暗的二戰歷史是，歐陸納粹占領國的規劃師曾與德國規劃師合作。德國及其占領地區的建築師、都市計畫者、水壩工程師、公路設計師，並不把彼此當作是納粹同志，而是志趣相投的工程師，共同致力於建立歐洲新秩序。對他們來說，破壞往往意味著大好契機出現的「非常時刻」。

鹿特丹於一九三九年九月遭轟炸，是西歐頭一個被炸得面目全非的城市，雖然毀壞程度比不上早在八個月前就滿目瘡痍的華沙，但鹿特丹市中心幾乎直接從地圖抹去。重建鹿特丹的計畫很快出爐，在沒有民主程序或私人利益的羈絆下，一群荷蘭城市規劃者與工程師開始著手清理廢墟，從私人手中徵收土地，並根據合理藍圖重建城市。他們不是納粹，事實上，多數人完全不認同德國占領者，但這些實踐者對自由民主體制的優柔寡斷、互相推諉與混亂無序早就失去耐心。一如尚・莫內，他們堅信強力領導的統一行動。從這點來看，納粹政府提供一個機會，讓他們可以放手做自己一直想做的事。

　　儘管荷蘭的技術官僚可能跟德國人同床異夢，但對德國人而言，這項合作也有重要的泛歐主義（視整個歐洲唯一體）的元素，鹿特丹將成為大日耳曼地區的重要樞紐，以納粹占領者的種族主義論調來說：「荷蘭是歐洲生存空間（Lebensraum）的一部分。身為日耳曼人，荷蘭人將遵循天生血脈所賦予的使命。」[27] 在新秩序之下，不會有戰前自由市場經濟給予「財閥政治」的空間。包括荷蘭在內的所有經濟體都必須加以改造，以符合歐陸計畫經濟體制（Kontinentalwirtschaft）；集體利益應凌駕於任何私人利益之上，當然，納粹領導人的利益另當別論。

　　林格斯博士（Dr. J. A. Ringers）是負責一九四〇年重建鹿特丹的工程師，這種日耳曼族言論對他來說沒什麼說服力，事實上，他後來因為幫助荷蘭抵抗軍而被捕，但他由衷認為都市規劃是一條正確的道路。在戰爭最初幾年，德國人也樂於與林格斯等荷蘭技術官僚分享經驗，然而他們的意見並非處處一致。德國人計畫將鹿特丹以偉大的法西斯主義重建，這完全不是荷蘭人的想法。另

外，德國人不允許鹿特丹因為現代化而取代漢堡與布萊梅等德國港口城市。於是，一九四三年，就在林格斯被捕後，重建計畫戛然而止。但在德國集中營歷經艱險後，林格斯活了下來，戰爭一結束，他就被任命為公共工程部長，負責荷蘭的重建工作。林格斯後來成為荷蘭「新耶路撒冷」的主要設計者，他的設計藍圖既受到卡爾‧馬克思的啟發，也吸收了戰前的社會主義規劃觀點，或許還有不少來自納粹占領者的經驗，但大家並不願憶起此事。

§

最全面的規劃者還是日本人。在一九三〇年代至一九四〇年代早期，依附於日本的傀儡政權「滿州國」，是當時全世界規劃最完善的殖民地，有點像日本泛亞主義的夢想宮殿。當然，官方說法中，滿州國可不是殖民地，畢竟表面上看來，日本是把亞洲從西方帝國主義手中拯救出來的解放者。而且由於日本帝國也同時對抗「自私自利」的西式自由市場資本主義，滿州國並非偽獨立的亞洲國家，而是社會集體正義與平等主義的典範。但是，真實情況根本不是這樣，日本人的礦井與工廠全仰賴中國勞工做牛做馬，在日本關東軍的高壓統治下，中國人和朝鮮人過著水深火熱的生活。和滿州國的其他事務一樣，軍政府嚴格控制經濟運作，受到政府垂青的日本工商企業和銀行則大力配合軍政府的事業。

滿州國的首都日語稱作「新京」，即現今「長春」。一九三二年日本建立滿州國政權時，新京還只是規模很小的鐵路轉運站。滿州國成立後，關東軍南滿州鐵路株式會社的日本規劃者、工程師、建築師和官僚，隨即著手打造全亞洲最現代、最有效率、最乾淨、最井然有序且具有「新亞洲」風範的城市。新京的設計藍圖帶有西

方影響的銘刻，如「豪伊斯曼」（Haussmann）的巴黎、十九世紀英國人的花園城（Garden City）、德國的「包浩斯」（Bauhaus），不過，雄偉且風格現代的市政府還是得配上東方式屋頂。原型來自諸多日本寺廟與中國宮殿。

在滿州國國務院主導下，歷經五年快速建設，一座嶄新的城市矗立在地勢平坦、冬季白雪皚皚的東北平原上。如果亞伯特·許貝爾（Albert Speer）是日本人，新京必定是他都市規劃的極權主義風格紀念碑：馬路兩旁「新亞洲」風格的官僚堡壘氣勢磅礴，中間的林蔭大道寬闊筆直，通往巨大的圓形廣場，就像巨型車輪上的輻條。* 所有設計都力求數學的精確，而且無論是外觀漂亮、從不誤點、有著「亞洲特快車」美譽的南滿鐵路高速列車，還是連日本大部分家庭都未曾聽聞的發明：國宅裡安裝的抽水馬桶，一切都順利運作。

滿州國的對外代表是中國人，最高可至滿清廢帝，人稱「末代皇帝」的溥儀。他與每個中國官員一樣，背後都有擔任幕後黑手的日本「副座」。稱日本統治者為法西斯不盡然正確，他們清一色都是民族主義者，不少是軍國主義者，也有很多人篤信官方宣傳的泛亞主義理想：在日本帶領下，擺脫西式資本主義和帝國主義的全新亞洲即將誕生。

所有軍政官員全心投入規劃，既不受民主程序的羈絆，更不用顧忌占滿州國多數的中國臣民的私人利益。一群非常精明的官僚、管理者和工程師，靠著關東軍的惡勢力、殺人如麻的憲兵隊、三教九流的日本浪人和政治投機分子，將滿州國看成一塊畫布，

---

* 這些建築仍在原地。它們浮誇的風格對中國、共產黨很有吸引力，從前關東軍建築轉型到共產黨總部似乎再自然不過。

在上面繪製規劃完善的經濟藍圖。他們的計畫包裹在近乎邪教的帝國主義外衣下，以神聖的天皇為中心，身居新京「鹽宮」的滿州國皇帝溥儀，則是糊塗、可憐、備受屈辱的諸侯。

在致力維護保守的軍事秩序這點上，部分日本規劃者相當右傾；其中有些人是社會主義者，與軍國主義者一樣反對自由市場資本主義。但即使是右翼官僚也是蘇聯五年計畫的信徒。典型的滿州國「改革派官僚」比較像是右翼激進派，跟共產黨的相同點比自由派多，岸信介就符合這般描述。兔子臉、溫文儒雅的他，是個精明圓滑的官僚，光從外表根本看不出他是那種會鐵腕管理大批奴工的人。然而，未滿四十歲的岸信介是日本帝國最有權勢的幾個人之一，他的野心是把滿州國變成國家控制下的礦業、化工與重工業重鎮。

因此滿州國的產業政策不是為了讓企業或公司獲利，即使有也非首要之務；更不是為了滿足日本消費者的需求，他們在戰時配給制下生活益發窘困。產業政策的目標是擴大國家的權力，有些公司卻仍從中大撈一筆。舉例來說，日產在一九三七年把總部搬到滿州國，和政府簽訂合作協議後，成立一家全新的工商與金融集團，也稱財閥，然後開始制定五年計畫。產品從軍車到魚雷艇不一而足；同樣也是財閥的三菱株式會社負責生產戰鬥機；三井則壟斷在華鴉片貿易，從中獲取暴利，同時也壯大了滿州國當局。參與這些醜惡交易的兩位主要人物是日產株式會社創始人鯰川義介和產業官僚岸信介，後者一直小心翼翼地經營他與地下犯罪集團間的關係。但大企業與軍事考量的利益並不總是一致，就連鯰川也不贊成日本和納粹德國結盟，和英、美開戰對做生意未必有利，而且就算企業能從特別免稅條款和補助中獲益，他們也不會欣然接

受官僚的干預。

　　岸信介等人在滿州國的創舉，日後在日本國內也付諸實行。從一九三七年中日戰爭正式爆發到太平洋戰爭結束，在內閣企劃部、大藏省、商工省等政府機關的掌控下，日本經濟獲得有效管理。管理戰時經濟的一批人士，都是從改革派官僚、戰略規劃者與反自由化思想家組成的網絡中招募的，左右派都有。他們用鐵面無私的態度，協助滿州國快速工業化，商工省大臣正是岸信介。一九四三年，商工省改名為軍需省，更加符合日本戰時經濟的本質。岸信介名義上是軍需省次官，實際上依然掌管戰時經濟，前後長達一年。就在天皇下達終戰詔書，宣布日本戰敗後不久的八月廿六日，軍需省遭廢除，改頭換面後又一次叫做商工省。

　　美國人為何容許日本人玩弄這些把戲，這是美國占領日本時的一大謎團，畢竟，勝利者對日本的構想同樣也是「絕不讓歷史重演」。在日本，一九四五年也是「零年」，是在廢墟上建設新社會的完美時機，顯然必須有些人被整肅。岸信介成為甲級戰犯遭逮捕，同樣落網的還有鯰川義介。但他們在日本的建設基本上都安然無恙，反觀滿州國的工業設備則遭到蘇聯紅軍洗劫一空。

　　各方對於如何重建日本有極大異議。華盛頓有一股很強大的輿論，認為不能再讓日本從事重工業，應轉而生產更符合東方民族典雅氣息的產品，像玩具、陶瓷娃娃、絲綢、紙製品、瓷碗等。有的提議很實際[28]，要日本生產出口美國的雞尾酒餐巾。日本人則不這麼想，在美軍到來之前，三菱財閥總裁寫信給旗下的高階主管，信中談到「戰後百年大計」[29]，儘管「百年大計」這一源自中國古典文獻的語彙不能單從字面上理解，但可以說日本人盤算的仍是規劃問題。一年後，日本外務省草擬了一份報告，解釋自由放任的時代

已經結束，全世界「終於進入國家資本主義的時代，或者說是受控制、有組織的資本主義時代」。[30]

這種想法和幾位頗具影響力的美國新政派人物十分接近。他們被派任日本，協助麥克阿瑟將軍對日本進行和平民主改造。這批人早期擬定的計畫草案，就算換成列寧主義者一樣能執行。歐文·拉帝摩（Owen Lattimore）在約翰霍普金斯大學（Johns Hopkins）任教，曾經深具影響力，他是中國研究的英國左派學者。他認為，亞洲人對「實際的民主行動」更感興趣，「如他們在俄國境內所看到的民主行動」；相比之下，對西方民主理論則興趣缺缺，況且這些理論總是和「野蠻的帝國主義掛勾」。他宣稱，中國國內真正的民主體制只出現在「共產黨的地盤上」。[31] 其他在美國國務院的「中國通」，則仔細審視日共領導人野坂參三對建設戰後日本的提議。戰時，野坂曾在中國對日本戰俘進行思想教育。根據他的想法，工廠委員會與工人組織要從「法西斯」官僚手中奪權，管理食品分配等重要工作。儘管這個想法後來沒有實現，但新政派官員對土地改革與建立獨立工會這兩件事仍然嚴陣以待，也確信美國占領當局理應「傾向更廣泛分配經濟體系中的所有權、經營權、控制權。」[32]

「日本新政」和艾德里的「英國改造計畫」十分類似。當然，艾德里和新政派都不是共產黨，恰恰相反，他們與多數社民黨人一樣都反對共產主義。包括新政派在內的美國官員都非常擔心日本人在極端的經濟窘境之中，將難以抵抗共產主義的誘惑。解決辦法是重建日本的工業能力，確保日本人能夠儘快養活自己，並且確保軍事利益或大企業的貪婪不會左右工業發展。要做到這點，最好的辦法就是把經濟政策交給經驗最豐富的日本人，交到能替未來打算、能把公共利益置於私人利益之前，並且具有愛國情操與

平等主義抱負的公務員手上；也就是說，要交給沒有遭到太多整肅的大藏省與商工省官僚手上。

一九四八年，有案底在身的岸信介未經審判就從巢鴨監獄獲釋。服刑期間，他與右翼政界和犯罪集團的老朋友一直保持聯絡，有些人還與他關在同一間牢房。一九四九年，「商工省」壽終正寢，取而代之的是「通商暨產業省」，簡稱「通產省」，這個部門是一九六〇至七〇年代日本經濟奇蹟背後最重要的政府推手。一九五七年，岸信介當選首相。

§

一九四五年八月十五日，許多朝鮮人從收音機聽到日本投降的消息後，第一件事就是扔掉戰時日本配給的制服：婦女配的是難看的農夫褲，男人則是羊毛卡其馬褲。成千上萬的人穿著白色的朝鮮傳統服飾，湧向大街小巷，手裡揮動朝鮮旗幟，嘴裡唱著愛國歌曲，喊著「朝鮮自由萬歲！」漢城（今譯首爾）大街上一片混亂，電力被切斷，食物供應不足，但人人依然喜極而泣──這麼多年來，他們第一次能公開地表現得像個朝鮮人，不會因為沒有向日本天皇照片鞠躬或拒絕使用日本名字而受罰。

剛開始有一些誤會。朝鮮人以為蘇聯人要來了，派了一支歡迎隊伍到漢城的火車站迎接蘇聯解放者，但他們遲遲未現身。南朝鮮的其他城市，如大邱、光州和釜山也都派出了歡迎隊伍，在火車站恭候蘇聯人到來，也徒勞無功。人們手裡揮動著蘇聯和朝鮮旗幟，表達對蘇聯幫助朝鮮恢復獨立的感激之情。

另一些人來到離他們最近的日本神道教寺廟，拿著榔頭、棍棒，甚至只是揮舞拳頭，試圖砸毀這個殖民壓迫的主要象徵，最後

再放火燒毀。縱火事件一開始發生在北方城市平壤，既而有蔓延全國之勢。這些備受憎惡的廟宇徹夜燃燒、火光沖天，視神廟為聖地的日本人大為驚恐。

不過，日本人大體上還是擺脫了南方朝鮮人的騷擾。但北方婦女就沒那麼幸運了，不分老幼，都被蘇軍當成戰利品。八月十六日早晨，朝鮮抗日義士呂運亨在漢城和其他愛國志士一起成立「朝鮮建國籌備委員會」，其中還有剛從日本監獄裡釋放出來的共產黨員。呂運亨是左傾的虔誠基督教徒，喜歡穿著剪裁得宜的精美英式粗花呢西裝。他在一所高中的操場上對著幾千人發表演講，演講內容十分轟動，因為他不僅體現寬偉大量的精神：「既然日本人就要和朝鮮人分道揚鑣了，我們就不要再計較過去得失，友好地說再見吧！」其次是強烈的烏托邦情懷：「讓我們忘記過去經歷的磨難。我們必須在這片屬於我輩的土地上建立一個理性社會，一個理想天堂。讓我們拋開個人英雄主義，牢牢地攜手一起向前邁進！」[33]

人們高唱朝鮮愛國歌曲，抒發對國家忠貞不渝的愛，不過曲調是「驪歌」，這顯然讓日本人誤以為朝鮮人在與日本主子道別。

就在蘇聯部隊抵達平壤前一週左右，一位同樣廣受愛戴的左傾基督教愛國者曹晚植來到漢城北方，即後來稱之為「三十八度線」的地方。曹晚植之所以出名，一是他慢條斯理的行事風格，二是他總是穿著朝鮮民族服裝，人稱「朝鮮甘地」。他也在為國家獨立做準備。與南方的呂運亨一樣，曹晚植的追隨者有不少人過去是政治犯，都有共產黨背景，但當時的曹晚植尚未受到他們影響。不管在南方或北方，朝鮮人民委員會迅速從日本官員手裡接掌權力。多數委員會成員不是共產黨，就是溫和的左傾民族主義者，而且往往是基督徒。

與東、西歐的情況一樣，包括共產黨在內的左派，個個是貨真價實的愛國者。政界、商界和教育界的保守派菁英時常與日本人合作，有時欲拒還迎，有時則積極奉承；有的打著現代化或進步的名號通敵，有的則出於私心。自一九一〇年日本帝國併吞朝鮮以來，抗日運動就帶有強烈的左派傾向。朝鮮人民在反抗本國菁英及日本人時，經常受到結合了朝鮮薩滿教和基督教教義的影響，而帶有一種救世主的論調，從許多方面來看，立基於馬克思主義的抗日運動就像是過去朝鮮農民起義反抗地主階級的現代翻版。

　　然而，撇開呂運亨的大論，統一的基礎其實十分脆弱。綜觀朝鮮歷史，統一相當罕見。這個國家因為地區差異（南北朝鮮之間尤然）和激烈的政治對抗，長期處於分裂狀態，到了一九四五年仍然如此。即使呂運亨和曹晚植都胸懷統一朝鮮的理想，但左派內部派系林立，而共產黨則蠢蠢欲動，一旦時機成熟就要準備奪權。呂運亨在漢城建立朝鮮人民共和國時，還面臨右派的挑戰，也就是由地主和其他舊時代菁英領銜的朝鮮民主黨。其中有許多人曾勾結日本人。此外，流亡中國與美國的朝鮮政治人物沒有共識，也是四分五裂。

　　然而，儘管朝鮮人有不同的政治主張，卻幾乎都同意這點：對他們來說，「絕不讓歷史重演」指的是再也不屈服於外國列強。九月十四日，也就是朝鮮人民共和國宣布成立當天，呂運亨發表了戰鬥性十足的演說：

> 我們下定決心要摧毀日本帝國主義、其殘存的影響、反對民主的派系、反動分子，也不要讓任何我們不想要的外國惡勢力在國內出現。我們要建立屬於我們自己的全面獨立與自治，期待

一個真正的民主國家誕生。[34]

　　韓語中有個詞彙叫「事大」（sadae），直譯是「效忠偉大君主」，用來形容一些周邊王國以小事大，在傳統上對中國君主朝貢，如舊時朝鮮國效忠中國。「事大」在現代則變成打壓國內對手、向外部強國卑躬屈膝的人。通日分子因此犯有「事大」罪行。在呂運亨想望的「理想天堂」中，再也不會有「事大」的恥辱。

　　可惜韓國人根本等不到這個機會。

　　日本投降後幾週，美軍在南部港口城市仁川登陸。當時，美國人對這個國家和人民的期待一無所知。約翰・霍奇中將（Lieutenant General John R. Hodge）只是剛好在附近的日本沖繩島，便獲選為美軍統帥。他的政治顧問團對朝鮮的了解也沒有比他好多少，沒人會說韓語。但朝鮮人還是釋出無比善意，根據《美國佬》雜誌的報導，「朝鮮住民高舉雙臂歡呼、鞠躬連連、扯著嗓子叫道『好啊！好啊！』」歡迎美軍吉普車、卡車與偵查車進城。[35]

　　儘管軍令嚴禁軍人與平民友好，日裔美籍軍事情報官沃倫・常石（Warren Tsuneishi）還是和漢城的飯店經理金先生攀談。金先生說：「感謝你們解放我們，我非常、非常感謝你們！為了解放我們、讓我們獨立，你們受了很多苦。」說著說著，金先生的眼眶泛起淚光，這讓常石突然感到「很不自在」。[36]

　　至此，美國人已經鑄成第一個大錯。霍奇中將還沒下船，就收到朝鮮人的請求，邀請他見見呂運亨的弟弟呂運弘，呂運弘是代表朝鮮過渡政府的溫和派人物。由於懷疑這是日本人或共產黨設下的圈套，霍奇將軍拒絕與呂運弘會面。第二天，霍奇在漢城宣布日本總督和所有當局官員留任，直到新的命令到來為止。朝鮮人猶

如被當面賞了一記耳光，憤怒地湧上街頭抗議美國的作為。朝鮮人
的反應讓美國很丟臉，國務院隨即宣布，日本人不會掌權，掌權的
會是美國人。但由於美軍兵力不足，因此只能下令讓日本人繼續擔
任原職。

《美國佬》如此描述日本的投降儀式：「在漢城日本總督府外
的旗桿旁，舉行了簡單的撤退儀式。一八四師的官兵身著軍裝，排
成一個中空方陣，第七師的官兵演奏了《我們美國人》（Americans
We）一曲。日本鬼子的旗子降了下來，簡短展示給到場的攝影師看。
隨著樂隊奏樂響起美國國歌，美國國旗冉冉升起。」接著，美軍「邁
步走出總督府大門。這些受到朝鮮人熱烈歡迎的正義使者，開始
在這個曾經三國鼎立的古老國度履行占領者的職責。」[37]

儘管蘇聯紅軍占領了三十八度線以北的朝鮮領土，但蘇聯並
未像美國一樣大搖大擺。一名蘇聯官員告訴美國記者，俄國人對
英國人和美國人有好感，因為「他們跟我們長得很像。」他接著說，
但「我們不喜歡朝鮮人，等到合適的穩定政府成立後，我們就會撤
軍。」[38] 順便一提，霍奇將軍也不喜歡朝鮮人，他認為大多數朝鮮
人是「沒受過什麼教育的東方人，日本鬼子長達四十年的統治深深
影響了他們……跟他們沒辦法講什麼道理。」[39]

蘇聯人恪守承諾，但他們所謂「合適的穩定政府」，與呂運亨
及曹晚植等愛國者的期望截然不同。最早管理北朝鮮的是「北朝
鮮人民委員會」，他們成立了「人民法院」來清算投敵分子與「反動
派」，前殖民政府官員被掃地出門，過程有時還伴隨流血暴力。革
命政治得到蘇聯官員的支持，朝鮮地主等勢力在其中撈不到半點
好處，火速逃往南方。曹晚植依舊管理「人民政治委員會」，但此中
央機構對區域性委員會的控制力相當有限，也阻擋不了蘇聯人拆

解與劫掠日本人留下的工廠。

不同於蘇聯人，坐鎮南方的美國軍事當局直接管控政府，並決定一項方針。這個方針在日後，每當美國人認為只有自己才知道當地人需要哪種政府時，就會一再施行。部分出於無知，部分出於對共產黨意圖的合理懷疑，美國軍事當局主要是依靠朝鮮菁英中會講英語的保守派成員，這些人最好還曾在美國大學讀過書。為了領導未來的朝鮮政府，他們從美國帶回一個不折不扣的民族主義者，同時也是堅定不移的反共分子，他叫李承晚，是個唸過哈佛大學與普林斯頓大學的基督徒。李在朝鮮並非完全沒沒無聞，但也沒有民意基礎。他在流亡海外期間被美國官員看成麻煩人物，但一位國務院護照部的女士覺得李承晚是個「和藹的愛國老紳士」。有了她的觀點背書，再加上李承晚的反共資歷，這兩個理由就有足夠的說服力了。十月十一日，李回到祖國，得到霍奇將軍的歡迎，霍奇稱讚他是一位「傾注畢生心血謀求朝鮮自由的偉人」。[40]

三天後，平壤出現類似情節。一位名不見經傳的朝鮮游擊隊戰士，以「民族英雄」和「傑出游擊隊領袖」的身分，受到蘇聯最高指揮官的熱情接見。此君身材矮胖，三十出頭，頭髮像倒扣的西瓜皮，他在哈巴羅夫斯克附近的蘇聯部隊訓練營度過了大部分的戰爭時光。蘇聯組織了七萬人向「金日成將軍」致敬。金將軍以「感激涕零的朝鮮人民代表」身分，發表了一篇由蘇聯訓導員代筆、歌頌蘇聯部隊的演講。[41]

這件事過了整整一週後，平壤的一家報紙首度出現了金日成造神運動的文字。文章介紹了金日成的顯赫戰功，這類文字很快就變成了類似宗教儀式的一部分，頌揚朝鮮半島上所有神明顯靈的事蹟。這種論調和朝鮮歷史上諸多具有救世主論調的政治運動

不謀而合。十二月，金日成成為朝鮮共產黨領袖。但朝鮮政治中心仍偏向南部，當時朝鮮也還不可能分裂成兩個獨立國家。

朝鮮人對臣服於他國的「事大」歷史素來敏感，到了此刻更有充分理由擔憂歷史重演。一九四五年十一月，依然身居中國青島的唐納・紀恩與一些旅居當地的朝鮮人共進晚餐。他在信中回憶，這是有史以來首度沒有人為朝鮮爭取獨立一事爭論不休，「唯一引發爭議的話題是美俄關係。」紀恩發現，要說服他的朝鮮朋友相信「美國與俄國沒有嫌隙，可以在和平世界中相安無事」非常困難。他解釋，這些朝鮮人「在戰時因為收聽美國短波電台，受過（日本人的）嚴厲懲罰」，因此他們認為美國理應幫助他們的祖國對抗俄國人。紀恩有點不耐煩地評論道：「大家都認為雙方不可能一起合作、共同尋求解決方案。他們只看到朝鮮有兩大陣營，每一派都想要通吃。在這種局面下，合作會被認為是背叛。」[42]

他們說的沒錯：朝鮮人的命運確實受到外國列強主宰，但派系遠遠不止兩方。首先，美、蘇十二月在莫斯科舉行了外交部長會議，純粹就會議氣氛來看，紀恩的樂觀似乎不無道理，美、蘇兩國可能達成某種協議。美、蘇兩國將抽調各自的軍事指揮人員，成立負責「託管」朝鮮的共治委員會。美、蘇官員將協助朝鮮人建立臨時過渡政府，並在英國與中國的支持下，引導該國走向全面獨立，這可能要耗時五年之久。

蘇聯沒費多少唇舌便說服北朝鮮盟友支持這項安排。異議者則迅速被噤口：曹晚植表達抗議，認為這種託管像是殖民者再次干涉朝鮮內政，隨即便遭軟禁。軟禁後來成了監禁，到了韓戰期間，他徹底消失，再也沒有人見過他。

南方的局勢更加嚴峻。出於民族主義或政治理由，幾乎所有

南朝鮮人都反對託管；保守派完全不想受蘇聯干預，他們無法想像一個涵蓋朝鮮共產黨的全國政府。不過保守派缺乏民意支持，雖然美國亟欲粉碎左傾的朝鮮人民共和國，但後者依然較有「愛國可信度」，最後是託管問題為其敲響了喪鐘。

左派和保守派嘗試組建的聯合政府失敗後，左派愈來愈傾向託管。於是混亂接踵而來：先是名為「刺客」的流亡民族主義者發動政變；政變失敗後接著是工人罷工，抗議美國軍政府；隨後，李承晚的保守派搖身一變成為真正的愛國者，他們指責朝鮮左派淪為蘇聯走狗，也就是喪權辱國的「事大」。美國人自然力挺李承晚，稱託管打從一開始就是蘇聯的陰謀，並表示南朝鮮應該在美國的引導下組建屬於自己的保守政府。殘餘的左派之後說，這是另一種形式的喪權辱國。

因此，朝鮮人民共和國註定走向滅亡，隨後就是一場悲劇。這個國家一分為二，北方由金日成主導的共產黨過渡政府統治，南方則由李承晚控制。不用多久，紀恩在青島的朝鮮友人就會發現自己之前的預言比想像中更為準確。一九五〇年，北朝鮮入侵南方，點燃戰火，在兩百萬平民死亡後，慘烈的韓戰在陷入僵局後結束了。二戰期間幾乎完好無損的漢城，此時已百孔千瘡，北方的平壤亦滿目瘡痍。北朝鮮依舊處於準帝國王朝的統治下，南朝鮮（韓國）則還要經歷幾十年的軍人專政。

一九六一年正值冷戰高峰。一位堅定的反共分子發動政變，在南韓奪取政權。他借鏡戰時日本軍政府的計畫經濟模式，並讓韓國財閥與政府保持齊一步調，韓國經濟一時突飛猛進。這位強人總統在一九四二年以全班最優異的成績從新京的滿州國軍官學校畢業，之後加入日本關東軍，官拜中尉。一九四八年，在韓軍服

役的他被開除軍籍，理由是參與推翻李承晚的陰謀政變。他在戰時的日本名是高木正雄，真名是朴正熙。支持他的日本人包括岸信介，後者也曾在滿州國任職多時。

§

烏托邦註定是一場破滅的幻夢，但其破滅方式各不相同，也往往留下線索。當時最偉大的經濟學家約翰·梅納德·凱因斯（John Maynard Keynes）認為，英國的「新耶路撒冷」栽在一場「財政版的敦克爾克（Dunkirk）大撤退」上。凱因斯原本希望《租借法案》（Lend-Lease Act）能讓英國獲得美國援助，直到一九四五年底，都能有源源不竭且條件優惠的物資，這樣就能為政府多爭取一些時間，避免破產。可惜事與願違。面對近乎災難性的收支失衡，英國人不知道要從何處湊錢來填補財政赤字，遑論為實現社會主義的夢想買單。凱因斯為此祈禱：「希望日本人不會讓我們失望，太早投降。」[43]

投在廣島和長崎的原子彈讓凱因斯的希望落空。哈洛德·尼可森在日記裡也論及此事，他夫人維塔·薩克維爾－威斯特（Vita Sackville-West）的反應如下：「維塔對原子彈非常激動，她覺得這意味著新時代已經降臨，事情的確如此。」[44]

日本在八月投降，戰爭結束。

在英國，經濟撙節讓平民生活苦不堪言，延續物資配給的時間比其他國家還長；為了少得可憐的公共服務，隊伍總是大排長龍；生活沉悶得令人意志消沉；戰後的英國社會盡顯疲態，人們也發覺，英國不僅國庫空虛，也正迅速喪失世界大國的地位。這一切都壓抑了樂觀的情緒。儘管公共住宅、教育、文化、健康和全民就業

的規劃依舊進行中，但國家的財政岌岌可危，一九四五年的熱情正迅速消散。在德、日戰敗兩年後，工黨財政大臣休‧達爾頓（Hugh Dalton）在日記中寫道：「再也不會有充滿自信的晴朗早晨了。」[45]

一九五一年，溫斯頓‧邱吉爾再度出馬當選首相。工黨得等上十三年才能再度贏回執政機會，率領他們扭轉局面的是曾在艾德里內閣中擔任貿易大臣的哈洛德‧威爾遜（Harold Wilson）。

類似狀況也發生在其他西歐國家，天主教與基督教民主黨所承諾的穩定性與延續性代表某種常態，消弭了左派的革命熱情。一九五六年，荷蘭社民黨敗選。一九五八年，戴高樂將軍建立了法蘭西第五共和國。一九四八年，受益於美國反共宣傳和財政挹注，義大利天主教民主黨開啟幾近呼風喚雨的執政歲月。在西德，社民黨直到一九六九年才第一次贏得選舉。早在一九四九年德意志民主共和國成立前，東德的社民黨人和共產黨人同舟共濟、建設反法西斯德國的美好夢想已經化為泡影。一九四五年，生活在蘇聯占領區的德國人執拗地拒絕支持共產黨，偏好社民黨，結果，翌年蘇聯當局便逼迫東德社民黨與共產黨合併，後者很快就併吞了社民黨。

在韓國與日本，社會主義政府從一九四七年到一九四八年維繫了整整一年，但這些不隸屬於共產黨的左派最後都走向滅亡。要理解這點，其中一種看法是歸咎於「冷戰」。東亞的美國占領當局或許進退失據，且往往過於保守，但蘇聯對於溫和左派的大潰敗一樣責無旁貸，凡是蘇維埃主義者當權的地方，無論是北朝鮮、還是中東歐，社會主義者都受到鎮壓。

史達林的確曾經同意不會在美國人的勢力範圍內挑起革命；他讓法國共產黨人與義大利共產黨人放棄奪權的美夢。即使右派

受到墨索里尼「遺緒」拖累，義大利共產黨總書記帕米羅·桃里亞帝（Palmiro Togliatti）仍秉持中間路線，避免與保守派發生激烈衝突。但美國與其在東、西方的保守主義盟友皆強烈懷疑共產黨意圖，因此使出渾身解數防範任何左翼派別掌權，這點在處於冷戰前線的國家尤其明顯，比如德國、義大利與日本。一九四〇年代末期，日本與西德一樣必須改造成對抗共產主義的堡壘。一九四五年的新政熱情轉眼被拋到九霄雲外，取而代之的是一系列新政策：重整軍備、發展工業、打擊工會、在公務和教育領域「清除赤黨」、積極支持保守主義政客，哪怕其中一些人不久前還是待審的戰犯。在占領日本之初，美國當局對左派曾大加鼓勵，後來放棄新政走上回頭路，此舉一直被認為背叛了一九四五年的理想主義。

儘管如此，休·達爾頓哀嘆英國「充滿自信的晴朗早晨」不復存在，仍是過於悲觀。解放帶來的狂喜也許褪去，但在新時代開端建立的諸多制度並未迅速取消，無論好壞，有些制度一直延續至今。不管是英國的保守黨政府，還是歐洲大陸的基督教民主黨，都未刻意推翻歐洲福利國家的基礎，即使這是戰前規劃者和戰時抵抗運動理想主義者醞釀下的產物。實際上，以公共住宅的數量來說，邱吉爾的保守黨蓋的比艾德里的工黨更多；不少基督教民主黨人幾乎和社會主義者一樣，對自由放任的經濟觀充滿懷疑。直到一九七〇年代，西歐福利體系的邊緣才開始腐蝕。十年後，瑪格麗特·柴契爾（Margaret Thatcher）上台，才真正重創了英國的福利國概念。時至今日，就算和歐洲大陸相比，日本和韓國的經濟依然牢牢掌握在政府規劃者手中。

然而，戰後規劃的主要里程碑還是歐洲自己，也就是「歐盟」。儘管遭受風吹雨打，如今依然聳立。一九四五年，一統歐洲的崇高

目標是多數人的信仰。在對神聖羅馬帝國光榮深感共鳴的天主教徒眼裡，這個目標向來很吸引人。法國人與親法者支持歐洲是西方文明中心的說法，而巴黎則是中心的核心，藉此對抗美國粗俗的物質主義。作為「歐盟」重要機構的總部與嶄新技術官僚之國的首都，布魯塞爾招攬了大批社會黨人和其他經濟規劃者。不過，最重要的一點是，一個團結的歐洲將確保歐洲人再也不自相殘殺。至少就這點來看，一九四五年應運而生的理想主義，截至目前為止還算有點成果。

第八章

教化野蠻人

一九四三年，諾埃爾·柯沃德（Noël Coward）寫了一首歌，名叫〈別對德國人太野蠻〉（Don't Let's Be Beastly to the Germans），引發了許多誤解。英國廣播公司只得暫時禁播此曲，理由是這首歌似乎太過同情敵方：

> 別對德國人太野蠻，畢竟我們已經贏得最後的勝利，
>
> 到頭來是那些齷齪的納粹，
>
> 慫恿德國人上戰場，
>
> 其實他們的貝多芬與巴赫，
>
> 比他們的攻擊更厲害！

實際上，在登台獻唱之前，柯沃德曾小心翼翼地指出，他諷刺的是「少數人道主義者，我覺得他們對敵人的看法過於寬厚」。

若說盟軍對德、日兩國的占領完全遵循人道主義精神，未免言過其實，但仍不算無所本。至少在最初幾年，占領者想盡辦法避免血債血還，全力改造、教化與改變人們的心態，將獨裁政權轉為

民主和平的國家，以免這些國家再度摧殘世界，這方面的努力無庸置疑。

　　儘管一開始，華盛頓主導的計畫確實意圖懲罰昔日敵人，同時摧毀任何可以讓他們成為現代工業國家的資源，使其無法作惡。如前文所述，以羅斯福政府財政部長亨利‧摩根索命名的「摩根索計畫」（Morgenthau Plan），目標是瓦解德國工業，切割領土，把德國人變成農業民族，讓他們連防衛的一根棍子都沒有，針對日本，也有不少類似的想法。

　　這些計畫最後都不了了之，取而代之的是「三 D 政策」：去軍事化（Demilitarization）、去納粹化（Denazification）及民主化（Democratization）。第三個 D 牽涉到再教育，不僅要改變過去尚武專制的政府所提倡的行為模式，更要深入被征服民族的思想，改變他們的思考方式和「國民性格」。美國戰爭部拍攝了一部教育影片，名為《我們在日本的任務》（Our Job in Japan），明確指出問題所在。片中出現了一個日本骷髏頭，旁白解釋道：「我們的問題，是日本人腦袋裡的東西。」片末旁白總結這次任務的重點，「我們之所以會在這裡，是要讓日本人明白，我們已經受夠了這些血腥野蠻的事，從今以後再也不想經歷這些事了。」[1]

　　改造當地人的策略，最早或可追溯到古羅馬人教化其他民族土著。有人認為，這種策略源於啟蒙主義的理念，主張人性是理性的，可以透過正確的教育加以重塑。有人想到殖民策略，諸如法國的「文明教化使命」（mission civilisatrice）。也有人想到基督教的傳教熱情，或是美國過去曾經透過教育，把移民塑造成奉公守法的美國公民。英國人甚至提出維多利亞時期寄宿學校的人格養成方式，他們對這種既有運動員體魄、又通曉經典的紳士，深具信心。

再教育也被視為心理戰的延伸，是軍隊進行政治宣傳的工作。

一九三九年，《重擊》（*Punch*）雜誌刊登了赫伯特（A. P. Herbert）的一首詩，暗示推動再教育的必要：

> 我們和德國人不吵架，
>
> 人不會跟讓人信賴的綿羊爭論。
>
> 但一代接著一代，
>
> 他們產生的領袖驚擾我們一夜好眠……
>
> 我們和德國人不吵架，
>
> 他們國家的事我們當然管不著。
>
> 但是看起來要動大手術，
>
> （修復心與腦）也許是唯一的出路。

五月八日，就在街頭人人慶祝二戰的歐洲戰事勝利之際，倫敦的《泰晤士報》刊出一封讀者來函，署名著名私立寄宿學校「查特豪伊斯」（Charterhouse）的校長羅伯特・伯利（Robert Birley），他日後對德國西方占領區的教育政策有深遠的影響。伯利在信中寫道：「編輯先生，現在大家都看清楚了，盟軍對德國進行再教育，不僅是出於宗教虔誠的理想，更是不能推卸的責任。」德國人的問題如同赫伯特在詩中所言，一個多世紀以來，他們「對任何能替他們做決定的政府都照單全收，這點非常危險。」在伯利眼中，德國人已經變得跟綿羊一樣，完全沒有個體性，只會盲從，就像受過軍事訓練的機器人。這也是當時大多數人的看法。

伯利接著提出另一個比較有趣的觀點，但英國軍事占領當局最後並未採納。他認為成功的再教育必須建立在民族傳統的基礎上，德國不應被當成一塊白板，應當說服德國人，「他們自

已曾擁有優良傳統，哪怕這種傳統已被完全遺忘他們仍然可以依此建立一個健全的社會。德國曾孕育出歌德；年輕時的梅瑞迪斯（George Meredith）曾造訪德國，因為這是一個孕育自由思想家的國度；而德國的大學則影響了喬治・班克羅夫特（George Bancroft）*這樣的美國人。」

對於那些渴望扔掉希特勒主義褐色外衣，改以歌德、康德和貝多芬為榮的德國人，伯利的觀點很受歡迎。一九四五年，伯利擔任英國駐德軍事當局的教育顧問，協助建立多間圖書館，裡面放滿合宜的英、德文學作品。此外，他還創立成人教育中心，取名為「橋梁」（Die Brücke），目的是增進英、德兩國的知識文化交流。可惜這樂觀的構想卻遭到英國官員的反對，一些反對者還異想天開，認為只有讓德國人「和其他國籍的人大量通婚」才能治癒德國人的痼疾。[2] 另一位中階職位的狂熱分子，則建議把所有前納粹分子和他們的家人都丟到北海的小島上，監禁在那裡。伯利反諷道，那麼這些英國官員在歐陸念書的孩子也有可能會把納粹思想傳染給無辜的同學。與摩根索的計畫一樣，這種想法很快便遭否決。

針對伯利復興德國文化精髓的計畫，有另一個較為嚴厲的批評，則認為他在德國沒有好好推廣英國文化精髓。伯利的上司布萊恩・羅勃遜（Brian Robertson）將軍恰巧先前也是查特豪伊斯學校畢業的學生，他裁決軍政府在德國的政策需要受到更多保護，避免太多外界批評。用另一位將軍的話來說，有必要進一步「保護英國文明」，推廣英國政策。[3] 在這種局勢下，伯利只好辭職返國。

美國占領區當局一開始更傾向於懲戒而非教育德國人。他們

---

* 　喬治・班克羅夫特（1800–1891）是美國歷史學家暨政治家。

花了許多精力清算有納粹嫌疑的老師，而非重塑德國人的思維。一些在美流亡的德國人告誡美國政府，再教育只是徒勞一場。小說家阿費德‧杜布林就說：「教育德國人幾乎毫無希望，因為專業人士大多是納粹。」他的朋友、同樣大名鼎鼎的德國小說家利翁‧福特萬格（Lion Feuchtwanger）就深信：「必須逮捕、處決或流放三百萬名納粹分子。」[4] 還有人主張，教導德國人向善，宛如向狒狒傳授文明，無異是癡人說夢。

儘管如此，《波茨坦宣言》還是宣示了盟軍的正式立場：「必須嚴格控制德國教育，以徹底消滅納粹和軍國主義教條，民主思想才有可能成功發展。」[5] 對於日本，《波茨坦宣言》的目標聽起來沒那麼嚴苛，或至少沒那麼高壓：「日本政府應當消除所有阻礙日本人民恢復和強化他們民主傾向的障礙。必須確立言論自由、宗教自由、思想自由及尊重基本人權等制度。」我們很難解釋這兩段話為何在語氣上有所差異。事實上在占領期間，日本經歷的（所施以的手段）其實比德國要激烈許多。

不過他們認為再教育德國人（順便一提，伯利很討厭「再教育」一詞，他傾向只說「教育」），比改造日本人簡單。畢竟德國是西方文明的一部分，孕育了歌德與康德，而且德國人多為基督徒，所以他們相信這個國家的基礎仍然是好的，要做的是消滅納粹意識型態與「普魯士軍國主義」。「去納粹化」和「去軍事化」是解決德國問題的主要長期手段。為了實現這點，就必須播放電影來凸顯德國人不久前所造的孽；諸如美軍委託拍攝的《納粹集中營》（*Nazi Concentration Camps*），或是在旁白加入以下言論的《死亡工廠》（*Death Mills*）：

這座典型的德國穀倉位於加德雷根（Gardelegen）。一千一百人被趕進去活活燒死。那些忍痛逃出的人立刻被亂槍打死，何種低等人會做出這麼喪盡天良的事？[6]

這些電影在德國並不受歡迎。德國人不是拒看，就是斥之為政治宣傳。一九四五年，十七歲的鈞特·葛拉斯（Günter Grass）因為曾在親衛隊裝甲師短暫服役，而被關進美國戰俘營。一位「襯衫燙得筆挺」的美軍政治工作幹部負責教育他跟其他戰俘，這位幹部拿出伯根貝爾森與布亨瓦德集中營的照片給德國人看，照片中是堆積如山的屍體，一息尚存的行屍走肉。德國人一概不信：「我們不斷重複同樣的話：『這是德國人做的嗎？』『不可能。』『德國人不可能做出這種事！』我們自己對自己說：『宣傳，這些不過都是宣傳！』」[7]

好意的美國官員還組織了討論小組，但通常一樣徒勞無功；而關於「我們美國人如何實踐民主」的熱切演說，也經常吸引不到多少聽眾。一來因為用的是英語，二來是「納粹國家」等相關課題都會引起心理抗拒，諸如「我們當時並不知情」、「希特勒也做過許多好事」，凡此種種。[8]鈞特·葛拉斯所在的戰俘營，每當教官告誡德國人種族主義的危害時，戰俘就會提出美國國內「黑鬼」處境的問題，讓教官尷尬不已。

隨著嚴冬降臨，飢民還得擔心其他問題。漢斯·哈貝（Hans Habe）是匈牙利裔美籍記者，戰後美國人委託他在德國辦報。哈貝表示：「這種要德國人『回頭看，質疑自己、懺悔』的想法，是征服者思想……德國人煩惱的只是如何填飽肚皮，如何讓爐子裡有煤可燒……」[9]哈貝是猶太人，待過集中營，他沒有理由對德國人

有好感。

　　兩相比較，講授民主的好處也不容易。《美國佬》刊登了一篇
題目為〈再教育德國〉的文章，作者在德國亞亨（Aachen）採訪了
當地一名小學生，十歲的恩斯特。這次訪問十分精彩，被問及是否
知道德軍戰敗時，男孩答道：「美國人槍多，猶太人也多。」記者接
著問：「有沒有人跟你說過民主是什麼？」男孩回答：「老師跟我們
說過。」那麼他對別人口中的民主感興趣嗎？男孩回答：「唱歌比
較好玩。」[10]

　　亞亨是查理曼帝國的舊都，地處歐洲的心臟地帶，德國的再
教育進程就是從這裡開始。選擇亞亨並不是因為它是歷史古都，
而是因為這裡剛好是盟軍占領的第一座城市。轟炸過後，沒剩下
幾座完好無損的學校；戰前這座城市有十六萬人口，戰後只剩一
萬四千人。全市八成五的面積都被夷為平地，但建於中世紀早期的
大教堂居然沒有毀於戰火，這座富麗堂皇的教堂是查理曼大帝的
陵寢所在。而如今，按照《美國佬》的話來說：「扔炸彈的戰爭……
變成一場全新的思想戰爭。去除德國年輕人身上的匪氣，這是一
項全球矚目的實驗。」

　　美國軍事當局代表約翰・布列佛少校（Major John P. Bradford）
告訴亞亨市沒有被清算的德國官員，眼下有個大好機會：「你們獲
准教育德國青年，改造他們，讓他們遠離卑劣的納粹主義。」[11]

　　再教育的第一項難題是缺乏符合條件的老師；應徵入伍者不
是已經戰死，就是還困在前線、成了戰俘，或因為他們的納粹身分
而顏面掃地。詩人史蒂芬・史賓德問一群漢堡的小學生在學校都學
了些什麼。孩子們回答，拉丁文與生物。還有別的嗎？沒有了，他
們答道：「因為歷史老師、地理老師、英語老師、數學老師，都被趕

走了。」[12]

另一個問題是教科書。大部分課本在轟炸中焚毀，剩下的多半非常不適合：有的讚美元首和他提出的「優等民族」，有的大談德國排猶在生物學上的必要性。就連納粹上台前的教科書，也有推崇日耳曼尚武精神的故事，或者是歌頌腓特烈大帝等名人的豐功偉業；但由於實在沒什麼教材，這些書也只好拿來充數。威瑪時期的某本教科書還在倫敦復刻，送回德國亞亨一家老報紙印刷廠裡印刷成冊。

負責管理亞亨各級學校的主任卡爾·貝克斯（Karl Beckers）博士，信心滿滿地認為，要讓幼童相信他們的未來「與世界各地的人休戚與共，而不只和一個『強大的德國』有關。」這一點並不困難。不過對於年齡較大的孩子，貝克斯則認為或有必要「態度堅決」。然而，他聲明即使「在課堂裡懲罰孩子，方式也應當民主。有時當一個小孩在班上滋事，我們會讓全班一起決定怎麼處罰當事人最妥當」。貝克斯博士說他「除了極端狀況外，反對體罰孩子」。[13]

卡爾·貝克博士很在意「用實實在在、勸人向善的事物取代納粹的誘惑」。身為天主教保守派，他認為復興基督教的精神及價值觀是解決問題的答案。許多德國人也相信這點，這也解釋了為何在後來的西德大選中基督教民主聯盟總是一黨獨大。基督教民主聯盟日後的黨魁、戰後首任德國總理康拉德·阿登瑙爾（Konrad Adenauer）來自萊茵河畔的城市，他也是天主教徒。阿登瑙爾在希特勒上台前曾任科隆市長，一九四五年再度當選，史蒂芬·史賓德於此時前往市政廳拜會阿登瑙爾。

史賓德望向阿登瑙爾辦公室窗外望，科隆的馬路只剩下殘磚碎瓦。有些建築的外牆依然屹立，但這些只是「一層薄薄的掩飾，

隱藏其後的建築物內部已經被掏空了，只留下濕氣、空洞與惡臭。」但是阿登瑙爾在採訪中強調，除此之外還有另一種破敗。他告訴史賓德說：「你一定也注意到了，納粹把德國文化夷平，荒涼如萊茵河與魯爾區的廢墟，十五年的納粹統治，只留給德國一片精神荒漠。」[14] 所以眼下亟需的，不光是食物與燃料，還有更多的學校、書籍、電影、音樂、戲劇，「必須提供他們各種對未來的憧憬。」[15]

人們對文化的飢渴是千真萬確的，然而背後的動機可能十分怪異。許多德國人不再讀書的一大原因是納粹的文學作品大致上無聊透頂。現在，有些人談到對高雅文化的需求時，說得好像它是一種救贖。史賓德在伯恩邂逅了一位女士，「是備受尊重的家庭主婦中，最自以為是的那種」，她對人們追求大眾娛樂的浮誇品味極為不齒。她認為，在第三帝國的道德廢墟裡，不應該有小酒館歌舞的位置，更別提爵士樂了。德國文化應該是嚴肅的，因為這是「德國人做盡壞事後，所能擁有的小小心願。」應該「督促」德國人只保留「好的」文化：「除了莫札特、貝多芬、歌德的作品以外，其他應當一律被禁。」[16]

也許，更能描繪文化飢渴的一件事，是柏林戰後首次上演布萊希特（Bertolt Brecht）的《三便士歌劇》（*Threepenny Opera*）。這齣劇在納粹時期自然在被禁之列。人們走上幾小時，來到美國占領區的赫貝爾劇院（Hebbel Theater），這是在戰爭蹂躪後卻近乎毫髮無傷的少數劇院之一。演出於下午四點開始，這是為了讓觀眾在夜幕降臨、犯罪分子流竄街頭之前就能安全回家。該劇的首演定於八月十五日（日本投降後一天，日期純屬巧合）。演員們在十分艱難的條件下排練：滂沱大雨穿過屋頂傾瀉而下，演員餓著肚子，服裝失竊，道具損壞。

前反抗軍鬥士茹絲・安德莉亞斯－斐德利希坐在觀眾席裡。她在日記裡寫道：「各種情感讓我無法喘息」，我們「搞地下活動的日子」裡唱的歌，曾在「許多絕望的時刻」給予我們「安撫與慰藉」。如今，人們已經可以自由自在地聽這些歌了。即使在這溫暖人心的時刻，她依舊對不和諧的音符和錯誤信念十分敏感。布萊希特作品中的一段名言引得全場爆出「如雷掌聲」：「先給我們吃的，然後再來談道德……」聽到這裡，她突然「從自我陶醉中」驚醒。這股自怨自艾的情緒讓她覺得受到冒犯。「難道我們必須藉由批評別人來實踐言論自由的第一課嗎？」[17]

　　某種程度來說，布萊希特高度政治化、充斥左翼道德主義的劇碼，若是在蘇聯占領區，而不是在美軍占領的柏林十字山區（Kreuzberg）復演，也許會顯得更加合情合理。一九四九年以後，布萊希特的確是在「民主」（共產主義）德國建立了自己的戲院，但他還是很謹慎地保留剛拿到手的奧地利護照。蘇聯也很熱衷於再教育德國人，事實上，比起英、美盟友，蘇聯人更重視文化。一位英國占領軍官員曾在電報上抱怨西方大行其道的「自由與個人文化」，無法與蘇聯人的「政治化文化」競爭。他表示，在蘇聯占領區，「戲劇、出版、藝術和音樂等活動欣欣向榮，給人新穎而生氣蓬勃的印象。」[18]

　　事情確有蹊蹺。蘇聯官方開出特別俱樂部、額外食物配給和全面贊助藝術事業等條件，積極拉攏德國知識界的「民主」成員。這種「民主」文化的特點，往往是德國民族主義和共產主義意識型態兩相結合的產物。作為德國文化主要旗手的約翰內斯・貝希爾（Johannes Becher）是馬克思主義詩人，也是蘇聯成立的「文化聯盟」（Kulturbund）主席，該機構的全名是「德國民主復興文化協會」

（Cultural Association for the Democratic Renewal of Germany）。貝希爾與英國教育家羅伯特・伯利看法一致，認為只要是「進步的」「德國精神」，就可以作為重建德國的適當基礎。不同於死在納粹監獄裡的共產主義烈士，貝希爾腦子裡想的不是歌德，「反法西斯主義文藝」才是「真正的」德國文藝。

蘇聯軍政委所認定的「進步文化」，其範疇更為狹窄與閉塞。事實證明，他們對貝希爾提出的判定標準，做出了非常有彈性的詮釋。蘇聯人十分樂於在德國劇院推廣俄國經典，如契訶夫（Chekhov）或果戈理（Gogol）的作品，以及當代蘇聯戲劇。甚至連一些進步的德國劇作家，如未來東德特務頭子馬庫色・沃爾夫（Markus Wolf）的父親，費德利希・沃爾夫（Friedrich Wolf）的作品也行，前提是得按照蘇聯的套路編排。為此，蘇聯人樂於把該有什麼、該刪什麼和怎麼演出等相關事宜，明白地告訴德國作家與戲劇製作人。

蘇聯官方的堅持，反而使得蘇聯占領區的音樂、電影和戲劇表演，對大眾沒有什麼吸引力。蘇聯人要求演出要配發宣傳冊，政治人物還要上台做一番長篇大論的介紹，解釋正確的政治路線。共產黨官員大力介紹《列寧在十月》和《列寧在一九一八》等電影，但即使娛樂管道極度匱乏，觀眾大都不信蘇聯人的說法。甚至連德國統一社會黨（SED）黨員對蘇聯官方文化也提不起多大興趣。雖然約翰內斯・貝希爾是徹頭徹尾的共產黨人，但蘇聯人從未真正信任他，除了因為他是德國人之外，也或許他過於「寬容」（cosmopolitan）；而且從其過往經歷中，也能嗅出一絲危險的托爾斯基主義。一九四五年十一月，波茨坦的一位蘇聯文化官員指責文化聯盟縱容「文學和藝術中的資產階級傾向；未來主義、印象主義

等等」。[19]

　　直到一九八九年柏林圍牆倒塌前，東德的社會生活和文化還有另一大特色：納粹官方咄咄逼人、誇大其詞的語氣，幾乎完美地嫁接在共產黨的行事風格中。此外，還有對踢正步、大會操與閱兵的癖好，與之相伴的往往是一大群人吼出震天響的口號，邊吼還邊向空中揮拳，以示對友誼與和平的讚美。除了觀看《三便士歌劇》的戰後首映之外，茹絲·安德莉亞斯－斐德利希還參加了文化聯盟的成立儀式。她對沒完沒了的演說相當厭煩，並迅速感到反胃。她在七月三日的日記裡寫道：

> 八位到場來賓大談坦承面對過去，振興文化生活的意義，卻幾乎沒有任何一位意識到，至今他們自己的講話方式都沒什麼改變。仍是那個老套、動輒就是「最偉大的」、「最頂級的」、「最龐大的」、「最壯觀的」……前幾天，一位政治人物高呼「我們正邁著堅定的步伐，投身為和平主義而戰的戰鬥」，他也許絲毫沒意識到，這樣說話讓原本發自內心的熱情號召聽起來何其自相矛盾。學會少說些空話，也許沒那麼容易。[20]

　　雖然總體而言，美國文化比蘇聯人力推的文化娛樂性要強，但從西方占領區最早期的雜誌上，卻不一定能看出這點。美國占領當局官員沒把出版雜誌的任務交給德國人，而是親自為德國讀者辦了雜誌。針對德國知識分子發行的月刊《美國觀察家》（*The American Observer*），在創刊號中收錄了關於人文精神和信仰的文章，也有關於湯馬斯·傑佛遜（Thomas Jefferson）的政治哲學，還有一篇文章名為〈田納西河谷之重生〉。《今日》（*Heute*）雜誌則特

別刊登記錄納粹占領荷蘭的文章，還發表了〈在集中營地獄的人們〉和〈田納西河流域管理局的社區工作〉等特稿。[21]

用一位美國觀察家的話來說，德國讀者對這類刊物的反應「時好時壞」。[22]

另一方面，蘇聯人從一開始就批准他們信任的「民主派」德國人發行自己的雜誌，成果豐碩。第一份問世的刊物名為《重建》（Aufbau），摘錄了托馬斯・曼、保羅・瓦萊里（Paul Valéry）、厄尼斯特・勒南（Ernest Renan）等名家的文章，此外還有檢討德國戰爭罪行的文章。雜誌一上市立刻搶購一空。

由於德國人已經有十多年沒看過好萊塢電影，美國人特意挑選了三十二部劇情片，藉此推廣美式生活。撇開寓意不談，電影上映後，廣受歡迎。選片者刻意避開美國社會的陰暗面，所以黑幫片並未在播映之列。《亂世佳人》（Gone With the Wind, 1939）和《憤怒的葡萄》（The Grapes of Wrath, 1940）這兩部作品也被認為太過負面。雖然電影稍微過時，但德國人幾乎和同時期的許多西歐觀眾一樣看到了查理・卓別林的《淘金記》（The Gold Rush, 1942），一睹《丹鳳還陽》（One Hundred Men and a Girl, 1937）裡女主角黛安娜・德賓（Deanna Durbin）的風采，欣賞了《伊利諾州的林肯》（Abe Lincoln in Illinois, 1940）這部傳記電影，也觀摩了一九四四年的音樂劇《與我同行》（Going My Way）中，賓・寇斯比（Bing Crosby）飾演一名酷愛打高爾夫球的牧師。

不過有些影片的入選引發反彈，最後不得不下檔，比如戰爭片《七三艦隊潛艇戰》（Action in the North Atlantic, 1943）。主演的漢佛里・博嘉特（Humphrey Bogart）是一名海員，他的商船遭到德國U型潛艇的攻擊。這部影片在布萊梅的一家電影院上映時，引發了

嚴重暴亂。片子描述的納粹暴行只是觀眾憤怒的一個原因：看到窮凶惡極的德國 U 型潛艇船員在海上用機關槍掃射孤立無援的美國人，這種娛樂方式真教人難以卒睹。憤怒的德國海軍老兵試圖強迫別人和他們一起離開電影院。

儘管沒那麼嚴重，英國人也遇到了美國再教育德國人所面臨的主要問題，這是一種或許無法解決的矛盾，也的確未能解決。再教育的目的是把自由、平等與民主的價值傳遞給德國人，其後也包括日本人。然而，關於言論自由的訓誡卻是由近乎擁有絕對權力的軍事當局提出，其宣傳往往是心理戰的延伸；只要能遂其所願，就會毫不含糊地訴諸審查制度。當然，文化與教育工作遠沒有納粹和日本戰時政權那麼高壓，內容很沉重。鈞特‧葛拉斯等過去效忠希特勒的小兵們，沒有資格以此嘲笑美國人的種族主義，但盟軍被指責虛偽確實其來有自。占領者甚至不願公開放映《亂世佳人》，或包容任何以負面眼光審視占領政策的看法與真實資訊。因此，他們對民主的溢美之詞也就顯得有點空洞。

八月卅一日，軍事占領德國被賦予了一種全新的正式地位。儘管德國仍分割為不同的占領區，正式管理該國的則是美、蘇、英、法四國組成的盟國管制委員會。茹絲‧安德莉亞斯－斐德利希對「不和諧的音符」依舊聽得很清楚。她在日記裡寫道：

現在我們至少知道是誰在管我們了。可是為什麼那麼多報紙都在談論民主？民主的意思是人民當家作主。現在替我們作主的卻是管制委員會。我們應該小心，不要濫用了這個讚美詞（民主）。23

美國派出圖書查禁隊，抄了所有美國占領區裡的書店與圖書館，他們帶走的不全是納粹的著作，有些膾炙人口的遊記，把美國人或德國人以外的歐洲人描繪成「沒有教養」或「退化墮落」的作品，也被當成禁書。此外，《西方的衰落》作者奧斯瓦德‧史賓格勒（Oswald Spengler）和歷史學家海因里希‧馮‧特萊切克（Heinrich von Treitschke）等作家的作品也被禁。馮‧特萊切克的確是個十足的普魯士民族主義者，但他早在一八九六年就過世了，當時希特勒還是無名小卒。史賓格勒最初對納粹抱有同情，但在一九三六年去世前，已和納粹分道揚鑣；於是出現了古怪的現象：他的作品同時被納粹和美國人列為禁書。

禁止在圖書、電影等娛樂媒介中宣傳納粹思想，只是最基本的工作。資訊管理部的官員還加入箝制新聞的行列。一九四五年大部分的時間，美國記者朱里安‧霸可待在德國各地，觀察這些官員的行為舉止。他以十分犀利、荒謬的筆調，描寫了官員的態度。這些官員推測，德國人在納粹時期被有系統的剝奪了自由思考的能力；這跟集中營裡解放的囚犯一樣，他們雖然飢腸轆轆，但胃已經萎縮，不能餵食過多。同理，萎縮的心智也不能接受過於豐富的資訊。拿霸可的話來說：「根據負責治療德國人心智的美國『精神外科醫師』指稱，只能慢慢滿足德國人對新聞和新觀念的胃口。」[24]但多數醫生對德國歷史、文化或社會所知甚少，完全無助於他們估算「用藥」劑量。

起初，德國人唯一能讀到的報紙，是由占領當局的軍官所編寫的。即使只有一點點內容，還是洛陽紙貴，這些新聞報紙在黑市的售價比原價高二十倍。當科隆街頭出現第一份報紙時，大家一擁而上，這瘋狂搶奪的場面讓附近的美軍上校很緊張，覺得有必

要拔槍自衛。與納粹的新聞機構不同，就算是占領者辦的報紙，聞起來一定也洋溢著自由的氣息。在英、美占領區，所謂的「美國之家」和「英國中心」遍地開花，陳列著英、美兩國的圖書和期刊，供人閱覽。這在當時及後來很長一段時間造福許多人。

對於西方盟國而言，魚與熊掌不可兼得。縱使笨拙的軍隊審查官費盡心力想要遏止批評，然而宣揚民主和言論自由價值、以及鼓勵重組德國政黨的做法，還是為盟軍招來了批評的聲浪，尤其是對軍事占領及其政策的臧否。社民黨人對美國支持自由經濟、而非有計畫的社會主義經濟很是惱火；但在艾德里的社會黨政府代表管理下的英軍占領區，情況則恰恰相反，德國保守派抗議占領者計畫的「布爾什維克式」經濟。基督教民主黨的批評有時帶著比較邪惡的論調，在隸屬美國占領區的黑森州（Hessen），某位演講者在一次青年集會上警告，去納粹化會導致德國「走向布爾什維克主義」，而「穿著盟軍制服的移民」（換句話說，也就是猶太人）被認為是導致此一不幸的罪魁禍首。

§

如果說美國是學習的楷模，而美國文化──從賓‧寇斯比的音樂劇到好彩香菸，從搖擺樂到口香糖──是戰後主流的話，那麼不少德國人對此都抱有一種矛盾心態。當時，美國文化領導論與基督教保守派廣泛所持的觀點相左，後者認為宗教與經典德國文化（Kultur）才是通向精神復興和救贖的不二法門。保守派向來質疑美國文化，早在希特勒崛起之前就已如此。長久以來，美國文化的訴求對象是一般大眾，似乎對知識分子所定義和推廣的傳統價值觀構成威脅。部分左派知識分子也對此感到不安，例如法蘭克

福學派哲學家西奧多·阿多諾（Theodor Adorno）。阿多諾在戰時流亡美國，曾從馬克思主義者的視角，激烈抨擊爵士樂和其他風靡的美國藝術形式；在他眼裡，爵士樂是所謂「文化工業」（culture industry）的一環，是資本主義透過商業化娛樂給大眾灌迷湯，從而操縱人民的一種陰謀。

持類似觀點的不只德國人。一九四五年夏，約翰·梅納德·凱因斯在成為英國藝術委員會首任主席後，在一個電台節目中宣揚他的目標，他大聲疾呼：「打倒好萊塢！」說話當時，英國人正與德國人、荷蘭人等歐洲人一樣，不斷湧入電影院觀看美國大片。在聯藝電影公司（United Artists Corporation）抗議這番言論後，凱因斯於《泰晤士報》投書，懇請聯藝公司原諒他的「一時失言」，他本來想說的其實是各國應該「發展擁有自己特色的作品……」他真正的意思是：「讓好萊塢的歸好萊塢！」[25]

凱因斯有些言不由衷。許多歐洲知識分子都和他一樣，鄙視「好萊塢」，但也無法壓抑對新大陸新文化的興奮之情。一九四五年春天，《地平線》雜誌刊出一篇文章，作者西里·康納利提出一個問題：歐洲文化復興會從何處開始？他認為，世界亟需「一種正面而成熟的人文主義。」美國可以提供這樣的人文主義嗎？經過審慎考慮，他的答案是「不行」，因為美國「銅臭味太重，是個枯燥的機器社會。」不行，文化復興的發源地只會是他熱愛的法國。只有法國「有能力重現一場不流血的一七八九年大革命，並且以一種全新的姿態，向全世界莊嚴地宣布一條古老的真理，人應該要活得精彩，而自由正是這種生活的自然溫度……」

在許多人心目中，巴黎是對抗「好萊塢」的解方。巴黎有花神咖啡館，沙特（Jean-Paul Sartre）曾在此進行哲學思辨。巴黎是

《抵抗運動》(*Résistance*) 文學刊物的誕生地，是青年男女實現性解放和政治解放的樂園。這種對法國的期待一路蔓延到日本，因為比起德國，日本對美國文化的接受度更高，也更深入。一九四六年，日本的十大暢銷書中有三本是外國翻譯作品：沙特的《嘔吐》(*Nausée*)、安德烈‧紀德 (André Gide) 的《想像會面記》(*Intervues Imaginaires*)與艾里克‧瑪利亞‧雷馬克 (Erich Maria Remarque) 的《凱旋門》(*Arc de Triomphe*)。[26] 在柏林，茹絲‧安德莉亞斯－斐德利希注意到，戰後年輕人間流行戴法式貝雷帽：「凡是覺得自己有話要說的人都會戴一頂貝雷帽。」在日本，知識分子崇尚法國文化的這股熱潮一直持續到二十世紀末。

然而法國文化熱向來曲高和寡。另外，許多法國人對美國的癡迷程度，也絲毫不亞於世界各地其他國家的人，連沙特也無法置身度外。一九四四年十一月，一干法國記者受邀訪問美國，以深入了解美國的戰時運作情形，沙特也在受邀名單之列。據西蒙‧波娃回憶，她「從未見過沙特如此亢奮」。波娃在回憶錄中也提及美國的魅力，她的話說明了全世界千千萬萬人的心聲：

> 美國真是風情萬種！先說說我們看不懂的東西：美國的爵士樂、電影與文學滋養了我們的青年，但美國一直是巨大的謎……美國還為我們帶來解放，展示了各種未來可能性；物產豐饒、無奇不有；是盞瘋狂的神燈，能照映出傳奇般的畫面；只要一想到能親眼看到這些畫面，就讓人目眩神迷。我興奮異常，不光是為沙特感到開心，也為自己，因為我知道有朝一日我一定會追隨他，在這條康莊大道上走下去。[27]

另外值得一提的還有鮑里斯・維昂（Boris Vian）和他的「薩蘇樂團」（zazous），他們一副英、美派頭，狂歡作樂，閱讀盜印的海明威與福克納作品，藉此反叛戰時可憎的貝當主義。法國有「薩蘇」，德國則有自己的「搖擺青年」（Swingjugend），他們冒著更大的風險，在私人寓所隨著被禁止的爵士樂音翩翩起舞，表達對納粹的不屑。一九四四年春天以後，維昂與「薩蘇」樂團穿著美國牛仔褲和格子襯衫，演奏和播放的曲目沒有別的，除了爵士樂還是爵士樂。

　　見過事物的真實面貌後，伴隨而來的通常是幻滅。據波娃記錄，沙特從美國回來後，「對所見所聞有些驚愕。」他挺喜歡美國人的，對羅斯福也印象深刻，但是，用波娃的話來說，「除了經濟體制、種族主義與隔離政策，西半球的文明中還有許多讓他震驚的事，美國人服從主流，價值觀狹隘，童駿式的樂觀主義，以及對任何悲慘事件避之唯恐不及的態度……」[28]

　　正因如此，許多人，特別是法國人自己，也就順理成章地把法國看成能和美國文化分庭抗禮的不二選擇。和美國一樣，法蘭西共和國也誕生於一場擁有普世主義抱負的革命；法國是經過啟蒙運動洗禮的文明，其成果應能、也應該在世界各地開花結果。美國人對自己國家在世界上的任務持有類似看法，這點在一九四五年無庸置疑；當時的美國比法國更有資格宣揚其頌揚的價值觀，甚至時而強加於他國身上。十九世紀早期則不同，拿破崙透過武力傳播法國的普世主義，特別是在德國的土地上；德國人對此的回應則是醞釀了浪漫民族主義，一種捍衛「鮮血與祖國」的意識，而這種思潮後來遭到嚴重扭曲，產生了「第三帝國」。

　　雖然美國人起初一心只想懲治德國人，但一九四五年的美式

再教育工作卻相當溫和。這大概就是為什麼儘管德國人對此有所疑慮，甚至有些仇恨，但仍比法國人更容易接受美國人主宰本世紀。多數德國人清楚他們在斯拉夫國家的所作所為，遑論對猶太人施加的暴行，因此美國人能如此善待他們，讓人由衷感到欣慰。在英、美占領區，日子的確要比在蘇聯占領區舒服，甚至也比靠近德法邊境、位於萊茵河腹地、面積也小得多的法國占領區要來得好，特別是在一開始的時候。法國占領區的主要城市是風景秀麗的溫泉勝地巴登－巴登，如今遊客不再，沒人前來療養。法國是否該擁有屬於自己的占領區，這點在一開始並不明朗；美國表示反對，因為撇開戴高樂將軍和他的自由法國軍隊不談（羅斯福向來不信任戴高樂），法國在打敗納粹德國一事上幾乎毫無建樹。儘管如此，戴高樂的意願一如既往地占了上風。法國的另一個問題是，許多法國人渴望報復，想盡辦法劫掠德國。

在軍事占領第一年，法國人的報復心態尤其明顯。這段期間，法國人表現得比美國人和英國人更像征服者。部隊有時軍紀渙散；將占領地煤礦等自然資源運往法國。法國人還計畫併吞德國部分領土，具體而言是工業重鎮萊茵河地區、西伐利亞（Westphalia）地區，以及盛產煤礦的薩爾邦（Saarland）。不過這個計畫最終流產，由於得不到其他盟國的支持，法國人只能放棄這些方案，加上一些法國將領也反對，擔心這麼做只會激起德國人的復仇心理，再度點燃剛剛才熄滅的戰火。

但是素來懷有「文明教化使命」（*mission civilisatrice*）理想的法國人，對文化十分重視，特別體現在輸出法國文化以教化德國人這點上面。而且不光是對德國人，法國在其他盟國占領區，也大力推廣法國藝術展、法國作曲家的音樂會，乃至法國電影與文學。套

句法國文化部長惹內·蒂莫尼耶（René Thimonnier）的話，這麼做是為了顯示「在世界文化價值的排序中，法國依舊是個大國，也許是最偉大的一個」。[29]

在去納粹化這項工作上，法國人和美國人的做法如出一轍：把有納粹前科的教師和其他人掃地出門；禁止圖書館收藏某些書籍；德國報紙和廣播節目內容是由法國人手下值得信賴的德國記者撰寫，其內容也會經過審查。在巴登－巴登，受託審查當代德國文學作品的人之中，包括小說家阿費德·杜布林，他在一九三〇年代歸化法國籍。他爬梳戰後初期的德國散文時，對字裡行間的虛無感、神祕主義傾向和知識分子的迷茫大感詫異，並據此推測，德國人「沒讀過什麼書，也沒學到多少」；德國的土壤一開始「只能長出平凡的雜草」。[30]

與資訊控管部（Information Control Division）的美國同行一樣，法國官員也認為一九四五年的德國人還沒準備好接受政治思想，法國人認為媒體應該專注報導日常生活和文化事務中出現的問題，關注類似「當代法國陶瓷」或「法國繪畫」這樣的主題。這麼做是為了將德國人重新帶回文明世界，因為他們對第三帝國之外的現代藝術發展一無所知；文明世界的中心當然是歐洲，而巴黎則是理所當然的文化首都。

除了恢復法國人的自尊心之外，這麼做還有一層政治意義。雖然法國無法兼併萊茵河沿岸的德、法邊境領土，但這裡很快就會出現重大變化。泛歐主義機構將接手管理該區豐富的煤鋼儲備資源，並嘉惠德國、法國與歐洲煤鋼共同體成員國，該組織一九五一年成立於巴黎。法國占領區是未來「歐盟」的誕生地，分享主權的想法則由法國所倡議，先行者是法國政治家侯貝·舒曼

（Robert Schuman）。舒曼出生於盧森堡，父親是法國人，母親是德國人。同意與法國共享德國最富庶地區主權的西德首相，正是前科隆市長康拉德‧阿登瑙爾。

要說德國在一九四五年「幸運地被盟國分而治之」，對不得不忍受四十年共產主義專制的人民實在相當殘忍。但就德國的聯邦屬性而言，此一分裂狀態也許再適合不過了。盟軍占領者從未能夠統一德國教育，也沒有弭平各地區在文化與政治上的差異。德國人是否真的接受了再教育，這點尚可存疑。盟軍最大的成就或許是在他們離開西德時，並沒有收割仇恨。改造昔日敵人可能是有些高姿態的想法，但這比「以牙還牙，以眼還眼」的政策更能拉攏人心，也不那麼危險。盟軍所做的是把過去的敵人扶起來，或許部分的德國人並不配享有這種待遇，但總比把這個國家榨乾要好。這一次，不會再有「從背後捅一刀」的說法，也不會有武裝亡命之徒想要為他們戰敗的國家湔雪前恥。不過，真正塑造德國未來的，不是文化、教育、司法，甚至也不是全民道德，而是政治局勢在冷戰的狀態下，歐洲建立強大民主國家的需要、德國菁英的投機主義、美國的利益，以及侯貝‧舒曼口中「讓戰爭（在歐洲）變得不可能」和「促進世界和平」的烏托邦計畫，讓德國的未來令人期待。

就提升法國的軍事與政治影響力而言，占領萊茵河沿岸也許作用不大，但這有助於消弭歐洲最血腥的一道裂痕。一個團結的歐洲，不僅是德、法兩國的夢想，也是基督教民主主義者的夢想。但戴高樂高度懷疑，將此比作「重啟查理曼帝國大業」。[31] 德國的社民黨和法國的共產黨都表示反對，戴高樂也反對，因為他認為彼時的法國還沒有強大到能夠在聯盟中獨領風騷。戴高樂將軍生氣也許是那時他並不在位，因為到了一九四五年，他的態度就轉變

了，在尚·莫內的鼓吹下，他表態支持將魯爾區和薩爾州併入一個歐洲聯邦（他對英國是否該參與其中有點拿不定主意）。不管眼下麻煩纏身的歐盟將來如何，當年的團結夢想比所有再教育計畫加起來，都更能讓德國重新回到歐洲的懷抱。

§

一九四五年十二月十五日，《週六晚報》刊登了一篇關於占領日本的文章，現在看起來標題非常不可思議，但當時並不稀奇，標題是〈美國大兵正在教化日本鬼子〉（*The G.I. Is Civilizing the Jap*），作者是威廉·沃登（William L. Worden），發自東京，由轟炸機寄出的航空信。

刊頭上方是沃登一文的概要：「當日本鬼子還在等別人教他們如何思考，而其狡猾的同胞卻迴避這項工作時，美國兵以身作則證實其效果。」繼續往下讀，讀者得到的訊息是「普通日本人和野蠻人沒有太大差別，戰爭證實了這點。」

不過日本人還是有點希望，因為「眼下向日本人傳授民主和文明之道最有辦法的，似乎還是美國大兵，儘管他們更拿手的是教訓日本人。」

「日本鬼子」的野蠻人形象在戰時深植人心。投在廣島和長崎的兩枚原子彈導致二十萬人死亡，事後，杜魯門總統在給友人的信中寫道：「對付畜生（beast）的辦法就要當他們是畜生。」32

軍事占領了不起的地方在於，類似的想法很快就煙消雲散了。這倒不是說把日本人教育成為熱愛和平的民主主義者的想法受到任何質疑。統稱為「知日派」的美國國務院日本文化和社會專家，很快就指出傳統日本生活充滿由上而下的集體主義，日本人永遠不

會表現得像獨立個體，因為他們習慣接受地位更高的人發號施令。天皇具有神聖的地位，備受人民愛戴。用某位「知日派」的話來說，他的臣民「既遲鈍麻木，又墨守成規」。據東京占領區的英國領事所言，「在現代世界裡，日本人和所有的非洲部落一樣不適合自治，不同的是，他們比非洲人更危險」。[33]*

「知日派」的日本人性格理論，往往是從他們認識的日本菁英那邊聽來的；與「知日派」抗衡的是「中國通」，這批人多半是同情左派的人士，以及前羅斯福政府中的新政派。「中國通」官員的想法占了上風，至少在占領最初幾年是這樣。八月十一日這一天是贏得關鍵勝利時刻，約瑟夫·格魯（Joseph Grew）這位「知日派」的祖師爺、前駐日大使、副國務卿被迫撤職，繼任者是迪恩·艾奇遜（Dean Acheson）。九月，艾奇遜聲明「當前滋生戰爭思想的日本社會和經濟體制將被改變，戰爭思想不會延續下去」。[34]

麥克阿瑟將軍是虔誠的基督徒，他在戰時有關「東方思想」的理論往往十分粗糙，比如說，他認為東方人的思維既幼稚又殘忍。他相信，改造日本人是自己命中註定的任務。在執行這項使命的過程中，他常說自己得到華盛頓、林肯和耶穌基督的引導，因此理想狀況下，日本人應該皈依基督教。無論如何，此處麥克阿瑟與康拉德·阿登瑙爾的想法不謀而合——復興不僅要是精神上的，也應該包括政治、社會與經濟的復興。不過，麥克阿瑟可比這位德國基督教民主派走得還遠，他說過，對日本的占領將觸發「一場精神革命……一場在全世界社會史上絕無僅有的大震撼」。[35] 赫伯特·胡佛（Herbert Hoover）訪問東京期間，有點詭異地稱呼麥克阿瑟

---

* 他的主要左右手是約翰·普夫摩（John Profumo）准將，普夫摩的政治生涯最終因與應召女郎克里絲汀·奇勒（Christine Keeler）的親密關係而告終。

為「聖保羅再世」。[36] 然而，麥克阿瑟這位美國將軍特使對探索日本文化或了解這個國度毫無興趣，他晚上都窩在家裡看牛仔片。麥克阿瑟的翻譯佛比安‧包爾斯（Faubion Bowers）日後回憶，將軍駐日五年期間，「只有十六個日本人跟他說話超過兩次。其中沒有人擔任要職，他們既非首相、大法官，也不是一流大學校長。」[37]

與德國不同的是，日本沒有受到盟國分治（蘇聯人本來想將北方島嶼北海道占為己有，但美國人否決此提議後並未因而發生衝突）。占領日本是美國人的一齣戲，身為盟軍最高指揮官的麥克阿瑟擁有近乎至高無上的權威。然而儘管他統領著一個民選的日本政府，真正治理國家的還是日本人。美國之所以更熱衷於再教育日本人，而非德國人，有幾點可能的原因：也許是因為德國的經驗為日後治理日本奠定了基礎。在德國，由於盟友的阻撓，或由於德國人的冥頑不靈、甚至是區域差異，再教育工作並不順利。而在日本，一切都是美國說了算，所以成功機率更高，但最主要的原因恐怕還是最高司令把日本人看成幼稚的野蠻人，頭腦簡單，適合改造；他們既非基督教徒，文化也不根植於西方文明。就日本人的思維狀態來看，還真像是一切從零開始的歷史〇年。

從太平洋戰爭的慘烈程度，以及戰時美、日雙方大打宣傳戰的不擇手段來看，日本人後來居然心甘情願拜美國人為師，著實令人訝異。一九五一年，杜魯門總統因為麥克阿瑟在朝鮮戰場上抗命，而將他撤職；麥克阿瑟離開日本時，日本人畢恭畢敬地為他送行，我們很難想像這樣的畫面會在德國出現。日本人還立法授予麥克阿瑟日本榮譽公民的頭銜，甚至還有人打算在東京灣為最高長官蓋一座「生祠」。十幾萬日本人在通往機場的路上，夾道歡送恩人，許多人熱淚盈眶，對著麥克阿瑟的豪華座車大聲道謝。日本

的一份大報甚至在社論中感嘆：「噢，麥克阿瑟將軍！將軍，將軍，是您，把日本從徬徨和飢餓中拯救出來！」[38]

下面這封寫給最高指揮官的信，出自一位深信共產主義的日本律師：「為了日本人民的未來，（占領當局的領導們）帶來了自由、平等與博愛的和平曙光。在他們的大力協助和認真領導下，日本人建設了一個民主國家……為了表達對此豐功偉業的感激之情，我們將舉行一場群眾集會，來歡迎占領軍。」[39] 這封信寫於十一月，距廣島和長崎被投下原子彈只過了三個月。

要解讀日本人的行為，一種方式是將其看成典型的東方式逢迎，不真誠但符合自己的利益，而且也符合長久以來奉承強大統治者的傳統。也許的確有這層因素，但卻遠遠未反映出歷史的全貌。我相信，這種感激之情大抵是真誠的。靠著從征服他國搶來的戰利品，多數德國（非猶太血統）平民直到戰爭最後階段都還過著不錯的生活。和德國人比起來，日本人就悲慘許多，他們的城市多半陷入火海，這點德國也一樣，但日本已經連續數年靠著吃不飽的食物配給勉強度日了；此外還得忍受日本軍方和憲兵的欺負，他們咄咄逼人的氣勢恐怕比德國有過之而無不及。一九四五年，不少德國人依舊對元首抱持好感，但卻少有日本人還會為軍國體制說好話，因為這只為他們帶來了痛苦。

因此，當如此年富力強，大體說來逍遙自在的美國人踏上日本領土時，他們的確被視為解放者，許多日本人也準備好學習如何變得悠閒自在。這不是日本史上第一次決定向外界大國學習，幾世紀以來，中國都是日本學習的楷模，直到十九世紀下半葉，歐美才成為仿效的典範。從某個角度看，二十世紀日本的軍國民族主義是對一股浩浩蕩蕩西化趨勢的回應，「西化」意味著經濟自由主義、

大眾媒體、好萊塢電影、不同政黨、馬克思主義、個人主義、棒球、爵士樂等等新興事物。經過第二次世界大戰的浩劫，多數日本人都渴望回到現代化的軌道，他們把現代化與西方世界加以連結，到了一九四五年以後則主要與美國連結。

這種進展是否真能叫做「再教育」，實在有待商榷，然而新主子和手下不少信眾顯然就是這麼想。不過，怎麼「重塑」日本才是主要問題，「知日派」覺得這種想法很荒唐，況且，最想主導再教育日本的官員，對這個國家及其歷史理解甚微。他們認為在德國實施的去納粹化在日本行不通，那種做法是在成熟文明身上剝除表層有害的意識型態，但日本根本沒有成熟的文明，改革派認為日本文化爛到骨子裡。

然而，不同於「知日派」，皇宮與官僚體制內老一輩的日本菁英並不覺得有必要全盤推翻既有文化，比較切合他們心意的是小規模且循序漸進的改革；但對於查爾斯‧凱茲上校（Colonel Charles Kades）與最高指揮官周圍的其他新政派人士而言，這些改革的力道遠遠不足。凱茲說過：「（日本領導人）盤算的是挑出一棵有病害的樹木修剪枝葉……我們認為，要除去病害，不僅要砍掉重練，還得連根拔起。」[40]

要肅清日本的「封建」文化，不能只是扯掉日本的旭日旗（美國大兵稱之為「肉丸」），對讚美日本軍事實力的音樂或演出加以取締，禁止日本擁有武裝力量，或者起草一份使其放棄戰爭的新憲法，這些都遠遠不夠。

當然，這些手段在人們眼中是必要的。一九四五年，起草和平憲法的準備工作已經就緒。是誰突發奇想提出此策略，尚無定論，有人說是幣原喜重郎。他一九四五年時任日本首相，長期以來

崇尚和平主義。是他建議麥克阿瑟推出和平憲法，廢除「封建」的家庭法律，保障女性權利。這種變化讓統治日本的菁英很不安，甚至連立場相對自由的政客也看不下去，如美國媒體暱稱為「小光」（Shiggy）的前外相重光葵，就在日記裡寫道：「占領軍所制定的方針早已不是單純依照《波茨坦宣言》行事……他們要的是自上而下改造日本。」[41]

他說的沒錯，改革者一開始就想這麼做。所有被認為「封建」的日本傳統和慣例都必須斬草除根。每當看到日本婦女在公共場合為孩子哺乳，美國大兵或美國民眾都會立刻出面制止；製作傳統劇的木劍道具被沒收了；講述武士英雄故事的歌舞伎表演被取締了。日後成為歌舞伎研究權威的厄爾・恩斯特（Earl Ernst）有一天晚上走進東京帝國劇場，對正在上演的「寺子屋」喊停。那是十八世紀一齣名劇中的一場戲，講一位被拔除頭銜武士領主，被勒令殺子，然而昔日家臣仍對領主忠心耿耿，犧牲自己的兒子頂替少主。這類「野蠻」的戲碼是不可容忍的，為了陶冶日本大眾，戲劇公司應美國人的要求，推出了一齣吉伯特與蘇利文（Gilbert and Sullivan）的作品《日本天皇》，然而，日本大眾並未受到教化，反而不知所措。

任何事物只要和「封建主義」沾上一點邊，就會面臨取締的命運，甚至是遠古自然崇拜的神道教裡具有神聖地位的富士山，其形象也禁止出現在電影、藝術作品當中，連公共澡堂磚牆上常見的富士山裝飾畫也遭禁止。自十九世紀以降，神道教便已轉變成某種國教，鼓吹天皇崇拜，宣揚日本民族獨一無二，具有神聖的血統，因而註定要統治亞洲的劣等人種。由此看來，禁止將神道教列為國教倒不失為一個好主意。十二月十五日的最高指揮官政令申明：

本政令旨在實現政教分離，防止出於政治目的的濫用宗教，並確保所有宗教、信仰和信條的法律地位一律平等，享有完全同等的機會與保障。42

　　命令裕仁天皇在電台中宣布他和所有人一樣只是一介凡人，似乎也是不錯的主意。天皇玉音的真正內容是說他和日本人民之間的關係並非「建立在天皇乃天神下凡的錯誤觀念上」。這讓美國人很滿意，但多數日本國民對天皇的聲明絲毫不驚訝，因為他們從不曾懷疑天皇身上除了神性之外，還有人性；只是日本國民將裕仁視為「天照大神」下凡，這點天皇本人也從未否認。總而言之，似乎極少日本人對此真的在意。真正沮喪的只有極端民族主義者，他們對此一直耿耿於懷，辯稱神道教代表了日本文化的精髓，與其他宗教不能一概而論。

　　有些文化再教育工作只會令人生厭，而且很快就被取消，比如取締歌舞伎演出或刀光劍影的武打片。有些做法荒誕不經到引人發噱，比如有個管轄農村地區的美國兵，以為教日本人跳方塊舞就能陶冶他們的民主精神。而在一些事情上，美國人又過猶不及，就連相對順從的日本人也無法忍受。比方說，一支美國教育使節團曾詳細評估是否可以廢除日語中的漢字，將日語書寫體系全盤西化，並建議繼續朝這個方向邁進，此方案不了了之。不過，日本的教育體制倒是受到大刀闊斧的改革，這和德國的情況不太一樣。男女分校的菁英學校轉為男女合校、綜合性的教育體系，學制是小學三年，初中三年，高中三年。

　　位於日本中部、離京都不遠的近江，地位相當於德國的亞亨。一九四五年秋天，一支美軍巡邏隊決定檢查當地一所小學。一看

到美國兵，學生便嚇得尖叫，被問及「是否喜歡美國人」時，學生都使勁搖頭。教室依然掛著戰時海報，上面的日本兵擺出英武的姿勢。該校的某位老師是退役軍官。美國人還在一張書桌的抽屜裡找到一頂血跡斑斑的海軍帽。這些都不可容忍，於是美軍命令校長開除退伍軍官，並確保所有與戰爭有關的物品都清除乾淨。

六個月後，同一批美國人的其中幾位又跳上吉普車，再度造訪同一所學校。這次孩子們看起來沒那麼害怕了。一名軍官用口哨吹起〈史瓦尼河〉（Swanee River），更讓美國人興奮異常的是，孩子們居然用日語一起唱了起來，還唱了〈驪歌〉（Auld Lang Syne）和〈杯酒高歌〉（Maine Stein Song）。同樣讓軍官們欣慰的是，他們發現教科書已妥善修改；所有提及戰爭、日本尚武歷史及天皇等「封建」的段落都用油墨塗黑了。充滿善意的校長用英語發言，他保證，所有戰時的海報都會焚毀，另外還要開除幾名老師，其中三人當過兵。[43]

看到美國勝利者相對和善的表現，許多日本人感到如釋重負，面對強塞給他們政治菁英的民主改革，日本人也感激涕零，但他們心中對美式再教育依舊五味雜陳。《朝日新聞》曾刊登一封初中生的來信，內容甚是精彩，恰到好處地呈現出日本年輕人對他們父執輩立場戛然轉變的共同看法：就在一天前，他們還被教著要崇拜天皇，支持亞洲的聖戰；可是才過一天，同一批老師卻教他們譴責日本封建主義，支持「德膜克拉西」（民主）。

這名學生在信的開頭寫道：許多大人很擔心孩子在軍國主義的薰陶下長大，對他們進行思想改造會很困難。但實際上，近幾年的親身經歷大大提升了青少年的政治意識，他們只知道，日本一直在打仗，和平就像「脫離黑暗，步入令人目眩的陽光下」。他們之前

學習的所有知識都證明是徹底的謬論:「要如何讓他們再度信任領導人,甚至再相信大人呢?」真正讓人擔心的倒是成年人,因為他們對過往的一切仍然很徬徨,內心充滿矛盾,要擺脫軍國主義思想顯然更難。[44]

這孩子的話代表了日本近代史上最活躍於政治參與的世代的心聲,這個世代大多是左派分子,且對日本舊體制派極為不信任。美國人來日本傳授自由、和平主義和民主,但一到了冷戰,同一批美國人卻支持起過去的體制派,這讓他們深深覺得遭到背叛。要知道,體制派裡不少人還背負著戰爭留下的血債。一九六〇年,時任日本首相的岸信介——戰時日本版的亞伯特·許貝爾——批准通過了《美日安保條約》,日本就此淪為美軍在亞洲的永久軍事基地。一些與《朝日新聞》投稿的初中生意氣相投的日本人湧向東京街頭,抗議日本間接捲入越南戰爭。締結協定雖然有不少好處,但似乎讓人聯想到日本過去在亞洲的戰爭。日本左派對日本為虎作倀,協助美式「帝國主義」很是惱怒;而右派對於不得不遵守「美國人」制定的和平憲法也不買帳。話雖如此,兩派還是有共同點,他們皆認為美國的占領似乎從來沒有結束過。

一些人覺得外國征服者餽贈的「德膜克拉西」來得有點太簡單。漫畫家加藤悅郎有一幅名作,畫一群興高采烈的日本人,把手伸向空中,當中還不乏頭戴軍帽者。掛著金屬罐的降落傘從天而降,罐身上面寫著「民主革命」[45] 的字樣,場面好若天降甘霖。有些東西本該自己爭取,現在得來全不費工夫,有點丟人。

美國人的作為有時是存心羞辱,但矛頭不是直接指向一般日本人。美國占領時期最具代表性的一張照片攝於一九四五年九月,起因是裕仁天皇來到麥克阿瑟將軍的官邸,拜會最高長官(其實

更像是下級晉見上級）。四十四歲的天皇身著全套禮服，在眾目睽睽下，筆直站著，和六十五歲的最高指揮官相比，他只是個毛頭小子。身旁的麥克阿瑟個頭高大，故作輕鬆，顯得不怒自威：卡其襯衫領口敞開，雙手自然在身後交握。

所有大報都刊登了這張照片。由於照片明顯帶有冒犯君主之意，日本政府大為震驚，立即禁止報章繼續轉載。翌日，麥克阿瑟宣布這一禁令作廢，並下令推出新措施，保障出版自由。但這並不表示美國人在日本查禁新聞沒像在德國那麼起勁。比方說，人們不准談論廣島，同樣遭到禁止的還有關於美國的負面報導，或對最高指揮當局的批評之聲。（一九四六年，一部名為《日本的悲劇》的日本電影，甚至因為對天皇在戰時的角色過於苛責而被列為禁片。畢竟，麥克阿瑟已經免除了他的所有罪責。）

儘管如此，民主也絕非一句空話，隨著降落傘從天而降的金屬罐帶來了實實在在的革命性變化。不過，當時最有見地、最真誠的作家高見順直言，有種羞恥感依然縈繞在心頭，揮之不去。他在九月卅日的日記裡寫道：

> 一想到這本該由人民自己的政府賦予的自由，卻讓外國軍隊開先河似地施捨給我們時……我心中就不免湧起羞恥感，因為愛日本，所以感到羞恥，為日本羞恥！ 46

這種情緒可以理解，然而諸如此類的論調略有誤導。關於占領有很多大話，有一些至今還能聽到，大意是美國人一手塑造了現代日本國家制度；日本的「西化」始於一九四五年；受益於美國人的循循善誘，日本戰敗後只用了一兩年的時間，就從「封建主義」

一舉轉型為「民主制度」國家。事實上，早在一九二〇年代末，日本便已建立了民主制度，只是很脆弱。西方盟國不過是在戰後的日本和西德創造了恰當的條件，使這些制度得以恢復，根基更為穩固。這一過程並非總是水到渠成，日本政客和官僚往往是在受到外部壓迫後，才著手推行大快人心的改革。然而，讓美國人和日本人始料未及的是，由美國人一手打造的條款既成為戰後日本身分認同的基石，也成為一種負擔。

雖然《日本憲法》第九條在一九四六年才制定，不在本書的討論範圍內，在這裡不揣譾陋引述，因為這最能表現一九四五年的理想主義：

> 一、日本國民衷心謀求基於正義與秩序的國際和平，永遠放棄以國權發動的戰爭、以武力威脅或武力行使作為解決國際爭端的手段。
> 二、為達前項目的，不保有陸海空軍及其他軍事力量，不承認國家的交戰權。

一九五三年，理查·尼克森在擔任艾森豪政府副總統時訪問日本，他認為憲法第九條是個錯誤，此話一出讓日本人很震驚。他表示日本人沒有理由不修憲，美國也不會反對，美國甚至希望日本成為一個強大的盟國，對抗共產主義等等。但多數日本人不認同尼克森的看法，他們拒絕修憲，對新憲法充滿自豪。和平主義讓一個曾在歷次血腥戰爭中屠殺上百萬人的民族，感覺擁有嶄新的道德目標，甚至是道德優越感——日本會帶領世界走向一個和平的新時代。在日本人眼裡，倒是美國人才該受到譴責，他們拒絕拋棄打仗傳統，先是在朝鮮與越南動武，後來還攻打了伊拉克與阿富汗。

這種認知或多或少是戰後五十年日本社會輿論的基調。但是和平主義是有代價的，因為理想與現實很快便分道揚鑣；日本人也違背了憲法，充實了自己的軍事力量。一開始美其名為警察部隊，後來則更名為「日本自衛隊」。這種改弦易轍不僅虛偽，並且未能解決一個讓日本左派、右派皆抱怨連連的問題：日本的安全仍有賴美國協助；和平主義依靠的是昔日征服者提供的核子保護傘。東亞從未出現過類似北大西洋公約組織（NATO）或歐盟的組織，得以讓日本與其鄰國建立信任，為自己重新找到區域定位。

　　多數日本人仍堅定不移地支持《憲法》第九條，民族主義右派則強烈反對。此一法條使得日本人在看待本國歷史問題時總是閃爍其詞，只要自由派和左派人士把捍衛和平主義當成「為戰時罪行贖罪」的必要修行；右派就會堅稱，日本並不比其他參戰國更為罪孽深重。如果說南京大屠殺或馬尼拉大屠殺構成了剝奪日本主權的理由，那麼日本便完全有動機盡量淡化這些「事件」的重要性。這種政治觀點的分歧，對外偽裝成歷史論辯，國內實則分崩離析，無法整合，幾十年來，一直破壞日本與亞洲其他鄰國的關係。除了日本對美國的單方面依賴（這也是一九四五年的遺緒）之外，這多災多難的一年，在眾人對未來的高度憧憬中劃下了句點。

第九章

世界一家

本書先前提到的英軍青年情報官布萊恩・賀卡特原本很可能變得憤世嫉俗。因為他曾在一九四四年九月曾報告上級，把盟軍空投到荷蘭小鎮阿納姆附近的風險很大，但上級卻強迫他請病假，不顧賀卡特的全力反對，市場花園任務後來還是付諸實行，葬送了幾千條年輕的性命。「蒙提」將軍一心想蓋過美國同僚喬治・巴頓將軍的鋒頭，為此不惜一切代價。六個多月後，賀卡特目睹因傲慢而做出的愚行，也對己方幻滅，他是首批進入伯根貝爾森集中營的盟軍一員。一開始見識了愚昧，現在又目睹恐怖，以至於戰爭終於落幕，他怎麼也開心不起來。

即便如此，他並未掉入犬儒憤世嫉俗的陷阱。他在回憶錄中寫道：「我從未細想過，事情再也不會和過去一樣了。我對舊秩序的體會不深，也不認為我會緬懷過去。我的確認為，眼下的首要之務在於絕不讓這場災難重演。」[1]

戰前，賀卡特對國際聯盟的成立很是興奮。他回憶，自己對國際主義的熱情，源於兒時在私立女子寄宿學校讀書的經歷。這所

學校叫做巴明頓（Badminton），校長是碧翠絲·貝克（Beingatrice M. Baker）小姐，脾氣古怪，大家都叫她 BMB。賀卡特的母親在巴明頓任教，而他的阿姨露西無論在學校，還是在日常生活中，都是女強人 BMB 的搭檔。全校有兩百多名女生，六歲的賀卡特是唯一的男孩。BMB 小姐很同情左派，和當時許多人一樣，她對綽號「喬叔叔」的史達林抱持好感。她在一九三〇年代還接濟了從歐洲大陸逃來的猶太難民，當時多數私立寄宿學校校長不太會做這種事；她甚至讓女生，包括戰時還是小女孩的我母親，在布里斯托的大街上遊行，手上舉著「世界工人大團結！」的標語。

戰爭結束後，賀卡特曾在歷史學家阿諾德·湯恩比（Arnold Toynbee）底下短期工作，這是英國外交部的特別部門，工作內容是從納粹占領下的荷蘭蒐集情報。但是由於荷蘭已經解放，所以沒留下什麼可做的事，這亦是戰爭遺留的眾多官僚主義怪現象其中一例。這項工作因此沒有持續多久。賀卡特的第二個老闆是英國外交官格拉德溫·傑布（Gladwyn Jebb）。傑布負責創立聯合國，他是聯合國憲章的起草人。在接下來的職業生涯中，賀卡特在這個國際組織中盡忠職守，聯合國的理想不斷鼓舞著他，即便如此，他也不護短，中肯地質疑聯合國在實踐理想時所暴露的缺陷。

四十年後，他這樣記錄一九四五年秋天那段奮發進取的歲月：

……在那段意氣風發的日子裡，有著再也難以體會的新鮮感和澎湃熱情。戰爭依然鮮明地存在所有人的心靈與經歷中。我們許多人曾入伍打仗，其他人也是幾個月前才結束了抵抗運動與地下活動，重見天日。為和平而努力的夢想實現了。百廢待興，一切都必須從頭再來，這讓我們更加振奮。[2]

賀卡特在聯合國祕書處有許多好友，其中一位在前文亦曾提及，即法國抵抗運動者史帝芬・艾瑟。艾瑟落入蓋世太保手中後，遭到嚴刑拷打，後來被送到布亨瓦德和朵拉集中營。他出生於一九一九年，與賀卡特同年。艾瑟出身不俗，他的父親佛朗茲・艾瑟（Franz Hessel）是著名德國作家暨翻譯家，曾翻譯過普魯斯特的作品。《夏日之戀》（Jules et Jim）是法、德三角戀悲劇，主角茱爾就是以老艾瑟為原型。這故事後來被佛朗沙・楚浮（François Truffaut）搬上銀幕，成了名片。和賀卡特一樣，史帝芬・艾瑟也希望在全球舞台上建立一個更美好的世界。激發他雄心壯志的，不只是一般人對戰爭的厭惡與對和平的渴望，而是一種更崇高的理想。他在回憶錄裡寫道：是「世界主義和集中營」，在集中營裡，許多國家和不同階級的人被關在一起，這經驗「把我推向了外交領域」。[3] 戰爭結束後三年，他協助起草史上第一部《世界人權宣言》（《宣言》於一九四八年正式實施）。艾瑟於二〇一三年過世，享耆壽九十五歲。

　　賀卡特與艾瑟兩人表現出類拔萃，這點毋庸置疑。他們的理想主義情懷均源於受創的親身經驗，這倒沒有什麼與眾不同。人們普遍相信應該建立一個嶄新的世界秩序，且由一個比國際聯盟更有活力、辦事更有效率的全球性組織來維持世界秩序的運作。有人想得更遠，甚至早在廣島與長崎遭原子彈轟炸前，主張世界政府者就經常宣揚末世論。阿諾德・湯恩比在戰時曾大聲疾呼，要想避免第三次世界大戰，唯有一個警力遍及全球的世界政府才能做到。湯恩比的話有點荒誕不經，但美國國務院的一些高層卻當成一回事。一九四五年四月，一份蓋洛普民調顯示，八成一的美國人希望美國加入「一個擁有警力的世界組織，以維護世界和平」。[4]

由於「世界政府」或「世界聯邦」的概念十分模糊，秉持此路線的思想家便傾向於將個人理念投射於對未來的想像。毫不出所料，甘地認為世界聯邦應遵循他的「非暴力」原則；湯恩比則主張英、美兩國應當聯手，讓警力遍及全球，至少未來一段時間內可以這麼做，他的初衷是建立某種具有共同政經目標的「民主的英美世界聯邦」(democratic Anglo-American World Commonwealth)。[5] 而且湯恩比不是唯一這麼想的人，一九三九年，英國駐美大使洛錫安勳爵(Lord Lothian)就把大英帝國視為建立世界聯邦政府的楷模。這種想法也可能讓人覺得自說自話、自我抬舉，甚且完全是癡人說夢。然而，這種自由主義式的論調、盎格魯薩克遜式霸權的聲音，在英、美並不罕見，邱吉爾也一度深信不疑。這種觀念偶爾還是會冒出來作祟，滿足一下英語系國家那些做著春秋大夢者的自尊心，其中包括了白宮的一兩位主人。

　　一九四五年春，《紐約客》撰稿人懷特 (E. B. White) 在雜誌上發表評論，認為各國若得為起草第一份《聯合國憲章》開會的話，以舊金山為會議地點再合適不過了，他說，畢竟「美國被世界各地的人看成是美夢成真的典範，是一個全球國家的縮影。」[6] 若說這是得意忘形的情緒，現在看來十分迂腐，但時至今日，這種想法也並未徹底根絕。話雖如此，懷特還是清楚意識到，美國夢有汙點。五月五日，就在舊金山會議開幕後一週，他提到，加州某地出現了「一群舊秩序的衛道人士（文件是這麼形容的），企圖規定『高加索人』只能在特定區域居住。」[7]

　　歐洲人也有自己的看法。他們通常屬於反納粹、反法西斯抵抗陣營，將歐洲統一視為通往大同世界的第一步。早在一九四二年，法國抵抗組織「戰鬥」(Combat，別名為「全國解放運動」，簡

稱 MLN）就發表過一份宣言，宣布「歐洲合眾國是通往世界聯盟路上的一個階段，它將成為活生生的現實，而我們正為之而戰」。[8]「戰鬥」組織的一位主要人物是阿爾貝·卡謬（Albert Camus），他多數時候含蓄內斂，後來和另一個反法西斯抵抗組織密切往來，後者發表歐洲統一宣言的時間更早。一九四一年，義大利的文托泰內（Ventotene）一座靠近那不勒斯的小型火山島尚有一座監獄，阿爾蒂諾·史匹內利（Altiero Spinelli）等義大利左派分子被墨索里尼關在這裡。這座島上監獄為十八世紀波旁王朝所建，暗無天日，獄囚之一的政治思想家埃內斯托·羅西（Ernesto Rossi）寫了所謂的《文托泰內宣言》（Ventotene Manifesto），主張只有反動派才會醉心於民族政治（national politics），所有進步主義者都應為「一個堅強的世界國家」而奮鬥；第一步先是建立「歐洲聯邦」，接著邁向「世界聯邦」。

統一歐洲的夢想當然要比這些宣言古老許多，最早可以追溯到九世紀的神聖羅馬帝國。從那時開始，大歐洲的理想經歷了諸多變遷，但有兩條中心思想一直沒變，其一是統一的基督教國家，歐洲是其精神與政治核心。此一目標一直為天主教徒所推崇，伊拉斯謨（Erasmus）就是其中之一，而法國天主教徒尤其推崇。比方說第一代蘇利公爵馬克西米連·德·貝蒂納（Maximilien de Béthune, 1560–1641）便曾構思過一個基督教歐洲共和國，要是土耳其人想加入的話，就必須改信基督教。

與「統一歐洲」相關的理想是「永久和平」。一七一三年，法國天主教神父聖皮耶（Abbé de Saint-Pierre）發表了《歐洲永久和平方案》（Project for the Creation of Eternal Peace in Europe），依照這份方案，歐洲會有一個議會，一支軍隊，較大的成員國則享有平等

的投票權。

在早期泛歐主義者看來，永久和平和基督教統一往往是一體兩面。和平統一是一種宗教觀念，一種基督教烏托邦，它並不侷限在歐洲大陸，而與基督教一樣，是普世的價值。在理想狀態下，上帝的人間天堂，是不需要國界的。

啟蒙運動後，理性主義者提出了新版的宗教普世主義（religious universalism），不過只是稍微更動了措辭。十九世紀的法國詩人兼政治家阿方斯·德·拉馬丁（Alphonse de Lamartine）於一八四一年寫下一首詩歌，歌頌歐洲統一的理性主義，名為《和平馬賽曲》（Marseillaise of Peace，1841）：「在啟蒙的道路上，世界走向統一／每個有思想的人都是我的同胞／真理就是我的祖國。」一八四八年，法國處於革命動盪之中，身為外交部長，拉馬丁發表了一份《歐洲宣言》，不僅將法蘭西共和國吹捧為歐洲的楷模，還是全人類仿效的對象。

二戰末期也出現類似從「宗教理想主義」到「理性理想主義」的轉向。一九四〇年，當時美國尚未參戰，一個名為「美洲基督教聯會」（Federal Council of the Churches of Christ in America）的黨派成立了一個委員會，目的是為了「正義與持久的和平」而努力，當時或許言之過早，但這一直都是值得追求的目標。新教牧師和一般信徒有時還會得到猶太人和天主教徒的鼎力相助。美國各大城市都成立了「世界秩序全國宣教組織」。名為「和平六大支柱」的委員會在一份聲明中，陳述了建立世界性組織的必要性。由於唯恐有人懷疑此聲明是異想天開者的傑作，委員會主席一職落到了約翰·福斯特·杜勒斯（John Foster Dulles）肩頭，他在一九三〇年代早期是希特勒的崇拜者，一九五〇年代在艾森豪手下擔任國務卿，

是個好鬥的冷戰鷹派。

杜勒斯在制定一些十分粗糙、甚至不太道德的政策上扮演了重要角色：他支持法國針對「越南獨立同盟會」民族主義者發動的殖民戰爭，此外他還在一九五三年協助推翻民選的伊朗政府，把總理穆罕默德・摩薩德（Mohammad Mosaddeq）趕下台，因為他們認為摩薩德對共產主義不夠強硬，而且威脅到英、美兩國的石油利益。英國特務聯手中情局——杜勒斯的弟弟艾倫（Allen）是中情局頭子——策劃了一場政變。然而杜勒斯的反共熱忱不光只是集體大業驅使的結果，他本人推崇「基督教道德論」（Christian moralist），深信跟奉行「無神論」的共產主義鬥爭，在本質上是一項道德誡命。他表示他相信聯合國具有他所謂的「道德力量」，他也擔任了舊金山會議美國代表團[9]的顧問。考慮到當時局勢，以及他與美國保守主義的關聯，杜勒斯就對日使用原子彈一事的回應，似乎顯得有點出人意表，不過也像是他的論調：「若虔誠的基督教民族如我輩，覺得使用原子能沒有道德問題，世界各地的人們都會接受這種判斷。」[10]

「世界一家」（one world）時常從宗教道德論汲取靈感，然而廣島遭遇重創，確實讓這個論調轉向認同世俗的價值，也更重視當下。科學家率先站出來，警告使用原子彈的後果不堪設想，他們其中一些人曾參與製造這種殺人武器。一九四五年七月十六日，美國人在新墨西哥州的沙漠進行了首次核爆測試，爆炸的驚人威力甚至讓領導研發原子彈的羅伯特・歐本海默（Robert Oppenheimer）發出近乎宗教性的感慨，他引用了印度教經文《薄伽梵歌》裡的一段話：

如果有一千個太陽

綻放出漫天的奇光異彩

這正有如那獨一無二的偉大神靈的光彩……

現在，我成了死神，我是所有世界的毀滅者。

相較之下，愛因斯坦在聽聞廣島被炸後說的第一句話則顯得平淡無奇：「哎呦我的老天爺啊！」[11]

兩個月後，愛因斯坦與幾位人士，包括參議員富爾布萊特（J. W. Fulbright）和最高法院助理法官歐文·羅伯茲（Owen J. Roberts）等顯赫人物，聯名給《紐約時報》一封公開信。他們在信中寫道：「第一枚原子彈摧毀的不僅是廣島這座城市，一起爆開的還有我們世代相傳、早已過時的政治理念。」[12] 其中也包括了我們對國家主權的理念。舊金山會議上通過的《聯合國憲章》只是個開始，愛因斯坦等人宣稱：「如果我們想避免核子戰爭，就必須著手訂立一份世界聯邦憲法，締造世界通用且可運作的法律秩序。」

約翰·福斯特·杜勒斯曾主張由「聯合國」控制核能，直到蘇聯引爆核彈，他才改變了主意。一九四五年十一月，愛因斯坦在接受《大西洋月刊》（*Atlantic Monthly*）採訪時也表示：「原子彈的祕密應該託付給一個世界政府，而美國應該當機立斷地表明願意把祕密移交給世界政府。」

老基督社會黨人、英國首相克萊門·艾德里也許是將使用核能的道德理由表述得最簡明扼要的人。在《大西洋月刊》刊登愛因斯坦採訪的同一個月，他在加拿大國會兩院發表演講。廣島事件讓艾德里感觸很深，他以英、法雙語提議科學和道德和諧並存。據《泰晤士報》報導，艾德里認為「學者抱著無比熱忱投入研究，然

而倘若沒有同樣熾熱的道德勇氣，幾世紀以來創造的文明將毀於一旦」。[13]

§

一九四五年，真實世界開始重建的方式或多或少拜高遠的理想主義所賜，抱持這種理想主義的，包括前抵抗運動者、為和平而戰的軍人、震驚於原子彈破壞力的科學家與基督教大同世界論者。但重建與理想主義之間的關聯，遠遠不及他們想像得那麼緊密。塑造戰後國際體制（實際上這一工作戰時便已開始）的，有更多是政治因素，而不是宗教或道德理想。鑑於政治性解決方法向來就不甚理想，新秩序必然有所缺憾。

　　《聯合國憲章》誕生於舊金山，但追本溯源，還是得提到邱吉爾和羅斯福於一九四一年八月在紐芬蘭（Newfoundland）海岸普拉森舍灣（Placentia Bay）的一次會談，那時英國剛剛挺過不列顛戰役，舉國上下奄奄一息；六月廿二日，德國入侵蘇聯，很快珍珠港事件也將爆發（一九四一年十二月七日）。羅斯福極力想以溫和的方式，鼓吹選民支持美國在歐洲戰場的衝突中，扮演更積極的角色。於是，兩位領導人乘著各自國家的戰艦赴會——羅斯福搭了美國海軍 USS 奧古斯塔號（USS Augusta），邱吉爾坐的是英國海軍威爾斯親王號（HMS Prince of Wales）——共同起草了《大西洋憲章》（Atlantic Charter）。

　　耐人尋味的是，一心想在《憲章》裡提出建設未來世界性組織的人其實是邱吉爾。羅斯福因為國際聯盟的失敗先例已經心灰意冷，而且他也意識到美國國內對捲入國際事務的反對聲浪，遂回絕了邱吉爾的提議。羅斯福也不支持英國的帝國主義事業，儘管

他與湯恩比一樣，相信英、美應該聯手當個幾年的世界警察。羅斯福在論及對抗法西斯主義的原因時，引述了他在同年一月向全世界宣布的「人類四大基本自由」，這「四大自由」因為漫畫家諾曼·洛克威爾（Norman Rockwell）溫情的作品而揚名後世，分別是：言論自由（Freedom of Speech）、信仰自由（Freedom of Worship）、免於匱乏的自由（Freedom from Want）、免於恐懼的自由（Freedom from Fear）。

其實後知後覺來看，《大西洋憲章》只是進一步闡述這些崇高的原則，但其中一條對後世的確有著深遠影響，此條款主要出自美國人之手，《憲章》不僅表明「希望那些曾經被武力剝奪自治權的國家能夠重新獲得此一權利」，更主張「所有人都有權選擇在什麼樣的政府統治下生活」，這種權利也應獲得尊重。14

這個消息立刻傳到了那些為脫離殖民帝國而戰的獨立運動者耳中。越南的胡志明與印尼的蘇卡諾等民族領袖一再引用《大西洋憲章》的條文為他們渴望的政治獨立背書，希望美國回應支持他們獨立的訴求。五月八日，塞提夫的阿爾及利亞抗議者因為要求平等遭法國殖民者槍擊，他們高舉的橫幅就寫著：「《大西洋憲章》萬歲！」

《大西洋憲章》起草時，賈瓦哈拉·尼赫魯（Jawaharlal Nehru）因「公民不服從」正身陷囹圄。他從英、美兩國的宣言中嗅到虛偽的氣息，貶斥《憲章》虛情假意，陳腔濫調。翌年，他發動的「撤離印度」運動卻又響應《憲章》關於民族自治的主張，此外，尼赫魯還呼籲成立一個「世界聯邦」，以保障這種權利。

邱吉爾必須儘快讓國會安心，於是他表明只有納粹占領下的國家適用「自治權」，殖民地則完全是另一回事。畢竟，正如他在一九四二年時的著名宣示，他「為英皇當首相，可不是為了讓大英

帝國瓦解」。羅斯福沒時間聽這種大話，他很同情尼赫魯，但畢竟眼下還在打仗，他不想讓邱吉爾太為難。反觀邱吉爾則對美國人在帝國事務上「說三道四」大為不悅，因為美國人自己也沒多好，在菲律賓尤然。這麼想固然沒錯，但邱吉爾忘了一點，美國人早在戰前就承諾會給菲律賓人獨立，這項發展只是因為日本入侵被打斷而已。

　　從《大西洋憲章》到聯合國僅一步之遙，不過彼時的聯合國還算不上是維護全球安全的國際組織，只是對抗軸心國的同盟。包括中國和蘇聯在內的二十六個國家，於一九四二年一月簽署了《大西洋憲章》。儘管羅斯福一開始對國際組織有所保留，最終卻是他替這個聯盟命名。珍珠港事件發生數週後，心情愉快的邱吉爾正在白宮參加代號「阿卡迪亞」的會議。羅斯福一直苦思到底該為新的世界聯盟取什麼名字，然後，一天早飯前，靈感來了，他一頭衝進邱吉爾的浴室，對著剛洗完澡、身上還滴著水的英國首相興奮大喊：「就叫聯合國！」邱吉爾回答，這名字不錯。

　　戰時官僚、規劃者、外交官與盟軍領導人自始面臨的主要問題是：如何將戰時聯盟轉化為一個穩定的、謀求和平的戰後國際秩序、如何避免再次出現世界性的經濟蕭條、如何防範未來的希特勒們再次發動世界大戰，以及如何在不激怒美國保守派的情況下實現這點——他們動輒為此類國際任務貼上「共產黨」陰謀的標籤。不論全新的國際組織型態為何（邱吉爾滿腦子依舊是「英語系國家人民」，史達林想的是「熱愛和平」的人民，而羅斯福盤算的是「和諧的大國聯盟」），這次必須有確實的威信，因為昔日的國家聯盟就缺少威信。新的聯合國要具備維持和平的能力，如有必要可以訴諸武力。為了有效發揮這種影響力，大國之間必須和睦相

處，於是就有了在莫斯科、德黑蘭、雅爾達的會議。邱吉爾、羅斯福、史達林齊聚一堂，在會中勾勒出戰後秩序的雛形，有時只是信手記下，三位巨頭運籌帷幄，彷彿全世界是個大棋盤，波蘭人、希臘人等民族只是由他們任意擺佈的卒子。

在此同時，為了應對毀於戰火的國家所面臨的人道主義援助和糧食短缺問題，美國建立了一些新的國際組織。一九四三年，聯合國善後救濟總署（United Nations Relief and Rehabilitation Administration，簡稱 UNRRA）成立，邱吉爾最初不怎麼把這個組織當一回事；一樣在浴室裡，有人聽到裡面傳來他的歌聲：「UNRRA！UNRRA！UNRRA！」彷彿整個浴室就是他的音樂廳。戰後，美國共和黨人指責聯合國善後救濟總署對共產主義者太仁慈，這其來有自：由於一般認為西歐國家政府有能力解決自己的問題，所以大部分援助都流向了東歐國家與蘇聯的加盟國。在這些地方，援助物資多數落到有後台的人士手中。尤其在早期，救濟總署的工作往往混亂無序，但是話說回來，若是沒有它，不知有多少人會在極其惡劣的環境下死去。

在史達林紅軍的攻勢下，精疲力竭的德國人節節敗退，沿著冰天雪地的烏克蘭平原一路撤退；同時，西線盟軍已經在諾曼第登陸。到了這個時候，幾個大國已經對未來聯合國的組織架構有了大致輪廓；首先得有聯合國大會，還要有由大國控制的安全理事會。各國為了打敗德國所進行的經濟合作，諸如租借法案等，為國際貨幣體系奠定了基礎，並附帶了遏止經濟民族主義和惡性投機的國際規則。此外，還要設立一個國際刑事法庭。

一九四四年，貨幣組織在新罕布夏州布列頓森林（Bretton Woods）度假飯店成立。這個會議原名為「聯合國貨幣金融會議」，

之所以在布列頓森林召開有兩個原因：新罕布夏州參議員是美國國會銀行與貨幣委員會成員，他是共和黨人，反對貨幣監管，所以有必要說服他改變想法；另一個原因是這家飯店願意接待猶太客人，這在類似的鄉村旅舍並不多見。畢竟，如果財政部長亨利·摩根索等大人物被擋在門外，實在說不過去。

一九四四年十一月，羅斯福四度當選美國總統。當時，他已經全心投入戰後聯合國事務，這點從他的競選演說可見一斑。在羅斯福看來，全世界需要一套適用於全球的「新政」，且應加強聯合國的力量以捍衛世界和平。正如他當時所說的：「個人淺見以為，如果這個國際組織要發揮實際作用，美國人民顯然必須在這之前賦予五國代表付諸行動的權力。」[15] 儘管認為羅斯福與他的理想根本就是「共產主義」的聲音一直都在，但那時多數美國公民似乎都與總統的意見一致。

就在羅斯福第四次參選前，幾個大國還就聯合國議題開了一次祕密會議，地點是鄧巴頓橡樹園（Dumbarton Oaks），這是位於華盛頓特區喬治城的一座豪華莊園。過去所謂的「三巨頭」，指的是美、英、蘇三國，它們在戰時負責制定盟國的政策。這一次，第四個大國，中國也應邀與會。人們希望，這四個大國能攜手維護戰後世界的和平，雖然各方對中國能否擔此重任沒有很大的信心。雖然邱吉爾和史達林都很瞧不起蔣介石政權，但美國人很想給委員長面子。（後來，在舊金山會議上，四大國進一步擴展為五大國，因為法國也亟需挽回顏面。）

然而，在鄧巴頓橡樹園，各方對聯合國的具體架構還是爭論不休。哪些國家有資格加入？聯合國的使命是否僅限於安全（蘇聯人的立場），還是應參照美國人的想法，納入經濟與社會事務（後

來也的確實現了）？要不要建立一支國際空軍？誰來為聯合國部隊提供兵員？是不是所有成員國都有權對聯合國行動投下否決票——國際聯盟正是這種安排——還是只有大國才有這種權利？什麼事可以被否決？只是行動，還是要加上調查與討論議題？各國之間取得妥協，不過否決權這個難題還是擱置。原則上，所有「熱愛和平的國家」都有權加入聯合國；所謂「熱愛和平的國家」這種溫情的稱呼很對美國人胃口，但對於史達林而言則有更特殊的意義，因為他慣於將批評蘇聯的一方譴責為「和平的敵人」，比方說，芬蘭在一九四〇年曾抵抗過蘇聯紅軍，因此就是「和平的敵人」。

就這樣，這些討論為一九四五年四月廿七日的舊金山會議暖場。全世界熱愛和平的人齊聚一堂，聯合國也從戰時同盟的性質轉為羅斯福經常掛在嘴邊的「全球民主組織」。[16]

不幸的是，這位美國總統已經病入膏肓。儘管位於雅爾達的沙皇夏宮氣勢恢宏，但那裡的條件並不舒適（床蝨特別惱人），而且會議讓他心力交瘁，他已時日不多。羅斯福於四月十二日與世長辭。與羅斯福相比，新總統杜魯門對民主世界秩序的期待其實有過之而無不及。六月，就在簽署《聯合國憲章》前不久，杜魯門從堪薩斯大學拿到了榮譽學位。隨即，他便以一股美國佬的樂觀精神宣布：「各國在同一個世界共和國中共事，就跟我們在美國這個共和國裡相處一樣容易」。[17]

§

五十個國家的國旗在太平洋的狂風中呼呼作響，五千名各國代表抵達了舊金山歌劇院，參加舊金山會議開幕式；幾十萬前來一探究竟的觀眾把大街小巷擠得水泄不通。除了德國、日本及其盟友

外，世界各國都派了代表，嚴格說來也不是所有國家，還是有些例外，而且也並非所有與會者都有資格到場。如阿根廷，該國的軍政府對法西斯陣營明確表示同情，直到戰爭末期才見風轉舵；阿根廷受邀與會是美、蘇之間博弈的結果：蘇聯想讓蘇維埃加盟國烏克蘭和白俄羅斯成為聯合國正式成員，而美國想獲得拉丁美洲支持，則堅持要拉攏阿根廷。

另一方面，二戰的起源地波蘭卻沒有受到邀請，因為各方對於誰能代表合法政府無法達成共識。蘇聯支持名為盧布林委員會（Lublin Committee）的波蘭過渡政府，而倫敦的波蘭流亡政府則繼續聲稱自己才是正統；既然如此，就無法按照蘇聯的意思邀請盧布林委員會到舊金山開會。史達林在雅爾達會議上承諾過邱吉爾與羅斯福，波蘭將舉行自由選舉，波蘭戰時地下組織的十六位領導人甚至還被請去和俄國人商談，但此後這些人就杳無音訊，給人不祥的預感。用《紐約客》撰稿人 E. B. 懷特的話來說，「波蘭問題就像一隻在舊金山上空盤旋的惡鳥。」[18]

即便如此，會場上還是洋溢著滿滿的樂觀情緒。阿拉伯代表在當地看熱鬧的人眼裡特別散發著異國風情。據《美國佬》雜誌報導：「那些熱衷名人的美國追星族爭先恐後靠近阿拉伯人，其中還有人說：『很潮吧？哦？你說是吧？』」

同樣地，美國也讓阿拉伯人摸不著頭緒。敘利亞代表法里德‧澤內丁（Farid Zeineddine）接受《美國佬》採訪時，提及他的感受：「依我看，美國人好像都戴眼鏡，嚼口香糖。也許他們不得不戴，因為大樓太高了，得瞪大眼睛，才能上上下下看個清楚。」[19]

也有人以更犀利的目光打量著這一切。日後成為英國工黨領袖的麥克‧富特（Michael Foot），以《每日先鋒報》專欄作家的身分

在舊金山採訪。身為忠實的歐洲社會主義者，他擔心「美國眼下的地位所帶來的風險」，美國太富裕、太強大了，在戰爭中又毫髮無傷。他說：「美國的經濟前景似乎蓋過了會議的風頭。」另外，當地電影院所播放的反納粹、集中營解放的新聞紀錄片並未「引起大家像歡慶攻下馬菲京時一樣拍手叫好」。*20

隨著太平洋戰爭進入最後幾個月，該年春天全美院線上映影片的目標，無庸置疑地，都是要提振人們低落的士氣，如約翰·韋恩的《重返巴丹半島》（*Back to Bataan*），以及他與艾羅·佛林（Errol Flynn）合演的《反攻緬甸》（*Objective, Burma!*）。然而那時仍有氣氛輕鬆的娛樂片可看，包括米高梅公司出品的《靈犬萊西》（*Son of Lassie*）、桃樂西·拉莫爾（Dorothy Lamour）演出的《邊城壯士》（*Medal for Benny*），以及喜劇組合艾伯特與科斯特洛的作品《女生來了》（*Here Come the Co-Eds*）。

雖然與會代表的住宿費需自理，但舊金山的環境終究要比雅爾達舒服多了。邱吉爾的外交顧問格拉德溫·傑布參加了戰時多數會議，其中也包括雅爾達會議，他形容身處舊金山讓他感到「賓至如歸」。21 四個大國（很快將擴充為五個）領導人在美國國務卿小愛德華·史特丁紐斯（Edward R. Stettinius Jr.）的主持下，於費爾蒙特飯店頂樓一間閣樓圓形圖書館會晤。據《時代》週刊報導，「藍色天花板下擺著兩張雙人沙發，上面套著綠色座墊」22，級別較低的代表則在底下樓層開會。

強權大國之間迅速對一般性原則達成協議，但與其餘小國的關係則劍拔弩張，「大國主導」和「民主的國際組織」兩個目標

***

* 編按：在南非波爾戰爭（Boer War）期間，英國群眾在聽聞攻下馬菲京（Mafeking）後，舉國歡呼。馬菲京今稱梅富根（Mahikeng）。

激烈衝突。身為小國代表，口若懸河的澳洲外長赫伯特・伊瓦特（Herbert Evatt）博士十分反對大國在安理會中享有否決權，但小國不得不讓步。蘇聯外長維亞切斯拉夫・莫洛托夫（Vyacheslav Molotov）是大國中立場最強硬的，對於蘇聯不願意在聯合國討論的議題，他不斷堅持蘇聯有權否決。這種態度差點導致會議流產，直到美國人派出一支外交使節團到莫斯科斡旋，史達林才授意莫洛托夫讓步。

　　氣氛似乎一派祥和，至少在三個大國之間是如此。莫洛托夫設下盛宴，款待英國外交部長、溫文儒雅的安東尼・伊登與美國國務卿愛德華・史特丁紐斯。布萊恩・賀卡特形容史特丁紐斯「相貌堂堂，適合當演員，而且長著一口白得不太正常的牙齒」。[23] 依照俄國人設宴的慣例，三個人大吃大喝了一頓，還被拍下互相敬酒的照片。其中一張照片，就連一貫以撲克牌面孔示人的莫洛托夫都硬裝出一副爽朗的神情，他在蘇聯政界的綽號是「鋼鐵屁股」，原因是他在辦公桌前一坐就是好幾小時。天色漸暗，幾位紳士也生倦意。

　　接著發生了非比尋常的大事：心情依然大好的莫洛托夫鄭重地告訴貴客，他總算可以透露那十六個波蘭地下黨領導人發生什麼事了。這些人因為跟蘇聯紅軍作對，以「意圖陰謀顛覆」罪被捕，此罪最高可判處死刑。伊登一聽到這話，嚇得目瞪口呆，隨即勃然大怒，要求莫洛托夫解釋清楚。莫洛托夫也被伊登無禮的口氣給惹火了，一臉不悅。方才歡樂氣氛瞬間蕩然無存，會議又一次陷入僵局。

　　然而，這次小風暴只是插曲，一廂情願的人眼裡看不到現實。《民族》雜誌告訴美國自由派人士，一旦波蘭舉行「真正的自由選

舉」,「俄國的道德地位」就會「大為強化」,「對蘇聯的不信任感也會降到最低」。[24] 蘇聯人允許自由選舉的承諾很模糊,而且只是一塊遮羞布。在雅爾達,西方盟國極力幫忙拉緊這塊遮羞布,當時還沒有人願意把它棄置一旁。只有蘇聯人最清楚,那十六個大無畏的波蘭人曾在危機四伏的情況下,奮不顧身地對抗德國人,但後來這十六個人卻被蘇聯祕密警察嚴刑拷打,還被扣上「勾結納粹」的帽子接受審判。六月廿一日,就在舊金山會議進行過程中,蘇聯法庭宣判,只有兩個人逃過一劫,其餘十四名波蘭人後來都在蘇聯監獄中遇害。

正當這十六名波蘭人在莫斯科飽受折磨的同時,各大國正商量著把人權宣言寫入《憲章》序言(《世界人權宣言》要更遲些,到一九四八年才推出)。在史帝芬·艾瑟和許多人眼中,這是啟蒙思想和基督教普世主義光輝的成果,是戰後秩序的最大貢獻。據此,人權應不分信仰、文化、國別,造福社稷以及全人類。普世的人權與紐倫堡大審使用的「危害人類罪」法律有關,這一法條繼而又連結了種族滅絕的概念。一九四四年,波蘭律師拉斐爾·萊姆金(Raphael Lemkin)定義種族滅絕是「人為、有計畫地對一個民族、種族、宗教和國家團體的所有人或部分人進行滅絕性的屠殺。」

自始至終,沒有一個人提出人權應該或可以強加到他人身上;恰好相反,參加舊金山會議的英國外交顧問、歷史學家韋伯斯特(Charles Kingsley Webster)就說:「我們的政策是不以法律擔保人人都擁有人權,但我們不會反對宣言。」[25] 宣言應運而生,為其起草的是南非政治家、波爾戰爭的英雄楊·史莫茲(Jan Smuts)將軍,他在國際聯盟和聯合國成立之初都曾出力。下面一段文字是各大國六月在舊金山最終敲定的版本:「我們聯合國的子民決心再

次重申我們對基本人權、對人類尊嚴和價值、對男女與大小國一律平等的信念……」

麥克·富特在《每日先鋒報》的專欄裡，特別表揚了蘇聯的道德領袖風範，他指出，戰前，內維爾·張伯倫的英國政府曾封殺納粹暴行的新聞，但畢竟當時的「受害者只有自由派、社會主義者、和平主義者和猶太人」，他不無傲慢地寫道，如今，「這些人的權利將有幸納入史莫茲將軍起草的基本自由憲章序言。這份憲章甚至還將適用於南非的黑人，不過真的是這樣嗎？」富特對此的質疑不無道理，但他也心安理得地對蘇聯以惡劣手段處理波蘭問題置若罔聞，甚至誇獎蘇聯人對於「附屬地人民的政治權利」所發表的看法，比「任何國家更有道理，也更明確」。

在六月底會議結束前，還爆發過另一場危機，這一次禍出黎凡特（Levant）。五月廿九日，法軍在大馬士革街頭與敘利亞人發生巷戰，還轟炸了這個歷史悠久的古都，戰火遍及阿勒波（Aleppo）、哈馬（Hama）與霍姆斯（Homs）幾個城市。敘利亞要求法國人交出敘利亞特別部隊的指揮權，由敘利亞國民軍收編，法國人於是請求增援。

翌日，敘利亞總統、外交老手舒克里·阿爾·庫瓦特利（Shukri al-Quwatli）寫信給杜魯門總統，表達了與胡志明和蘇卡諾同樣的情緒，不過效果比後兩位好多了。他振振有辭地寫道，法國人拿著從美國借來的錢買武器，不去打德國人，倒是來屠殺敘利亞人。美國人在一九四四年就承認敘利亞是個獨立的國家，那麼：「現在《大西洋憲章》又在哪裡？四大自由呢？您希望我們怎麼看待舊金山會議呢？」[26]

美國人毋須惠惠，便與敘利亞人站在同一陣線。歐洲帝國主

義在華盛頓不得民心，法國帝國主義首當其衝。當時，印度支那在美國人眼裡是一片蠻荒的異域，敘利亞和黎巴嫩則不然，這兩個國家和中國類似，長期以來美國都對之施以一種「善意的家長制」，其中既有傳教士熱情，也涉及商業利益：貝魯特有美國大學，耶路撒冷有基督教佈道所，還有「門戶開放」的經濟政策。當時美國政策制定階層間的流行語是「道德領導」，毫無疑問，正如約翰·福斯特·杜勒斯的觀點，這種說法流露出的道德情緒很真誠，而同樣真誠的還有領導世界的野心。

由於一九四一年英軍攻占黎凡特時，盟軍已經承諾會在戰後承認敘利亞的獨立自主，他們很難忽視庫瓦特利的訴求。於是，邱吉爾命令他在當地的代表伯納德·帕及特（Bernard Paget）將軍開車把法國人送回軍營。這個任務不難，因為法軍人數很少，無力抵抗。左傾的《曼徹斯特衛報》以充滿愛國主義的興奮之情報導了這一事件的經過，該報記者「昂首闊步地和海軍一起進入大馬士革……一旁是成群結隊的大馬士革市民，他們相當驚訝，高興地鼓掌……在市民的一片噓聲中，一隊卡車、坦克與架著布倫式輕機槍的運兵車載著法軍駛離了這座城市，一旁是負責護送他們的英軍裝甲車……」[27]

戴高樂將軍聞之勃然大怒，在他眼中，這是盎格魯 - 薩克遜人的陰謀，令人髮指：「我們現在無法對你們開火，但你們羞辱了法國，背叛了西方。我們不會忘記這件事。」[28]

表面上，敘利亞危機完美測試了舊金山會議形成的世界新秩序。如果要找個正當理由實踐《大西洋憲章》和聯合國精神的話，這個機會再好不過了。儘管法國人在一九四一年曾許下諾言，但他們還是試圖恢復殖民統治；英國人理直氣壯地滅了法國人的威風，

所以才有了《曼徹斯特衛報》語氣驕傲的報導。

當然，事情也沒有那麼簡單。英國人在中東其他地方說一套做一套，針對不同的對象給出不同的承諾。早在一九一六年，奧圖曼帝國行將崩潰時，英、法兩國就通過一紙《賽克斯－皮科協定》（Sykes-Picot Agreement），把黎凡特瓜分為各自的勢力範圍：法國得到敘利亞和黎巴嫩，英國則拿下外約旦和伊拉克。一九四一年，就在法國戰敗後一年，英軍挺進大馬士革，承諾支持敘利亞獨立，同時也承認法國的特權。這兩種表態明顯自相矛盾，實際上，英國人心中盤算的是在黎凡特獨掌大權，所以他們樂見敘利亞人挑釁法國。法國人只要敢瘋狂反撲，即可以此為口實，將他們徹底趕出敘利亞，而一九四五年初夏正好就是這樣的局面。

敘利亞危機不禁讓人聯想起十九世紀末陳腐的帝國主義衝突。不管怎麼說，英、法兩國都將失去在中東的主導地位，儘管當時這點在舊金山會議上尚不明朗，但不久，發號施令的就會變成美國和蘇聯。英國對未來的展望在戰時一份計畫裡便透露端倪，倫敦當局滿心希望英、美能在聯合國的授權下建立軍事基地，聯手維護戰後世界和平；美國分管亞洲，英國分管中東。美國人已經明確表示，被選為美軍基地的區域，當地政府不享有主權，即所謂的「戰略託管地」。因此，在戰後最初幾個月，一個非正式的帝國便已開始浮現雛形；而英國人未意識到的是：他們在這個新世界中註定只能扮演跑龍套的角色。

敘利亞不是唯一要求獨立自主的國家，民族解放其實是舊金山會議的一大議題。麥克·富特說得沒錯，蘇聯比西歐盟友更支持民族解放，儘管並非完全出於理念。然而即便隨著時過境遷，聯合國大會在未來會成為鼓吹反殖民主義的重要講壇，但是在

一九四五年，去殖民化仍尚未被提上議事日程。殖民列強所能做出的最大讓步，就是遵循《聯合國憲章》的精神，承諾保障「非自治地區」居民的「福祉」，且會「考慮每個地區和其人民的特定情況，及其發展水準」推行自治。原旁遮普總督威廉·馬爾坎·海利男爵（Baron Hailey of Shahpur and Newport Pagnell）在沙赫布爾和紐波特·帕格內爾都有封邑，他投稿《泰晤士報》要讀者安心，「我們的政策已經把這些都納入考量。」而且更重要的是，「聯合國顯然無意干預殖民國如何運用《憲章》的原則。」[29] 而英、法等殖民列強所要做的，只是定期向聯合國祕書長匯報其「管轄地區」的情勢。

§

由於有些地方的人民對世界政府寄予厚望，舊金山會議的最終結果必然令人失望。要讓一個世界政府運轉，各國政府就得放棄主權。所有大國中，只有商業鉅子兼政治人物宋子文代表中國表態稱「如有必要，可捨棄部分主權」。[30] 中國甚至還準備放棄大國否決權，然而由於蔣介石對中國的控制已經顯得風雨飄搖，中國在此一問題上的深明大義，並未引起多大迴響。

在為《紐約客》撰寫的文章中，E. B. 懷特精準點出會議的主要矛盾，他寫道：「第一波鼓動國際主義的熱潮似乎在倒向民族主義，而不是與之拉開距離。」[31] 他從飄揚的國旗、軍裝、軍樂、祕密會談、外交動作中讀出了「對全球社會的否定」；在國際主義的外交辭令下，他聽到了「益發響亮的引擎轟鳴：叫著主權！主權！主權！」

另一位在舊金山的觀察者是約翰·甘迺迪（John F. Kennedy），

他剛從美國海軍退伍，甘迺迪認同「世界聯邦主義者」，他認為「建立一個成員普遍遵守規則的國際組織，會使問題迎刃而解」，但他也意識到，除非人們普遍堅信戰爭乃「終極邪惡」的看法強大到足以使各國政府團結一心，否則一切終將徒勞無功，這在他看來不太可能實現。[32]

　　就算美國對日本投下了兩枚原子彈，也沒能引發反戰情緒。發生在長崎的劫難僅過了一週，英國外交大臣厄尼斯特·貝文（Ernest Bevin）就在倫敦為前來訪問的格拉德溫·傑布和隨行的聯合國執行委員會舉辦一場歡迎午餐會。這是一場權力高峰會，貝文在會上發表了演講，在場聽眾有蘇聯代表安德烈·葛羅米科（Andrei Gromyko）、加拿大代表萊斯特·皮爾森（Lester Pearson）和美國代表史特丁紐斯，後者還帶來了助手艾爾傑·希斯（Alger Hiss），他人高馬大、一表人才，不過後來被控為蘇聯間諜。英方代表是堅定的國際主義信徒菲利普·諾埃爾－貝克（Philip Noel-Baker），擔任助手的是歷史學家韋伯斯特，他戴著一頂網球帽遮擋攝影師的鎂光燈。貝文在演講中盛讚此一出色的委員會很快就會完成在舊金山開啟的工作，也因為日本遭受了可怕新型武器的攻擊，聯合國這一國際組織能否發揮作用更是迫在眉睫。不過，貝文繼續說，他了解到必須「小心翼翼地灌輸世界政府的觀念」。每個國家都有各自的歷史、集體記憶與傳統，時間長了，這些或許都能克服，正如他本人，厄尼斯特·貝文也設法克服自身工人階級的出身而出人頭地。舊金山的「基本原則」是正確的，但是要營造出「正確的氣氛」仍需要時間，因此在這之前，「國與國之間，特別是在舉足輕重的大國之間，彼此合作是我們唯一可以採納的務實做法」。[33]

貝文說得沒錯，但他無意間揭示了組成「世界政府」這理想的重大缺陷：要能有效運作，就得依賴大國聯盟。如果聯盟成員齊心協力，某種全球威權主義就會威脅世界，像是拿破崙敗北後，梅特涅操縱下的「神聖同盟」；反之，如果聯盟人心渙散，那麼羽翼未豐的聯合國就形同虛設，然後另一場或許更具破壞性的戰爭就會悄悄迫近。

　　到頭來，各大強權還是無法團結一致。很難說冷戰到底從何開始。無論羅斯福多麼努力想拉攏史達林，甚至為此毫無必要地為難邱吉爾，早在雅爾達會議上，大國間就已出現嚴重裂痕。約翰‧福斯特‧杜勒斯當時還沒將此稱為「冷戰」，但他在一九四五年九月末聲稱自己在倫敦目睹了「冷戰」的誕生。

　　美、英、蘇、法、中五大國的外長齊聚倫敦，商討若干和平條約，特別是與義大利、芬蘭與巴爾幹國家的和平條約。他們在所有重大事宜上意見大抵一致。而出於維護大國聯盟和諧的考量，美國同意承認蘇聯在波蘭扶植的過渡政府，並不予追究其正當性。對於匈牙利局勢，美國也準備如法炮製，在會議報告中，美國國務卿詹姆斯‧伯恩斯（James F. Byrnes）表明，美國政府「與蘇聯政府同樣渴望中東歐出現親蘇政府」。[34]

　　但莫洛托夫另有打算。除了蘇聯外，共產主義在另外兩個大國裡也是一股強大的勢力：在法國，共產黨的實力依舊如日中天；在中國，暗潮洶湧的內戰即將全面爆發。如果莫洛托夫能羞辱中國國民黨與法國人，而且連帶一起羞辱美國，那麼對共產主義事業將大有裨益。他制定的戰術是要求法國和中國退出條約談判，因為它們並未在相關國家的投降協議書上簽字。這麼做，為的是嚇唬法國人、羞辱中國人，順便再給英國人一點警告。約翰‧福斯

特‧杜勒斯在回憶錄中不禁對莫洛托夫冷酷的外交手腕大加讚賞：
「一九四五年，參加倫敦會議的莫洛托夫先生聲勢如日中天。」[35]

　　前抵抗運動領袖、日後晉升臨時政府主席的法國外交部長喬
治‧畢道（Georges Bidault）不斷遭到蘇聯人的輕慢、挑釁與羞辱。
莫洛托夫用計要求英、美兩國外長延後會議時間，但不通知畢道，
讓法國人白跑一趟。莫洛托夫希望畢道一怒之下會返回巴黎。中國
外長則完全被忽視，好像房間裡根本沒這個人。貝文發了脾氣，被
挑撥得火冒三丈，隨後卻又軟弱地道歉，成了蘇聯人眼中的讓步。

　　眼見這些策略未能奏效，蘇聯人試圖要脅。貝文與伯恩斯得
知：如果中、法兩國不退出，蘇聯將停止合作。伯恩斯拒絕繼續被
盟友玩弄於股掌間，於是會談前功盡棄。在杜勒斯看來，這一刻一
切真相大白，標誌了「一個時代的結束，德黑蘭、雅爾達與波茨坦
的時代已經過去；蘇聯共產黨卸除偽裝，再也不是我們的『朋友』，
他們在世界各地公開與我們為敵的時代已經來臨。」[36]

　　這位老資格的冷戰鬥士當然沒有看走眼，而且他也不是唯一
窺見戰後世界秩序裂痕的人。漢森‧鮑德溫（Hanson W. Baldwin）
是《紐約時報》的軍事新聞編輯，和杜勒斯不同的是，他是自由派
人士。在一篇十月廿六日刊登的報紙專欄中，鮑德溫認為原子彈的
發明意味著全世界，尤其是兩個大國，面臨可怕的抉擇：一是加強
聯合國的地位，在這種情況下，各大國就無可避免要放棄大半國家
主權，同時還要廢除聯合國安全理事會（Security Council）的否決
權。俄國人將有權查看美國人的核武設施，反之亦然。

　　這是鮑德溫個人偏好的解決方案，並非基於道德層面的考
量，而是出於自保。杜勒斯則一如既往地抱持更為道德性的觀點，
他寫道，聯合國將一直處於弱勢地位，因為「道德判斷不會使全球

達成共識」。[37] 對他而言，冷戰既是政治衝突，也是道德衝突，是正義與邪惡的一場較量。

不過，漢森‧鮑德溫也沒那麼天真，他並不指望蘇聯人或美國人同意他提出的解決方案。拿他自己的話來說，這便意味著「世界將被分為相互猜忌的兩大集團，這樣的世界也許會保持長年的穩定，但最終將發展成重大戰爭」。

此言一語成讖。時至秋冬之交，一九四五年之春的宏願已然褪色，不會有世界政府，更別提全球民主了；甚至連四、五個國際警察都不會出現。安理會中兩個歐洲國家僅存的權力，在不久之後就將因它們的帝國爆發流血衝突、走向削弱而進一步滅亡。蘇聯人和美國人漸漸轉向公開對抗；中國在經歷抗戰後元氣大傷，分裂成兩大集團，腐敗而士氣低落的國民黨盤據關內的大城市，而共產黨則統治著鄉村和北方大片領土。

一九四五年秋冬，美國報紙仍在報導中國「陪都」重慶傳來的正面發展，國、共兩黨的談判仍持續進行，好似一場形勢未明的皮影戲。雙方都倡言「妥協」、「停戰」、「民主」，且誰都不想「挑起」內戰。十月十四日，《紐約時報雜誌》（*New York Times Magazine*）刊登了一篇文章，對蔣委員長的領導能力充滿信心。該文如今讀起來頗耐人尋味：

> 雖然蔣介石擁有民主的意識型態，他比任何國家元首都更有權力，雖然史達林還是略勝他一籌，而且他的頭銜比史達林還多，除了中華民國總統、軍隊首領和國民黨主席外，他還主掌至少四十三個組織……委員長即中國，他說的話就是王法。其他國家領導人會交辦給屬下的工作，蔣委員長每一件都親自過問。

這對他並沒什麼好處。就在四年後，委員長只能退守一座福建沿海小島展現他的權威，那裡以前叫「福爾摩沙」，如今稱為「台灣」。

§

就這樣，零年在感恩與焦慮交織的心情中落幕。人們對世界大多數地方獲得和平感到欣慰，但不像過去那樣對美好未來抱有幻想，同時也為益發分裂的世界感到憂心。上百萬人依然飢寒交迫，沒有興致迎接即將到來的新年。此外，新聞報導內容往往負面：處於占領下的德國恐怕會因為爭奪食物而發生騷亂；巴勒斯坦因恐怖主義活動而動盪不安；韓國人憤怒地抗議半殖民狀態；印尼的戰鬥持續中，配有「全套美制裝備」的英軍和荷蘭海軍陸戰隊正竭力鎮壓當地叛變。38

不過，閱讀一九四五年最後一天的報導，世界各地報紙所傳達的是：多數人亟欲回歸自己的生活，對全球新聞不怎麼關心。在世界大戰中，每個角落都很重要，而到了和平時代，「家」是人們心中唯一的牽掛。

於是，英國人聊天氣、談運動。據《曼徹斯特衛報》報導，「由於戰時的天氣播報禁令，讓我們對於工作有點生疏，連昨晚英國西北的大霧都沒能準確預測」，但好消息是，「戰爭爆發後滑翔機運動暫停，德比郡和蘭開夏郡的滑翔機俱樂部（Derbyshire and Lancashire Gliding Club）可望在英國同類俱樂部中，率先恢復營運」。

法國人聊美食。才不過一年前，美國大兵還在覆蓋皚皚白雪的阿登（Ardennes）森林中浴血奮戰，如今則受邀到法國的阿爾卑

斯山區滑雪度假。《世界報》從夏慕尼（Chamonix）發來報導：「法國大廚準備的菜餚讓所有人都樂不思蜀，法國文明在這方面受歡迎的程度令人驚訝！」該報導還興奮地宣布，憑 J3、M、C 和 V 類配給證，大家可以在十二月「原本的三公升葡萄酒外，額外領取一公升。」

德國拜魯特（Bayreuth）的地方報社《法蘭克州報》（The Fränkische Presse）看法比較消極。該報回顧了德國人經歷的艱難困苦：「大家蜷縮在地窖與碉堡中，筋疲力盡，神情焦慮，心驚膽顫，他們別無所求，只希望戰爭結束，甚至不指望打什麼勝仗。」該報還刊登了其他新聞：兩名德國人自告奮勇，申請自願處決紐倫堡的戰犯。來自馬爾堡（Marburg）小鎮的埃里希・里希特（Erich Richter）說他願意砍掉戰犯的腦袋，而且不求分文。來自萊比錫難民收容所的約瑟夫・施密特（Josef Schmidt）自願擔任執行絞刑或斬首的人，不過「每殺一人都要收酬勞」。人們也沒有忽視文化的慰藉，拜魯特交響樂團將演出久違的德布西（Claude Debussy），「這位法國作曲家全方位的創作，使法國音樂擺脫了德國浪漫主義和新浪漫主義的影響。」而這居然發生在拜魯特——華格納（Richard Wagner）的故鄉！

東京《日本時報》刊登的社論頭條擲地有聲：「告別舊的一年，迎接新的一年！對於告別過去一年，日本人毫無遺憾。因為這是痛苦和磨難的一年，是失落和迷惘的一年，是屈辱和報應的一年。讓我們發自內心地長舒一口氣，把這充滿苦澀回憶的一年拋到腦後吧！」該報還揭露道：「日本曾制定計畫，用蠶、蝗蟲與桑葉磨製成麵粉，再配合其餘十幾樣食物替代品，以應對美軍入侵時爆發的糧食危機……（這一計畫仍在調查研究階段）。」記者西澤榮一解

釋，歌舞伎大多數主人公都是封建時代的人物，這點固然讓人遺憾，但還是有極少數的例外，比如，十七世紀有個叫做佐倉宗吾的村長，因為大膽晉見幕府將軍要求減少農民稅賦，結果被釘上了十字架，「他就是一位獻身民主事業的烈士。」

《紐約時報》的口氣稍微樂觀一點，文章打趣地寫道：「紐約的享樂風向球昨天發出暴風警告：本市今晚將度過一九四〇年以來最縱情狂歡的跨年夜。」但比起這篇文章，《紐約時報》裡的廣告更能體現新、舊世界之間幾乎難以想像的鴻溝：「本品與眾不同：奶油般香滑的花生醬在口中融化，再塗厚一點，媽媽，這可是彼得潘花生醬哦！」

若說世界各地的新年夜浮世繪能總結出什麼，那就是某種正常狀態又回歸人們的日常生活中。這些人是幸運的，儘管處於戰後最苦不堪言的一段時期，他們還能抬起頭來，迎向未來；對於依然困在德國、日本戰俘營或任何淒慘境地的人而言，回歸常態無疑是一種奢望。

國家千瘡百孔，肩負重建任務的人們無暇慶祝，甚至無暇哀悼逝者，眼下還有工作要做。意識到這點讓人看清現實，比起戰爭和解放的大起大落，現實要來得灰暗、有序、也平淡得多。當然，戰火並未熄滅，某些地區爆發了反抗宗主國的殖民戰爭和勦滅本國敵人的內戰，新的專制政權獲得扶植。對上百萬的人而言，曾經歷大場面的難忘之情足以留存一輩子。對於往事，有些人不願再憶起；另一些人或許境遇較佳，回首往事時還帶著一絲留戀，那個美好的時代一去不復返了。

因為先前的經年破壞及之後即將陸續上演的一幕幕大戰：朝鮮戰爭、越南戰爭、印巴衝突、以巴衝突、柬埔寨大屠殺、盧安達

大屠殺、伊拉克戰爭、阿富汗戰爭等等，零年在全世界集體記憶中變得模糊。但也是在零年，戰爭廢墟上的重建工作成果可觀，對於零年之後長大成人的一輩，這一年或許有著極為重要的意義。我們當中，有人在西歐或日本長大，很容易視父執輩的成就為理所當然：福利國、起飛的經濟、國際法，以及美國霸權保護下、看似無堅不摧的「自由世界」。

當然，這樣的世界不會長久，沒有什麼是永恆的。可是我們不能僅因如此就不去追悼一九四五年的男男女女，不向他們所受的苦難、描繪的憧憬與野心致敬。一如世間萬物，這些大多化為夢幻泡影，終將灰飛煙滅。

尾聲

戰爭是否真的在一九四五年結束了？有人認為全世界的敵對狀態一直到一九八九年才結束，理由是波蘭、匈牙利、捷克斯洛伐克、東德與其餘中東歐地區在這一年才終於脫離共產主義的統治。一九四五年，史達林把歐洲一分為二，這是二戰最深的一道傷口。然而錯誤的信仰，往往來自錯誤的信念。一九三八年，在英、法兩國綏靖政策的縱容下，實行議會民主制的捷克斯洛伐克首次被希特勒瓜分。正如內維爾·張伯倫所言：「這場糾紛發生在一個遙遠的國家，發生在我們根本不了解的人身上。」一九三九年，英國對德宣戰，名義上是為了讓波蘭的領土恢復完整，但此一承諾從未實現。

到了一九八九年，隨著蘇聯帝國瓦解，人們滿懷希望，貫穿歐洲脊梁的這道巨大傷痕終於有機會癒合。不僅如此，儘管中國發生不幸的「六四事件」，但在這個充滿奇蹟的年份，人們還是燃起了一絲希望，全世界終於可以團結一心。如今世界上只剩下一個超級大國，人們談論著新的世界秩序，甚至是歷史的終結，柏林圍牆終

於倒下。

一九八九年十二月卅一日，我和姊姊帶著父親三人打算在柏林圍牆下迎接充滿希望的新世紀。他在一九四五年目睹柏林被毀之後，僅回來過一次。一九七二年，在家庭災難陰影的籠罩下，我們一家人在柏林度過聖誕節與新年夜，那次的經歷讓人悒鬱，柏林又濕又冷，穿越東、西德邊境不僅耗時且令人厭煩，兇狠的邊防士兵拿著鏡子檢查汽車底盤，確定我們沒帶違禁品，或在車底下藏人。

一九七二年，東柏林和我父親記憶中的模樣差不多。史達林式的馬路刻意展現寬闊氣派，但實際上卻空空蕩蕩，這座城市的色調陰沉，戰爭的廢墟依稀可見。父親開著全新的雪鐵龍轎車，來到昔日他被迫為納粹戰爭機器賣命的舊工廠大門。這段旅途讓他有種報復式的滿足。工廠是棟大型紅磚建物，看起來戒備森嚴，有點像德皇威廉時期的工業堡壘。工廠附近是我父親曾經待過的勞改營，木頭營房殘破不堪，住在裡面完全無法抵禦冰雪、跳蚤、虱子與盟軍炸彈的侵襲。裡頭的東西一樣不缺，瞭望塔、囚犯當作公廁的彈坑，連公共浴室都還在，彷彿時光被凍結了一樣。

一九八九年，這座勞改營消失了，我記得是被改成停車場，一旁簡陋攤位上的攤販兜售油膩的咖哩香腸。

沐浴在和煦陽光下，我們一行人散步穿過布蘭登堡門。此舉在過去近四十年來，根本難以想像，若有人敢以身試法，一定會挨子彈。我們身處於人群之中，隨著來自東西德、波蘭、美國、日本、法國和其他來自天涯海角的人，穿梭於柏林市中心，一起體會這份難得的自由，我至今還記得父親臉上的興高采烈。一旁依舊站著身穿制服的士兵，但他們沒有出面制止，只是盯著人群；一些當兵

的臉上還帶著淡淡的笑容，他們終於不用再朝同胞開槍，世界終於可以大同。

十二月卅一日的晚上很冷，但還不到天寒地凍的地步。徒步前往布蘭登堡門的路上，我們在很遠的地方就聽到歡呼，父親的步履卻有些遲疑，他不喜歡人多的地方，尤其身旁圍繞著德國群眾，更讓他不安；他也不喜歡巨響，因為這會勾起太多不好的回憶。幾萬名群眾，多半是年輕人，聚集在柏林圍牆周圍，有些還爬上牆頭高聲歌唱、大吼大叫，手裡搖晃著德國人稱為「賽克特」（*Sekt*）的甜味氣泡酒酒瓶，瓶塞彈了出來，到處都聞得到氣泡酒的味道，黏稠的泡沫如雨點般灑在大家頭上。

有些人重複高喊口號：「我們就是人民！」（*Wir sind das Volk!*）有的則唱：「我們是一家人！」（We are one people!）然而，當晚的空氣並未洋溢著民族主義的情調或惡作劇的氛圍，反倒是來自世界各地的人齊聚一堂，彷彿參加了一場政治的伍茲塔克音樂節（Woodstock），只是少了搖滾樂團表演。人人慶祝自由、久別重逢與對美好世界的嚮往。昔日的苦澀經歷，在這個世界裡，不再重蹈覆轍；不會有鐵絲網，不會有集中營，也不會有殺戮。年輕的感覺真好！如果貝多芬為第九號交響曲中《歡樂頌》填詞的一句「四海之內皆兄弟」（*Alle Menschen werden Brüder*）有任何意義，那麼柏林這個普天同慶的新年夜，就充分體現了這句話的精神。

在午夜過了十五分鐘後，我們突然意識到和父親在人群中走散了，此時人潮洶湧，寸步難行。我們遍尋不著父親。一道煙火劃破夜空，響起一陣陣震耳欲聾的爆裂聲。周遭圍繞著一張張陌生的臉龐，在火光照耀下，這些臉看起來有點歇斯底里。我們擠在人群中根本不見父親的蹤影，沒有他的跨年慶祝活動變得索然無味，

在惴惴不安下，我們索性回飯店等待。

　　斷斷續續地睡了一下，幾小時後，飯店房門開了。父親就站在門口，臉上纏著繃帶。午夜鐘聲敲響時，柏林人以一聲聲巨響慶祝新年到來，而父親當時所在的位置，正好是他曾經為了躲避英國人空襲、史達林管風琴和德國狙擊手伏擊的地方。就在此時，不知怎的，一發煙火正中了他的眉心。

謝辭

我若非身為紐約公共圖書館克爾曼學者與作家中心（Cullman Center for Scholars & Writers）的會員，我實在無法想像這本書該如何完成。感謝中心優秀的主任琴·史特勞斯（Jean Strouse）、提供我寶貴建議的副主任瑪麗·多里格尼（Marie D'Origny），以及多處協助我的保羅·德拉瓦達克（Paul Delaverdac），這個中心是作家的天堂。

在研究時，以下人士的建議讓我獲益良多：羅伯·派克斯頓（Robert Paxton）、佛利茲·史騰（Fritz Stern）、秦郁彥、阿維沙·馬佳利（Avishai Margalit）、班·布蘭德（Ben Bland）、吉爾特·馬克（Geert Mak）。在阿姆斯特丹的 NIOD 研究中心時，大衛·巴諾（David Barnouw）與喬格利·美胡森（Joggli Meihuizen）提供我許多幫助，在此一併致謝！

馬克·馬邵爾（Mark Mazower）與傑佛瑞·惠特寇夫特（Geoffrey Wheatcroft）慷慨地在不同寫作階段閱讀手稿，讓我不致於犯下我自己不可能找到的錯誤。當然，如果文本中還是有所疏漏，完全是

我的責任。

威立版權代理公司（Wylie Agency）的安德魯·威立（Andrew Wylie）、靳·歐（Jin Auh）與賈桂琳·柯（Jaqueline Ko），不斷提供我必要協助，對此我深深感激。史考特·莫耶斯（Scott Moyers）先是擔任我這本書威立版權代理的專員，隨後又成為企鵝出版的編輯，在兩項職務上都表現優異。也要謝謝企鵝出版社的莫莉·安德森（Mally Anderson），她促成了整本書的誕生。

最後，我要深深感謝我的父親里歐·布魯瑪（Leo Buruma）與我的朋友布萊恩·賀卡特（Brian Urquhart），他們花了許多時間為我講述一九四五年的親身經驗，為了表達我的感激之情，謹將拙作獻給二位。

我要感謝我的太太愛里（Eri），感謝她的耐心與鼓勵。

譯後記

我必須誠實地說，這是本既好看又不好看的書。好看的地方很多，容後再述。在我看來，不好看的原因來自寫法。剛開始翻譯這本書的時候，總編跟我說譯文有點難懂，我以為是因為剛譯完一本學術著作，比較冷硬務求字字精準的風格一時改不過來。後來對照了一下原文，發現我越試圖貼近作者的風格，譯文看起來就會越呆板。譯完整本書完整本書以後，才發現作者似乎故意如此，而且這種選擇非常聰明：他想要講的事情如此沉重深遠，完全不需加油添醋就可以震懾讀者，頂多就是在不經意的時候來記回馬槍，凸顯歷史的諷刺。這種面無表情的文風實讓我翻得很辛苦，但整本譯完之後，不禁讚嘆：「這書太厲害了。」

作者旁徵博引，將看似不相關的史料書信串連起來，一個主題接著一個主題，勾勒出戰後世界從廢墟重生的樣貌。有時候翻一翻會覺得他還沒講完，就跳到下一個國家或人物，但最後這些國家與人物的機運，總會在歷史中交錯。作者也無意評判是非對錯，或是強調某種「正確版本」的歷史，至少我認為這不是他的

重點，他只是想要好好地說完這個故事，而歷史的偶然與必然也在其中展露無遺。

交稿幾個月後，每當在新聞中看到某些關鍵字，都會想起這本書的種種片段：轉型正義、歐盟、復仇、難民。後勁之強，實在是少有的閱讀經驗，我很喜歡作者在序言中所寫的這段文字：「我很懷疑人是否真的能從歷史中記取教訓。了解過去的愚行，並無法避免未來犯下類似的錯誤。歷史最重要的是詮釋；而錯誤詮釋過去，往往比無知更危險。過去的傷痛還在；仇視導致新的衝突事件。然而，至關重要的是，我們得知道並了解過去發生的事，否則無以理解自己所處的這個時代。我想知道在過去那些長夜漫漫的日子裡，父親所經歷過的一切，這讓我更加了解自己，當然還有我們所有人的人生。」

這本書名為零年，顧名思義，就是形塑出當代世界型態的元年。從這本書的各個面向來看，這個宣稱一點都不誇張。雖然某些段落實在悲傷地令人難以下嚥，或直接挑戰讀者對於正邪不兩立的觀點，但我自己的經驗是，這本書一旦拿起就很難放下，令人著急地想知道那些人、那些事後來怎麼了。而書中的餘波，至今也仍影響著現代世界的秩序與騷動。我們有時會嘲笑自己念的歷史是神話，不管是哪種意識型態，都讓人急著貼上標籤，並犬儒地證明「歷史是由勝利者所寫下的。」我希望這本書是個起點，讓人相信我們仍有努力面向過去的可能性。

第一章　歡欣

1. Quoted in Ben Shephard, *The Long Road Home: The Aftermath of the Second World War* (New York: Alfred A. Knopf, 2010), 69.

2. Martin Gilbert, *The Day the War Ended: May 8, 1945: Victory in Europe* (New York: Henry Holt, 1994), 128.

3. Brian Urquhart, *A Life in Peace and War* (New York: Harper & Row, 1987), 82.

4. This story is well told in David Stafford, Endgame, *1945: The Missing Final Chapter of World War II* (New York: Little, Brown, 2007).

5. From Zhukov's memoir, quoted in Gilbert, *The Day the War Ended*.

6. Simone de Beauvoir, *Force of Circumstance* (New York: G. P. Putnam's Sons, 1963), 30.

7. Gilbert, *The Day the War Ended*, 322.

8. Ibid., 319.

9. Urquhart, *A Life in Peace and War*, 85.

10. David Kaufman and Michiel Horn, *De Canadezen in Nederland, 1944–1945* (Laren, The Netherlands: Luitingh, 1981), 119.

11. Michael Horn, "More Than Cigarettes, Sex and Chocolate: The Canadian Army in the Netherlands, 1944–1945," in *Journal of Canadian Studies/Revue d'études canadiennes 16* (Fall/Winter 1981), 156–73.

12. Quoted in Horn, "More Than Cigarettes, Sex and Chocolate," 166.

13. Ibid, 169.

14. Quoted in John Willoughby, "The Sexual Behavior of American GIs During the Early Years of the Occupation of Germany," *Journal of Military History 62*, no. 1 (January 1998), 166–67.

15. Benoîte Groult and Flora Groult, *Journal à quatre mains* (Paris: Editions Denoël, 1962).

16. See Patrick Buisson, *1940–1945: Années érotiques* (Paris: Albin Michel, 2009).

17. Rudi van Dantzig, *Voor een verloren soldaat* (Amsterdam: Arbeiderspers, 1986).

18. Buisson, *1940–1945*, 324.

19. Urquhart, *A Life in Peace and War*, 81.
20. Ben Shephard, *After Daybreak: The Liberation of Bergen-Belsen, 1945* (New York: Schocken Books, 2005).
21. Ibid., 99.
22. Ibid., 133.
23. Richard Wollheim, "A Bed out of Leaves," *London Review of Books*, December 4, 2003, 3–7.
24. Shephard, *After Daybreak*, 138.
25. Atina Grossmann, *Jews, Germans, and Allies: Close Encounters in Occupied Germany* (Princeton, NJ: Princeton University Press, 2007), 188.
26. Shephard, *The Long Road Home*, 299.
27. Ibid., 70.
28. Norman Lewis, *Naples '44: An Intelligence Officer in the Italian Labyrinth* (New York: Eland, 2011), 52.
29. John Dower, *Embracing Defeat: Japan in the Wake of World War II* (New York: W. W. Norton, 1999), 126.
30. Ibid.,102.
31. Theodore Cohen, *Remaking Japan: The American Occupation as New Deal*, Herbert Passin, ed. (New York: Free Press, 1987), 123.
32. Letter to Donald Keene, in Otis Cary, ed., *From a Ruined Empire: Letters—Japan, China, Korea, 1945–46* (Tokyo and New York: Kodansha, 1984), 96.
33. William L. Worden, "The G.I. Is Civilizing the Jap," *Saturday Evening Post*, December 15, 1945, 18–22.
34. For more information on the panpan culture, John Dower's *Embracing Defeat* is an excellent source.
35. Dower,*Embracing Defeat*,134.
36. John LaCerda, *The Conqueror Comes to Tea: Japan Under MacArthur* (New Brunswick, N.J: Rutgers University Press, 1946), 51.
37. Ibid., 54.
38. Dower,*Embracing Defeat*,579.
39. Giles MacDonogh, *After the Reich: The Brutal History of the Allied Occupation* (New York: Basic Books, 2007), 79.
40. Klaus-Dietmar Henke, Die Amerikanische Besetzung Deutschlands (Munich: R. Oldenbourg Verlag, 1995), 201.
41. Dagmar Herzog, *Sex After Fascism: Memory and Morality in Twentieth-Century Germany* (Princeton, NJ: Princeton University Press, 2005), 69.
42. Willoughby, "Sexual Behavior of American GIs," 167.
43. Groult, *Journal à quatre mains*, 397.
44. MacDonogh, *After the Reich*, 236.
45. Nosaka Akiyuki, *Amerika Hijiki [American Hijiki]* (Tokyo: Shinchōsha, 2003). First published 1972.
46. MacDonogh, *After the Reich*, 369.
47. *The Times (London)*, July 9, 1945.
48. Willoughby, "Sexual Behavior of American GIs," 158.
49. *New York Times*, June 13, 1945.
50. Anonymous, *A Woman in Berlin: Eight Weeks in the Conquered City: A Diary* (New York: Metropolitan Books, 2005).
51. Nagai Kafu, *Danchotei Nichijo II* (Tokyo: Iwanami Pocket Books, 1987), 285.
52.Ibid, 278.

53. Quoted in Donald Keene, *So Lovely a Country Will Never Perish: Wartime Diaries of Japanese Writers* (New York: Columbia University Press, 2010), 149.

54. LaCerda,*The Conqueror Comes to Tea*, 23-24.

55. Henke,*Die Amerikanische Besetzung Deutschlands,*199.

56. Ibid.

57. Richard Bessel, *Germany 1945: From War to Peace* (New York: HarperCollins, 2009), 204.

58. Elizabeth Heineman, *What Difference Does a Husband Make?* (Berkeley, CA: University of California Press, 2003), 100.

59. Quoted in Willoughby, "Sexual Behavior of American GIs," 169.

60. Keene, *So Lovely a Country*, 171.

61. Willoughby, "Sexual Behavior of American GIs," 160.

62. Curzio Malaparte, *The Skin*, David Moore, tr. (New York: *New York Review of Books*, 2013), 39. First published 1952.

63. Quoted in Herman de Liagre Böhl in *De Gids*, periodical, May 1985, 250.

64. Ibid., 251.

65. Buisson, *1940-1945:Années érotiques*, 411.

第二章　飢餓

1. J. L. van der Pauw, *Rotterdam in de tweede wereldoorlog* (Rotterdam: Boom, 2006), 679.

2. *New York Times*, May 12, 1945.

3. Shephard, *After Daybreak*, 109.

4. Edmund Wilson, *Europe Without Baedeker: Sketches Among the Ruins of Italy, Greece, and England* (London: Secker and Warburg, 1948), 125.

5. Ibid.,120.

6. Antony Beevor and Artemis Cooper, *Paris After the Liberation: 1944-1949*, revised edition (New York: Penguin Books, 2004), 103. First published 1994.

7. Stephen Spender, *European Witness* (New York: Reynal and Hitchcock, 1946), 107.

8. Ibid., 106.

9. Wilson, *Europe Without Baedeker*, 136.

10. Ibid., 146.

11. Ibid., 147.

12. Sándor Márai, *Memoir of Hungary 1944-1948* (Budapest: Corvina in association with Central European University Press, 1996), 193-94.

13. Carl Zuckmayer, *Deutschlandbericht für das Kriegsministerium der Vereinigten Staaten von Amerika* (Göttingen: Wallstein, 2004), 142.

14. Spender, *European Witness*, 15.

15. *New York Herald Tribune*, December 31, 1945.

16. Cary, ed., *From a Ruined Empire*, 54.

17. Dower,*Embracing Defeat,*103.

18. Ibid., 63.

19. MacDonogh, *After the Reich*, 315.

20. Ronald Spector, *In the Ruins of Empire: The Japanese Surrender and the Battle for Postwar Asia* (New York: Random House, 2007), 56.

21. Quoted in Bessel, *Germany 1945*, 334.
22. *New York Times*, October 27, 1945.
23. Julian Sebastian Bach Jr., *America's Germany: An Account of the Occupation* (New York: Random House, 1946), 26.
24. *Daily Mirror*, October 5, 1945, quoted in Shephard, *The Long Road Home*, 129.
25. Quoted in Shephard, *The Long Road Home*, 156.
26. Joint Chiefs of Staff directive 1380/15, paragraph 296, quoted in Cohen, *Remaking Japan*, 143.
27. MacDonogh, *After the Reich*, 479.
28. Statement to Congress quoted in Cohen, *Remaking Japan*, 145.
29. Quoted in Norman M. Naimark, *The Russians in Germany: A History of the Soviet Zone of Occupation, 1945–1949* (Cambridge, MA: Harvard University Press, 1995), 181.
30. Cohen, *Remaking Japan*, 144.
31. Ibid., 142.
32. Herman de Liagre Böhl, *De Gids*, 246.
33. Willi A. Boelcke, *Der Schwarzmarkt, 1945–1948* (Braunschweig: Westermann, 1986), 76.
34. Sakaguchi Ango, *Darakuron*, new paperback version (Tokyo: Chikuma Shobo,2008), 228. First published in 1946.
35. Dower,*Embracing Defeat,*139.
36. Fujiwara Sakuya, *Manshu, Shokokumin no Senki* (Tokyo: Shinchōsha, 1984), 82.
37. Quoted in Bessel, *Germany 1945*, 337.
38. Zuckmayer, *Deutschlandbericht*, 111.
39. Irving Heymont, *Among the Survivors of the Holocaust: The Landsberg DP Camp Letters of Major Irving Heymont, United States Army* (Cincinnati: The American Jewish Archives, 1982), 63.
40. Carlo D'Este, *Patton: A Genius for War* (New York: HarperCollins, 1996), 755.
41. See Shephard, *The Long Way Home*, 235.
42. *Yank*, August 10, 1945, 6.
43. Quoted in Stafford, *Endgame*, 1945, 507.
44. Alfred Döblin, *Schicksalsreise: Bericht u. Bekenntnis: Flucht u. Exil 1940–1948* (Munich: Piper Verlag, 1986), 276.

第三章 復仇

1. Norman M. Naimark, *Fires of Hatred: Ethnic Cleansing in Twentieth-Century Europe* (Cambridge, MA: Harvard University Press, 2001), 118.
2. Tadeusz Borowski, *This Way for the Gas, Ladies and Gentlemen* (New York: Viking, 1967).
3. Gilbert, *The Day the War Ended*, 38.
4. Shephard, *After Daybreak*, 113.
5. Ruth Andreas-Friedrich, *Battleground Berlin: Diaries, 1945–1948* (New York: Paragon House, 1990), 99.
6. Hans Graf von Lehndorff, *Ostpreussisches Tagebuch* [*East Prussian Diary Records of a Physician from the Years 1945–1947*] (Munich: DTV, 1967), 67.

7. Ibid., 74.

8. Naimark, *The Russians in Germany*, 72.

9. Bessel,*Germany 1945*, 155.

10. Okada Kazuhiro, *Manshu Annei Hanten* (Tokyo: Kojinsha, 2002), 103.

11. Ibid., 128.

12. Naimark, *The Russians in Germany*, 108.

13. Anonymous, *A Woman in Berlin: Eight Weeks in the Conquered City: A Diary* (New York: Metropolitan Books, 2005), 86.

14. Naimark, *The Russians in Germany*, 79.

15. Quoted in Buisson, *1940–1945: Années érotiques*, 387.

16. Ibid.,251–52.

17. Jan Gross, *Fear: Anti-Semitism in Poland after Auschwitz* (New York: Random House, 2006), 82.

18. Anna Bikont, *My z Jedawabnego* [*We from Jedwabne*] (Warsaw: Prószyński i S-ka, 2004). Translated excerpt by Lukasz Sommer.

19. Testimony of Halina Wind Preston, July 26, 1977: www.yadvashem.org/yv/en/righteous/stories/related/preston_testimony.asp.

20. Tony Judt, *Postwar: A History of Europe Since 1945* (New York: Penguin Press, 2005), 38.

21. Gross,*Fear*, 40.

22. Naimark, *Fires of Hatred*, 122.

23. Shephard, *The Long Road Home*, 122.

24. Christian von Krockow, *Hour of the Women* (New York: HarperCollins, 1991), 96.

25. Christian von Krockow, *Die Reise nach Pommern: Bericht aus einem verschwiegenen Land* (Munich: Deutscher Taschenbuch-Verlag, 1985), 215.

26. Herbert Hupka, ed., *Letzte Tage in Schlesien* (Munich: Langen Müller, 1985), 138.

27. Ibid., 81.

28. Ernst Jünger, *Jahre der Okkupation* (Stuttgart: Ernst Klett, 1958), 213–14.

29. Krockow, *Hour of the Women*, 110.

30. MacDonogh, *After the Reich*, 128.

31. Margarete Schell, *Ein Tagebuch aus Prag, 1945–46* (Bonn: Bundesministerium für Vertriebenen, 1957), 12.

32. Ibid.,48.

33. Ibid., 99.

34. Ibid., 41.

35. MacDonogh, *After the Reich*, 406.

36. Dina Porat, *The Fall of the Sparrow: The Life and Times of Abba Kovner* (Stanford, CA: Stanford University Press, 2009), 214.

37. Ibid., 212.

38. Ibid., 215.

39. Abba Kovner, *My Little Sister and Selected Poems, 1965–1985* (Oberlin, Ohio: Oberlin College Press, 1986).

40. Judt,*Postwar*,33.

41. Harold Macmillan, *The Blast of War, 1939–1945* (New York: Harper & Row, 1967), 576.

42. Wilson, *Europe Without Baedeker*, 147.

43. Figures quoted in Roy P. Domenico, *Italian Fascists on Trial, 1943–1948* (Chapel Hill, NC: University of North Carolina Press, 1991), 149.

44. Wilson, *Europe Without Baedeker*, 157.

45. Macmillan, *The Blast of War*, 193.

46. Ibid., 501.

47. Allan Scarfe and Wendy Scarfe, eds., *All That Grief: Migrant Recollections of Greek Resistance to Fascism, 1941–1949* (Sydney, Australia: Hale and Iremonger, 1994), 95.

48. Macmillan, *The Blast of War*, 499.

49. Mark Mazower, ed., *Afte rthe War Was Over: Reconstructing the Family, Nation, and State in Greece, 1943–1960* (Princeton, NJ: Princeton University Press, 2000), 27.

50. Macmillan, *The Blast of War*, 547.

51. *The Times (London)*, July 13, 1945.

52. Macmillan, *The Blast of War*, 515.

53. Wilson, *Europe Without Baedeker*, 197.

54. Spector, *In the Ruins of Empire*, 90.

55. Cheah Boon Kheng, "Sino-Malay Conflicts in Malaya, 1945–1946: Communist Vendetta and Islamic Resistance," *Journal for Southeast Asian Studies* 12 (March 1981), 108–117.

56. Gideon Francois Jacobs, *Prelude to the Monsoon* (Capetown, South Africa: Purnell& Sons, 1965), 124.

57. Spector, *In the Ruins of Empire*, 174.

58. Benedict Anderson, *Java in a Time of Revolution: Occupation and Resistance, 1944–1946* (Jakarta: Equinox Publishing, 2005).

59. L. de Jong, *Het koninkrijk der Nederlanden in de tweede wereldoorlog*, 11c, Staatsuit- geverij, 1986.

60. Theodore Friend, *Indonesian Destinies* (Cambridge, MA.: Harvard University Press, 2003), 27.

61. Jan A. Krancher, ed., *The Defining Years of the Dutch East Indies, 1942–1949: Survivors' Accounts of Japanese Invasion and Enslavement of Europeans and the Revolution That Created Free Indonesia* (Jefferson, NC: MacFarland, 1996), 193.

62. Spector, *In the Ruins of Empire*, 179.

63. De Jong, *Het koninkrijk der Nederlanden*, 582.

64. Anderson, *Java in a Time of Revolution*, 166.

65. Spector, *In the Ruins of Empire*, 108.

66. Jean-Louis Planche, *Sétif 1945: Histoire d'un massacre annoncé* (Paris: Perrin, 2006), 139.

67. Martin Evans, *Algeria: France's Undeclared War* (New York: Oxford University Press, 2012).

68. Françoise Martin, *Heures tragiques au Tonkin: 9 mars 1945–18 mars 1946* (Paris: Editions Berger-Levrault, 1947), 133.

69. David G. Marr, *Vietnam 1945: The Quest for Power* (Berkeley: University of California Press, 1995), 333.

70. Martin, *Heures tragiques au Tonkin*, 179. 71. Ibid., 129.

72. Spector, *In the Ruins of Empire*, 126.

第四章　歸鄉

1. For a detailed analysis, see Timothy Snyder's magisterial book *Bloodlands: Europe Between Hitler and Stalin* (New York: Basic Books, 2010).
2. Imre Kertész, *Fateless* (Evanston, IL: Northwestern University Press, 1992).
3. Quoted in Dienke Hondius, *Holocaust Survivors and Dutch Anti-Semitism* (Westport, CT: Praeger, 2003), 103.
4. Ibid., 101.
5. Roger Ikor, *Ô soldats de quarante! . . . en mémoire* (Paris: Albin Michel, 1986), 95.
6. Marguerite Duras, *The War* (New York: Pantheon Books, 1986), 15.
7. Ibid., 14.
8. Ibid., 53.
9. Ango, *Darakuron*, 227.
10. Dower, *Embracing Defeat*, 58.
11. *Koe*, vol. 1 (Tokyo: Asahi Shimbunsha, 1984), 103. No author, this is a collection of letters sent to the newspaper. 12. Ibid., 104.
13. Bill Mauldin, *Back Home* (New York: William Sloane, 1947), 18.
14. Ibid., 45.
15. Ibid., 54.
16. Nicholai Tolstoy, *The Minister and the Massacres* (London: Century Hutchinson, 1986), 31.
17. Quoted in Gregor Dallas, 1945: The War That Never Ended (New Haven, Conn.: Yale, 2005), 519.
18. Tolstoy, *The Minister and the Massacres*, 13.
19. Ibid.
20. Nicholas Bethell, *The Last Secret: The Delivery to Stalin of over Two Million Russians by Britain and the United States* (New York: Basic Books, 1974), 86.
21. Ibid.,87.
22. Borivoje M. Karapandžić, *The Bloodiest Yugoslav Spring: Tito's Katyns and Gulags* (New York: Carlton Press, 1980), 73.
23. Macmillan, *The Blast of War*, 436.
24. Shephard, *The Long Road Home*, 80.
25. Bethell, *The Last Secret*, 18, 19.
26. Ibid., 133.
27. Ibid., 138.
28. Ibid., 142.
29. Ibid., 140.
30. Dallas, *1945* ,560.
31. *Yank*, August 24, 1945.
32. Dallas, *1945*, 549.
33. Naimark, *Fires of Hatred*, 109.
34. Ibid., 110.
35. Lehndorff, *Ostpreussisches Tagebuch*, 169.
36. Hupka, *Letzte Tage in Schlesien*, 265.
37. Jünger, *Jahre der Okkupation*, 195.
38. Author's communication with Fritz Stern.
39. Quoted in Bessel, *Germany 1945*, 223.

40. Hupka, *Letzte Tage in Schlesien*, 64.

41. *Yank*, September 21, 1945, 16.

42. Naimark, *Fires of Hatred*, 112.

43. Ibid., 115.

44. Antony Polonsky and Boleslaw Drukier, *The Beginnings of Communist Rule in Poland* (London and Boston: Routledge and Kegan Paul, 1980), 425.

45. Grossmann, *Jews, Germans*, and Allies, 199.

46. Quoted by Grossmann, 148.

47. Ibid.,147.

48. *New York Herald Tribune*, December 31, 1945.

49. Heymont, *Among the Survivors*, 21.

50. Grossmann, *Jews, Germans, and Allies*, 181.

51. Quoted in Hagit Lavsky, *New Beginnings: Holocaust Survivors in Bergen-Belsen and the British Zone in Germany, 1945–1950* (Detroit: Wayne State University Press, 2002), 64.

52. Rosensaft himself never settled in Israel. He apparently told some Israelis, "You danced the hora while we were being burned in the crematoriums." (Quoted in Shephard, *The Long Road Home*, 367.)

53. Heymont, *Among the Survivors*, 47–48.

54. Quoted in Shabtai Teveth, *Ben-Gurion: The Burning Ground, 1886–1948* (Boston:
Houghton Mifflin, 1987), 853.

55. Avishai Margalit, "The Uses of the Holocaust," *New York Review of Books*, February 14, 1994.

56. Tom Segev, *The Seventh Million: The Israelis and the Holocaust* (New York: Hill and Wang, 1993), 99–100.

57. Teveth, *Ben-Gurion*, 871.

58. Ibid.,870.

59. Heymont, *Among the Survivors*, 66.

60. Teveth, *Ben-Gurion*, 873.

61. The Harrison Report, so called after Earl G. Harrison, the U.S. representative on the Inter-Governmental Committee on Refugees.

62. Letter dated August 31, 1945.

63. PRO FO 1049/81/177, quoted in *Life Reborn*, conference proceedings, edited by Menachem Rosensaft (Washington, D.C., 2001), 110.

64. Bethell, *The Last Secret*, 8.

第五章　解毒

1. Andreas-Friedrich,*Battleground Berlin*,27.

2. Luc Huyse and Steven Dhondt, *La répression des collaborations, 1942–1952: Un passé toujours présent* (Brussels: CRISP, 1991), 147.

3. Sodei Rinjiro, ed., *Dear General MacArthur: Letters from the Japanese During the American Occupation* (New York: Rowman & Littlefield, 2001), 70.

4. Ibid., 87.

5. Ibid., 78.

6. Directive from the State, War, Navy Coordinating Committee, quoted in Hans

H. Baerwald, *The Purge of Japanese Leaders Under the Occupation* (Berkeley: University of California Press, 1959), 7.

7. Quoted by Faubion Bowers in "How Japan Won the War," *The New York Times Magazine*, August 30, 1970.

8. Cohen, *Remaking Japan*, 85.

9. See Franz Neumann, *Behemoth: The Structure and Practice of National Socialism, 1933–44*, with a new introduction by Peter Hayes (Chicago: Ivan R. Dee, 2009; published in association with the United States Holocaust Memorial Museum). First published 1942.

10. Andreas-Friedrich, *Battleground Berlin*, 100.

11. Ibid.,101.

12. James F. Tent, *Mission on the Rhine: Reeducation and Denazification in American-Occupied Germany* (Chicago: University of Chicago Press, 1982) 55.

13. Zuckmayer, *Deutschlandbericht*, 137.

14. Timothy R. Vogt, *Denazification in Soviet-Occupied Germany: Brandenburg, 1945–1948* (Cambridge, MA: Harvard University Press, 2000), 34.

15. Ibid., 38.

16. Tom Bower, *The Pledge Betrayed: America and Britain and the Denazification of Postwar Germany* (Garden City, NY: Doubleday, 1982), 148.

17. Ibid., 8.

18. Henke,*Die Amerikanische Besetzung Deutschlands*,487.

19. Cohen, *Remaking Japan*, 161.

20. Jerome Bernard Cohen, *Japan's Economy in War and Reconstruction* (Minneapolis: University of Minnesota, 1949), 432.

21. Cohen, *Remaking Japan*, 154.

22. Rinjiro,*Dear General MacArthur*, 176.

23. Ibid., 177.

24. LaCerda, *The Conqueror Comes to Tea*,25.

25. Cohen, *Remaking Japan*, 45.

26. Dower,*Embracing Defeat*,530.

27. Cary, ed., *From a Ruined Empire*, 107.

28. Chalmers Johnson, *MITI and the Japanese Miracle: The Growth of Industrial Policy, 1925–1975* (Stanford, CA: Stanford University Press, 1982), 42.

29. Teodoro Agoncillo, *The Fateful Years: Japan's Adventure in the Philippines, 1941–1945* (Quezon City, The Philippines: R. P. Garcia, 1965), 672.

30. Stanley Karnow, *In Our Image: America's Empire in the Philippines* (New York: Random House, 1989), 327. 31. Ibid., 328.

32. Jay Taylor, *The Generalissimo: Chiang Kai-shek and the Struggle for Modern China* (Cambridge, MA: Harvard University Press, 2009), 323.

33. Keene's letter to T. de Bary in Cary, ed., *From a Ruined Empire*, 128.

34. Spector, *In the Ruins of Empire*, 41.

35. Odd Arne Westad, *Cold War and Revolution: Soviet-American Rivalry and the Origins of the Chinese Civil War, 1944–1946* (New York: Columbia University Press, 1993), 90.

36. Two books on the Annei Hanten are Okada Kazuhiko, Manshu Annei Hanten (Kojinsha, 2002), and Fujiwara Sakuya, Manshu, Shokokumin no Senki, cited in chapter 2 above.

37. Peter Novick, *The Resistance Versus Vichy: The Purge of Collaborators in*

Liberated France (New York: Columbia University Press, 1968), 40.

38. Ibid.,77–78.

39. Quoted in Beevor and Cooper, *Paris After the Liberation*, 104.

第六章 法治

1. Fujiwara, *Manshu, Shokokumin no Senki*, 175.

2. Márai, *Memoir of Hungary*, 188.

3. István Deák, Jan Tomasz Gross, Tony Judt, eds., *The Politics of Retribution in Europe: World War II and Its Aftermath* (Princeton, NJ: Princeton University Press, 2000), 235.

4. Ibid.

5. Ibid., 237.

6. Ibid., 235.

7. Ibid., 134.

8. Ibid., 135.

9. Mazower, ed., *After the War Was Over*, 31.

10. Lee Sarafis, "The Policing of Deskati, 1942–1946," in Mazower, ed., *After the War Was Over*, 215.

11. Scarfe and Scarfe, *All That Grief*, 165–66.

12. Translation by E. D. A. Morshead.

13. Quoted in John W. Powell, "Japan's Germ Warfare: The US Cover-up of a War Crime," *Bulletin of Concerned Asian Scholars* 12 (October/December 1980), 9.

14. Lawrence Taylor, *A Trial of Generals: Homma, Yamashita, MacArthur* (South Bend, IN: Icarus Press, 1981), 125.

15. *Yank*, "Tiger's Trial," November 30, 1945.

16. Taylor, *A Trial of Generals*,137.

17. A. Frank Reel, *The Case of General Yamashita* (Chicago: University of Chicago Press, 1949), 34.

18. Richard L. Lael, *The Yamashita Precedent: War Crimes and Command Responsibility* (Wilmington, DE: Scholarly Resources, 1982), 111.

19. Taylor,*A Trial of Generals*,195.

20. Lael, *The Yamashita Precedent*, 118.

21. Quoted in J. Kenneth Brody, *The Trial of Pierre Laval: Defining Treason, Collaboration and Patriotism in World War II France* (New Brunswick, NJ: Transaction, 2010), 136.

22. *Time*, January 4, 1932.

23. Geoffrey Warner, *Pierre Laval and the Eclipse of France* (New York: Macmillan, 1969), 301.

24. For a detailed description of Mussert's criminal venality, see Tessel Pollmann, *Mussert en Co.: de NSB-leider en zijn vertrouwelingen* (Amsterdam: Boom, 2012).

25. *Time*, October 15, 1945.

26. Jean-Paul Cointet, *Pierre Laval* (Paris: Fayard, 1993), 517.

27. Jacques Charpentier, *Au service de la liberté* (Paris: Fayard, 1949), 268.

28. Hubert Cole, *Laval* (London: Heinemann, 1963), 284.

29. Cointet, *Pierre Laval*,527.

30. Jan Meyers, *Mussert* (Amsterdam: De Arbeiderspers, 1984), 277.

31. Ibid., 275.

32. Cointet,*Pierre Laval*, 537.

33. Quoted in Novick, *The Resistance Versus Vichy*, 177.

34. George Kennan, *Memoirs 1925–1950* (Boston: Atlantic Monthly Press, 1967), 260.

35. Dower, *Embracing Defeat*, 445.

36. Telford Taylor, *The Anatomy of the Nuremberg Trials: A Personal Memoir* (New York:
Alfred A. Knopf, 1992), 29.

37. Spender, *European Witness*, 221.

38. *Yank*, May 18, 1945.

39. Website of the Dwight D. Eisenhower Memorial Commission.

40. *The Times* (London), April 20, 1945.

41. *Daily Mirror* (London), April 20, 1945.

42. *The Times* (London), April 28, 1945.

43. Shephard, *After Daybreak*, 166.

44. *The Times* (London), September 24, 1945.

45. Ibid., November 9, 1945.

46. Shephard, *After Daybreak*, 171–72.

47. *The Times* (London), November 8, 1945.

48. Ernst Michel, *DANA report*, January 9, 1945.

49. Rebecca West, *The New Yorker*, October 26, 1946.

50. Telford Taylor, *Anatomy of the Nuremberg Trials*, 25.

51. Ibid., 26.

52. Ernst Michel, *DANA*, February 15, 1946.

53. Jünger, *Jahre der Okkupation*, 176.

54. Andreas-Friedrich, *Battleground Berlin*,63–64.

55. Telford Taylor, *Anatomy of the Nuremberg Trials*, 167–68.

第七章 充滿自信的晴朗早晨

1. See Hermann Langbein, *Against All Hope: Resistance in the Nazi Concentration Camps, 1938–1945* (New York: Paragon House, 1994), 502.

2. *Manchester Guardian*, July 27, 1945.

3. *Daily Telegraph* (London), July 11, 2003.

4. *Manchester Guardian*, July 27, 1945.

5. Ibid.

6. Harold Nicolson, *The Harold Nicolson Diaries, 1907–1964*, Nigel Nicolson, ed. (London: Weidenfeld & Nicolson, 2004), 321.

7. Harold Macmillan, *Tides of Fortune, 1945–1955* (New York: Harper & Row, 1969), 32.

8. Ibid., 33.

9. Nicolson, *Diaries*, 318.

10. Wilson, *Europe Without Baedeker*, 135.

11. Ibid., 186.

12. Noel Annan, *Changing Enemies: The Defeat and Regeneration of Germany* (New

York: W. W. Norton, 1996), 183.

13. Paul Addison, *Now the War Is Over: A Social History of Britain, 1945–51* (London: Jonathan Cape and the British Broadcasting Corporation, 1985), 14.

14. Ibid., 13.

15. Cyril Connolly, *Horizon, June 1945, reprinted in Ideas and Places* (London: Weidenfeld & Nicolson, 1953), 27.

16. *Manchester Guardian*, June 5, 1945.

17. Ibid., June 26, 1945.

18. Roy Jenkins, *Mr. Attlee: An Interim Biography* (London: Heinemann, 1948), 255.

19. Stéphane Hessel, *Indignez vous!* (Montpellier, France: Indigène Editions), 10.

20. Duras, *The War*, 33.

21. Arthur Koestler, *The Yogi and the Commissar* (New York: Macmillan, 1945), 82.

22. Addison, *Now the War Is Over*, 18.

23. Annan,*Changing Enemies*,183.

24. Winston Churchill, "Speech to the Academic Youth," Zurich, September 9, 1946.

25. Nicolson,*Diaries*, 333.

26. Jean Monnet, *Mémoires* (Paris: Fayard, 1976), 283.

27. See Tessel Pollmann, *Van Waterstaat tot Wederopbouw: het leven van dr.ir. J.A. Ringers (1885-1965)* (Amsterdam: Boom, 2006).

28. Dower, *Embracing Defeat*, 537.

29. Ibid.

30. Ibid., 538.

31. Owen Lattimore, *Solution in Asia* (Boston: Little, Brown, 1945), 189.

32. Cohen, *Remaking Japan*, 42.

33. Morita Yoshio, *Chosen Shusen no kiroku: beiso ryōgun no shinchū to Nihonjin no hikiage* (Tokyo: Gannando Shoten, 1964), 77.

34. Bruce Cumings, *The Origins of the Korean War: Liberation and the Emergence of Separate Regimes, 1945–1947* (Princeton, NJ: Princeton University Press, 1981), 88.

35. *Yank*, November 2, 1945.

36. Cary, ed., *From a Ruined Empire*, 32.

37. *Yank*, November 2, 1945.

38. Cumings, *Origins of the Korean War*, 392.

39. Spector, *In the Ruins of Empire*, 163.

40. Ibid.,160.

41. Ibid., 148.

42. Cary, ed., *From a Ruined Empire*, 197.

43. Robert Skidelsky, John Maynard Keynes, *1883–1946: Economist, Philosopher, Statesman* (New York: Penguin Books, 2005), 779.

44. Nicolson, *Diaries*, 325.

45. Judt, *Postwar*, 88.

第八章 教化野蠻人

1. Dower, *Embracing Defeat*, 215–17.
2. Annan, *Changing Enemies*, 160.
3. Ibid., 162.
4. Döblin and Feuchtwanger quoted in *Tent, Mission on the Rhine*, 23.
5. Quoted in *Tent, Mission on the Rhine*, 39.
6. Nicholas Pronayand Keith Wilson,eds., *The Political Re-education of Germany and Her Allies after World War II* (London: Croom Helm, 1985), 198.
7. Günter Grass, *Beim Haüten der Zwiebel* (Göttingen: Steidl, 2006), 220–21.
8. John Gimbel, *A German Community Under American Occupation: Marburg, 1945–52* (Stanford, CA: Stanford University Press, 1961), 168.
9. Pronay and Wilson, eds., *The Political Re-education of Germany*, 173.
10. *Yank*, July, 20, 1945.
11. Ibid.
12. Spender, *European Witness*, 229.
13. *Yank*, July 20, 1945.
14. Spender, *European Witness*, 44.
15. Ibid., 46.
16. Ibid., 158.
17. Andreas-Friedrich, *Battleground Berlin*, 82.
18. Naimark, *The Russians in Germany*, 399.
19. Ibid., 402.
20. Andreas-Friedrich, *Battleground Berlin*, 66.
21. Bach, *America's Germany*, 228.
22. Ibid.
23. Andreas-Friedrich, *Battleground Berlin*, 92.
24. Bach, *America's Germany*, 218.
25. *The Times* (London), July 11, 1945.
26. Dower, *Embracing Defeat*, 190.
27. De Beauvoir, *Force of Circumstance*, 17.
28. Ibid., 33.
29. Corinne Defrance, *La politique culturelle de la France sur la rive gauche du Rhin, 1945-1955* (Strasbourg: Presses Universitaires de Strasbourg, 1994), 126.
30. Döblin, *Schicksalsreise*, 273.
31. Quoted in Monnet, *Mémoires*, 339.
32. Barton J. Bernstein, ed., *The Atomic Bomb: The Critical Issues* (Boston: Little, Brown, 1976), 113.
33. Dower,*Embracing Defeat*,218.
34. Ibid., 77.
35. Edward T. Imparato, *General MacArthur: Speeches and Reports, 1908–1964* (Paducah, KY: Turner, 2000), 146.
36. Bowers, "How Japan Won the War."
37. Ibid.
38. *Mainichi Shimbun*, quoted in Dower, *Embracing Defeat*, 549.
39. Rinjiro, *Dear General MacArthur*, 33.
40. Dower, *Embracing Defeat*, 77.
41. Quoted by Bowers in "How Japan Won the War."

42. Quoted in "The Occupation of Japan," a seminar sponsored by the MacArthur Memorial Library and Archives, November 1975, 129. 43. *LaCerda, The Conqueror Comes to Tea*, 165–66. 44. Koe, 115.

45. Dower, *Embracing Defeat*, 67.

46. Keene, *So Lovely a Country*, 118.

第九章 世界一家

1. Urquhart, *A Life in Peace and War*, 85.

2. Ibid., 93.

3. Stéphane Hessel, *Danse avec le siècle* (Paris: Editions du Seuil, 1997), 99.

4. Mark Mazower, *Governing the World: The History of an Idea* (New York: Penguin Press, 2012), 208.

5. Ibid., 194.

6. E. B. White, *The Wild Flag: Editorials from The New Yorker on Federal World Government and Other Matters* (Boston: Houghton Mifflin, 1946), 72.

7. Ibid., 82.

8. Menno Spiering and Michael Wintle, eds., *European Identity and the Second World War* (New York: Palgrave Macmillan, 2011), 126.

9. John Foster Dulles, *War or Peace*, with a special preface for this edition (New York: Macmillan, 1957), 38. First published 1950.

10. Neal Rosendorf, "John Foster Dulles' Nuclear Schizophrenia," in John Lewis Gaddis et al., eds., *Cold War Statesmen Confront the Bomb: Nuclear Diplomacy Since 1945* (New York: Oxford University Press, 1999), 64–69.

11. Joseph Preston Baratta, *The Politics of World Federation: United Nations, UN Reform, Atomic Control* (Westport, CT: Praeger, 2004), 127.

12. *New York Times*, October 10, 1945.

13. *The Times (London)*, November 20, 1945.

14. Townsend Hoopes and Douglas Brinkley, *FDR and the Creation of the U.N.* (New Haven, CT: Yale University Press, 2000), 41.

15. Dan Plesch, *America, Hitler, and the UN: How the Allies Won World War II and Forged a Peace* (London: I. B. Tauris, 2011), 170.

16. Roosevelt's words are quoted in Mazower, *Governing the World*, 209.

17. "Remarks Upon Receiving an Honorary Degree from the University of Kansas City," June 28, 1945, trumanlibrary.org/publicpapers/viewpapers.php?pid=75.

18. White, *The Wild Flag*, 82.

19. *Yank*, June 15, 1945.

20. *Daily Herald*, May 1945.

21. Author's conversation with Gladwyn Jebb's grandson, Inigo Thomas.

22. *Time*, May 14, 1945.

23. Urquhart, *A Life in Peace and War*, 94.

24. *The Nation*, June 30, 1945.

25. Mark Mazower, "The Strange Triumph of Human Rights, 1933–1950," *The Historical Journal* 47, no. 2 (June 2004), 392.

26. William Roger Louis, *The British Empire in the Middle East, 1945–1951: Arab Nationalism, the United States, and Postwar Imperialism* (New York: Oxford

University Press, 1984), 163.

27. *Manchester Guardian*, June 4, 1945.

28. Louis, *British Empire in the Middle East*, 148.

29. *The Times* (London), October 6, 1945.

30. White, *The Wild Flag*, 80.

31. Ibid., 81.

32. Arthur M. Schlesinger Jr., *A Thousand Days: John F. Kennedy in the White House* (Boston: Houghton Mifflin, 1965), 88–89.

33. *The Times* (London), August 17, 1945.

34. Report by Secretary Byrnes, http://avalon.law.yale.edu/20th_century/ decade18.asp.

35. Dulles, *War or Peace*, 27.

36. Ibid., 30.

37. Ibid., 40.

38. *New York Times*, December 31, 1945.*United States, and Postwar Imperialism* (New York: Oxford University Press, 1984), 163.

27. *Manchester Guardian*, June 4, 1945.

28. Louis, *British Empire in the Middle East*, 148.

29. *The Times (London)*, October 6, 1945.

30. White, *The Wild Flag*, 80.

31. Ibid.,81.

32. Arthur M. Schlesinger Jr., *A Thousand Days: John F. Kennedy in the White House* (Boston: Houghton Mifflin, 1965), 88–89.

33. The Times (London), August 17, 1945.

34. Report by Secretary Byrnes, http://avalon.law.yale.edu/20th_century/ decade18.asp.

35. Dulles, *War or Peace*, 27.

36. Ibid.,30.

37. Ibid., 40.

38. *New York Times*, December 31, 1945.

影像資料

圖 1: Courtesy of the author.
圖 2: Bundesarchiv, Bild 183-E0406-0022-018.
圖 3: Image bank WW2–Resistance Museum Amsterdam. VMA 113642.
圖 4: © IWM (EA 65799).
圖 5: Associated Press/Charles Gorry.
圖 6: Image bank WW2–IOD. NIOD 187641.
圖 7: Image bank WW2–NIOD. NIOD 95246.
圖 8: Associated Press/British Of cial Photo.
圖 9: Nationaal Archief/Spaarnestad Photo/Wiel van der Randen.
圖 10: © IWM (5467).
圖 11: © IWM (69972).
圖 12、書衣：© IWM (6674).
圖 13: Bundesarchiv, Bild 183-M1205-331.
圖 14: Bundesarchiv, Bild 183-S74035.
圖 15: With permission from the National Archives and Records Administration.
圖 16: Associated Press.
圖 17: Associated Press.
圖 18: Associated Press/Peter J. Carroll.
圖 19: © Bettmann/Corbis.
圖 20: Nationaal Archief/Spaarnestad Photo/Photographer unknown.
圖 21: Image bank WW2–Resistance Museum South Holland. VMZH 131931.
圖 22: © Bettmann/Corbis.
圖 23: AFP/Getty Images.
圖 24: Image bank WW2–NIOD. NIOD 61576.
圖 25: © IWM (HU 55965).
圖 26: © IWM (CF 926).
圖 27: Associated Press.